Outsourcing und Insourcing in der Finanzwirtschaft

Outsourcing und Insourcing in der Finanzwirtschaft

Von leitenden Mitarbeitern und Experten von PwC | 3. Ausgabe

Copyright 2010 by Bank-Verlag Medien GmbH
Postfach 45 02 09 · 50877 Köln

Das Werk einschließlich aller seiner Teile ist urheberrechtlich geschützt. Jede Verbreitung außerhalb der engen Grenzen des Urheberrechtsgesetzes ist ohne Zustimmung der Bank-Verlag Medien GmbH unzulässig und strafbar. Dies gilt insbesondere für die Vervielfältigung, Übersetzung, Mikroverfilmung sowie die Einspeicherung und Verarbeitung in elektronischen Systemen.

Bibliografische Information der Deutschen Nationalbibliothek
Die Deutsche Nationalbibliothek verzeichnet diese Publikation in der Deutschen Nationalbibliografie; detaillierte bibliografische Daten sind im Internet über http://dnb.ddb.de abrufbar.

Druck: Print Group Sp. z o.o., Szczecin

Art.-Nr. 22.424-1100
ISBN 978-3-86556-256-2

Vorwort

Im Gegensatz zur Vorauflage ist Anlass für die Neuauflage nicht eine Änderung der spezifischen aufsichtsrechtlichen Regelungen für das Outsourcing. Anlass hierfür ist vielmehr der durch die Finanzmarktkrise erneut in den Vordergrund gerückte strukturbedingte Veränderungsdruck innerhalb der Finanzwirtschaft. Zu den unverändert bestehenden betriebswirtschaftlichen Notwendigkeiten ist eine krisenbedingte Welle neuer oder verschärfter aufsichtsrechtlicher Vorgaben hinzugekommen. Auch die Überwachung der Einhaltung dieser Bestimmungen durch die Aufsicht wurde intensiviert. Auf globaler Ebene liegt die Federführung unverändert beim Baseler Ausschuss. Wichtige Impulse wurden jedoch auch durch das Financial Stability Forum beziehungsweise Board gesetzt. Für die EU-Staaten erfolgt die Umsetzung durch Änderungen der Capital Requirement Directive (CRD II bis IV). Während die ersten Neuregulierungen auf europäischer Ebene bereits beschlossen wurden, befinden sich zum Zeitpunkt der Verfassung der Neuauflage weitere Überarbeitungsvorschläge noch in der Diskussion. Auf nationaler Ebene sind erste Gesetzesänderungen ebenfalls bereits beschlossen worden.

Zur Erhaltung und Sicherung ihrer Wettbewerbsfähigkeit und zur Erfüllung der gesteigerten aufsichtsrechtlichen Anforderungen müssen die Institute ihre Geschäftsmodelle und ihre Aufbau- und Ablauforganisation einer eingehenden Überprüfung unterziehen. Dabei kommt der Konzentration der Institute auf ihre Kernkompetenzen wiederum ein besonderes Gewicht zu. In zahlreichen Fällen führte dies zu der Entscheidung, sich von kompletten Geschäftsfeldern oder zumindest einzelnen Portfolien zu trennen. Diese Entwicklung wird voraussichtlich anhalten. Eine derartige Trennung kann im Wege der Ausgründung mit späterem Verkauf oder durch Abspaltung von Geschäftsbereichen erfolgen, die nicht zu den Kernbereichen eines Instituts gehören. Sie kann jedoch auch durch eine bloße Auslagerung der diesbezüglichen Aktivitäten und Prozesse erfolgen. Neben dem klassischen Outsourcing auf einzelne Dienstleister können hierfür auch die Einrichtung und gemeinschaftliche Nutzung von Shared-Service-Centern eine insbesondere unter betriebswirtschaftlichen Gesichtspunkten interessante Gestaltungsalternative sein.

Insgesamt müssen also die Fragen nach Kosteneffizienz, Prozessoptimierung und gänzlich neuen Geschäftsmodellen gestellt, diskutiert und beantwortet werden. Die in den Vorjahren bereits zu beobachtende Tendenz zur „Prozessindustrialisierung" wird sich dabei vermutlich verstärkt fortsetzen. Outsourcing und Insourcing, die einen gewissen Standardisierungsgrad voraussetzen, werden dadurch erneut an Stellenwert gewinnen. Vor diesem Hintergrund war jedoch auch eine Überarbeitung des vorliegenden Handbuchs notwendig und sinnvoll.

Neben der inhaltlichen Aktualisierung erfolgte eine Ausrichtung der Beiträge auf Institute im Sinne des KWG. Die Beiträge zum Outsourcing bei Kapitalanlagegesellschaften sind nicht mehr Bestandteil der 3. Auflage. Für diese ist mit dem Wegfall der Kreditinstitutseigenschaft § 25a Abs. 2 KWG nicht mehr unmittelbar einschlägig. Zu gegebener Zeit wird es nach zwischenzeitlich hierzu am 30. Juni 2010 verkündeten InvMaRisk eine gesonderte, auf die Branche zugeschnittene Abhandlung der interessierenden Themen geben.

Die nun vorliegende dritte, vollständig überarbeitete Auflage des Standardwerkes versteht sich unverändert als Praxisleitfaden für das Management von Outsourcing-Projekten. In übersichtlichen Einzelbeiträgen werden alle aktuellen aufsichtsrechtlichen Regelungen erläutert und praktische Erfahrungen aus den letzten Jahren überliefert. Besonderen Praxisbezug bietet die Darstellung von häufig beobachteten Prüfungsfeststellungen und typischen Fallstricken bei Auslagerungen. Das Buch gibt dabei nicht nur auslagernden Instituten, sondern auch Out- und Insourcern Hilfestellungen.

Gegenüber der 2. Auflage hat es Veränderungen im Autorenkreis gegeben. Neu hinzugekommen sind Nicole Fischer, Larissa Knöfler, Thomas K. Otto, Nina Spilles, Dr. Antonius Tzouvaras und Rainer Wilken.

Ich möchte allen danken, die an der Realisierung dieses Buches mitgewirkt haben.

WP/StB Ullrich Hartmann

Leiter Servicebereich Regulatory, PwC AG WPG
Financial Services Central Cluster Leader Regulation,
PwC AG WPG

Inhaltsverzeichnis

Vorwort		3

Sourcing als Grundlage der Transformation von Banken   27
Rainer Wilken & Thomas K. Otto

A.	Notwendigkeit der Transformation von Banken		27
B.	Sourcing als strategisches Instrument		29
I.	Sourcing als Instrument der Transformation		30
	1.	Prozessoptimierung als Ausgangslage einer Transformation	31
	2.	Sourcing unterstützt anorganisches Wachstum	32
II.	Verschiedene Aspekte des Sourcings		33
	1.	Shared-Service-Center als internes Instrument des Sourcings	33
	2.	Outsourcing innerhalb bestehender Konzernstrukturen	34
	3.	Outsourcing auf einen selbstständigen Dienstleister	36
III.	Auswirkung des Beteiligungsverhältnisses auf die Sourcing-Entscheidung		37
	1.	Outsourcing auf ein Tochterunternehmen	38
	2.	Outsourcing auf einen Dienstleister mit einer Minderheitsbeteiligung	38
C.	Sourcing als Teil der Geschäftsstrategie		39
D.	Zusammenfassung		43

Make-or-Buy in der Finanzbranche – Strategische Entscheidungsfindung 45
Antonios Tzouvaras

A.	Outsourcing in der Finanzbranche	45
B.	Identifikation potenzieller Outsourcing-Leistungen	49
C.	Vorgehen zur wirtschaftlichen, zur technischen und zur organisatorischen Beurteilung	52
I.	Ermittlung der Ist-Situation	52
II.	Soll-Modelle und technische Umsetzungsbewertung	54
III.	Durchführung einer Risikobetrachtung	56
IV.	Treffen der Make-or-Buy-Entscheidung	57
D.	Outsourcing-Governance	59
E.	Ausblick	60

Aufsichtsrechtliche Aspekte beim Outsourcing 61
Wolfgang Frank

A.	Gesetzliche Grundlagen	61
B.	Persönlicher und sachlicher Anwendungsbereich von § 25a Abs. 2 KWG	64
I.	Persönlicher Anwendungsbereich	64
II.	Örtlicher Anwendungsbereich	65
III.	Sachlicher Anwendungsbereich	66
C.	Begriff der Auslagerung	66
I.	Anderes Unternehmen	67
II.	Beauftragung mit der Wahrnehmung von Aktivitäten und Prozessen	67

III.	Zusammenhang mit der Durchführung von Bankgeschäften, Finanzdienstleistungen und sonstigen institutstypischen Dienstleistungen				68
IV.	Erbringung der Dienstleistung durch das Institut selbst				69
D.	**Wesentlichkeit der Auslagerung**				**70**
I.	Vorbemerkung				70
II.	Die Risikoanalyse als Instrument zur Beurteilung der Wesentlichkeit				70
III.	Weitere Aufgaben der Risikoanalyse				73
E.	**Zulässigkeit der Auslagerung**				**73**
I.	Grundsätzliche Zulässigkeit aller Auslagerungsmaßnahmen				73
II.	Grenzen der Zulässigkeit der Auslagerung				74
	1.	Leitungsaufgaben			75
		a)	Maßnahmen der Unternehmensplanung		75
		b)	Maßnahmen der Unternehmensorganisation		75
			(1)	Allgemeine Organisationspflichten	75
			(2)	Besonderheiten bei der Geldwäschebekämpfung	76
			(3)	Kein Verbot virtueller Institute	76
		c)	Maßnahmen der Unternehmenssteuerung		77
			(1)	Fassung von Beschlüssen über Groß- und Organkredite	77
			(2)	Übertragung von Vertretungsbefugnissen auf Dritte	77
			(3)	Übertragung von Entscheidungsbefugnissen auf Dritte	77
		d)	Maßnahmen der Unternehmenskontrolle		78
			(1)	Auslagerung prozessabhängiger Überwachungsmechanismen	78
			(2)	Auslagerung der Internen Revision	79

		2.	Besondere Maßstäbe bei Spezialkreditinstituten	79
F.	**Ordnungsmäßigkeit der Auslagerung**			**80**
I.	Anforderungen an die Gestaltung des Auslagerungsvertrags			80
II.	Organisatorische Anforderungen			82
	1.	Auslagerndes Institut		83
		a)	Auswahl des Auslagerungsunternehmens und Instruktion	83
		b)	Steuerung und Überwachung des Auslagerungsunternehmens	83
			(1) Aufbauorganisation	84
			(2) Ablauforganisation	85
		c)	Durchführung der Internen Revision für die ausgelagerten Aktivitäten und Prozesse	86
		d)	Notfallkonzept	87
		e)	Vorkehrungen für die beabsichtigte Beendigung von Auslagerungen	88
	2.	Auslagerungsunternehmen		88
G.	**Sonderthemen**			**89**
I.	Geschäfte mit besonderer Struktur			89
II.	Arbeitsteilung im Verbund			89
III.	Gruppeninterne Auslagerungen			90
IV.	Auslagerung auf Mehrmandantendienstleister			92
V.	Einsatz von Leiharbeitnehmern			92
H.	**Anzeigepflichten und Zustimmungserfordernisse**			**93**
I.	Anzeigepflichten im KWG			93
II.	Zustimmungserfordernis			93
I.	**Übergangsvorschriften und Ausblick**			**93**

Der Risikoanalyseprozess beim Outsourcing   **95**

Christine Wicker/Martin Wollinsky

A.	Grundlagen der aufsichtsrechtlich geforderten Risikoanalyse	96
B.	Aufgaben der Risikoanalyse	98
I.	Instrument zur Beurteilung der Wesentlichkeit	98
II.	Grundlage für die Beurteilung der Zulässigkeit einer Auslagerung	100
III.	Risikoanalyse als Teil des Risikomanagements	101
C.	Aufsichtsrechtliche Vorgaben für den Risikoanalyseprozess und in diesem Zusammenhang stehende Praxisfragen	101
I.	Eigenverantwortliche Feststellung des Instituts	101
II.	Einbeziehung der maßgeblichen Organisationseinheiten	103
III.	Beteiligung der Internen Revision im Rahmen ihrer Aufgaben	103
IV.	Unternehmenseinheitliche Definition der Risiken einer Auslagerung und der Bewertungskriterien	105
V.	Eignung des Auslagerungsunternehmens	109
VI.	Erleichterungen bei gruppeninternen Auslagerungen	111
VII.	Notwendige Anpassungen im Zeitablauf	112
VIII.	Dokumentation	113
D.	Methoden zur Durchführung der Risikoanalyse	114
I.	Überblick und Zielsetzung	114
II.	Risikoidentifizierung	114
	1. Checklisten, Analogiemethode	115
	2. Kreativitätsmethoden	116
	3. Prognosetechniken	116

Inhaltsverzeichnis

	III.	Risikoanalyse	117
		1. Qualitativer Risikobewertungsansatz	117
		2. Quantitativer Risikobewertungsansatz	117
		3. Kombination beider Bewertungsansätze	118
		4. Berücksichtigung von risikomindernden Aspekten bei der Risikobewertung	119
		5. Vor- und Nachteile der Bewertungsansätze	119
	IV.	Feststellung der Wesentlichkeit einer Auslagerung	120
	V.	Abgestufte Risikoanalyse	121
	VI.	Stellungnahme	123
	VII.	Praxisbeispiel für ein Risikoanalyseverfahren für Auslagerungen in Auszügen	123
		1. Vereinbarkeitsprüfung (Schritt 1)	124
		2. Risikoidentifizierung (Schritt 2)	125
		3. Risikoanalyse (Schritt 3)	126
		4. Anbieterauswahl (Schritt 4)	126
E.	**Fazit und Ausblick**		**127**

Zivilrechtliche Grundsätze und Vertragsgestaltung — 129

Herbert Zerwas & Larissa Knöfler

A.	Einleitung	129
B.	Allgemeine Anmerkungen zu Outsourcing-Verträgen	130
I.	Vertragstyp	130
II.	Rechtsfolgen bei Vertragsverletzung	131
III.	Übernahmen	131

IV.	Streitbeilegung	133
V.	Vergütungsregelung	133
VI.	Haftung	133
VII.	Anpassungsregeln	134
VIII.	Rechtswahl und Gerichtsstand	134
C.	**Aufsichtsrechtliche Vorgaben zu Outsourcing-Verträgen**	**135**
I.	Vertragsgegenstand/Spezifizierung und Abgrenzung der vom Auslagerungsunternehmen zu erbringenden Leistung	135
II.	Informations- und Prüfungsrechte der Internen Revision sowie externer Prüfer	136
III.	Informations- und Prüfungsrechte sowie Kontrollmöglichkeiten der BaFin	137
IV.	Zugangs- und Weisungsrechte des auslagernden Instituts	138
V.	Beachtung datenschutzrechtlicher Bestimmungen	140
VI.	Vertragsdauer und angemessene Kündigungsfristen	140
VII.	Regelungen über Möglichkeit und Modalitäten einer Weiterverlagerung	141
VIII.	Informationsrechte des auslagernden Instituts	141
IX.	Übergangsbestimmungen	141
D.	**Gliederungsmöglichkeit eines Outsourcing-Vertrags**	**142**
E.	**Verwendung von Service Level Agreements**	**143**
I.	Inhaltliche Anforderungen an ein SLA	144
II.	Gliederungsmöglichkeit eines SLAs	145
III.	Rechtliche Einordnung eines SLAs	146
IV.	Management eines SLAs	147
V.	Zukunft des SLAs	148

Inhaltsverzeichnis

Umsatzsteuerliche Fragestellungen   **151**

Christian Schubert & Elmar Jaster

A.	Überblick	151
I.	Outsourcing und Umsatzsteuer	151
II.	Bedeutung steuerbefreiter Leistungen im Rahmen des echten Outsourcings	153
III.	Auslegung der Steuerbefreiungsvorschriften	157
IV.	Ausblick – Entwicklung auf EU-Ebene	158
B.	Etablierung von Leistungsstrukturen	164
I.	Umsatzsteuerpflicht der Übertragung von Wirtschaftsgütern – Etablierung der Leistungsstruktur	164
	1. Veräußerung eines Betriebsteils	165
	a) Einzelübertragung versus Geschäftsveräußerung im Ganzen	166
	b) Gesamtrechtsnachfolge nach dem Umwandlungsgesetz	168
	2. Veräußerung einzelner Wirtschaftsgüter	172
	3. Vermietung	172
II.	Umsatzsteuerpflicht bei der Rückübertragung von Wirtschaftsgütern – Beendigung der Auslagerung	173
C.	Umsatzsteuerliche Optimierungsmöglichkeiten	175
I.	Organschaftsstrukturen – Organic Insourcing	175
	1. Voraussetzungen	176
	a) Organträger	176
	b) Finanzielle Eingliederung der Service-GmbH	178
	c) Wirtschaftliche Eingliederung der Service-GmbH	178
	d) Organisatorische Eingliederung der Service-GmbH	180

	2.	Rechtsfolgen	181
	3.	Grenzüberschreitende Organschaft	182
II.	\multicolumn{2}{l}{Steuerfreier Zusammenschluss gemäß}	

- II. Steuerfreier Zusammenschluss gemäß
  Art. 132 Abs. 1 lit. f der MwStSystRL — 183
  1. Anwendbarkeit in Deutschland — 183
  2. Voraussetzungen der Vorschrift — 184
     a) Selbstständiger Zusammenschluss — 184
     b) Ausüben einer umsatzsteuerbefreiten Tätigkeit — 185
     c) Leistungen an Mitglieder zur Ausübung deren steuerbefreiter Tätigkeit — 185
     d) Tätigkeit lediglich auf Basis der Kostenerstattung — 186
     e) Keine Wettbewerbsverzerrung — 186
  3. Grenzüberschreitende Anwendung — 187
  4. Struktur über eine ausländische Tochtergesellschaft — 187
- III. Joint Employment Contracts — 188
- IV. Annex: Arbeitsrechtliche Implikationen — 191
- V. Leistungsbeistellung — 193
  1. Personalüberlassung als nicht steuerbare Leistungsbeistellung — 193
  2. Stoffidentität – Weisungsrecht des Auftraggebers — 194
- VI. Leistungsort – Globalisation — 195
  1. Übersicht — 195
  2. Leistungsbezug über eine im Ausland befindliche Betriebsstätte – sogenannte Purchase Hubs — 197
     a) Kein umsatzsteuerlicher Leistungsaustausch zwischen Betriebsstätte und Stammhaus — 198

		b) Leistungsbezug durch die Betriebsstätte	201
D.	**Steuerbefreiung**		**205**
I.	Bedeutung steuerbefreiter Leistungen im Rahmen des klassischen Outsourcings		205
II.	Auslegung der Steuerbefreiungsvorschriften		206
	1.	Allgemeine Auslegungskriterien	206
	2.	Regelungszweck der Befreiungsvorschriften – keine Parallelwertung zum Aufsichtsrecht	207
III.	Anforderungen des EuGH an die ausgelagerte Tätigkeit		209
	1.	Bindung an gemeinschaftsrechtsrechtliche Vorgaben	209
	2.	Anwendung der Steuerbefreiungsvorschrift auf ausgelagerte Dienstleistungen – Kriterien nach der Rechtsprechung des EuGH	210
		a) „Spezifische" und „wesentliche" Funktionen	211
		b) Leistungsbeziehungen	215
	3.	Wesensgehalt als Grenze der Bestimmung befreiter Tätigkeiten	216
	4.	Vermittlungsumsätze	219
E.	**Einzelne Steuerbefreiungstatbestände**		**222**
I.	Zahlungs- und Überweisungsverkehr		222
II.	Kontokorrentverkehr und Einlagengeschäft		227
III.	Wertpapiergeschäft		228
IV.	Gewährung von Krediten		230
V.	Behandlung ausgelagerter Vertriebsleistungen		233

	1.	Umsatzsteuerbefreiung der Leistungen des Untervermittlers Rechtsprechung des EuGH, Urteile in den Rechtssachen „CSC Financial Services" (C-235/00) vom 13. Dezember 2001 sowie „Volker Ludwig" (C-453/05) vom 21. Juni 2007 ... 234
	2.	Begriff der Vermittlungstätigkeit in Abgrenzung zur Koordination des Strukturvertriebs unter Berücksichtigung der Rechtsprechung des BFH und der Ansicht der Finanzverwaltung ... 238
	3.	Weitere aktuelle Urteile zum Begriff der Vermittlung ... 240
F.	Ausblick	242

Steuerliche Aspekte bei inländischen und grenzüberschreitenden Outsourcing-Maßnahmen 243

Christine Marx & Achim Obermann

A.	Einführung	243
B.	Rechtliche Struktur der deutschen Bankenlandschaft	245
I.	Öffentlich-rechtliche Banken	246
II.	Privatrechtlich organisierte Banken	247
III.	Genossenschaftlich organisierte Banken	248
IV.	Konsequenzen	248
C.	Ertragsteuerliche Aspekte beim Outsourcing	248
I.	Übertragungen nach EStG	249
	1. Funktionsverlagerung innerhalb einer rechtlichen Einheit	250
	2. Funktionsverlagerung zwischen rechtlichen Einheiten eines Konzerns	250

		a)	Veräußerung	250
		b)	Tausch	251
II.	Übertragungen nach UmwG und UmwStG			253
	1.	Grundlagen des UmwG		254
	2.	Steuerrechtliche Beurteilung nach UmwStG		258
		a)	Umwandlungsformen nach dem UmwStG	259
		b)	Grundprinzipien der Umwandlung nach UmwStG	261
			(1) Ansatz des gemeinen Werts oder des Buchwerts	261
			(2) Umwandlungsstichtag	262
			(3) Nutzung von Verlustvorträgen	262
			(4) Einbringung nach §§ 20 und 24 UmwStG	263
III.	Organschaft als Möglichkeit der Ergebnisverrechnung			263
IV.	Sonderthema: Grunderwerbsteuer			264

D. Einzelaspekte bei grenzüberschreitenden Outsourcing-Maßnahmen — **266**

I.	Auslandsbezug bei Umwandlungen nach UmwStG zwischen verschiedenen rechtlichen Einheiten	266
II.	Betriebsstätte	267
III.	Verrechnungspreise	268
IV.	Hinzurechnungsbesteuerung nach AStG	269

E. Zusammenfassung und Ausblick — 271

Arbeitsrechtliche Fragen, Anforderungen an die Personalausstattung und Vergütungsgestaltung beim Outsourcing 273
Nanette Ott & Nicole Fischer

A.	Arbeitsrechtliche Fragen des Outsourcings			273
I.	Das Vorliegen eines Betriebsübergangs gemäß § 613a BGB			274
	1.	Übergang eines Betriebs oder Betriebsteils		275
		a)	Art des Betriebs(teils)	276
		b)	Übergang oder Nichtübergang materieller Betriebsmittel	276
		c)	Wertübergehen der immateriellen Aktiva	277
		d)	Übernahme oder Nichtübernahme der Hauptbelegschaft	277
		e)	Eintritt in Kundenbeziehungen	277
		f)	Grad der Ähnlichkeit zwischen den vor und nach dem Übergang verrichteten Tätigkeiten	278
		g)	Dauer einer etwaigen Unterbrechung der Tätigkeit	279
	2.	Fallgestaltungen ohne Betriebsübergang		279
	3.	Voraussetzung eines Teilbetriebsübergangs		280
	4.	Betriebsübergang auf einen anderen Inhaber durch Rechtsgeschäft		280
II.	Rechtsfolgen des § 613a BGB			281
	1.	Übergang der Arbeitnehmer		281
	2.	Fortbestand der Arbeitsbedingungen		282
	3.	Zeitpunkt des Übergangs		282
	4.	Haftung		283
	5.	Kollektivrechtliche Folgen des Betriebsübergangs		283

		a)	Betriebsratsamt	283
		b)	Gemeinschaftsbetrieb	283
		c)	Betriebsvereinbarungen	284
		d)	Tarifvertragliche Konsequenzen	285
	6.	\multicolumn{2}{l}{Informationspflichten des bisherigen Arbeitgebers beziehungsweise neuen Inhabers}	288
		a)	Zeitpunkt oder geplanter Zeitpunkt des Übergangs (§ 613 a Abs. 5 Nr. 1 BGB)	289
		b)	Grund für den Übergang (§ 613 a Abs. 5 Nr. 2 BGB)	289
		c)	Rechtliche, wirtschaftliche und soziale Folgen des Übergangs für die Arbeitnehmer (§ 613 a Abs. 5 Nr. 3 BGB)	290
		d)	Hinsichtlich der Arbeitnehmer in Aussicht genommene Maßnahmen (§ 613 a Abs. 5 Nr. 4 BGB)	293
	7.		Widerspruchsrecht	293
	8.		Unwirksamkeit von Kündigungen wegen des Betriebsübergangs	293
III.			Das Vorliegen einer sogenannten Betriebsänderung	294
	1.		Voraussetzungen nach § 111 S. 1 BetrVG	294
		a)	Spaltung von Betrieben	295
		b)	Grundlegende Änderung von Betriebsorganisation, Betriebszweck und Betriebsanlagen	295
	2.		Rechtsfolgen gemäß §§ 111 ff. BetrVG	296
	3.		Planung des Verfahrens	296
	4.		Unterrichtungsphase	297

	5. Beratungsphase (inkl. Interessenausgleichs- und Sozialplanverhandlungen)	298
	6. Weitere Informations- und Beteiligungsrechte der Arbeitnehmervertretung	300
IV.	Auswirkung der Auslagerung auf die Unternehmensmitbestimmung	300
B.	Anforderungen an die Personalausstattung und Vergütungsgestaltung	301
I.	Das Gesetz zur Angemessenheit der Vorstandsvergütung (VorstAG)	301
	1. Anwendbarkeit	301
	2. Inhalt	302
II.	Verordnung über die aufsichtsrechtlichen Anforderungen an Vergütungssysteme von Instituten vom 6. Oktober 2010 (InstitutsVergV)	303
	1. Anwendbarkeit	303
	2. Inhalt	305
III.	BaFin-Rundschreiben vom 14. August 2009	307
	1. Anwendbarkeit	307
	2. Inhalt	307
C.	Fazit	307

Datenschutz und Bankgeheimnis bei Outsourcingmaßnahmen 309

Christine Wicker & Martin Wollinsky

A.	Einführung	309
B.	Rechtliche Grundlagen der Vertraulichkeit von Daten bei Instituten	310

I.	Datenschutz im Sinne des BDSG	311
II.	Bankgeheimnis	312
III.	Verhältnis von Bankgeheimnis und Datenschutz	312
C.	**Verwendung und Weitergabe von Daten nach BDSG**	**313**
I.	Abgrenzung Auftragsdatenverarbeitung – Funktionsübertragung	315
	1. Entwicklung des Begriffs der Auftragsdatenverarbeitung	315
	2. Meinungsstand zur Abgrenzung in der Literatur	316
	3. Stellungnahme	317
II.	Konsequenzen der Datenweitergabe im Rahmen der Auftragsdatenverarbeitung	318
III.	Konsequenzen der Datenübermittlung an Dritte im Rahmen der Funktionsübertragung	320
	1. Einwilligung des Betroffenen	321
	2. Gesetzlich geregelte Erlaubnistatbestände	322
	3. Neuregelungen zur Datenübermittlung an Auskunfteien und zum Scoring	324
D.	**Weitergabe von Daten im Rahmen des Bankgeheimnisses**	**327**
I.	Wahrnehmung berechtigter Interessen (§ 193 StGB)	328
II.	Einwilligung des Betroffenen	328
III.	Weitergabe ohne Einwilligung des Betroffenen	329
IV.	Stellungnahme	329
E.	**Auslagerung auf Unternehmen im Ausland**	**330**
I.	Innerhalb von EU und EWR	331
II.	In Drittländer	332
F.	**Fazit und Zusammenfassung**	**334**

Auslagerungen in der Finanzbranche effektiv und effizient steuern — 337
Nina Spilles & Thomas Karl Otto

A.	Auslagerungssteuerung als Erfolgsfaktor	337
B.	Grundlagen einer effektiven Auslagerungssteuerung	339
C.	Struktur der Auslagerungssteuerung	344
I.	Wesentliche Bausteine der Auslagerungssteuerung	344
	1. Wirtschaftliche Säule	345
	2. Organisatorische Säule	346
	3. Aufsichtsrechtliche Säule	346
II.	Methoden der Auslagerungssteuerung	347
	1. Dezentrale Form	348
	2. Zentrale Form	349
	3. Mischform	349
D.	Erfolgsfaktoren der Steuerung von Auslagerungen in der Praxis	350
I.	Professionelle Dokumentation der Leistungsbeziehungen	350
II.	Definition und Einsatz von Messinstrumenten	352
III.	Festlegung von klaren Kompetenzen und Verantwortlichkeiten	353
IV.	Klar aufgesetztes Client-Relationship-Management	354
V.	Transparentes Risiko-Reporting	354
E.	Optimierungsmöglichkeiten bestehender Auslagerungssteuerungen	355

Inhaltsverzeichnis

Outsourcing – Anforderungen an die interne und externe Prüfung   359
Christoph Theobald

A.	Anforderungen an die Organisation und Prüfung von Auslagerungssachverhalten in der Kreditwirtschaft			359

A. Anforderungen an die Organisation und Prüfung von
Auslagerungssachverhalten in der Kreditwirtschaft   359
    I. Organisation von Auslagerungssachverhalten   360
   II. Prüfung von Auslagerungssachverhalten durch das auslagernde Institut   361
B. Prüfungen von Auslagerungssachverhalten durch die
Interne Revision   362
    I. Interne Revision des Auslagerungsunternehmens
als Revisionsdienstleister   363
        1. Anforderungen an die (Mit-)Auslagerung von Tätigkeiten
der Internen Revision   363
            a) Risikoanalyse   364
            b) Vermeidung der Auslagerung von Leitungsaufgaben   364
            c) Vorkehrungen im Fall der beabsichtigten Beendigung
von Auslagerungsverhältnissen   364
            d) Auslagerungsvertrag   365
            e) Risikosteuerung und -überwachung   365
            f) Sicherstellung der Einhaltung der Anforderungen
auch bei Weiterauslagerung   366
        2. Verzicht auf eigene Prüfungshandlungen der
Internen Revision des Instituts   366
        3. Praktische Ausgestaltung der Innenrevisionstätigkeit
bei Mehrmandantendienstleistern   367

		4.	Verbleibende Tätigkeiten der Revision des Instituts	368
	II.	Prüfung durch die Interne Revision des Instituts		370
C.	**Auslagerungssachverhalte als Gegenstand externer Prüfungen**			**371**
	I.	Fälle der externen Prüfung von Auslagerungssachverhalten		371
	II.	Anforderungen an die Abschlussprüfung im Hinblick auf Auslagerungen		373
		1.	Begriffliches Vorliegen einer Auslagerung	374
		2.	Wesentlichkeit der Auslagerung	374
		3.	Zulässigkeit der Auslagerung	375
		4.	Ordnungsmäßigkeit des Auslagerungsvertrags	376
		5.	Einhaltung der besonderen organisatorischen Pflichten nach § 25a Abs. 2 KWG	377
			a) Anforderungen an die Geschäftsorganisation nach KWG	377
			b) Einbindung des Auslagerungssachverhalts in das Risikomanagementsystem	378
			c) Einbindung der Auslagerungssachverhalte in die Organisation des auslagernden Instituts	378
			(1) Implementierung geordneter Prozessabläufe	379
			(2) Implementierung einer prozessunabhängigen Überwachung	379
			(3) Funktionsfähigkeit der Internen Revision	380
			d) Einhaltung aufsichtsrechtlicher Anforderungen	380
	III.	Gesetzliche Prüfungen des Auslagerungsunternehmens		380
	IV.	Prüfungen nach SAS 70		381
		1.	Überblick	381
		2.	Arten von Prüfungen	382

		a)	Type I: Report on controls placed in operation	383
		b)	Type II: Report controls placed in operation and tests of operating effectiveness	383
	3.	Prüfungen von Dienstleistungsunternehmen nach SAS 70		384
		a)	Prüfungsziele	384
		b)	Phasenkonzept bei der erstmaligen Durchführung von Prüfungen nach SAS 70	385
			(1) Phase I: Vorprüfung	385
			(2) Phase II: Überarbeitungsphase (Time out)	386
			(3) Phase III: Testphase	386
	4.	Berichterstattungen über Prüfungen nach SAS 70		386
	5.	Prüfungen nach SAS 70 als Instrument des Risikomanagements		387
		a)	Risikomanagement beim auslagernden Institut	387
		b)	Risikomanagement im Dienstleistungsunternehmen	388
	6.	Zusammenfassung		389
V.	Prüfung der dienstleistungsbezogenen Kontrollen nach IDW PS 951			391
	1.	Gegenstand der Beurteilung		391
	2.	Berichterstattung und Bescheinigung		392
	3.	Verwertung der Berichterstattung		392
D.	**Schlussbemerkung und Ausblick**			**393**

Die Autoren	395
Abkürzungsverzeichnis	399
Stichwortverzeichnis	403

Sourcing als Grundlage der Transformation von Banken

Rainer Wilken & Thomas K. Otto

A. Notwendigkeit der Transformation von Banken

Viele Finanzinstitute in Deutschland müssen sich radikal verändern, um wieder nachhaltig erfolgreich zu werden. Die Finanzkrise von 2008, die auch die Insolvenz von Lehman Brothers mit sich brachte, hat gezeigt, dass die internen Strukturen vieler Banken nicht flexibel genug waren, um sich an eine neue Situation auf den internationalen Finanzmärkten anzupassen. Zudem verändert sich der deutsche Bankenmarkt als Folge der Krise tiefgreifend. So mussten Institute faktisch verstaatlicht und Kredite teilweise auf eine staatliche Abwicklungsbank übertragen oder in eine neu eingerichtete Abwicklungseinheit innerhalb der Bank ausgegliedert werden. Die in diesem Zusammenhang geforderten Verkäufe von Beteiligungen und Geschäftsbereichen der vom Staat gestützten Institute werden die Bankenlandschaft in den nächsten Jahren weiter nachhaltig verändern. Nur ein Institut, das sich flexibel auf diese Veränderungen vorbereiten und einstellen kann, wird gestärkt aus der Krise hervorgehen.

Die anstehenden Veränderungen im Bankenmarkt werden von einer Verschärfung der regulatorischen Regelungen für Banken begleitet. Als Reaktion auf die staatlichen Rettungspakete hat die nationale und internationale Politik Änderungen der Regulierungsanforderungen angekündigt. Auch wenn zum jetzigen Zeitpunkt der vollständige Umfang dieser Änderungen noch nicht klar definiert ist, so gilt es bereits heute als sicher, dass die Umsetzung erhebliche Anpassungen in den Banken erforderlich machen wird.

Neben den anstehenden strukturellen Veränderungen im deutschen Bankenmarkt wird der globale Wettbewerb weiter zunehmen. Insbesondere die internationalen Banken, welche sich durch Kapitalmarktaktivitäten schneller von der Finanzmarktkrise erholen konnten, nutzen die aktuelle Situation für Expansion und Akquisition. Deutschland als einer der größten Bankenmärkte innerhalb Europas ist für viele ausländische Institute ein Zielmarkt für Merger & Acquisition-Aktivitäten.

Die bevorstehenden Veränderungen im deutschen Markt bieten jenen Instituten, die sich flexibel an die neue Situation anpassen können, die Chance, ihre Marktposition nachhaltig zu verbessern. Hierbei gilt es, vorhandene starre und unflexible Strukturen in der eigenen Organisation aufzubrechen und durch anpassungsfähige und modularisierte Strukturen zu ersetzen („Transformation"). Diese flexiblen Strukturen ermöglichen dem Institut eine (kosten-) effiziente Reaktionsmöglichkeit auf Veränderungen im Kunden- und Marktumfeld sowie auf neue regulatorische Anforderungen.

Die Finanzkrise hat den Fokus der Institute somit wieder auf die Transformation ihrer Organisation gelenkt. Die Institute aller drei Säulen (öffentlichrechtliche Institute, Genossenschaft- und Privatbanken) des deutschen Bankenmarktes müssen sich weiter an die Erfordernisse des nationalen und internationalen Finanzmarktes anpassen, um weiter erfolgreich agieren zu können. Die notwendige Transformation umfasst unter anderem die Anpassung der Organisationsstruktur, der Prozesse, der IT-Systeme und nicht zuletzt die Verbesserung der Mitarbeiterstruktur, um eine flexiblere Zielstruktur zu erreichen. Ein wesentliches strategisches Instrument der Banken zur organisatorischen Transformation ist das Sourcing. Die Verlagerung von Systemen oder Aktivitäten auf einen Dienstleister modularisiert die interne Leistungserbringung der Bank, wodurch Teile der betrieblichen Leistungskette skalierbarer, planbarer und kostengünstiger werden können. Die unterschiedlichen Elemente, wie die Einrichtung von Shared-Service-Centern oder das klassische Outsourcing, sind in vielen Instituten bereits fester Bestandteil einer erfolgreichen Anpassung. Richtig eingesetzt unterstützt Sourcing erfolgreich und nachhaltig den Transformationsprozess zu einem national und international konkurrenzfähigen Institut.

B. Sourcing als strategisches Instrument

Sourcing leitet sich aus dem englischen Begriff „to source" ab. Dieser beschreibt allgemein die Bereitstellung von Dienstleistungen. Hierbei wird noch nicht zwischen einem internen beziehungsweise externen Bezug unterschieden. Nach Alt, Berent und Zerndt kann Sourcing als *"Entscheidungen zur organisatorischen Verteilung betrieblicher (Teil-)Prozesse auf interne oder externe Leistungserbringer sowie das Management dieser Beziehungen"*[1] definiert werden. Sourcing beschreibt folglich die (strategischen) Entscheidungen des Managements zur internen oder externen Erbringung einzelner Prozesse innerhalb der gesamten Leistungs- beziehungsweise Wertschöpfungskette.

Grundlagen einer Sourcing-Entscheidung sind die strategische Positionierung des eigenen Instituts sowie ein grundlegendes Verständnis der eigenen Wertschöpfungskette. Auf Basis dieser Informationen kann durch das Institut die klassische „Make-or-Buy"-Entscheidung getroffen werden.[2] Um Sourcing als strategisches Transformationsinstrument effizient zu nutzen, muss ein Institut ein klares Bild über seine künftige strategische Position (z. B. als Spezialproduktinstitut für Konsumentenkredite oder als Wholesale-Bank mit Fokus auf den Mittelstand) gewinnen. Steht das strategische Ziel eines Instituts fest, so unterstützen die verschiedenen Sourcing-Modelle die Transformation des Instituts, das heißt bei dem anstehenden organisatorischen Umbau des Instituts beziehungsweise dessen Teilbereichen.

In der einschlägigen Literatur[3] zu diesem Thema ist eine Reihe von Sourcing-Modellen und Kriterien bekannt. Zum Beispiel die klassische „Make-or-Buy"-Entscheidung, aus der sich weitere Modelle wie beispielsweise die Unterscheidung zwischen einem Near- oder Offshoring oder einem Single- oder Multisourcing ableiten. Betrachtet man Sourcing als ein Transformationsinstrument,

---
1 Vgl. Alt/Berent/Zerndt (2009): Transformation von Banken, S. 11.
2 Siehe auch Kapitel Make-or-Buy in der Finanzbranche, S. 45.
3 Vgl. Bräutigam (2009): Vertragsgestaltung bei Offshoring-Projekten, S. 1075f.; Hermes/Schwarz (2005): Outsourcing, S. 26ff.

sind diese Aspekte eher von nachgelagerter Bedeutung. Im Vordergrund einer institutionellen Transformation steht die grundlegende Zielsetzung der Organisationsstruktur mit den Aspekten der Eigenfertigungstiefe und des geplanten Beteiligungsverhältnisses. Sourcing ist damit ein wesentlicher Baustein zur Erzielung eines schnellen und effizienten Umbaus der eigenen Organisation.

I. Sourcing als Instrument der Transformation

Sourcing kann ein Institut auf verschiedene Weise bei seiner Transformation unterstützen. Neben der Funktion der internen Reorganisation unterstützt das Sourcing auch bei anorganischem Wachstum des Instituts, das heißt beim Zukauf von Unternehmen oder Unternehmensteilen sowie bei der Optimierung seiner Wertschöpfungskette. Die Notwendigkeit einer Reorganisation kann sich aus externen wie internen Gründen ergeben. In der Praxis ist der häufigste Anlass, dass die Organisationstruktur eines Instituts unter den geänderten Marktanforderungen nicht mehr effizient arbeitet. Die Finanzkrise hat deutlich gezeigt, dass die deutschen Institute in ihrer Organisationsstruktur nicht ausreichend flexibel waren, um auf die einbrechenden Märkte und Geschäfte infolge der Krise schnell genug zu reagieren: Die Konsolidierung im deutschen Bankenmarkt und die folgende Reorganisationen in den betroffenen Banken dauern noch immer an.

Steht für ein Institut die Notwendigkeit einer internen Reorganisation fest, so stehen für diese Transformation verschiedene Instrumente des Sourcings zur Verfügung. Es kann zum Beispiel notwendig sein, bestehende dezentrale Aufgaben in einem Shared-Service-Center zentral zu bearbeiten. Zusätzlich bietet es sich bei global agierenden Finanzinstituten an, Aktivitäten und Prozesse, die ähnlich ausgestaltet sind, in einer eigenen Gesellschaft international zu zentralisieren (wie zum Beispiel HR-Services oder die Abrechnung von Reisekosten). Durch interne Prozesszentralisierungen lassen sich auf Grundlage von weitergehender Professionalisierung und Industrialisierung im Gegensatz zur dezentralen Bearbeitung Skaleneffekte im Konzern realisieren und so kurzfristige Kostensenkungspotenziale generieren und langfristige Wettbewerbsvorteile erzielen.

1. Prozessoptimierung als Ausgangslage einer Transformation

Hat ein Institut bereits eine effektive Organisationsform erreicht, stellt sich die Frage nach weiterer Verbesserung, um durch eine effiziente Struktur zusätzliche Vorteile erreichen zu können. Folgt man hierbei der optimierenden Betrachtung der Wertschöpfungskette,[4] so folgt die Steigerung der Prozesseffizienz einem Verlauf (siehe Abbildung 1) von Prozesszentralisierung, -optimierung, -industrialisierung bis hin zum Outsourcing. In der Praxis wird diese Reihenfolge meistens nicht stringent eingehalten. Häufig wird Outsourcing mit dem Ziel betrieben, durch das Umsetzen des Outsourcings einen Prozessoptimierungsprozess anzustoßen. Zum Beispiel werden Abwicklungsprozesse auf eine Tochtergesellschaft ausgelagert, um die für eine Optimierung notwendige Kosten- und Leistungstransparenz herzustellen. Die eigentliche Prozessoptimierung findet im Tochterunternehmen im Nachgang zur Verlagerung statt. Oder es erfolgt gerade deswegen eine Auslagerung von Teilen der Prozesskette, um die notwendige Optimierung und damit verbundene Industrialisierung nicht im eigenen Institut durchführen zu müssen. Dies ist für ein Institut insbesondere dann sinnvoll, wenn das Institut nicht über das notwendige Know-how beziehungsweise die Managementkapazitäten verfügt, um die entsprechende Optimierung selbst durchzuführen. In diesem Fall ist das Sourcing, insbesondere das Outsourcing, nicht das Ziel einer Optimierung, sondern das notwendige Instrument.[5] Institute können somit die Sourcing-Instrumente zu einer Optimierung der eigenen Wertschöpfungskette nutzen und dadurch eine effiziente Struktur erreichen.

---

4 Vgl. Porter (1998): Competitive Strategy; Strassburger (2006): Wertschöpfungskette – Darstellung und Bedeutung, S. 17f.
5 Vergleiche auch das Kapitel Make-or-Buy in der Finanzbranche, S. 45 zur Make-or-Buy-Entscheidung im Outsourcing und das Kapitel Auslagerungen in der Finanzbranche effektiv und effizient steuern, S. 337 zur effizienten Steuerung von Auslagerung.

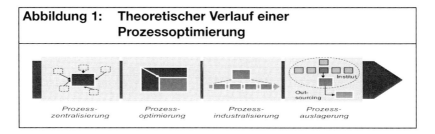

Abbildung 1: Theoretischer Verlauf einer Prozessoptimierung

2. Sourcing unterstützt anorganisches Wachstum

Sourcing ist auch wichtiger Bestandteil anorganischer Wachstumsaktivitäten, wie zum Beispiel bei komplexen Merger & Acquisition-Vorhaben. Insbesondere bei Carve-Out-Transaktionen fördern Sourcing-Instrumente eine schnelle und friktionslose Integration. Bei einem Carve Out werden Teilbereiche des Unternehmens beziehungsweise der Wertschöpfungskette verkauft. Da der zu veräußernde Unternehmensteil bei der Umsetzung des „Carve Out" aus einem funktionierenden Unternehmen „herausgelöst" werden muss, entsteht eine sogenannte „Koexistenzphase". In dieser Phase gehört der gekaufte Unternehmensteil rechtlich dem Käufer, ist aber operativ weiterhin vom ursprünglichen Institut abhängig und prozessual/technisch mit diesem verbunden.

Wie bei anderen Outsourcingvorhaben auch sind für eine kurze und friktionsfreie Koexistenzphase die gegenseitigen Leistungsbeziehungen vertraglich zu fixieren. Dies schließt eine Beschreibung der bei beiden Vertragspartnern notwendigen Prozesse in Bezug auf einen funktionierenden operativen Betrieb ein. Im Rahmen eines anorganischen Wachstums sollte ein Institut alle Möglichkeiten des Sourcings eingehend prüfen, um weitere Synergien, zum Beispiel durch die Konsolidierung von unterschiedlichen Dienstleistern bei ausgelagerten gleichartigen Prozessen oder der Zusammenlegung von Shared-Service-Centern zu heben. Eine frühzeitige Berücksichtigung und Planung dieser Integrationsschritte ist ein wichtiger Erfolgsfaktor einer Akquisition.

II. Verschiedene Aspekte des Sourcings

Bei einer geplanten Transformation ist beim Einsatz von Sourcing-Instrumenten die Frage entscheidend, ob der künftige Leistungsbezug intern oder extern erfolgen soll.

1. Shared-Service-Center als internes Instrument des Sourcings

Entscheidet sich ein Institut für eine interne Leistungserbringung, da es zum Beispiel die Leistung als strategisch relevant bewertet, bietet sich der Aufbau eines Kompetenzzentrums oder eines Shared-Service-Centers an. Durch diese Zentralisierung lassen sich regelmäßig Skaleneffekte realisieren sowie die Prozesse innerhalb dieses Centers in der Regel leichter weiter professionalisieren und industrialisieren. Banken haben in den letzten Jahren Shared-Service-Center für die verschiedensten Bereiche ihrer Wertschöpfungskette eingesetzt. Häufig findet man diese in den Bereichen HR, Finance oder auch in den Produktionsbereichen einer Bank wie der Kreditsachbearbeitung oder der Filialnachbearbeitung. In internationalen Konzernen werden diese Shared-Service-Center an verschiedenen Orten in der Welt aufgebaut, um möglichst kosteneffiziente Strukturen zu ermöglichen. So betreiben zum Beispiel einige englische Banken einen Teil ihrer Kredit- und Wertpapierabwicklungseinheiten in Asien („Hub-and-spoke").

Der Nutzen eines Shared-Service-Centers besteht in Bezug auf die Bündelung von dezentralen Aufgaben aus verschiedenen Aspekten: So kann zum Beispiel die Filiale durch ein zentrales Service-Center von administrativen Aufgaben im Rahmen eines Kreditprozesses entlastet und die Datenqualität durch ein professionelles Service-Center erhöht werden. Die Bündelung der Aufgaben und Prozesse in einem Service-Center (siehe Abbildung 2) ermöglicht in vielen Fällen eine stetige Effizienzsteigerung, unter anderem durch den Einsatz entsprechender Messindikatoren in den einzelnen Prozessen und die Einbindung eines Prozess- und Qualitätsmanagements. Zusätzliche Vorteile ergeben sich durch reduzierte Doppelarbeiten oder eine Senkung der Fehlerquote. Weiterhin können einheitliche Arbeitsstandards implementiert und eine Spezialisierung der Mitarbeiter gefördert werden. Vor allem Institute mit einer starken dezentralen Aufgabenverteilung sollten prüfen, in welchem Umfang durch ein Shared-Service-Center die Prozessqualität gesteigert oder sich Kostensenkungen durch Skaleneffekte realisieren lassen. Institute mit bestehenden Service-Centern sollten zum einen eine weitere (inter)nationale Bündelung prüfen, um gegebenenfalls hierdurch zusätzliche mögliche Effizienzgewinne zu heben. Zum anderen sollten sie die Prozessoptimierung durch den Einsatz von Prozess- und Qualitätsmanagementmethoden vorantreiben.

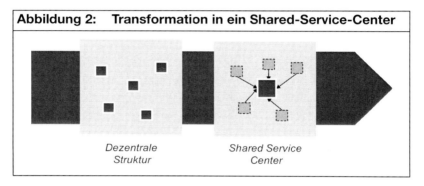

Abbildung 2: Transformation in ein Shared-Service-Center

Dezentrale Struktur — *Shared Service Center*

2. Outsourcing innerhalb bestehender Konzernstrukturen

Um zusätzliche Skaleneffekte zu nutzen, gehen einige Institute zusätzlich den Weg, als sogenannte Mehrmandantendienstleister auch Dritten ihre Dienstleistungen anzubieten, und gründen Shared-Service-Center in eine rechtlich selbstständige Tochtergesellschaft aus. Auch können arbeitsrechtliche Aspekte (z. B. hinsichtlich des Tarifrechts) bei dieser Entscheidung eine Rolle spielen. Erfolgt dies im Rahmen einer organisatorischen Transformation, so bezeichnet man diesen Vorgang als ein (konzern)internes Outsourcing eines Shared-Service-Centers (siehe Abbildung 3). Dies ist ein internes Outsourcing, da die Verlagerung zwar auf ein rechtlich selbstständiges Unternehmen erfolgt, welches jedoch zu 100 Prozent im Besitz der Mutter beziehungsweise des Konzerns verbleibt. Hintergrund dieser Entscheidung ist in vielen Fällen die Überlegung, vorhandene Kapazitäten des eigenen Service-Centers zu nutzen beziehungsweise für vorhandene personelle und technische Kapazitäten eine Vollauslastung zu erzielen und durch ein Angebot im Markt zusätzliches Ertragspotenzial zu generieren. Zusätzlich soll die Möglichkeit der Einflussnahme und des Durchgriffes bestehen bleiben, wodurch ein komplettes Outsourcing nicht infrage kommt.

Aus einer strategischen Perspektive ist dies für ein Institut sinnvoll, wenn die konzerninterne Dienstleistungsgesellschaft standardisierte Leistungen anbietet, durch deren Erbringung jedoch keine Marktdifferenzierung erreicht werden kann, aber der vollständige Einfluss auf den Dienstleister und seine Prozesse bestehen bleiben soll. Ein weiterer Vorteil einer Ausgründung[6] von zum Beispiel Backoffice-Aktivtäten im Bereich der Filialnachbearbeitung auf eine rechtlich selbstständige Tochter mit einer eigenen Bilanz ist, dass eine Umwandlung von einer reinen Cost-Center-Organisation in eine Profit-Center-Organisation erfolgt. Dadurch entstehen bei entsprechender Preissetzung durch die Mutter zusätzliche Anreize zur Effizienzsteigerung und Kostensenkung. Bei einer Verlagerung ins Ausland kann außerdem im Einzelfall die damit verbundene Lohnkostenarbitrage zusätzliche positive Effekte erbringen, denen steigende Anforderungen an die Steuerung und Überwachung entgegenstehen.

Auch bei der Aufnahme einer Geschäftsaktivität in neuen Marktsegmenten kann eine Ausgründung beziehungsweise ein Outsourcing dieser Aktivitäten und damit verbundener Prozesse strategisch sinnvoll sein. Zum Beispiel benötigt ein erfolgreicher Anbieter von Konsumentenkrediten eine sehr effiziente und automatisierte Abwicklungsstruktur, welche sich in vielen Fällen mit den Strukturen einer typischen Retail-Bank nur schwer erreichen lässt. In diesem Fall kann es sinnvoll sein, diese Aktivitäten auf eine Tochter zu übertragen, welche dann entsprechende Strukturen auf- und ausbauen kann.

---

6 Als Ausgründung bezeichnet man die Übertragung von Aufgaben und Funktionen auf ein neugegründetes Unternehmen mit einer eigenen Bilanz.

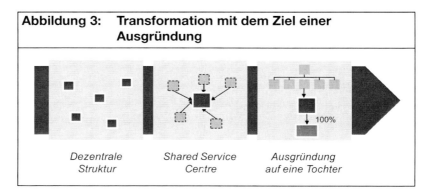

Abbildung 3: Transformation mit dem Ziel einer Ausgründung

3. Outsourcing auf einen selbstständigen Dienstleister

Beim externen Outsourcing entscheidet sich das Institut dafür, die benötigten Produkte beziehungsweise Leistungen vom externen Dienstleister zu beziehen. In der Regel besteht dabei zu dem Dienstleister kein Beteiligungsverhältnis (Ausnahmen bilden strategische Joint Ventures). Bei einem externen Outsourcing kann auch ein teilweiser Übergang von Personal aus dem Institut auf den externen Dienstleister mit der Auslagerung erfolgen. In der Vergangenheit wurden insbesondere zentralisierte Bereiche, die im Wesentlichen eine standardisierte marktübliche Leistung erbracht haben (z. B. Betrieb des Rechenzentrums, technische Abwicklung von Wertpapiergeschäften oder des Zahlungsverkehrs) ausgelagert (siehe Abbildung 4). Die Auslagerung dieser Bereiche hatte auf die strategische Marktpositionierung des Instituts meistens nur einen geringen bis gar keinen Einfluss. Im Gegenzug gewann das Institut durch Outsourcing in der Regel Zugang zu neuen Technologien sowie Spezialisten und konnte so effizientere Kostenstrukturen erreichen.

In der jüngsten Vergangenheit sind die erweiterten regulatorischen Anforderungen ein zusätzlicher Treiber für Auslagerungen geworden. Die Umsetzung gesetzlicher Anforderungen wie die *Markets in Financial Instruments Directive* (MiFID) oder von Neuregelungen wie die Abgeltungsteuer binden in den Instituten erhebliche wirtschaftliche und personelle Ressourcen für die Umsetzung. Ein Mehrmandantendienstleister kann diese Aufwände auf mehrere Mandanten verteilen und zeitlich strecken, sodass der Aufwand für jeden einzelnen Mandanten geringer ausfällt. Zusätzlich verfügt ein großer Outsourcingpartner in der Regel über mehr Erfahrung sowie Kapazitäten im Projektmanagement, um auch große Projekte effizient umsetzen zu können.

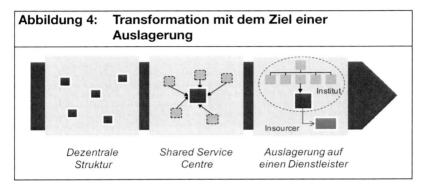

Abbildung 4: Transformation mit dem Ziel einer Auslagerung

Die Auslagerung von Teilen der eigenen Wertschöpfungskette ist durch ein Institut insbesondere in den Bereichen von standardisierten Produkten und Märkten zu prüfen. Eine Auslagerung kann ebenfalls sinnvoll sein, wenn größere Investitionen, zum Beispiel in die IT-Infrastruktur, notwendig geworden sind. In diesen Fällen lassen sich zum Teil erhebliche Effizienzgewinne und Einsparungen im Institut durch ein Outsourcing realisieren.[7]

III. Auswirkung des Beteiligungsverhältnisses auf die Sourcing-Entscheidung

Wird Sourcing als Instrument zur Transformation eines Instituts genutzt, so ist das künftige Beteiligungsverhältnis ein wesentlicher Bestandteil der Sourcing-Entscheidung. Durch eine direkte Mehrheitsbeteiligung behält ein Institut einen beherrschenden Einfluss auf das Tochterunternehmen, wodurch die Geschäftsstrategie der Tochter weiterhin bestimmt werden kann. Ein beherrschender Einfluss wird von den Instituten häufig mit dem Argument verfolgt, weiterhin ein volles Durchgriffsrecht auf den Dienstleister und dessen Prozesse zu besitzen. Zusätzlich besteht im Gegensatz zu einem klassischen Outsour-

---
7 Siehe Kapitel Make-or-Buy in der Finanzbranche, S. 45.

cing der Vorteil, dass durch die Mehrheitsbeteiligung eine umsatzsteuerliche Organschaft entsteht. Dadurch sind die gegenseitig erbrachten Leistungen nicht mehrwertsteuerpflichtig, was für viele Institute ein Vorteil gegenüber dem Leistungsbezug über einen Dritten ist.

1. Outsourcing auf ein Tochterunternehmen

Eine Auslagerung beziehungsweise Ausgründung mit Beteiligungsverhältnis hat für ein Institut den zusätzlichen Nutzen, dass eine Tochter dem Mutterinstitut auch neue strategische Handlungsoptionen ermöglichen kann. Zum einen kann die Tochter als Dienstleister für andere Banken auftreten und dadurch entstehende Skaleneffekte zur Kostenreduktion auch für den gesamten Konzern nutzen. Ein Beispiel stellen die verschiedenen Kreditfabriken von Sparkassen dar, die als Tochterunternehmen ihre Leistungen auch Dritten anbieten. Zum anderen kann die Tochter in ein Joint Venture eingebracht oder zu einem späteren Zeitpunkt mit einem konkurrierenden Dienstleister verschmolzen werden.

Eine Ausgründung in eine Tochter ist für ein Institut somit dann sinnvoll, wenn die bestehenden Instrumentarien der internen Optimierung ausgeschöpft wurden oder deutliche Überkapazitäten vorhanden sind. Es sollte aber sichergestellt werden, dass das notwendige Know-how und die Managementkapazität im Tochterunternehmen vorhanden sind. Ansonsten besteht die Gefahr, dass die entstehenden Opportunitäten nicht effizient genutzt werden können und der Business-Plan nicht realisiert werden kann. Die Anforderungen an die Geschäftsführung eines professionellen Dienstleisters unterscheiden sich von den Anforderungen an einen internen Abteilungs- oder Bereichsleiter.

2. Outsourcing auf einen Dienstleister mit einer Minderheitsbeteiligung

Neben einer Mehrheitsbeteiligung (größer 50 Prozent) kann es für ein Institut sinnvoll sein, im Rahmen einer Auslagerung eine Minderheitsbeteiligung mit dem Dienstleister einzugehen. Eine solche Minderheitsbeteiligung (kleiner 50 Prozent) entsteht auch häufig im Rahmen von Joint Ventures beziehungsweise Fusionen. Aktiv kann eine solche Beteiligung in Erwägung gezogen werden, wenn Teile der Wertschöpfungskette ausgelagert werden, die zwar keine strategische Bedeutung für das Institut besitzen, aber für ein ertragsstarkes Produkt notwendig sind. Außerdem kann es aus regulatorischen und risikoseitigen Gesichtspunkten von Vorteil sein, einen gewissen Einfluss auf die Unternehmensführung beziehungsweise -organisation eines für das auslagernde Institut wichtigen Dienstleisters ausüben zu können.

Eine Minderheitsbeteiligung sollte in den meisten Fällen dennoch nur interimsmäßig angestrebt werden – zum Beispiel im Fall einer Fusion einer Tochter mit einem Dienstleister. Es hat sich gezeigt, dass die Einflussnahme auf einen Dienstleister mit einer Minderheitsbeteiligung nur äußerst eingeschränkt realisierbar ist. Das Institut sollte von daher auch bei Minderheitsbeteiligung den Dienstleister primär über die abzuschließenden Verträge und Servicevereinbarungen steuern.[8]

Zusammenfassend lässt sich festhalten, dass im Rahmen der Transformation das künftige Beteiligungsverhältnis eine wichtige Rolle für die strategische Ausrichtung eines Instituts spielt. Bei einer Beteiligung auf die eine oder die andere Weise (Tochterunternehmen oder Dienstleister mit Minderheitsbeteiligung) können sich verschiedene Vorteile beziehungsweise Chancen ergeben. Die gewünschte Einflussnahme durch das Institut sollte sich an der Bedeutung der ausgelagerten Dienstleistung orientieren.

C. Sourcing als Teil der Geschäftsstrategie

Die Beschaffung der benötigten betrieblichen Leistungen („Sourcing") ist vor dem Hintergrund der angeführten Varianten dieses Instruments ein Thema der strategischen Ausrichtung eines Instituts. Abgeleitet aus der Geschäfts-

---

[8] Vergleiche hierzu das Kapitel Auslagerungen in der Finanzbranche effektiv und effizient steuern, S. 337.

strategie ist genau wie für andere Teilstrategien (Personal, IT, Organisation) festzulegen, welche Sourcing-Ziele zu verfolgen sind und mithilfe welcher Maßnahmen diese erreicht werden sollen.

Eine Geschäftsstrategie beschreibt das strategische Ziel und die mittel- bis langfristige Ausrichtung eines Unternehmens. Nach den Mindestanforderungen an das Risikomanagement für Banken (MaRisk) umfasst diese eine Markt- sowie eine nachhaltige Risikostrategie.[9] Das Thema Sourcing wird bei den meisten Instituten heute im Rahmen der Geschäftsstrategie nur insofern adressiert, als die aus der Geschäftsstrategie abzuleitende Risikostrategie auch die Risiken aus wesentlichen Auslagerungen berücksichtigt. Hierdurch werden die Möglichkeiten des Themas Sourcing allein unter Risikogesichtspunkten betrachtet (wie z. B. die resultierenden Steuerungs- und Überwachungsrisiken oder Reputationsrisiken), ohne sich dezidiert mit den sich ergebenden Chancen für das eigene Institut auseinanderzusetzen. Somit wird die Organisationsform oftmals nicht hinreichend berücksichtigt, mit der die strategischen Ziele erreicht werden können. Fortschrittliche Institute hingegen beschreiben in ihrer Geschäftsstrategie jetzt schon, in welcher Organisationsform die strategischen Ziele erreicht werden sollen (siehe Abbildung 5). Dadurch wird Sourcing verstärkt als ein wirksames Instrument zur Durchführung von Organisationsveränderungen eingesetzt.

Beispiel: Ein Kreditinstitut verfolgt die Strategie der Konzentration auf die Kernkompetenzen „Kundenbetreuung und Produktmanagement". In der Folge bedeutet dies für die eigene Organisationsstrategie, dass einige Bereiche der Bank auf den Prüfstand gestellt werden müssen hinsichtlich der Frage nach dem Bezug von Leistungen (z. B. IT-Betrieb, Kreditadministration, Kontoführung, Handelsabwicklung). Würde das Institut nun Funktionsbereich für Funktionsbereich auf „Make-or-Buy" hin abprüfen, käme es gegebenenfalls zu dem Schluss, einige Teile an einen Outsourcing-Provider auszulagern (da

---

9   Nach AT 4.2 Tz. 1 MaRisk hat die Geschäftsleitung eine nachhaltige Geschäftsstrategie und eine dazu konsistente Risikostrategie festzulegen. Es bleibt dem Institut hierbei nach den Erläuterungen AT 4.1 Tz. 1 MaRisk überlassen, die Risikostrategie in die Geschäftsstrategie zu integrieren.

nicht Kernkompetenz). Die Identifikation und der Umgang mit den daraus erwachsenden Risiken würden dann am Ende wiederum in der Risikostrategie des Unternehmens behandelt.

In diesem Fall aber hätte das Institut aufgrund der mangelnden Verzahnung der Sourcing-Überlegungen beziehungsweise -Strategie mit der Geschäftsstrategie und der Risikostrategie signifikante Chancen außer Acht gelassen, die sich aus dem Instrument Sourcing ergeben können. Denn weder die vorgelagerten Vorteile aus einer Auslagerung an Dritte (Zentralisierung, Optimierung, Industrialisierung) wären bewusst angestrebt worden, da hierfür kein strategischer Anreiz erkennbar war, noch wären gegebenenfalls die strategischen Optionen eines Shared-Service-Centers im (Konzern-)Verbund, einer Ausgründung und Positionierung als Provider und der daran geknüpften Beteiligungsfragen betrachtet worden, da nicht klar gewesen wäre, welche Ziele der Geschäftsstrategie hierdurch unterstützt worden wären. Denn gerade die Ausgründung von Operationsbereichen beispielsweise in eine eigene, als drittmandantenfähiger Dienstleister positionierte Tochtergesellschaft, hätte gut zur fokussierten Kernkompetenz „Kundenbetreuung und Produktmanagement" passen können: Eine Top-Mandantenbetreuung im Geschäft zwischen Firmen (Business-to-Business) inklusive einer modularisierten und transparent bepreisten Produkt-/Servicepalette hätte die Geschäftsstrategie unterstützen können.

Abbildung 5: Die Sourcing-Strategie als Teil der Geschäftsstrategie

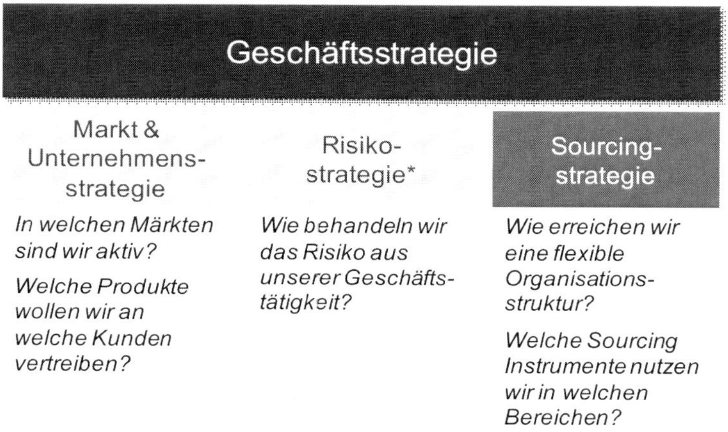

Geschäftsstrategie

Markt & Unternehmensstrategie
In welchen Märkten sind wir aktiv?
Welche Produkte wollen wir an welche Kunden vertreiben?

Risikostrategie*
Wie behandeln wir das Risiko aus unserer Geschäftstätigkeit?

Sourcingstrategie
Wie erreichen wir eine flexible Organisationsstruktur?
Welche Sourcing Instrumente nutzen wir in welchen Bereichen?

* Nach dem MaRisk muss die Risikostrategie nicht in die Geschäftsstrategie integriert sein

Eine erfolgreiche Sourcing-Strategie leitet sich aus den übergreifenden Zielen der Unternehmensstrategie ab und beschreibt die organisatorischen und prozessualen Schritte, um diese Ziele zu erreichen. Sie berücksichtigt dabei nicht nur die entstehenden Risiken, sondern insbesondere die möglichen entstehenden strategischen Vorteile für das eigene Institut. So sollte das Sourcing nicht nur unter reinen Kostensenkungsaspekten betrachtet werden. Es sollte zudem untersucht werden, wie durch das Sourcing eine Qualitätsverbesserung in den eigenen Prozessen generiert werden kann und wie mögliche zukünftige Marktfelder erschlossen werden können. Wie im Beispiel beschrieben, kann ein Outsourcing von Abwicklungsprozessen zu einer Erweiterung der eigenen Produktpalette führen. Zusätzliche Vorteile können sich durch die Flexibilisierung in der eigenen Wertschöpfungskette ergeben (z. B., um saisonale Schwankungen auszugleichen). Überdies können die Instrumente des Sourcings, zum Beispiel die Ausgründung in ein Tochterunternehmen, zum „Umbau" von Konzernstrukturen oder für einen langfristigen strategischen Transformationsprozess innerhalb eines Konzerns oder Sektors genutzt werden. Eine besondere Beachtung sollte ein Institut dabei auch dem Thema der strategischen Beteiligungen und Joint Ventures beimessen. Diese Instrumente dienen dem langfristigen Ausbau der Marktposition des Instituts und sollten gesondert betrachtet werden, da für diese Entscheidungen eine reine Business-Case-Betrachtung nicht geeignet ist.

Die Sourcing-Strategie sollte somit beschreiben, welche Instrumente das Institut zur Anpassung oder Optimierung ihrer Organisation für die Erreichung der gesteckten Unternehmensziele nutzen möchte. So ist eben nicht nur festzulegen, auf welche Teile der Wertschöpfungskette diese Instrumente angewendet werden sollen, sondern auch, in welchen Bereichen diese keinen Einsatz finden sollen.

Eine Sourcing-Strategie als selbstständiger Teil der Geschäftsstrategie kann ein Institut dabei unterstützen, sich langfristig und erfolgreich im Markt zu platzieren. Dies macht es erforderlich, dass Sourcing in Zukunft im Rahmen eines strategischen Veränderungsprozesses aktiver in die strategische Planung aufgenommen wird.

D. Zusammenfassung

Die Finanzkrise hat deutlich aufgezeigt, dass die notwendigen strukturellen Anpassungen im Markt und in den jeweiligen Instituten noch nicht abgeschlossen sind. Es ist für die Institute insbesondere notwendig, eine flexible und effiziente Organisationsstruktur zu schaffen, durch die das Institut schnell und effizient auf Veränderungen im Markt und im regulatorischen Umfeld reagieren kann. Hierfür sind die in diesem Beitrag vorgestellten Instrumente des Sourcings ein wesentlicher Baustein. Zusätzlich ist es jedoch erforderlich, dass Sourcing in Zukunft ein wichtigerer Stellenwert für die Veränderung von Organisationsstrukturen beigemessen wird und Sourcing aktiver in der strategischen Planung der Institute berücksichtigt wird. Sourcing kann so den langfristigen und nachhaltigen Erfolg eines Instituts unterstützen.

Make-or-Buy in der Finanzbranche – Strategische Entscheidungsfindung

Antonios Tzouvaras

A. Outsourcing in der Finanzbranche

Der deutsche Finanzdienstleistermarkt steht weiterhin unter einem hohen Kapitalbeschaffungs- und Veränderungsdruck. Banken, Asset Manager und Versicherungen beschäftigen sich derzeit mit Outsourcing, dem immer noch ein großes Kostensenkungspotenzial zugeschrieben wird. Gleichzeitig sollen Prozesse und Systeme transparenter, effizienter und flexibler werden. Nicht zuletzt die weiteren Fortschritte in der Informations- und Kommunikationstechnologie im Bereich des Applikations- und Prozessorenmanagements (z. B. ASP-Lösungen, Cloud Computing) und ein verändertes Kundenverhalten (z. B. der Zugriff per Onlineverfahren oder Mobiltelefon) unterstützen und beschleunigen den tiefgreifenden Wandel.

Vor diesem Hintergrund spielt die Frage, welche Bestandteile der Prozesse und Arbeitsabläufe weiterhin im eigenen Unternehmen erbracht (Make) und welche Bestandteile extern bezogen werden sollten (Buy) permanent eine Rolle. Zu Beginn einer Outsourcing-Überlegung gilt es initial festzustellen, ob und wie ausgelagert werden soll. Nach erfolgter Umsetzung muss laufend geprüft werden, ob die Option einer Auslagerung und die Wahl des Sourcing-Modells überhaupt den ursprünglichen Zielen entsprechen und welche Anpassung begründet durch kunden- oder dienstleisterseitige Ereignisse erfolgen muss.

Die wesentlichen Erfolgskriterien für eine Make-or-Buy-Entscheidung eines Finanzinstitutes sind unserer Erfahrung nach:

- Die ganzheitliche Definition des Auslagerungsgegenstandes in der Strategie des Finanzinstituts,

- die qualitative und quantitative Beschreibung der Ausgangssituation, welche die Auslagerungsentscheidung transparent unter Betrachtung verschiedener Dimensionen unterstützt und die Entscheidung begründbar sowie überprüfbar macht sowie

- im IT-Bereich die Standardisierung der IT-Prozesse, um am Markt messbar zu sein. Außerdem können standardisierte IT-Prozesse schneller und flexibler auf IT-Dienstleister transformiert werden.

Die ganzheitliche Betrachtung entlang des gesamten Leistungs- und Lebenszyklusumfangs gewinnt an Bedeutung, da die Auswirkungen von Outsourcing-Entscheidungen auf das auslagernde Unternehmen sehr weitreichend sind. Mitarbeiterstruktur/-ressourcen, Eigentumsverhältnisse, der Ort der Leistungserstellung, Kundenbeziehungen und die Risikolandschaft, bei gleichzeitiger Bindung an einen Dritten, sind betroffen. Die strategische Bedeutung ist aufgrund unterschiedlicher Kompetenzen in der Finanzbranche nicht zu vernachlässigen.

Auslagerungsentscheidungen lassen sich nicht mit einem isolierten Fremdbezug der Industrie außerhalb der Finanzwirtschaft vergleichen. Auslagerungsentscheidungen in der Finanzwirtschaft erreichen einen Stellenwert, der mit der Durchführung und Umsetzung von Unternehmensverkäufen, Allianzen oder Joint Venture bzw. Netzwerken hinsichtlich der Komplexität, Langfristigkeit und Auswirkungen auf die Unternehmung vergleichbar sind.[1] Die Abbildung 1 zeigt die strukturellen Ähnlichkeiten von Outsourcing und M&A auf.

---

[1] Vgl. hierzu Bravard/Morgan (2008) oder Nettesheim/Grebe/Kottmann (2003): „Business Process Outsourcing – aber richtig!", in: Information Management & Consulting, 18. Jg., Nr. 3, S. 29.

Make-or-Buy in der Finanzbranche – Strategische Entscheidungsfindung

Abbildung 1: Outsourcing ist mit M&A Vorhaben vergleichbar

Merkmalsausprägung	Akquisitionen, Allianzen, Kooperationen	Outsourcing
Langfristiger Effekt und Bindung	hoch	hoch
Veränderung der Eigentumsverhältnisse	hoch	mittel-hoch
Komplexität Business Case	hoch	mittel
Juristische Bedeutung	hoch	hoch
Wichtigkeit Verhandlungserfolg	hoch	hoch
Externer Einfluss auf Zeitplanung	hoch	mittel
Höhe Erfolgsrisiko	hoch	hoch
Einfluss auf Mitarbeiter/Ressourcen	hoch	hoch
Veränderung der Leistungserbringung	mittel	hoch
Veränderung in der Kundenbeziehung	hoch	mittel

Legende: ● hoch ○ niedrig

Einzelne Banken nutzen die individuelle Marktlage dahingehend, dass ihre Sourcing-Vorhaben nicht zwangsläufig zu einer Auslagerung führen, um zum Beispiel Kosten zu reduzieren. Aufgrund starker Kernkompetenzen stellen sich einige Marktteilnehmer als sogenannte Insourcer, also Anbieter von Outsourcing-Leistungen, auf oder gestalten finanzwirtschaftliche Prozesse im Netzwerkverbund.

Gerade durch eine differenzierte, faktenbasierte und quantifizierte Make-or-Buy-Analyse werden Banken unterstützt, die Ist-Situation nachhaltig zu beschreiben und zu verändern. Oftmals zeigt sich in unserer Beratungspraxis, dass strategische Leitlinien aufgestellt werden, Outsourcing-Optionen zu nutzen, aber es nach einer objektindividuellen Make-or-Buy-Analyse und -entwicklung verlangt, um die angemessene Sourcing-Form und zielführende -Konstellation zu wählen. Ein weiteres wichtiges Resultat einer Make-or-Buy-

Analyse ist die Steuerbarkeit des zum späteren Zeitpunkt erschaffenen oder optimierten Konstrukts durch eine Outsourcing-Governance zur Steuerung und Einhaltung der betriebswirtschaftlichen Parameter.

Das Controlling der Auslagerung setzt auf den eingangs definierten Zielen, Parametern, Annahmen und Mengengerüsten, letztlich auf dem sogenannten Business Case auf und erlaubt eine operative und strategische Steuerung und Berichterstattung.

Diese wiederum führt zu einer laufenden Bewertung des Sourcings. Für die Erfüllung der aufsichtsrechtlichen Anforderungen, die nicht nur nach hinreichenden Leistungsvereinbarungen verlangt, wird hierzu die Steuerungsgrundlage gegeben, die Durchgängigkeit sowie Nachhaltigkeit aller darauf basierenden Aktivitäten sichergestellt.

Ausgangspunkt einer jeden Sourcing-Betrachtung sind zwei grundsätzliche Fragen:

- Welche manuellen Tätigkeiten, Systeme oder Geschäftsmodellbestandteile, IT und Prozesse können ausgelagert werden?
- Welche Sourcing-Formen bieten sich für eine solche Entscheidung an?

Im Idealfall wird ergänzend die Frage gestellt, ob es eine Alternative durch eine Eigenoptimierung gibt. Vielfach stößt eine Sourcing-Betrachtung diese Frage an und führt nicht selten zu dem Ergebnis, dass eine Eigenoptimierung gekoppelt mit selektivem Outsourcing als Ergebnis gewählt wird. Daher gilt es, sich zuerst auch ein Bild von den Möglichkeiten des Sourcings zu erarbeiten und dieses einzugrenzen.

B. Identifikation potenzieller Outsourcing-Leistungen

Unter dem Begriff Sourcing werden verschiedenste Möglichkeiten der Auslagerung zusammengefasst, unter deren Einsatz Unternehmen Kompetenzen bündeln, um diese an einen externen Dienstleister zu vergeben oder intern zusammenzufassen (Voll- und Teilzentralisierung). Im Allgemeinen wird nach gruppeninternen Auslagerungen (Bündelung von Kompetenzen innerhalb einer Gesamtorganisation/-konzernstruktur) und -externen Auslagerungen (über Verbund- oder Drittanbieter) unterschieden.

Grundsätzlich gilt es, strategische Abhängigkeiten durch eine Verlagerung zu vermeiden. Vielfach findet sich daher die Einschätzung, dass nur diejenigen Prozesse und Systeme für eine Auslagerung geeignet sind, die nur eine mäßige (oder geringe) strategische Bedeutung haben. Zugleich muss es ein ausreichendes Angebot (sogenannte Marktbreite) qualitativ angemessener Kooperations- oder Drittanbieter geben, um Abhängigkeiten zu vermeiden beziehungsweise Skaleneffekte überhaupt nutzen zu können.

Die Kenntnis der aktuellen Geschäfts- und Marktausrichtung sowie der Auswirkungen auf die zukünftige Strategie sind Voraussetzung für die hierfür erforderliche Bewertung. Gerade im Bereich der Informationstechnologie besteht die Gefahr, dass Optimierungsentscheidungen getroffen werden, ohne dass vorher eine ausreichende Analyse in Bezug auf die aktuelle und vor allem auch zukünftige Geschäftsstrategie durchgeführt wurde.

Bei den zu betrachtenden Bereichen sollte im ersten Schritt anhand der Bedeutung und Marktbreite festgelegt werden, ob sie mögliche Outsourcing-Kandidaten sind. Abbildung 2 stellt dies schematisch dar.

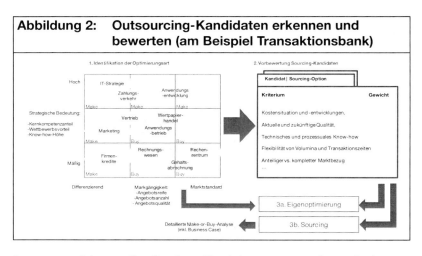

Abbildung 2: Outsourcing-Kandidaten erkennen und bewerten (am Beispiel Transaktionsbank)

Im zweiten Schritt sollte für diese Kandidaten ein gewichtetes Zielsystem aufgestellt werden, das bis zur finalen Entscheidung Anwendung findet. Typischerweise sind die Ziele den Bereichen Kosten, Qualität und Flexibilität sowie Technologie zuzuordnen. Ergänzt wird dies durch die Einschätzung, ob der ganze Prozess sourcingrelevant ist. Diese Kriterien sind in Bezug auf den Ist-Zustand und den zukünftig gewünschten Zustand festzulegen und auf das grundsätzliche Objekt (z. B. IT-Rechenzentrum, Zahlungsverkehrssystem, Kreditprozesse, Finanz- und Rechnungswesen, Gehaltsabrechnung etc.) anzuwenden. Hierdurch werden die Sourcing-Kandidaten erkannt und grob umrissen. Diese Bewertung ist aber in Bezug auf die Sourcing-Kandidaten keineswegs abschließend. Sie kann zugunsten der Eigenoptimierung im Rahmen der Wirtschaftlichkeitsrechnung (Business Case) verändert werden (siehe Abschnitt C dieses Beitrags).

In Abhängigkeit von dem Ergebnis dieser insgesamt strategischen Betrachtung kann die Entscheidung für eine Sourcing-Form getroffen werden beziehungsweise können für einen Outsourcing-Kandidaten verschiedene in Betracht kommende Sourcing-Formen identifiziert werden. Diese können im

Einzelfall in dem noch frühen Stadium der Entscheidungsfindung zusätzliche Entscheidungsoptionen eröffnen, die nicht von vornherein in Betracht gezogen wurden.

Es gibt eine Vielzahl von Sourcing-Formen.[2] Die am Bankenmarkt am häufigsten vorkommenden Sourcing-Formen sind Shared Services, Outsourcing von Geschäftsprozessen, Offshoring, Nearshoring und Insourcing:

- Shared Services bündeln die Kompetenzen als ein interner Leistungserbringer. Sie müssen die an sie gerichteten steigenden Anforderungen und Erwartungen kennen und gezielt neue Handlungsoptionen ableiten. Kosteneinsparungen und Qualitätsverbesserungen können beim Outsourcer durch eine Fokussierung auf die Kernkompetenzen und deren zentrale Bündelung sowie unter Umständen geringere Faktorkosten erreicht werden.

- Outsourcing von Geschäftsprozessen ist die Vergabe von administrativen Funktionen und/oder Prozessen an einen fremden Dritten, der diese Services im Rahmen eines Vertragsverhältnisses übernimmt. Nicht selten erfolgt die Form der Auslagerung bei Großvorhaben (z. B. ganzen IT-Rechenzentren) als Joint Venture, um ausreichende wirtschaftliche Einflüsse oder steuerliche Vorteile zu erhalten.

- Unter Offshoring versteht man die Verlagerung von administrativen Funktionen und/oder Prozessen auf einen anderen Kontinent (z. B. Asien, Afrika, Amerika). Im Gegensatz dazu bezeichnet Nearshoring die Verlagerung von administrativen Funktionen und/oder Prozessen ins nahegelegene Ausland (z. B. Osteuropa). In beiden Fällen geht es um die Hebung von Potenzialen von nichtautomatisierten administrativen und operativen Prozessen. Dies kann sowohl durch Shared Services als auch Outsourcing erreicht werden.

---

2 Siehe hierzu Lautenbach, in: Büchner/Kokert/Schmalzl (Hrsg.) (2008): Erfolgreiche Auslagerung von Geschäftsprozessen, S. 222f.

- Im Gegensatz zu den bisher genannten Optionen steht das Insourcing als die Wiedereingliederung von zuvor ausgelagerten Prozessen und Funktionen in das Institut und/oder der Ausbau bestehender Strukturen sowie die Übernahme von Aktivitäten und Prozessen als (Mehrmandanten-)Dienstleister.

Auf Basis eines vorab definierten und gegebenenfalls gewichteten Zielsystems sowie der identifizierten Sourcing-Optionen kann eine Konkretisierung durch eine Make-or-Buy-Analyse erfolgen. Diese wird im Folgenden Abschnitt dargestellt.

C. Vorgehen zur wirtschaftlichen, zur technischen und zur organisatorischen Beurteilung

I. Ermittlung der Ist-Situation

Nach Festlegung des gewichteten Zielsystems und Identifizierung der grundlegenden Optionen erfolgt die Aufnahme der Ist-Situation beim auslagernden Institut (erster Schritt).

Im ersten Schritt gilt es, den eigentlichen Leistungsumfang des Sourcing-Objekts zu betrachten und im Anschluss qualitative und quantitative Elemente abzuleiten.

Leistungsumfang:

- Aufnahme des Ist-Leistungsumfangs und Organisation

- Definition/Abgrenzung der potenziell auszulagernden Leistungen innerhalb der relevanten Sourcing-Optionen

- Identifikation der betreffenden Stakeholder (Organisation, Datenverantwortliche, Kunden etc.) und die resultierende Auswirkung

Qualitative Faktoren: Prozesse, Systeme, Verträge

- Abgrenzen der relevanten Prozesse und organisatorischen Einheiten
- Aufnahme der technischen Systeme, Anwendungen und technischen Schnittstellen sowie Dienstleistungsverträge
- Bewertung von Lizenzen und Assets
- Ableiten des Nutzens (Qualitätsverbesserung/Risikoreduzierung durch bessere Qualität, Kompetenz etc.) sowie Herausarbeiten von Abhängigkeiten (z. B. Informationstechnologie, andere Projekte)

Ergebnis ist die Darstellung des zu betrachtenden Sourcing-Schnitts beziehungsweise gegebenenfalls der Sourcing-Optionen. Zudem erfolgt die Ableitung eines High-Level-Anforderungskatalogs, der die bisherigen Überlegungen zum Zielsystem und deren Auswirkungen umfasst.

Quantitative Faktoren: Mengengerüste und Entwicklungen:

- Aufnahme und Bewertung der Mengengerüste
- Zukunftsprojektion der Mengengerüste
- Aufnahme der zugrundeliegenden Ist-Kosten und geplanter Investitionsbedarfe

Auf Basis der definierten Ziele und Strukturen erfolgt anschließend die Definition der Kostenbewertungsstruktur (zweiter Schritt). Diese dient dazu, die bestehende Situation zu bewerten und gleichzeitig ein Raster vorzugeben, das es erlaubt, einen Vergleich zur Outsourcing-Lösung durchzuführen.

II. Soll-Modelle und technische Umsetzungsbewertung

Mittels der klaren und transparenten Gegenüberstellung der einzelnen Sourcing-Bereiche und deren Abhängigkeiten zueinander können nun die einzelnen Sourcing-Optionen definiert werden. Ein pragmatisches Vorgehen ist die Definition des Soll-Leistungsumfangs und der -Organisation.

Pro Soll-Leistungsumfang wird dabei detailliert beschrieben, was das genaue Auslagerungsobjekt ist, welche prozessualen, technischen und organisatorischen Schnittstellen es gibt und welche Ziele in Bezug auf Kosten- und Qualitätskriterien sowie Risikoposition gesetzt werden. In Ergänzung dazu werden steuerliche Vor- und Nachteile in Abhängigkeit vom Sourcing-Schnitt ermittelt und als Anforderungskatalog definiert und dokumentiert.

Diese technisch-organisatorische Umsetzung ist hinsichtlich des Aufwands zu betrachten und zu quantifizieren, um marktgängige und zielkonforme Umsetzungsoptionen herauszuarbeiten. Der Sourcing-Schnitt (Umfang und Grenze der Auslagerung) muss in Bezug auf seine technischen Bestandteile, seine prozessualen Elemente und möglichen Dienstleisterarten überprüft werden. Ergänzt wird diese technische Machbarkeitsanalyse um die zu erwartenden Kosten der Transition und der Ausschreibung sowie der verbleibenden Organisation zur Steuerung, der sogenannten Outsourcing-Governance.

Unserer Erfahrung nach ist es hilfreich, bei Unsicherheiten in Bezug auf den angestrebten Sourcing-Schnitt und die Marktgängigkeit eine detaillierte Marktanalyse zu erstellen. Hierbei werden potenzielle Dienstleister identifiziert und im Hinblick auf die Machbarkeit der zukünftigen Anforderungen an das Auslagerungsobjekt hin analysiert. Mittels der Rückläufe einer Anfrage oder Marktanalyse wird das tatsächliche Umsetzungspotenzial der anvisierten Auslagerungsoptionen (Sourcing-Schnitte) validiert und gegebenenfalls angepasst.

Zusätzlich kann geprüft werden, ob mit der Wahl einer geeigneten Rechtsform, die zum Beispiel eine Kapitalbeteiligung zulässt (z. B. Joint Venture), eine höhere Einflussnahme auf die Auslagerung erreicht werden kann.

Make-or-Buy in der Finanzbranche – Strategische Entscheidungsfindung

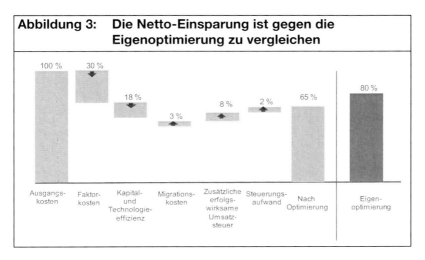

Abbildung 3: Die Netto-Einsparung ist gegen die Eigenoptimierung zu vergleichen

In Bezug auf die Einsparungsziele sind diejenigen Elemente des betrachteten Bereichs zu identifizieren beziehungsweise einzugrenzen. Einsparungspotenziale bieten eine verbesserte Skalenposition, Faktorkosten, Prozess- und Technologievorteile. Als kostenerhöhend sind allerdings Migrationskosten, Gestaltung der Prozessschnittstelle, abzuführende Umsatzsteuer, Markpreise/ Gewinnzuschläge der Dienstleister sowie neuer Steuerungsaufwand (Governance) zu berücksichtigen. Die angestrebten Einsparungskomponenten haben direkten Einfluss auf die Sourcing-Gestaltung sowie auf das Sourcing-Ergebnis. So kann das Potenzial geringerer Faktorkosten nicht vollständig gehoben werden, wenn eine standortgleiche oder zumindest regional begrenzte Durchführung vorausgesetzt wird.

Eine weitere Betrachtung ist die Möglichkeit der Eigenoptimierung. Sie stellt den eigentlichen Vergleichsmaßstab für eine alternative Option dar. Die Abbildung 4 stellt Kosteneinsparungen und -erhöhungen schematisch dar.

III. Durchführung einer Risikobetrachtung

Ein wesentlicher Punkt innerhalb der Risikoanalyse eines Sourcing-Vorhabens ist das Verständnis, dass bei Auslagerungen neben Potenzialen, wie z. B. die Steigerung der Qualität, auch Risiken gegenüberzustellen sind, wie es auszugsweise und beispielhaft in Abbildung 4 aufgeführt ist.[3]

Abbildung 4: Zu bewertende Risikobereiche

Strategische und regulatorische Anforderungen	Finanzrisiken
– Anforderungen gemäß § 25a Abs.1 KWG/MaRisk AT 9 – Passt die gewählte Sourcing-Art zu der Geschäftsstrategie – Welche gesetzlichen/aufsichtsrechtlichen Regelungen (z. B. Datenschutz) müssen eingehalten werden? – Welche Anforderungen werden an die Vertragsgestaltung gestellt? – Welche Voraussetzungen müssen für eine ausreichende Steuerbarkeit/Governance gegeben sein?	– Wie hoch ist das Risiko eines wirtschaftlichen Scheiterns zu bewerten? – Welche steuerlichen Risiken und Finanzierungsrisiken sind zu erwarten? – Steht das Gesamtrisiko in einem angemessenen Verhältnis zu den erzielbaren Einsparungen/Vorteilen? – Welche Transitions- und Migrationsrisiken erwarten das Unternehmen? – Sind ausreichende vertragliche Vereinbarungen getroffen?
Prozess- und Technologierisiken	**Organisatorische Risiken**
– Welche operativen Risiken liegen bzgl. der Schnittstellen, Qualitätsverbesserung, Sicherheit, Business Continuity, personelle Risiken vor? – Wie ist die Skalierbarkeit der Parameter, um das Auslagerungsobjekt ggf. laufend anzupassen? – Können Messgrößen und Übergabepunkte definiert werden? – Wie groß ist der Einfluss, der auf die Auslagerung genommen werden kann?	– Inwieweit ist die Marktgängigkeit des Auslagerungsgegenstandes/Vermeidung von Abhängigkeiten gegeben? – In welcher Form wird Know-how-Verlust vorgebeugt bzw. im Modell berücksichtigt? – Gibt es möglicherweise Betriebsübergänge nach § 613a BGB? – Welche Möglichkeiten von SAS70/ISA3402 Berichten gibt es bzw. sind notwendig? – Gibt es landesspezifische Aspekte, die ein erhöhtes Risiko in der Auslagerungsoption hervorrufen?

Durch eine Auslagerung treten originäre organisatorische und regulatorische Risiken, wie zum Beispiel Abhängigkeits-, Transparenz- oder Vertragsrisiken, auf, die grundsätzlich die Risikoposition verschlechtern und ein Outsourcing unmöglich machen. So können Prozesse und Leistungen nicht ausgelagert werden, wenn diese nicht ausreichend kontrollierbar und steuerbar sind. Daneben sind ebenso Verträge, Prozesse und Technologie zu betrachten. Die Risiken sind zu identifizieren und im Hinblick auf die Auswirkung zu bewerten.

---

3 Vgl. für ein Vorgehen zur Risikoermittlung, den Beitrag von Wicker/Wollinsky, „Der Risikoanalyseprozess beim Outsourcing".

IV. Treffen der Make-or-Buy-Entscheidung

Die Make-or-Buy-Entscheidung basiert auf den Ergebnissen der vorherigen Phasen. Sie sollte in eine Gesamtdokumentation münden und sowohl eine nachvollziehbare Entscheidungsgrundlage darstellen als auch Grundlage für die möglicherweise spätere Vorhabendarstellung sein.

Ausgangspunkt bilden die Beschreibung der Zielsetzung und die Beschreibung des Ist-Zustands in Bezug auf die Leistungen und Kosten. Auf Basis der qualitativen Anforderungen kann der Ist-Zustand mit dem möglichen Soll-Zustand verglichen und dann bewertet werden. Hier gilt es, mögliche Qualitätsverbesserungen (z. B. Aktualität der Technologie) oder Prozessbeschleunigungen darzustellen oder auch zu erkennen, dass die Leistungen bereits identisch erbracht werden. Ergänzt wird die Betrachtung durch die Nennung der möglichen Anbieter.

Die monetäre Bewertung in Form eines Business Cases bildet den zweiten Teil der Bewertung, die ebenfalls den Vergleich zum Ist-Zustand abbildet. Diese umfasst, wie bereits beschrieben, nicht nur mögliche Kosteneinsparungen, sondern auch die internen und externen Kosten der Transition und die Kosten des Auslagerungscontrollings. Gerade im Finanzbereich sind die umsatzsteuerlichen Auswirkungen nicht zu vernachlässigen, da der externe Bezug umsatzsteuerpflichtig ist. Vielfach werden sie zu pauschal betrachtet, hier gilt es, nach Kostenart zu differenzieren. In Bezug auf die zukünftigen Kosten müssen angemessene Vergleichszahlen erzielt werden. Hier sollten möglichst aktuelle Benchmarking-Daten herangezogen werden.

Die vielfach angestrebten Kostenvorteile können langfristig nur dann erreicht werden, wenn der Outsourcing-Anbieter strukturelle Vorteile bietet. Diese liegen vor allen in Skaleneffekten, Faktorkosten oder einem Technologie- oder Prozessvorsprung.

Langfristig sollten beide Partner gleichermaßen profitieren. Eine Überprüfung und Nachvollziehung der Voraussetzung bis hin zu Ermittlung der Zielkosten des Anbieters ist daher ein Bestandteil der Betrachtung.

Bei unterschiedlichen Zukunftsszenarien oder Sourcing-Optionen sollten zudem Sensitivitätsanalysen genutzt werden. Hierzu bieten sich computergestützte Szenariomodelle an, wie sie bei Transaktionsbewertungen genutzt werden.

Dem Business Case ist die Veränderung der Risikoposition gegenüberzustellen. Diese umfasst sowohl die bereits dargestellten originären Risiken, wie Vertrags-, Steuerungs- und Abhängigkeitsrisiken, als auch die spezifische Risikoposition, welche das betrachtete Objekt selbst bedingt. Dies kann dagegen oftmals verbessert werden.[4] So kann durch eine Vergabe an einen spezialisierten Dritten die Prozessqualität verbessert werden, durch flexible Preismodelle können Kosten variabel gehalten werden oder ein Technologiesprung kann erfolgen. Bei entsprechender Gewichtung des Zielsystems kann eine Qualitätsverbesserung dabei durchaus zulasten der Kostensituation gehen und ein eher neutraler Business Case letztlich zu einer positiven Bewertung führen, wie es die schematische Darstellung in der Abbildung 5 darstellt.

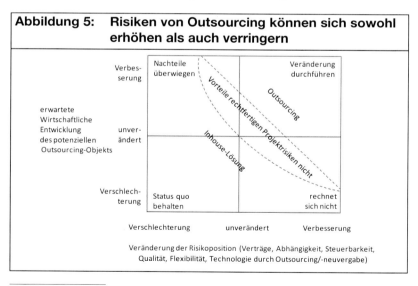

Abbildung 5: Risiken von Outsourcing können sich sowohl erhöhen als auch verringern

---

[4] Vgl. Nettesheim/Grebe/Kottmann (2003): „Business Process Outsourcing – aber richtig!", in: Information Management & Consulting, 18. Jg., Nr. 3, S. 25.

Allerdings beinhaltet jedes Projekt das Risiko, die Ziele nicht in der Form zu erreichen oder zu scheitern. Daher sollten Verbesserungen durch Outsourcing als signifikant eingeschätzt werden.

D. Outsourcing-Governance

Zeitnah nach der Entscheidung einer Veränderung der Sourcing-Situation, ist es wichtig, im Nachgang zur Risikoanalyse und parallel zur möglichen Ausschreibung beziehungsweise Vergabe die Outsourcing-Governance im Unternehmen zu konkretisieren und damit zum Beispiel aus verbleibenden Einheiten (sogenannte Retained Organisation) die Steuerung der Auslagerung aufzubauen. Ein Auslagerungsvorgang endet schließlich nicht mit dem Übergang. Dieser stellt nur einen initialen Punkt dar, vielmehr beginnt nun der laufende Prozess der Steuerung.

Eine geschäftsnahe Überwachung kann durch laufende oder intervallartige Beobachtung und Berichterstattung erfolgen. Im IT-Bereich kann sogar eine permanente Verknüpfung zum Überwachungs- oder Störungserfassungssystem notwendig sein, um das Tagesgeschäft sicherzustellen. Die laufende und systematische Überwachung des ausgelagerten Objekts und Unternehmens dient der Sicherstellung der in Outsourcing-Verträgen und Leistungsbeschreibungen vereinbarten Leistungen in der geforderten Qualität, Menge und Kosten. Für drohende oder eingetretene Störungsfälle sind ausreichende und zwischen den Parteien abgestimmte Maßnahmen vorab zu definieren.

Weiterhin ist die Governance-Funktionen mit dem Risikomanagement und der Berichterstattung des Jahresabschlusses zu verknüpfen. Diese gehören ebenfalls zum Outsourcing-Governance-System und sind bei der Bemessung des Steuerungsaufwands zu berücksichtigen.

E. Ausblick

Unsere Erfahrung zeigt, dass eine erfolgreiche Make-or-Buy-Entscheidung bereits auf Aussagen der Strategie aufbaut und ganzheitlich Sourcing-Optionen und -schnitte in allen Dimensionen des Unternehmens betrachten muss. Diese Herangehensweise ermöglicht es Finanzdienstleistern, neben der tatsächlichen Entscheidungsfindung den weiteren Weg der Auslagerung zu steuern und zu kontrollieren, gegebenenfalls Anpassungen zeitnah vorzunehmen und ex post messbar zu machen, um die Steuerung in eine laufende Outsourcing-Governance zu überführen. Durch die stärkere Verbreitung dieses Ansatzes erwarten wir mittelfristig eine Qualitätsverbesserung und Erhöhung der Flexibilität.

Aufsichtsrechtliche Aspekte beim Outsourcing

Wolfgang Frank

A. Gesetzliche Grundlagen

Grundlagen für die aufsichtsrechtliche Betrachtung sind insbesondere

- § 25a Abs. 2 KWG, zuletzt geändert durch das Finanzmarktrichtlinie-Umsetzungsgesetz (FRUG) mit Wirkung zum 1. November 2007,

- das Rundschreiben 15/2009 der Bundesanstalt für die Finanzdienstleistungsaufsicht (BaFin) vom 14. August 2009 über die Mindestanforderungen an das Risikomanagement – MaRisk (RS 15/2009),

- § 8 Abs. 3 Verordnung über die Prüfung der Jahresabschlüsse und Zwischenabschlüsse der Kreditinstitute und Finanzdienstleistungsinstitute.

§ 25a Abs. 2 KWG lautet wie folgt:

> „Ein Institut muss abhängig von Art, Umfang, Komplexität und Risikogehalt einer Auslagerung von Aktivitäten und Prozessen auf ein anderes Unternehmen, die für die Durchführung von Bankgeschäften, Finanzdienstleistungen oder sonstigen institutstypischen Dienstleistungen wesentlich sind, angemessene Vorkehrungen treffen, um übermäßige zusätzliche Risiken zu vermeiden. Eine Auslagerung darf weder die Ordnungsmäßigkeit dieser Geschäfte und Dienstleistungen noch die Geschäftsorganisation im Sinne des Absatzes 1 beeinträchtigen. Insbesondere muss ein angemessenes und wirksames Risikomanagement durch das Institut gewährleistet bleiben, welches die ausgelagerten Aktivitäten und Prozesse einbezieht. Die Auslagerung darf nicht zu einer Delegation der Verantwortung der in § 1 Abs. 2 Satz 1 bezeichneten Personen an das Auslagerungsunternehmen führen. Das

> *Institut bleibt bei einer Auslagerung für die Einhaltung der vom Institut zu beachtenden gesetzlichen Bestimmungen verantwortlich. Durch die Auslagerung darf die Bundesanstalt an der Wahrnehmung ihrer Aufgaben nicht gehindert werden; ihre Auskunfts- und Prüfungsrechte sowie Kontrollmöglichkeiten müssen in Bezug auf die ausgelagerten Aktivitäten und Prozesse auch bei einer Auslagerung auf ein Unternehmen mit Sitz in einem Staat des Europäischen Wirtschaftsraums oder einem Drittstaat durch geeignete Vorkehrungen gewährleistet werden. Entsprechendes gilt für die Wahrnehmung der Aufgaben der Prüfer des Instituts. Eine Auslagerung bedarf einer schriftlichen Vereinbarung, welche die zur Einhaltung der vorstehenden Voraussetzungen erforderlichen Rechte des Instituts, einschließlich Weisungs- und Kündigungsrechten, sowie die korrespondierenden Pflichten des Auslagerungsunternehmens festschreibt."*

§ 25a Abs. 2 KWG ergänzt und konkretisiert die Anforderungen an die Organisation der Institute, die der Gesetzgeber in § 25a Abs. 1 und Abs. 1a KWG im Kern normiert hat, um die Vorgaben für das Outsourcing. Die letzte Änderung des § 25a Abs. 2 KWG diente vor allem der Umsetzung der Finanzmarktrichtlinie (Markets in Financial Instruments Directive – MiFID).[1] Diese enthält – anders als die Richtlinie über die Aufnahme und Ausübung der Tätigkeit der Kreditinstitute (Bankenrichtlinie)[2] – eine eigene Definition des Auslagerungsbegriffs.[3] Die hierzu ergangene Durchführungsrichtlinie enthält darüber hinaus eigene Regelungen zu den Anforderungen an die Auslagerung von Aktivitäten und Prozessen.[4]

Das RS 15/2009 gibt auf der Grundlage des § 25a Abs. 1 KWG einen Rahmen für die Ausgestaltung des Risikomanagements der Institute insgesamt und präzisiert die Anforderungen an eine ordnungsgemäße Geschäftsorganisation für die ausgelagerten Aktivitäten und Prozesse nach § 25a Abs. 2 KWG[5] entsprechend der Verwaltungspraxis der BaFin.[6]

---

1 Richtlinie 2004/39/EG der Kommission vom 21.4.2004.
2 Richtlinie 2006/48/EG der Kommission vom 14.6.2006.
3 Art. 2 Abs. 6 Finanzmarktrichtlinie.
4 Art. 13 Abs. 5 Unterabs. 1 Finanzmarktrichtlinie, Art. 13 und 14 Durchführungsrichtlinie.
5 Vgl. AT 1 Tz. 1 MaRisk.
6 Diese Aufgabe wurde der BaFin mehrfach durch die Begr. RegE zum FRUG in BT Drs. 16/4028, S. 96 zugewiesen.

Das RS 15/2009 dient zugleich der Umsetzung der Art. 22 und 123 Bankenrichtlinie. Danach sind von den Instituten angemessene Leitungs-, Steuerungs- und Kontrollprozesse („Robust Governance Arrangements") sowie Strategien und Prozesse einzurichten, die gewährleisten, dass genügend internes Kapital zur Abdeckung aller wesentlichen Risiken vorhanden ist („Internal Capital Adequacy Assessment Process"). Die Qualität dieser Prozesse ist von der Aufsicht gemäß Art. 124 der Bankenrichtlinie regelmäßig zu beurteilen („Supervisory Review and Evaluation Process").[7] Die Bestimmungen in dieser Richtlinie bilden ein Äquivalent zur Säule II der Rahmenvereinbarung des Baseler Ausschusses für Bankenaufsicht über die Internationale Konvergenz der Kapitalmessung und Eigenkapitalanforderungen vom 26. Juni 2004 (Basel II).

Das RS 15/2009 stellt eine Neufassung des RS 5/2007 vom 30. Oktober 2007 dar. In diesem wurden die bislang in dem separaten Rundschreiben über die Auslagerung von Bereichen auf ein anderes Unternehmen gemäß § 25a Abs. 2 KWG (RS 11/2001) enthaltenen Regelungen modifiziert und in die zuvor nur § 25a Abs. 1 KWG konkretisierenden MaRisk integriert. Betreffend die Regelungen zum Outsourcing enthält das RS 15/2009 im Vergleich zum RS 5/2007 nur zwei Ergänzungen mit klarstellendem Charakter und eine redaktionelle Änderung. Auf diese wird im Folgenden an den relevanten Stellen hingewiesen.

In den MaRisk wird dem Management outsourcing-spezifischer Risiken ein deutlich höherer Stellenwert beigemessen, als dies in der Vergangenheit der Fall war. Im Kern geht es für die Institute danach vor allem darum, die ausgelagerten Aktivitäten und Prozesse in eine angemessene „Sourcing-Governance" einzubetten, um auf diese Weise den Anforderungen von § 25a Abs. 2 KWG Rechnung zu tragen.[8]

Das frühere RS 11/2001 wurde durch das RS 5/2007 ebenso wie einige darauf Bezug nehmende Dokumente[9] aufgehoben. Nicht aufgehoben wurden das die Auslagerung des Bausparkassen-Außendiensts betreffende Schreiben vom 10.

---
7 Vgl. AT 1 Tz. 2 MaRisk.
8 Vgl. Begleitschreiben der BaFin vom 30.10.2007 zum RS 5/2007.
9 Zu nennen sind insbesondere der Vermerk „Kreditfabriken" vom 12.12.2003 und die Zusammenstellung von Musterklauseln vom 10.6.2005.

März 2002[10] und das Rundschreiben 17/2005 (Finanzierung aus einer Hand). In ihrem Begleitschreiben zum RS 5/2007 hatte die BaFin darauf hingewiesen, dass sich bei Bausparkassen aufgrund spezialgesetzlicher Regelungen besondere bankaufsichtsrechtliche Maßstäbe ergeben.

Die ursprünglich in § 25a Abs. 2 KWG enthaltene Anzeigepflicht gegenüber der BaFin und der sie konkretisierende § 20 AnzV sind weggefallen. Nach § 8 Abs. 3 der Neufassung der PrüfBV vom 23. November 2009 ist jedoch weiterhin über die Auslagerungen von wesentlichen Aktivitäten und Prozessen im Prüfbericht zu berichten.[11]

B. Persönlicher und sachlicher Anwendungsbereich von § 25a Abs. 2 KWG

I. Persönlicher Anwendungsbereich

Der persönliche Anwendungsbereich des § 25a Abs. 2 KWG erstreckt sich auf Kredit- und Finanzdienstleistungsinstitute (Institute i. S. v. § 1 Abs. 1b KWG) einschließlich ihrer rechtlich unselbstständigen Zweigstellen.[12] Bei Finanzdienstleistungsinstituten und Wertpapierhandelsbanken darf hinsichtlich der Anwendung der Outsourcing-Regelungen ausdrücklich auch auf die Institutsgröße Rücksicht genommen werden.[13] Nicht vom Anwendungsbereich erfasst sind demgegenüber reine Finanzunternehmen (§ 1 Abs. 3 KWG).[14]

---

10 Dieses Schreiben findet eine gewisse Parallele im ebenfalls neu geschaffenen § 25a Abs. 4 KWG.
11 Zu Einzelheiten des Prüfungsvorgehens vgl. Theobald, Abschnitt C. II. dieses Handbuchs.
12 Vgl. AT 2.1 Tz. 1 MaRisk.
13 Vgl. AT 2.1 Tz. 2 MaRisk; die dort ebenfalls erwähnte Berücksichtigung von Art, Umfang, Komplexität und Risikogehalt der Geschäfte ergibt sich bereits aus § 25a Abs. 2 Satz 1 KWG und gilt für alle Institute.
14 Fraglich könnte sein, ob sich etwas anderes für gruppenangehörige Finanzunternehmen aus § 25a Abs. 1a KWG ergibt. Dies ist grundsätzlich zu verneinen, da Adressat der in § 25a Abs. 1a KWG geregelten Gruppenverantwortung allein das übergeordnete Unternehmen ist.

Für Wertpapierdienstleistungsunternehmen wird in § 33 Abs. 2 WpHG auf § 25a Abs. 2 KWG verwiesen. Für Zahlungsinstitute besteht eine gesonderte Regelung in § 20 ZAG, für Kapitalanlagegesellschaften in § 16 InvG.

II. Örtlicher Anwendungsbereich

§ 25a Abs. 2 KWG ist auf inländische Institute anwendbar sowie auf inländische Zweigstellen von Unternehmen mit Sitz im Ausland, die gemäß § 53 Abs. 1 KWG als Institute gelten. § 25a Abs. 2 KWG ist auf Auslagerungen durch rechtlich unselbstständige Zweigstellen inländischer Institute auch dann anzuwenden, wenn sich die Zweigstellen im Ausland befinden. Darüber hinaus ist § 25a Abs. 2 KWG auf Zweigstellen im Sinne des § 53 Abs. 1 KWG auch dann anzuwenden, wenn die Auslagerung auf eine andere rechtlich unselbstständige Zweigstelle oder die Hauptstelle desselben Unternehmens im Ausland erfolgt. Grund hierfür ist die gesetzliche Fiktion eines vom ausländischen Unternehmen rechtlich unabhängigen Instituts durch § 53 Abs. 1 KWG. Keine Anwendung findet § 25a Abs. 2 KWG demgegenüber auf rechtlich unselbstständige inländische Zweigstellen ausländischer Unternehmen mit europäischem Pass (vgl. § 53b KWG).[15]

III. Sachlicher Anwendungsbereich

Der sachliche Anwendungsbereich des § 25a Abs. 2 KWG beschränkt sich auf die Auslagerungsmaßnahmen der Institute, die Bankgeschäfte oder Finanzdienstleistungen im Sinne des § 1 Abs. 1 Satz 2 oder Abs. 1a Satz 2 KWG betreffen oder sonstige institutstypische Dienstleistungen.

---

15 Vgl. AT 2.1 Tz. 1 MaRisk.

Nicht erfasst sind demgegenüber Auslagerungsmaßnahmen, die unter § 1 Abs. 3 KWG fallende Geschäfte betreffen.[16] Auch in diesen Fällen sind jedoch die Anforderungen an eine ordnungsgemäße Organisation in § 25a Abs. 1 KWG zu beachten.[17]

C. Begriff der Auslagerung

Begrifflich ist eine Auslagerung von Geschäftsbereichen im Sinne des § 25a Abs. 2 KWG nach dem RS 15/2009[18] gegeben, wenn ein Institut

- ein anderes Unternehmen (Auslagerungsunternehmen)
- mit der Wahrnehmung von Aktivitäten und Prozessen beauftragt,
- die im Zusammenhang mit der Durchführung von Bankgeschäften, Finanzdienstleistungen und sonstigen institutstypischen Dienstleistungen stehen und
- die ansonsten vom Institut selbst erbracht würden.

Hiervon unterschieden wird der sonstige Fremdbezug von Leistungen. Dieser unterfällt nicht dem Anwendungsbereich des § 25a Abs. 2 KWG. Auch bei diesem sind jedoch die allgemeinen Anforderungen des § 25a Abs. 1 KWG zu beachten.[19]

---

[16] Deren praktische Bedeutung hat durch die Aufnahme von Leasing und Factoring in den Katalog der Finanzdienstleistungen stark abgenommen.
[17] Vortrag von Jochen Sanio, Präsident der BaFin am 17.4.2002 in Wesel anlässlich der Betriebswirtschaftlichen Tagung für Sparkassenvorstände des Rheinischen Sparkassen- und Giroverbandes.
[18] Vgl. AT 9 Tz. 1 MaRisk.
[19] Vgl. Erläuterungen zu AT 9 Tz. 1 MaRisk.

I. Anderes Unternehmen

Als anderes Unternehmen ist jede andere Stelle, Einheit oder Person anzusehen, die in Bezug auf die ausgelagerte Dienstleistung nicht dem auslagernden Institut zuzurechnen und organisatorisch von ihm abgegrenzt ist, ohne dass es auf die Kaufmannseigenschaft, Rechtsfähigkeit oder Rechtsform ankommt. Als Beispiel für andere Unternehmen ohne rechtliche Selbstständigkeit oder Kaufmannseigenschaft sind die rechtlich unselbstständigen Teilanstalten öffentlich-rechtlicher Kreditinstitute zu nennen; als solche sind einige Landesbausparkassen und Förderbanken organisiert. Als andere Unternehmen sind auch Unternehmen anzusehen, die demselben Verbund oder Konzern angehören.

II. Beauftragung mit der Wahrnehmung von Aktivitäten und Prozessen

Eine Beauftragung setzt der aufsichtsrechtlichen Zielsetzung entsprechend nicht notwendigerweise ein Auftragsverhältnis im Sinne des BGB voraus. Auch Dienst- oder Werkverträge können darunterfallen. Eine Dauerhaftigkeit der Beauftragung wird im RS 15/2009 nicht (mehr) gefordert. Unverändert nicht als Auslagerung angesehen wird jedoch der einmalige oder gelegentliche Fremdbezug von Leistungen,[20] wobei man dieses Unterscheidungsmerkmal weniger unter quantitativen als vielmehr unter qualitativen Gesichtspunkten betrachten sollte. Die Beauftragung mit der vollständigen Durchführung der Internen Revision für ein ganzes Jahr wird man auch dann als Auslagerung ansehen müssen, wenn die Auslagerung nur einmalig erfolgen soll. Generell wird die Beauftragung mit der Durchführung von Aktivitäten und Prozessen im Umfeld der Unternehmensleitungsfunktionen auch bereits bei kürzerer Dauer als Auslagerung zu betrachten sein können, während die Beauftragung mit anderen Tätigkeiten auch bei längerer Dauer nicht notwendigerweise als Auslagerung einzustufen sein wird.

---

20 Vgl. Erläuterungen zu AT 9 Tz. 1 MaRisk; nach der Begr. RegE zum FRUG in BT Drs. 16/4028, S. 96 soll auch in diesen Fällen der externe Dienstleister sorgfältig ausgewählt und in angemessener Weise hinsichtlich der Ordnungsmäßigkeit der Leistungserbringung überwacht werden.

III. Zusammenhang mit der Durchführung von Bankgeschäften, Finanzdienstleistungen und sonstigen institutstypischen Dienstleistungen

Durch das Merkmal des Zusammenhangs mit der Durchführung von Bankgeschäften, Finanzdienstleistungen und den – neu hinzugekommenen – sonstigen institutstypischen Dienstleistungen soll eine Abgrenzung des aufsichtsrechtlichen Auslagerungsbegriffs von der Beauftragung mit der Durchführung von Aktivitäten und Prozessen erfolgen, die für das Institut zwar unter Umständen ebenfalls sehr wichtig sein können, die aber nicht als institutstypisch anzusehen sind. Als Beispiel kann hier etwa die Telekommunikation[21] angeführt werden, auf die Unternehmen anderer Branchen im selben Maße angewiesen sein können wie Institute und bei denen daher ein entsprechender Zusammenhang mit den zu beaufsichtenden Geschäftsarten zu verneinen ist. Die in § 25a Abs. 1 KWG aufgeführten Bereiche sind hingegen grundsätzlich als in einem entsprechenden Zusammenhang stehend anzusehen.

Nicht erforderlich ist es weiterhin, dass die fraglichen Bankgeschäfte und Finanzdienstleistungen vom Institut bislang selbst betrieben und die damit verbundenen Aktivitäten und Prozesse von ihm selbst in der Vergangenheit durchgeführt wurden. Ausgelagert werden kann auch ein Bereich, in dem ein Institut erst zukünftig in eigener unternehmerischer Verantwortung unter Einschaltung eines Auslagerungsunternehmens tätig werden will. Keine Auslagerung liegt demgegenüber vor, wenn ein Institut seine Aktivitäten in einem bestimmten Bereich einstellt und diese von einem anderen Unternehmen in dessen eigener unternehmerischer Verantwortung wieder aufgenommen werden.

Durch die ergänzende Bezugnahme auf die sonstigen institutstypischen Dienstleistungen wird Art. 13 Abs. 5 Satz 1 der Finanzmarktrichtlinie Rechnung getragen.[22] Dieser bezieht sich umfassend auf die Auslagerung betrieblicher

---

21 Schneider (2008), in: WPg, S. 435 und 437, erwähnt als Beispiel den Bezug von Strom.
22 Der Bundesrat hatte den Begriff in seiner Stellungnahme zum RegE in BT Drs. 16/4028, S. 113 als unklar und widersprüchlich bezeichnet. Die Bundesregierung hat im Hinblick auf die Notwendigkeit einer Umsetzung der Finanzmarktrichtlinie in ihrer Gegenäußerung in BT Drs. 16/4037, S. 5 gleichwohl daran festgehalten.

Aufgaben, die für die kontinuierliche und ordnungsgemäße Erbringung und Ausübung von Dienstleistungen für Kunden und Anlagetätigkeiten wichtig sind. Zu den sonstigen institutstypischen Dienstleistungen zählen beispielsweise auch die in Anhang I Abschnitt B der Finanzmarktrichtlinie genannten Nebendienstleistungen.[23] Diese sind nahezu wortlautidentisch in § 2 Abs. 3a WpHG wiedergegeben.

IV. Erbringung der Dienstleistung durch das Institut selbst

Auch soweit Aktivitäten und Prozesse in einem unmittelbaren Zusammenhang zu den vom Institut erbrachten Dienstleistungen stehen, führt deren Fremdbezug nicht notwendigerweise zum Vorliegen eines Auslagerungssachverhalts im Sinne des § 25a Abs. 2 KWG. Zusätzliche Voraussetzung hierfür ist, dass es sich dabei um institutstypische Dienstleistungen handelt, die ansonsten vom Institut selbst erbracht werden.[24] Nicht erfasst sind daher Dienstleistungen, die typischerweise von einem beaufsichtigten Unternehmen bezogen und aufgrund tatsächlicher Gegebenheiten oder rechtlicher Vorgaben regelmäßig weder zum Zeitpunkt des Fremdbezugs noch in der Zukunft vom Institut selbst erbracht werden können (z. B. die Nutzung von Zentralbankfunktionen innerhalb von Finanzverbünden, die Nutzung von Clearingstellen im Rahmen des Zahlungsverkehrs und der Wertpapierabwicklung, die Einschaltung von Korrespondenzbanken oder die Verwahrung von Vermögensgegenständen von Kunden nach dem Depotgesetz). Die Anwendung der einschlägigen Regelungen zu § 25a Abs. 2 KWG wird angesichts der besonderen mit solchen Konstellationen einhergehenden Risiken regelmäßig für nicht angemessen gehalten.[25]

---

23 Vgl. Erläuterungen zu AT 9 Tz. 1 MaRisk; ebenso bereits Begr. RegE zum FRUG in BT Drs. 16/4028, S. 96.
24 So auch die Begriffsdefinition in Art. 2 Abs. 6 „Auslagerung" der MiFID-Durchführungsrichtlinie. Zur Interpretationsbedürftigkeit dieser Begriffe vgl. Schneider (2008), in: WPg, S. 435 und 438.
25 Vgl. Erläuterungen zu AT 9 Tz. 1 MaRisk; damit besteht im Ergebnis, wenngleich auf neuer Grundlage, die für die Praxis bedeutsame Tz. 47 RS 11/2001 fort.

Wolfgang Frank

D. Wesentlichkeit der Auslagerung

I. Vorbemerkung

Der Begriff der Wesentlichkeit ist für die Anwendbarkeit der besonderen aufsichtsrechtlichen Regelungen über das Outsourcing von entscheidender Bedeutung. Die in § 25a Abs. 2 Satz 1 KWG enthaltene Verpflichtung, angemessene Vorkehrungen zu treffen, um übermäßige zusätzliche Risiken zu vermeiden, sowie deren Konkretisierung in AT 9 MaRisk beschränken sich auf wesentliche Auslagerungen. Auch hinsichtlich unwesentlicher Auslagerungen bleiben jedoch die allgemeinen Anforderungen an die Ordnungsmäßigkeit der Geschäftsorganisation in § 25a Abs. 1 KWG sowie die übrigen Regelungen der MaRisk anwendbar.[26]

II. Die Risikoanalyse als Instrument zur Beurteilung der Wesentlichkeit

Ob eine Auslagerung als wesentlich oder unwesentlich anzusehen ist, haben die Institute eigenverantwortlich auf Grundlage einer Risikoanalyse unter Berücksichtigung des Grundsatzes der Proportionalität festzulegen.[27] Hinsichtlich der Ausgestaltung der Risikoanalyse existieren keine konkreten Vorgaben. Den Instituten wird ausdrücklich die Möglichkeit der Verfolgung unterschiedlicher Lösungswege eröffnet, um dem Sinn und Zweck der Regelung Rechnung zu tragen.[28]

Für die Durchführung der Risikoanalyse bestehen folgende Mindestanforderungen: Bei der Risikoanalyse sind alle für das Institut relevanten Aspekte im Zusammenhang mit der Auslagerung zu berücksichtigen, wobei die Intensität der Analyse von Art, Umfang, Komplexität und Risikogehalt der ausgelagerten

---

[26] Vgl. AT 9 Tz. 3 MaRisk; ebenso bereits Begr. RegE zum FRUG in BT Drs. 16/4028, S. 96.
[27] Vgl. AT 9 Tz. 2 MaRisk.
[28] Vgl. Begleitschreiben der BaFin vom 30.10.2007 zum RS 5/2007.

Aktivitäten und Prozesse abhängt.[29] Als aufsichtsrechtlich relevante Risiken in diesem Sinne kommen insbesondere Markt-, Kredit-, Ausfall-, Abwicklungs-, Liquiditäts- und Reputationsrisiken, aber auch operationelle und rechtliche Risiken in Betracht.[30] Je nach Risikosituation können daher Auslagerungen, die denselben Gegenstand haben, bei einem Institut als wesentlich und bei einem anderen Institut als unwesentlich anzusehen sein.

Soweit sich wesentliche Änderungen der Risikosituation ergeben, ist die Risikoanalyse anzupassen.[31]

Bei der Erstellung der Risikoanalyse sind die maßgeblichen Organisationseinheiten einzubeziehen. Im Rahmen ihrer Aufgaben ist auch die Interne Revision zu beteiligen.[32]

Prozessual wird sich die Risikoanalyse[33] regelmäßig in folgende Schritte aufteilen lassen:

- Erfassung der Risiken,

- Bewertung der Risiken,

- Entscheidung über die Wesentlichkeit und

- Ableitung der erforderlichen Steuerungs- und Überwachungsmaßnahmen aus den Ergebnissen der Risikoanalyse.

---

29 Vgl. Erläuterungen zu AT 9 Tz. 2 MaRisk; die dort erwähnte Eignung des Auslagerungsunternehmens erscheint jedoch weniger als Kriterium für die Frage der Wesentlichkeit als vielmehr für die Frage der Zulässigkeit der Auslagerung beziehungsweise für die Anforderungen, die an die Steuerung und Kontrolle des Auslagerungsunternehmens zu stellen sind.
30 Die SolvV stellt im Zusammenhang mit Auslagerungen lediglich auf die damit verbundenen operationellen Risiken ab. Sie regelt allerdings auch nur die diesbezüglichen Mindesteigenkapitalanforderungen. Zweck der Risikoanalyse ist demgegenüber u.a. auch die Bestimmung des Umfangs der für die Auslagerung zu treffenden organisatorischen Vorkehrungen. Maßgeblich hierfür sind daher alle in AT 2.2 MaRisk aufgezählten Risiken.
31 Vgl. AT 9 Tz. 2 MaRisk.
32 Vgl. AT 9 Tz. 2 MaRisk.
33 Zu den verschiedenen Formen der Risikoanalyse vgl. Wicker/Wollinsky in diesem Handbuch.

Auch wenn danach in erster Linie auf die Risikosituation abzustellen ist, können Indizien für die Wesentlichkeit einer Auslagerung jedoch auch weiterhin unmittelbar dem Gegenstand der ausgelagerten Tätigkeit entnommen werden.[34] Als wesentlich einzustufen sein werden daher vor allem Aktivitäten und Prozesse, die

- das Risikomanagement (§ 25a Abs. 1 Satz 3 KWG),

- die Bestimmung der finanziellen Lage des Instituts (§ 25a Abs. 1 Satz 4 Nr. 1 KWG),

- die für eine lückenlose Überwachung durch die BaFin erforderliche Dokumentation (§ 25a Abs. 1 Satz 4 Nr. 2 KWG) und

- Sicherungssysteme gegen Geldwäsche und gegen betrügerische Handlungen zulasten des Instituts (§ 25a Abs. 1 Satz 4 Nr. 3 KWG) betreffen.

Zur Wesentlichkeit der Auslagerung wird die Risikoanalyse daher regelmäßig bei einer Auslagerung des aufsichtsrechtlichen Meldewesens, des Rechnungswesens und Controllings, von Rechenzentrumsfunktionen, bei der Internen Revision und beim Geldwäschebeauftragten[35] führen.

Als unwesentlich einzustufen sein werden demgegenüber weiterhin reine Beratungsleistungen, wie insbesondere Rechts- und Steuerberatung, sowie die Mitarbeiterschulung, die Fakturierung und die Bewachung von Gebäuden und Mitarbeitern.[36]

---

34 Ähnlich Fischer/Petri/Steidle (2006), in: WM, S. 2313, 2318 und 2320; demgegenüber hat sich der von Hanten/Görhe (2007), in: BKR, S. 489 und 491f. postulierte Abgrenzungsstreit über die Auslagerungsfähigkeit von Teilakten endgültig erledigt.
35 Das Rundschreiben 16/2002 vom 6.8.2002, in dem die BaFin die Funktion des Geldwäschebeauftragten als wesentlich eingestuft hat, ist weiterhin in Kraft.
36 So ausdrücklich Art. 13 Abs. 2 der MiFID-Durchführungsrichtlinie.

III. Weitere Aufgaben der Risikoanalyse

Wie aus dem Gesamtzusammenhang zu erkennen ist, beschränkt sich die Aufgabe der Risikoanalyse nicht nur auf die Bestimmung der Wesentlichkeit von Auslagerungen.[37] Die Risikoanalyse ist zugleich Grundlage für die Prüfung der Zulässigkeit einer Auslagerung und für die Prüfung, ob und wie eine Einbeziehung der ausgelagerten Aktivitäten und Prozesse in das Risikomanagement sichergestellt werden kann.[38] Dementsprechend muss die Analyse alle Aspekte der Auslagerung umfassen, die für eine angemessene Einbindung der ausgelagerten Aktivitäten und Prozesse in das Risikomanagement maßgeblich sind.[39] Auf diese Aspekte wird in den nachfolgenden Abschnitten näher eingegangen.

E. Zulässigkeit der Auslagerung

Bei der Zulässigkeit der Auslagerung geht es um die Frage, ob die Auslagerung von Aktivitäten und Prozessen ihrer Art nach grundsätzlich ohne Verstoß gegen aufsichtsrechtliche Prinzipien in Betracht kommt. Hiervon zu unterscheiden ist die Ordnungsmäßigkeit der Auslagerung (vgl. nachfolgend Abschnitt F.), bei der es um die Frage geht, welche Anforderungen an die Ausgestaltung eines Auslagerungsverhältnisses zu stellen sind, bei dem die Zulässigkeit der Auslagerung im vorgenannten Sinne zu bejahen ist.

I. Grundsätzliche Zulässigkeit aller Auslagerungsmaßnahmen

Grundsätzlich sind alle Aktivitäten und Prozesse auslagerbar, solange dadurch die Ordnungsmäßigkeit der Geschäftsorganisation gemäß § 25a Abs. 1 KWG nicht beeinträchtigt wird.[40] Nicht beeinträchtigt werden dürfen daher[41]

---

[37] Ebenso Schneider (2008), in: WPg, S. 435 und 440.
[38] Vgl. Erläuterungen zu AT 9 Tz. 2 MaRisk.
[39] Vgl. Begleitschreiben der BaFin vom 30.10.2007 zum RS 5/2007.
[40] Vgl. § 25a Abs. 2 Satz 2 KWG und AT 9 Tz. 4 MaRisk.
[41] Vgl. § 25a Abs. 2 Satz 2, 3, 6 und 7 KWG.

- die Ordnungsmäßigkeit der Durchführung der Bankgeschäfte, Finanzdienstleistungen oder sonstigen institutstypischen Dienstleistungen,

- das Risikomanagementsystem des Instituts und

- die Wahrnehmung ihrer Aufgaben durch die BaFin und die Prüfer des Instituts.

II. Grenzen der Zulässigkeit der Auslagerung

Grenzen für die Zulässigkeit der Auslagerung ergeben sich aus der Pflicht der Geschäftsleiter zur eigenverantwortlichen Unternehmensleitung (§ 1 Abs. 2 KWG). Alle Geschäftsleiter sind, unabhängig von der internen Zuständigkeitsregelung, für die ordnungsgemäße Geschäftsorganisation und deren Weiterentwicklung verantwortlich. Diese Verantwortung bezieht sich unter Berücksichtigung ausgelagerter Aktivitäten und Prozesse auf alle wesentlichen Elemente des Risikomanagements. Die Geschäftsleiter werden dieser Verantwortung nur gerecht, wenn das Risikomanagement ihnen ermöglicht, die Risiken zu beurteilen und die erforderlichen Maßnahmen zu ihrer Begrenzung zu treffen.[42] Die Auslagerung darf nicht zu einer Delegation der Verantwortung der Geschäftsleitung an das Auslagerungsunternehmen führen. Die Leitungsaufgaben der Geschäftsleitung (nachfolgend 1.) sind daher nicht auslagerbar.[43]

Weitere Grenzen für die Auslagerung können sich aus dem Spezialbankprinzip ergeben (nachfolgend 2.).

---

42 Vgl. AT 3 Tz. 1 MaRisk.
43 Vgl. § 25a Abs. 2 Satz 4 und 5 KWG und AT 9 Tz. 4 MaRisk.

1. Leitungsaufgaben

Zu den nicht auslagerbaren Leitungsaufgaben der Geschäftsleitung zählen – in Anlehnung an § 25a Abs. 1 Satz 3 Nr. 1 und 2 KWG – die Unternehmensplanung, -koordination, und -kontrolle sowie die Besetzung der Führungskräfte. Hierzu gehören auch Aufgaben, die der Geschäftsleitung durch den Gesetzgeber oder durch sonstige Regelungen explizit zugewiesen sind.[44]

Von den Leitungsaufgaben abzugrenzen sind Funktionen oder Organisationseinheiten, derer sich die Geschäftsleitung bei der Ausübung ihrer Leitungsaufgaben bedient. Diese können sowohl nach innen als auch durch Auslagerung nach außen delegiert werden,[45] wobei reine Beratungsleistungen in der Regel ohnehin bereits als unwesentlich anzusehen sein werden (vgl. Abschnitt D. II.).

a) Maßnahmen der Unternehmensplanung

Als Maßnahme der Unternehmensplanung ist insbesondere die verbindliche Festlegung der Strategien für die operativen Bereiche der Institute zu nennen. Nicht auslagerbar sein dürfte daher insbesondere das strategische Controlling. Aus den Geschäftsstrategien sind jeweils die Zielvorgaben zu entwickeln. Bei der Ausarbeitung der Risikostrategie sind neben den in der Geschäftsstrategie niederzulegenden Zielen und Planungen der wesentlichen Geschäftsaktivitäten auch die Risiken wesentlicher Auslagerungen zu berücksichtigen.[46]

b) Maßnahmen der Unternehmensorganisation
(1) Allgemeine Organisationspflichten

Zu den Maßnahmen der Unternehmensorganisation zählen alle Maßnahmen, die zur Erfüllung aufsichtsrechtlicher Verpflichtungen erforderlich sind. Solche ergeben sich insbesondere aus dem die Mindestanforderungen an das Risikomanagement regelnden RS 15/2009. Hierzu gehört insbesondere auch der Erlass von Organisationsrichtlinien, die Regelungen zu Verfahrensweisen bei wesentlichen Auslagerungen beinhalten müssen.[47]

---

44 Vgl. Erläuterungen zu AT 9 Tz. 4 MaRisk.
45 Vgl. Erläuterungen zu AT 9 Tz. 4 MaRisk.
46 Vgl. AT 4.2 Tz. 1 MaRisk.
47 Vgl. AT 5 Tz. 3 e) MaRisk.

(2) Besonderheiten bei der Geldwäschebekämpfung

Zu den Maßnahmen der Unternehmensorganisation zählen auch die in Erfüllung des § 25a Abs. 1 Satz 4 Nr. 3 KWG zu treffenden Vorkehrungen im Sinne des § 14 Abs. 2 GwG. Hierbei handelt es sich im Einzelnen um

- die Bestimmung des Geldwäschebeauftragten,

- die Entwicklung interner Grundsätze, angemessener Sicherungssysteme und Kontrollen zur Verhinderung der Geldwäsche und der Finanzierung terroristischer Vereinigungen,

- die Sicherstellung, dass die Beschäftigten, die befugt sind, bare und unbare Finanztransaktionen durchzuführen, zuverlässig sind und

- die regelmäßige Unterrichtung dieser Beschäftigten über die Methoden der Geldwäsche und die nach dem GwG bestehenden Pflichten.

Das Treffen dieser Vorkehrungen darf – obwohl es sich dabei um Maßnahmen der Unternehmensorganisation handelt – nach § 14 Abs. 3 Satz 2 GwG anderen Unternehmen oder Personen überlassen werden. Voraussetzung hierfür ist allerdings die vorherige Zustimmung durch die zuständige Aufsichtsbehörde.

(3) Kein Verbot virtueller Institute

Die MaRisk enthalten kein ausdrückliches Verbot virtueller Institute.[48] Die noch im RS 11/2001 enthaltene Klausel zur Verhinderung eines Missverhältnisses zwischen ausgelagerten und nicht ausgelagerten Bereichen wurde aufgegeben. Dies bedeutet indessen nicht, dass Auslagerungen nunmehr – soweit sie nicht Unternehmensleitungsfunktionen betreffen – unbeschränkt möglich sind.[49] Unabhängig vom Vorliegen einer Auslagerung fordert § 25 Abs. 1 Satz 3 Nr. 2 KWG eine angemessene personelle und technisch-organisatorische Ausstattung des Instituts. Soweit von einem Institut in erheblichem Um-

---

[48] Nach Ziff. 19 der Präambel zur MiFID-Durchführungsrichtlinie dürfen Auslagerungen aber nicht dazu führen, dass aus der Firma eine „Briefkastenfirma" wird.
[49] So auch Fischer/Petri/Steidle (2007), in: WM, S. 2313 und 2319.

fang Auslagerungen vorgenommen werden, muss dieses daher auch nach der Auslagerung noch über die für die Erfüllung der Anforderungen nach § 25a Abs. 2 KWG notwendige personelle und sachliche Ausstattung verfügen.[50]

c) Maßnahmen der Unternehmenssteuerung

(1) Fassung von Beschlüssen über Groß- und Organkredite

Nicht auslagerbar ist der einstimmige Beschluss der Geschäftsleiter eines Instituts über die Gewährung oder Zusage von Groß- und Organkrediten.[51] Zulässig ist demgegenüber die Erteilung allgemeiner Weisungen und Entscheidungen im Rahmen der zentralen Risikosteuerung innerhalb einer Gruppe im Sinne von § 10a KWG.

(2) Übertragung von Vertretungsbefugnissen auf Dritte

Die MaRisk stellen keine besonderen Anforderungen an die Zulässigkeit der Übertragung von Vertretungsbefugnissen auf Dritte. Deren Zulässigkeit hängt in erster Linie von den einschlägigen nichtaufsichtsrechtlichen Gesetzen und dem Gesellschaftsvertrag beziehungsweise der Satzung des Instituts ab. Aufsichtsrechtlich relevant ist die Übertragung von Vertretungsbefugnissen nur dort, wo mit ihr zugleich auch die Übertragung entsprechender Entscheidungsbefugnisse verbunden ist.

(3) Übertragung von Entscheidungsbefugnissen auf Dritte

Auch bezüglich der Auslagerung von Entscheidungsbefugnissen auf Dritte insbesondere bei der Kreditvergabe enthalten die MaRisk keine besonderen Anforderungen. Es ist davon auszugehen, dass diese zulässig ist, soweit damit nicht die Übertragung von Aufgaben der Unternehmenssteuerung verbunden ist. Für die darunterliegende Ebene der Entscheidungsbefugnisse ist jeweils im Rahmen der Risikoanalyse zu überprüfen, inwieweit eine Übertragung vertretbar erscheint. Hierbei wird für Kreditentscheidungen zu berücksichtigen sein, ob es sich um ein risikoarmes, standardisiertes Mengengeschäft handelt, bei dem die Entscheidungsfindung durch exakt vorherbestimm- und nachprüfbare objektive Beurteilungs- und Ergebnisfindungskriterien zum Beispiel

---

50 Vgl. auch Art. 14 Abs. 2 Satz 2 Buchstabe e der MiFID-Durchführungsrichtlinie.
51 Vgl. Erläuterungen zu AT 9 Tz. 4 MaRisk.

im Sinne eines Scoring-Verfahrens zwingend vorgeben werden kann oder um ein individuelles Privat- beziehungsweise Firmenkundengeschäft, bei dem dem Dritten ein Ermessensspielraum verbleibt.[52]

d) Maßnahmen der Unternehmenskontrolle

Bei den Maßnahmen der Unternehmenskontrolle beziehungsweise des internen Kontrollverfahrens wird zwischen den prozessabhängigen und den prozessunabhängigen Überwachungsmechanismen unterschieden. Ein prozessabhängiger Überwachungsmechanismus ist das interne Kontrollsystem als integraler Bestandteil der zu überwachenden Prozesse, wie zum Beispiel das Prinzip der Funktionstrennung, das Vier-Augen-Prinzip, die Beschränkung von EDV-Nutzerrechten und bestimmte innerbetriebliche Organisationsrichtlinien. Ein prozessunabhängiger Überwachungsmechanismus ist die Interne Revision.

(1) Auslagerung prozessabhängiger Überwachungsmechanismen

Prozessabhängige laufende Kontrollen können grundsätzlich zusammen mit den zu überwachenden Arbeitsabläufen ausgelagert werden. Unverändert als nicht auslagerbar anzusehen ist hingegen die Entscheidungsbefugnis über Art und Umfang der laufenden internen Kontrollen, da die Verantwortung für deren Angemessenheit bei der Geschäftsleitung des auslagernden Instituts verbleibt. Zu den Leitungsaufgaben gehört dementsprechend auch die Verantwortung für die Anpassung von Kontrollmaßnahmen an eine durch Auslagerungsmaßnahmen geänderte Risikosituation. Insoweit ist von der Geschäftsleitung sicherzustellen, dass die ausgelagerten Bereiche im Ergebnis unverändert in das interne Kontrollsystem des auslagernden Instituts integriert bleiben. Nicht auslagerbar ist daher auch die laufende Überwachung des Auslagerungsunternehmens.[53]

---

52 Mit dem Wegfall des RS 11/2001 und des Vermerks „Kreditfabriken" der BaFin vom 12.12.2003 ist auch eine Auslagerung von Kreditscheidungen im Privat- beziehungsweise Firmenkundengeschäft möglich geworden.
53 Ebenso Hanten/Görhe (2007), in: BKR, S. 489 und 491; Schneider (2008), in: WPg, S. 435 und 437, der dies aus AT 9 Tz. 7 MaRisk ableitet.

(2) Auslagerung der Internen Revision

Eine Auslagerung der Internen Revision ist bei Beachtung der allgemeinen Anforderungen grundsätzlich zulässig. Die vollständige Auslagerung der Internen Revision wird jedoch als Auslagerung „von erheblicher Tragweite" angesehen, bei der intensiv zu prüfen ist, ob und wie eine Einbeziehung der ausgelagerten Aktivitäten und Prozesse in das Risikomanagement sichergestellt werden kann.[54]

Als nicht auslagerbare zentrale Leitungsfunktion dürfte die schriftliche Fixierung der Rahmenbedingungen und die Genehmigung der Prüfungsplanung für die Interne Revision durch die Geschäftsleitung anzusehen sein. Im Fall der vollständigen Auslagerung der Aufgaben der Internen Revision ist der geänderten Risikosituation durch die Bestellung eines Revisionsbeauftragten Rechnung zu tragen, der zusammen mit der Person des externen Prüfers (Auslagerungsunternehmen) den Prüfungsplan erstellt, den jährlichen Gesamtbericht zumindest mitverfasst und die tatsächliche Umsetzung von Empfehlungen überwacht.[55]

2. Besondere Maßstäbe bei Spezialkreditinstituten

Bei Spezialkreditinstituten können sich aus den jeweiligen Spezialgesetzen (z. B. Bausparkassengesetz, Pfandbriefgesetz, Kapitalanlagegesellschaftsgesetz) besondere Maßstäbe für Auslagerungsmaßnahmen ergeben. Beispielsweise müssen Bausparkassen nach bisheriger Verwaltungspraxis der BaFin über einen selbstständig steuerbaren Außendienst verfügen. Restriktionen werden hier weiterhin im Hinblick auf die Steuerung des Bausparkollektivs gesehen.[56]

---

54 Vgl. Erläuterungen zu AT 9 Tz. 2 MaRisk; Schneider (2008), in: WPg, S. 435 und 439.
55 Das bisher bestehende Verbot der Weiterverlagerung von Aufgaben der Internen Revision besteht nicht mehr; die praktische Bedeutung dieser Erleichterung bleibt abzuwarten.
56 Vgl. Begleitschreiben der BaFin vom 30.10.2007 zum RS 5/2007; AT 9 Tz. 4 MaRisk.

Für Pfandbriefbanken wurde im RS 15/2009[57] – wie schon in der Vorauflage vertreten – klargestellt, dass die Deckungsregisterführung und die Deckungsrechnung nicht auslagerbar sind. Ausdrücklich im Gesetz geregelt ist die Unzulässigkeit der Auslagerung der Führung eines Refinanzierungsregisters (§ 22a Abs. 3 KWG).

F. Ordnungsmäßigkeit der Auslagerung

Die nach § 25a Abs. 2 Satz 1 KWG zu treffenden Vorkehrungen zur Vermeidung von übermäßigen – aus der Auslagerung resultierenden – zusätzlichen Risiken umfassen sowohl die Gestaltung des Auslagerungsvertrags als auch die im Hinblick auf die geänderte Risikosituation zu treffenden organisatorischen Maßnahmen. Diese Anforderungen sind auch bei der Weiterverlagerung ausgelagerter Aktivitäten und Prozesse zu beachten.[58]

Hervorzuheben ist, dass die Anforderungen an die Ordnungsmäßigkeit der Auslagerung angemessen sein müssen und daher unter dem Vorbehalt der Proportionalität stehen.[59] Bei der Festlegung der Anforderungen sind daher insbesondere auch die Ergebnisse der Risikoanalyse zu beachten.

I. Anforderungen an die Gestaltung des Auslagerungsvertrags

Anforderungen an die Gestaltung des Auslagerungsvertrags sind in § 25a Abs. 2 KWG enthalten. Danach dürfen durch die Auslagerung weder die BaFin noch die Prüfer des Instituts an der Wahrnehmung ihrer Aufgaben gehindert werden; ihre Auskunfts- und Prüfungsrechte sowie Kontrollmöglichkeiten müssen in Bezug auf die ausgelagerten Aktivitäten und Prozesse auch bei einer Auslagerung auf ein Unternehmen mit Sitz in einem Staat des Europäischen Wirtschaftsraums oder einem Drittstaat durch geeignete Vorkehrungen

---
57 Vgl. AT 9 Tz. 4 MaRisk.
58 Vgl. AT 9 Tz. 9 MaRisk.
59 Vgl. Begr. RegE zum FRUG in BT Drs. 16/4028, S. 96.

gewährleistet werden. Eine Auslagerung bedarf einer schriftlichen Vereinbarung, welche die zur Einhaltung der vorstehenden Voraussetzungen erforderlichen Rechte des Instituts, einschließlich Weisungs- und Kündigungsrechten, sowie die korrespondierenden Pflichten des Auslagerungsunternehmens festschreibt.[60]

Im RS 15/2009 werden diese Anforderungen weiter konkretisiert. Bei wesentlichen Auslagerungen ist den dort genannten Anforderungen in Abhängigkeit von Art und Umfang der Auslagerungsmaßnahme angemessen Rechnung zu tragen. Nicht in jedem Fall sind alle im Rundschreiben aufgeführten Punkte in gleichem Maße zu gewichten.

Im Auslagerungsvertrag ist insbesondere Folgendes zu vereinbaren:[61]

- Spezifizierung und gegebenenfalls Abgrenzung der vom Auslagerungsunternehmen zu erbringenden Leistung,

- Festlegung von Informations- und Prüfungsrechten der Internen Revision[62] sowie externer Prüfer,

- Sicherstellung der Informations- und Prüfungsrechte sowie der Kontrollmöglichkeiten der Bundesanstalt für Finanzdienstleistungsaufsicht,

- soweit erforderlich Weisungsrechte,[63]

---

60 Vgl. § 25a Abs. 2 Satz 6 bis 8 KWG.
61 Vgl. AT 9 Tz. 6 MaRisk.
62 Nach den Erläuterungen zu AT 9 Tz. 6 MaRisk kann die Interne Revision des auslagernden Instituts unter den Voraussetzungen von BT 2.1 Tz. 3 MaRisk auf eigene Prüfungshandlungen verzichten. Gemeint sein dürfte hier in Anlehnung an die frühere Erleichterung für Mehrmandantendienstleister im RS 11/2001 ein Verzicht auf die vertragliche Vereinbarung von Prüfungsrechten für die Interne Revision. Wie dort noch ausdrücklich vorgesehen, sollten jedoch Ergänzungsprüfungsrechte für den Fall vereinbart werden, dass die aufsichtsrechtlichen Anforderungen an die Durchführung der Internen Revision beim Auslagerungsunternehmen anders nicht mehr erfüllt werden können.
63 Auf eine explizite Vereinbarung von Weisungsrechten zugunsten des Instituts kann verzichtet werden, wenn die vom Auslagerungsunternehmen zu erbringende Leistung hinreichend klar im Auslagerungsvertrag spezifiziert ist. Vgl. Erläuterungen zu AT 9 Tz. 6 MaRisk.

- Regelungen, die sicherstellen, dass datenschutzrechtliche Bestimmungen beachtet werden,[64]

- Kündigungsrechte[65] und angemessene Kündigungsfristen,

- Regelungen über die Möglichkeit und über die Modalitäten einer Weiterverlagerung, die sicherstellen, dass das Institut die bankaufsichtsrechtlichen Anforderungen weiterhin einhält und

- Verpflichtung des Auslagerungsunternehmens, das Institut über Entwicklungen zu informieren, die die ordnungsgemäße Erledigung der ausgelagerten Aktivitäten und Prozesse beeinträchtigen können.

Hinsichtlich der weiteren Einzelheiten zur Gestaltung des Auslagerungsvertrages wird auf den nachfolgenden Beitrag von *Zerwas/Knöfler* „Zivilrechtliche Grundsätze und Vertragsgestaltung" verwiesen.

II. Organisatorische Anforderungen

Zu den in § 25a Abs. 2 Satz 1 KWG geforderten angemessenen Vorkehrungen in organisatorischer Hinsicht gehören unter anderem Maßnahmen zur sorgfältigen Auswahl des Auslagerungsunternehmens, zur Überwachung der Ausführung der Dienstleistung, zur Festlegung von Methoden zur Bewertung der Leistung des Auslagerungsunternehmens, zum Datenschutz sowie eine Ausweichplanung.[66]

Um den aufgrund der Auslagerung eintretenden andersartigen Risiken hinreichend Rechnung zu tragen, müssen entsprechende organisatorische Vorkehrungen sowohl beim auslagernden Institut getroffen werden als auch von diesem beim Auslagerungsunternehmen als gegeben vorausgesetzt werden können.

---

64 Vgl. näher hierzu Wicker/Wollinsky in diesem Handbuch.
65 Neu eingefügt im RS 15/2009.
66 Vgl. Begr. RegE zum FRUG in BT Drs. 16/4028, S. 96 unter Bezugnahme auf Art. 14 Abs. 2 Satz 1 und 2 Buchstabe a, b, d, f, g, j und k der Durchführungsrichtlinie.

1. Auslagerndes Institut

Das Institut hat die mit wesentlichen Auslagerungen verbundenen Risiken angemessen zu steuern und die Ausführung der ausgelagerten Aktivitäten und Prozesse ordnungsgemäß zu überwachen.[67]

a) Auswahl des Auslagerungsunternehmens und Instruktion

Das Institut hat das Auslagerungsunternehmen mit der erforderlichen Sorgfalt auszuwählen und es angemessen in seine Aufgabe einzuweisen. Das Auslagerungsunternehmen muss über die für seine Tätigkeit erforderlichen Erlaubnisse verfügen und Gewähr für eine sichere und dauerhafte Leistungserbringung bieten. Die Auswahl des Auslagerungsunternehmens hat deshalb unter Berücksichtigung seiner professionellen Fähigkeiten sowie finanziellen und personellen Ressourcen zu erfolgen.[68]

Um die Prüfung der Einhaltung der Anforderungen an die Auswahl des Auslagerungsunternehmens zu ermöglichen, sollten insbesondere das Auswahlverfahren und die Auswahlkriterien hinreichend dokumentiert werden. Für die Dokumentation der Instruktion des Auslagerungsunternehmens wird in der Regel der Auslagerungsvertrag herangezogen werden können.

b) Steuerung und Überwachung des Auslagerungsunternehmens

Für die Steuerung und die Überwachung des Auslagerungsunternehmens hat das Institut klare Verantwortlichkeiten festzulegen.[69] Die Überwachung muss in Form einer regelmäßigen Beurteilung der Leistung des Auslagerungsunternehmens anhand vorzuhaltender Kriterien erfolgen.[70] Ziel muss die unveränderte Einbindung der auslagerten Bereiche in das interne Kontrollsystem des auslagernden Instituts sein. Dabei ist den infolge der Auslagerung geänderten Kontrollabläufen und den damit verbundenen erweiterten Überwachungspflichten der Geschäftsleitung angemessen Rechnung zu tragen. Hierbei kann zwischen der Aufbau- und Ablauforganisation wie nachfolgend beschrieben unterschieden werden.

---

[67] Vgl. AT 9 Tz. 7 MaRisk.
[68] Vgl. Art. 14 Abs. 2 Satz 2 Buchstabe a der MiFID-Durchführungsrichtlinie.
[69] Vgl. AT 9 Tz. 7 MaRisk.
[70] Vgl. AT 9 Tz. 7 MaRisk.

(1) **Aufbauorganisation**

Die Prozesse sowie die damit verbundenen Aufgaben, Kompetenzen, Verantwortlichkeiten, Kontrollen sowie Kommunikationswege sind klar zu definieren und aufeinander abzustimmen. Das gilt auch bezüglich der Schnittstellen zu wesentlichen Auslagerungen.[71]

Für jede Auslagerung ist im auslagernden Institut eine verantwortliche Stelle zu definieren, die für die Überwachung und Steuerung der jeweiligen Auslagerungsmaßnahme zuständig ist. Hinsichtlich der Auswahl der verantwortlichen Stelle besteht für die Geschäftsleitung des auslagernden Instituts ein weitgehender Ermessensspielraum. Als Grenzen des Ermessensspielraums wird man den Grundsatz der Funktionstrennung und das Erfordernis der ausreichenden fachlichen Qualifikation der verantwortlichen Stelle für die ihr zugewiesene Aufgabe ansehen müssen.

Danach kommt als verantwortliche Stelle zunächst die Stelle in Betracht, die zugleich Schnittstelle für die Entgegennahme der vom Auslagerungsunternehmen zu erbringenden Leistungen ist. Daneben kommt grundsätzlich auch eine zentrale Einheit innerhalb des auslagernden Instituts in Betracht, die für die Überwachung und Steuerung sämtlicher Auslagerungsmaßnahmen verantwortlich ist. In diesem Fall ist darauf zu achten, dass die zentrale Stelle über die für die gleichzeitige Überwachung und Steuerung aller Auslagerungsmaßnahmen erforderlichen personellen und fachlichen Kapazitäten verfügt. In der Praxis häufig anzutreffen sind Mischformen, bei denen die jeweilige Schnittstelle innerhalb des Instituts die laufende Steuerung und Überwachung des Auslagerungsunternehmens übernimmt, während eine zentrale Stelle als Evidenzzentrale (Outsourcing-Beauftragter) fungiert und die Korrespondenz mit den Aufsichtsbehörden führt.[72]

Soweit die Interne Revision vollständig ausgelagert wird, hat die Geschäftsleitung einen Revisionsbeauftragten zu benennen, der eine ordnungsgemäße Interne Revision gewährleisten muss. Die Anforderungen des AT 4.4 und

---

71 Vgl. AT 4.3.1. Tz. 2 MaRisk.
72 Zu möglichen Gestaltungsformen vgl. auch Schneider (2008), in: WPg, S. 435 und 442.

BT 2 MaRisk sind entsprechend zu beachten.[73] Der Revisionsbeauftragte hat den Prüfungsplan gemeinsam mit dem beauftragten Dritten zu erstellen. Er hat, gegebenenfalls gemeinsam mit dem beauftragten Dritten, zudem den Gesamtbericht nach BT 2.4 Tz. 4 MaRisk zu verfassen und nach Maßgabe von BT 2.5 MaRisk zu prüfen, ob die festgestellten Mängel beseitigt wurden. Die Aufgaben des Revisionsbeauftragten können in Abhängigkeit von Art, Umfang, Komplexität und Risikogehalt der Geschäftsaktivitäten des Instituts von einer Organisationseinheit, einem Mitarbeiter oder einem Geschäftsleiter wahrgenommen werden. Ausreichende Kenntnisse und die erforderliche Unabhängigkeit sind jeweils sicherzustellen.[74]

(2) **Ablauforganisation**
Die Risikosteuerungs- und -controllingprozesse müssen gewährleisten, dass die wesentlichen Risiken – auch aus ausgelagerten Aktivitäten und Prozessen – frühzeitig erkannt, vollständig erfasst und in angemessener Weise dargestellt werden können.[75] Die ausgelagerten Bereiche sind daher auch in die Risikoberichterstattung und gegebenenfalls auch in Szenariobetrachtungen einzubeziehen.[76]

Die Organisationsrichtlinien müssen Regelungen zu Verfahrensweisen bei wesentlichen Auslagerungen beinhalten.[77] Nicht nur die Zuständigkeit, sondern auch die Aufgaben und Kompetenzen der für die laufende Überwachung und Steuerung der Leistungserbringung verantwortlichen Stelle sollten in internen Richtlinien des auslagernden Instituts festgelegt sein.[78]

Als solche kommen zum Beispiel in Betracht:

- Entgegennahme, Auswertung und Archivierung der laufenden Berichterstattung und Fehlermeldungen des Auslagerungsunternehmens,

- Weiterleitung von Revisionsberichten an die eigene Interne Revision,

---
73 Vgl. AT 9 Tz. 8 MaRisk.
74 Vgl. Erläuterungen zu AT 9 Tz. 8 MaRisk.
75 Vgl. AT 4.3.2 Tz. 2 MaRisk.
76 Vgl. AT 4.3.2 Tz. 4 MaRisk.
77 Vgl. AT 5 Tz. 3 e) MaRisk.
78 Vgl. Art 14 Abs. 2 Satz 2 Buchstaben b und d der MiFID-Durchführungsrichtlinie.

- Durchführung eigener stichprobenhafter Prüfungen im Einzelfall,
- Mitteilung von Änderungen der für das Institut maßgeblichen oder von ihm vorgegebenen Leistungs- und Qualitätsstandards an das Auslagerungsunternehmen,
- Beantwortung von Anfragen des Auslagerungsunternehmens,
- Erteilung der Zustimmung zur Unterauslagerung,
- Geltendmachung von Schadenersatzansprüchen gegen das Auslagerungsunternehmen,
- Überwachung der Kündigungsfristen und
- Information der Kunden über die Auslagerung beziehungsweise Einholung der Zustimmung der Kunden hierzu, soweit eine entsprechende gesetzliche oder vertragliche Verpflichtung besteht.

Von entscheidender Bedeutung ist eine angemessene Dokumentation der durchgeführten Steuerungs- und Überwachungsmaßnahmen.[79]

c) Durchführung der Internen Revision für die ausgelagerten Aktivitäten und Prozesse[80]

Im Fall wesentlicher Auslagerungen auf ein anderes Unternehmen kann die Interne Revision des Instituts auf eigene Prüfungshandlungen verzichten, sofern die anderweitig durchgeführte Revisionstätigkeit den Anforderungen in AT 4.4 und BT 2 MaRisk genügt. Die Interne Revision des auslagernden Instituts hat sich von der Einhaltung dieser Voraussetzungen regelmäßig zu überzeugen. Die für das Institut relevanten Prüfungsergebnisse sind an die Interne Revision des auslagernden Instituts weiterzuleiten.[81]

Die Revisionstätigkeit kann übernommen werden durch:

- die Interne Revision des Auslagerungsunternehmens,

---
79 So auch Fischer/Petri/Steidle (2007), in: WM, 2313 und 2320.
80 Vgl. hierzu auch Theobald, Abschnitt C. I. in diesem Handbuch.
81 Vgl. BT 2.1 Tz. 3 MaRisk.

- die Interne Revision eines oder mehrerer der auslagernden Institute im Auftrag der auslagernden Institute,

- einen vom Auslagerungsunternehmen beauftragten Dritten oder

- einen von den auslagernden Instituten beauftragten Dritten.[82]

Die Prüfung der ausgelagerten Bereiche ist in jedem Fall in den Prüfungsplan für die Interne Revision des auslagernden Instituts aufzunehmen.[83]

Soweit die Aufgaben der Internen Revision für die ausgelagerten Bereiche durch die Interne Revision des auslagernden Instituts selbst wahrgenommen werden, treten hinsichtlich der Anforderungen an die Durchführung der Internen Revision grundsätzlich keine Veränderungen gegenüber dem Zustand vor der Auslagerung ein.

Soweit die Aufgaben der Internen Revision für einen ausgelagerten Bereich auf die Interne Revision des Auslagerungsunternehmens oder einen externen Prüfer übertragen werden, beschränkt sich die Aufgabe der Internen Revision des auslagernden Instituts darauf, sich regelmäßig von der Funktionsfähigkeit der Internen Revision des Auslagerungsunternehmens beziehungsweise des externen Prüfers zu überzeugen. Dies wird vor allem durch die Auswertung der von der Internen Revision des Auslagerungsunternehmens beziehungsweise dem externen Prüfer zu erstellenden Prüfberichte erfolgen können. Wenn die Interne Revision des auslagernden Instituts Zweifel an der Funktionsfähigkeit der Internen Revision des Auslagerungsunternehmens beziehungsweise des externen Prüfers hat, muss sie eigene Prüfungshandlungen vornehmen.

d) Notfallkonzept

Nach den MaRisk besteht für Institute im Einklang mit § 25 Abs. 1 Satz 3 Nr. 3 KWG die allgemeine Verpflichtung, für Notfälle in zeitkritischen Aktivitäten und Prozessen Vorsorge zu treffen (Notfallkonzept). Unter zeitkritischen Aktivitäten und Prozessen werden insbesondere die IT-Systeme verstan-

---
[82] Vgl. Erläuterungen zu BT 2.1 Tz. 3 MaRisk.
[83] Vgl. BT 2.3 Tz. 1 MaRisk.

den. Die im Notfallkonzept festgelegten Maßnahmen müssen dazu geeignet sein, das Ausmaß möglicher Schäden zu reduzieren. Die Wirksamkeit und Angemessenheit des Notfallkonzeptes sind regelmäßig durch Notfalltests zu überprüfen. Die Ergebnisse der Notfalltests sind den jeweiligen Verantwortlichen mitzuteilen. Im Fall der Auslagerung von zeitkritischen Aktivitäten und Prozessen haben das auslagernde Institut und das Auslagerungsunternehmen über aufeinander abgestimmte Notfallkonzepte zu verfügen.[84]

e) Vorkehrungen für die beabsichtigte Beendigung von Auslagerungen

Das Institut hat bei wesentlichen Auslagerungen im Fall der beabsichtigten Beendigung der Auslagerungsvereinbarung Vorkehrungen zu treffen, um die Kontinuität und Qualität der ausgelagerten Aktivitäten und Prozesse auch nach deren Beendigung zu gewährleisten.[85] Die früher geforderte Vorhaltung eines Mindestpersonalbestands auch für den Fall des unerwarteten Wegfalls des Auslagerungsunternehmens etwa durch Insolvenz wird in den MaRisk nicht mehr erwähnt.

2. Auslagerungsunternehmen

Vom Auslagerungsunternehmen sind auf Grundlage des Auslagerungsvertrags alle organisatorischen Vorkehrungen zu treffen, die für die Erfüllung seiner Verpflichtungen aus dem Auslagerungsvertrag erforderlich sind. Zu nennen sind insoweit insbesondere die Verpflichtung der Geschäftsleitung des Auslagerungsunternehmens zur laufenden internen Kontrolle des ausgelagerten Bereichs (Prüfung sowie Identifizierung und Beseitigung von Mängeln), die Sicherstellung von Fehlermeldungen und die laufende Berichterstattung an das auslagernde Institut sowie die Einhaltung sämtlicher aufsichtsrechtlicher und sonstiger gesetzlicher Bestimmungen, die vom auslagernden Institut hinsichtlich des ausgelagerten Bereichs selbst einzuhalten sind.

---

84 Vgl. AT 7.3 Tz. 1 MaRisk.
85 Vgl. AT 9 Tz. 4 MaRisk.

G. Sonderthemen

Das RS 15/2009 enthält anders als das RS 11/2001 keinen gesonderten Abschnitt mit Ausnahmen von der Anwendung des § 25a Abs. 2 KWG oder Erleichterungen in bestimmten Fällen. Einige der dort bislang geregelten Themen werden weiterhin in den Erläuterungen des RS 15/2009 als Interpretation der bestehenden gesetzlichen Vorschriften angesprochen. Sie werden nachfolgend als Sonderthemen zusammenfassend dargestellt.

I. Geschäfte mit besonderer Struktur

Ursprünglich aufgrund ihrer Struktur vom Anwendungsbereich des § 25a Abs. 2 KWG ausgenommen und nunmehr aufgrund der damit verbundenen Risiken als tatbestandlich nicht mehr unter den Auslagerungsbegriff fallend angesehen werden:

- die Nutzung von Clearing-Stellen im Rahmen des Zahlungsverkehrs und der Wertpapierabwicklung,

- die Einschaltung von Korrespondenzbanken oder

- die Verwahrung von Vermögensgegenständen von Kunden nach dem Depotgesetz.[86]

Die Anforderungen des § 25a Abs. 1 KWG dürften aber auch bei diesen Geschäften zu beachten sein.

II. Arbeitsteilung im Verbund

Auch die Nutzung von Zentralbankfunktionen innerhalb von Finanzverbünden wird als tatbestandlich nicht mehr unter den Auslagerungsbegriff fallend angesehen.

---

86 Vgl. Erläuterungen zu AT 9 Tz. 1 MaRisk; damit besteht im Ergebnis, wenngleich auf neuer Grundlage, die für die Praxis bedeutsame Tz. 47 RS 11/2001 fort.

Der Begriff der Zentralbankfunktion ist gesetzlich nicht definiert. Er basiert auf der Arbeitsteilung zwischen den Sparkassen und Landesbanken beziehungsweise den genossenschaftlichen Primärinstituten und deren Zentralbanken. Typischerweise werden als deren Bestandteile genannt:

- die Abwicklung des Wertpapier- und Depotgeschäfts und

- Geschäfte mit Auslandsbezug (Zahlungsverkehr, Dokumenteninkasso, Dokumentenakkreditive und Garantien).

Nach Auffassung der BaFin handelt es sich dabei um einen geschlossenen, historisch gewachsenen Katalog. Nach Auffassung der Verbände muss grundsätzlich auch eine Erweiterung des Begriffs in Anpassung an aktuelle Entwicklungen im Bankgeschäft möglich sein.[87]

Die Zentralbankfunktion strahlt grundsätzlich nicht auf Beteiligungsunternehmen der Zentralinstitute aus. Insbesondere für die Wertpapier-Servicebanken, die als Tochterunternehmen der Zentralinstitute geführt werden, gelten daher die allgemeinen Auslagerungsbestimmungen.

III. Gruppeninterne Auslagerungen

Die Berücksichtigung von Besonderheiten bei gruppeninternen Auslagerungen wurde im Vorfeld der Änderung des § 25a Abs. 2 KWG und der Neufassung der MaRisk kontrovers diskutiert.[88] Die BaFin vertrat dabei den Standpunkt, dass für eine diesbezügliche Sonderregelung kein Bedürfnis besteht, da die Besonderheiten innerhalb einer Gruppe bereits im Rahmen der allgemeinen Outsourcing-Regelungen hinreichend Berücksichtigung finden

---

[87] Vgl. Reinicke (2003), BI, S. 18f.
[88] Der Bundesrat hatte in seiner Stellungnahme zum Regierungsentwurf des FRUG in BT Drs. 16/4028, S. 112 unter Bezugnahme auf das RS 11/2001 und die generelle Einbeziehung von Tochterunternehmen in das Risikomanagement der Mutterunternehmen gefordert, die Anwendung des § 25a Abs. 2 KWG insgesamt auf Auslagerungen außerhalb einer Institutsgruppe oder einer Unternehmensgruppe, deren Mutterunternehmen der konsolidierten Aufsicht unterliegt, zu beschränken. Die Bundesregierung ist dem in ihrer Gegenäußerung in BT Drs. 16/4037, S. 5 unter anderem unter Hinweis auf die Waiver-Regelung in § 2a KWG nicht gefolgt.

können.[89] Ein Hinweis auf die besonderen Verhältnisse bei gruppeninternen Auslagerungen findet sich dementsprechend nur in den Erläuterungen zu den MaRisk. Danach können bei gruppeninternen Auslagerungen wirksame Vorkehrungen, insbesondere ein Risikomanagement auf Gruppenebene sowie Durchgriffsrechte, bei der Erstellung und Anpassung der Risikoanalyse risikomindernd berücksichtigt werden.[90]

Tatsächlich kommt eine Berücksichtigung bereits auf Gruppenebene bestehender Vorkehrungen bei folgenden Punkten in Betracht:

- bei der Auswahl des Auslagerungsunternehmens,
- bei der Beurteilung der Wesentlichkeit,
- bei der Gestaltung der Auslagerungsverträge und
- bei den in organisatorischer Hinsicht zu treffenden Maßnahmen.

Inwieweit entsprechende Vorkehrungen und insbesondere Durchgriffsrechte bereits auf der Gruppenebene bestehen können, hängt unter anderem von der Rechtsform des Auslagerungsunternehmens ab. So ist zum Beispiel der Vorstand einer AG an Weisungen der Muttergesellschaft grundsätzlich nicht gebunden, während dies beim Geschäftsführer einer GmbH der Fall ist. Außerdem wird das Vorhandensein entsprechender Vorkehrungen leichter bei einer Auslagerung vom Mutter- auf das Tochterunternehmen als bei der Auslagerung vom Tochter- auf das Mutterunternehmen bejaht werden können.

Eine gesetzliche Sonderregelung, die zu einer Freistellung gruppenangehöriger Institute von der Verpflichtung zur Errichtung eines eigenen internen Kontrollverfahrens nach § 25a Abs. 1 Satz 3 Nr. 1 KWG befreit, ist die sogenannte Waiver-Regelung in § 2a KWG. Voraussetzung hierfür ist unter anderem das Bestehen von Prozessen zur Identifizierung, Beurteilung, Steuerung so-

---

89 Stellvertretend hierfür Schneider (2008), in: WPg, S. 435 und 440; ganz anders dagegen Schwirten (2008), in: Die Bank, S. 61f., der eine Besserstellung gegenüber dem bisherigen Zustand und eine regelmäßige Unwesentlichkeit postuliert.
90 Vgl. Erläuterungen zu AT 9 Tz. 2 MaRisk.

wie Überwachung und Kommunikation der Risiken der befreiten Institute auf Gruppenebene. Eine Befreiung von den Anforderungen des § 25a Abs. 2 KWG ist dort nicht ausdrücklich vorgesehen. Soweit ein Unternehmen von der Verpflichtung zur Errichtung eines eigenen internen Kontrollverfahrens nach § 25a Abs. 1 Satz 3 Nr. 1 KWG befreit ist, muss es konsequenterweise jedoch auch von der Einhaltung der Anforderungen des § 25a Abs. 2 KWG bei Auslagerungen in diesem Bereich befreit sein.

IV. Auslagerung auf Mehrmandantendienstleister

Der bislang für Erleichterungen wesentliche Begriff des Mehrmandantendienstleisters wird nur noch in den Erläuterungen zum RS 15/2009, und zwar im Zusammenhang mit den Möglichkeiten der Gestaltungen für die Auslagerung der Internen Revision erwähnt. Die bislang nur für Mehrmandantendienstleister gewährten Erleichterungen hinsichtlich der Verpflichtung zur Vereinbarung von Weisungsrechten und Prüfungsrechten für die Interne Revision werden – in Abhängigkeit von der Erfüllung der hieran geknüpften Voraussetzungen – nunmehr praktisch allen Auslagerungsunternehmen gewährt.[91]

V. Einsatz von Leiharbeitnehmern

Der gegebenenfalls auch längerfristige Einsatz von Leiharbeitnehmern wird unverändert nicht als Auslagerung im Sinne des § 25a Abs. 2 KWG angesehen. Voraussetzung hierfür ist, dass die Leiharbeitnehmer für die Dauer ihrer Tätigkeit vollumfänglich in die Betriebs- und Ablauforganisation des Instituts eingegliedert sind. Weiterhin ist bei einem Rückgriff auf Leiharbeitnehmer der allgemeine Grundsatz zu beachten, dass sich die quantitative und qualitative Personalausstattung des Instituts insbesondere an betriebsinternen Erfordernissen, den Geschäftsaktivitäten sowie der Risikosituation zu orientieren hat.[92]

---

91 So letztlich auch Schneider (2008), in: WPg, S. 435 und 441 in Fn. 25.
92 Vgl. AT 7.1 Tz. 1 MaRisk.

H. Anzeigepflichten und Zustimmungserfordernisse

I. Anzeigepflichten im KWG

Eine Pflicht zur Anzeige der Absicht oder des Vollzugs von Auslagerungen besteht nicht mehr. Nach der Begr. RegE zum FRUG wird diese durch die ausdrückliche Nennung der Auskunftsrechte in § 25a Abs. 2 Satz 6 und 7 KWG ersetzt.[93] Den Instituten bleibt es indessen unbenommen, im Vorfeld bedeutender Auslagerungsmaßnahmen ihrerseits Kontakt mit den Aufsichtsbehörden aufzunehmen, um eine Abstimmung in Einzelfragen herbeizuführen.

II. Zustimmungserfordernis

Nach § 14 Abs. 3 Satz 2 GwG bedürfen Auslagerungsmaßnahmen im Bereich der Geldwäsche der vorherigen Zustimmung durch die zuständige Aufsichtsbehörde, soweit sie auch das Treffen der in § 14 Abs. 2 GwG aufgezählten Vorkehrungen umfasst. Für die Auslagerung der Funktion des Geldwäschebeauftragten ist eine Zustimmung nicht erforderlich.

I. Übergangsvorschriften und Ausblick

Im Hinblick auf Auslagerungen, die vor dem Inkrafttreten der MaRisk vereinbart wurden (sogenannte „Altfälle"), hält die BaFin grundsätzlich keine Neueinschätzungen nach Maßgabe von AT 9 Tz. 2 (Risikoanalyse) für erforderlich. Voraussetzung hierfür ist, dass in der Vergangenheit eine Einbeziehung in

---

93 Begr. RegE zum FRUG in BT Drs. 16/4028, S. 97; danach bleibt es der BaFin im Übrigen gemäß Art. 14 Abs. 5 in Verbindung mit Erwägungsgrund 20 der Durchführungsrichtlinie unbenommen, im Rahmen einer risikoorientierten Aufsicht im Einzelfall oder in Bezug auf besonders kritische Arten von Auslagerungen, die eine wichtige Änderung der Voraussetzungen für die Erstzulassung darstellen, sich den Vollzug einer Auslagerung anzeigen zu lassen und die erforderlichen Informationen zu verlangen, die sie für eine Prüfung der Vereinbarkeit der Auslagerung mit den Anforderungen des § 25a Abs. 2 KWG und den MaRisk benötigt.

die internen Kontrollverfahren des Instituts nach Maßgabe der bis dahin geltenden Fassung des § 25a Abs. 2 KWG erfolgte. Sollte dies nicht der Fall sein oder ergeben sich Änderungen der Risikosituation, hat das Institut dem durch eine Risikoanalyse beziehungsweise deren Anpassung Rechnung zu tragen.[94]

Eine Notwendigkeit zur Anpassung der Auslagerungsverträge bei Altfällen an die Erfordernisse des RS 15/2009 besteht grundsätzlich ebenfalls nicht, da die Anforderungen des RS 11/2001 insoweit über die Anforderungen des RS 15/2009 hinausgingen.

Die gegenwärtige Fassung des § 25a Abs. 2 KWG ist stark durch die Umsetzung der ausschließlich das Wertpapiergeschäft betreffenden MiFID geprägt. Für die Auslagerung bei Bankgeschäften hat die CEBS am 14. Dezember 2006 ein Richtlinienpapier „Guidelines on Outsourcing" veröffentlicht, in dem ausdrücklich darauf hingewiesen wird, dass auf EU-Ebene noch keine Harmonisierung der Standards für die Auslagerung bei Kreditinstituten erfolgt ist. Das Baseler Joint Forum hatte bereits am 2. August 2004 ein eigenes Konsultationspapier mit Richtlinien für die Auslagerung bei Finanzdienstleistungen herausgegeben. Eine Anpassung des § 25a Abs. 2 KWG auf dieser Grundlage ist bislang aber nicht erfolgt.

---

94 Vgl. Begleitschreiben der BaFin vom 30.10.2007 zum RS 5/2007.

Der Risikoanalyseprozess beim Outsourcing

Christine Wicker/Martin Wollinsky

Vorbemerkung

Die Vornahme einer individuellen Risikoanalyse ist ab dem 1. November 2007 mit Inkrafttreten der neuen Outsourcing-Anforderungen gemäß Mindestanforderungen an das Risikomanagement (MaRisk) AT 9 bei Auslagerungssachverhalten verpflichtend geworden. Jedes auslagernde Institut muss seither auf der Grundlage einer Risikoanalyse eigenverantwortlich festlegen, welche Auslagerungen von Aktivitäten und Prozessen unter Risikogesichtspunkten wesentlich sind.

Unsere Praxiserfahrung zeigt: Die Entwicklung und Implementierung eines die aufsichtsrechtlichen Anforderungen erfüllenden Risikoanalysesystems stellt die Institute vor eine echte Herausforderung. Die Risikoanalyse muss neben Art, Umfang und Komplexität der Auslagerung auch deren Risikogehalt umfassend berücksichtigen, sollte zugleich aber proportional zur Institutsgröße und vor allem praktikabel und effizient sein. Darüber hinaus muss sie für Dritte nachvollziehbar sein und an aktuelle Entwicklungen laufend angepasst werden können.

Der folgende Beitrag erläutert unter (A) die aufsichtsrechtlichen Grundlagen der Risikoanalyse, stellt unter (B) die aufsichtsrechtlich intendierten Aufgaben der Risikoanalyse dar und interpretiert hierauf aufbauend die aufsichtsrechtlichen Vorgaben der MaRisk (C). Unter Berücksichtigung der aufsichtsrechtlichen Vorgaben werden unter (D) die Durchführung der Risikoanalyse sowie ein mögliches und in der Praxis erprobtes Risikoanalyseverfahren für Auslagerungen in verkürzter Form beziehungsweise in Auszügen dargestellt. Der Beitrag schließt mit einer Zusammenfassung und gibt einen Ausblick unter E.

A. Grundlagen der aufsichtsrechtlich geforderten Risikoanalyse

Grundlagen für die aufsichtsrechtliche Betrachtung der für Outsourcing-Vorhaben in der Finanzwirtschaft erforderlichen Risikoanalyse sind

- § 25a Abs. 2 KWG in der derzeit geltenden Fassung und

- das Rundschreiben 15/2009 der Bundesanstalt für die Finanzdienstleistungsaufsicht (BaFin) vom 14. August 2009 über die Mindestanforderungen an das Risikomanagement – MaRisk (RS 15/2009), insbesondere dessen AT 9, sowie die Erläuterungen der MaRisk.

AT 9 Tz. 2 MaRisk konkretisiert die aufsichtsrechtlichen Vorgaben des § 25a Abs. 2 KWG in Bezug auf die erforderliche Risikoanalyse als Grundlage für die Feststellung der Wesentlichkeit wie folgt:

> „Das Institut muss auf der Grundlage einer Risikoanalyse eigenverantwortlich festlegen, welche Auslagerungen von Aktivitäten und Prozessen unter Risikogesichtspunkten wesentlich sind (wesentliche Auslagerungen). Die maßgeblichen Organisationseinheiten sind bei der Erstellung der Risikoanalyse einzubeziehen. Im Rahmen ihrer Aufgaben ist auch die Interne Revision zu beteiligen. Soweit sich wesentliche Änderungen in der Risikosituation ergeben, ist die Risikoanalyse anzupassen."

Die Erläuterungen zu AT 9 Tz. 2 MaRisk konkretisieren die aufsichtsrechtlichen Anforderungen weitergehend, beschränken sich jedoch auf allgemeine Vorgaben, die Leitplankenfunktion haben:

Der Risikoanalyseprozess beim Outsourcing

> „Bei der Risikoanalyse sind alle für das Institut relevanten Aspekte im Zusammenhang mit der Auslagerung zu berücksichtigen (z. B. Risiken der Auslagerung, Eignung des Auslagerungsunternehmens), wobei die Intensität der Analyse von Art, Umfang, Komplexität und Risikogehalt der ausgelagerten Aktivitäten und Prozesse abhängt. Daher ist bei Auslagerungen von erheblicher Tragweite, wie zum Beispiel der Vollauslagerung der Internen Revision bei einem größeren Institut, entsprechend intensiv zu prüfen, ob und wie eine Einbeziehung der ausgelagerten Aktivitäten und Prozesse in das Risikomanagement sichergestellt werden kann.
>
> Bei gruppeninternen Auslagerungen können wirksame Vorkehrungen, insbesondere ein Risikomanagement auf Gruppenebene sowie Durchgriffsrechte, bei der Erstellung und Anpassung der Risikoanalyse Risiko mindernd berücksichtigt werden."

Der Risikoanalyseprozess im Outsourcing umfasst damit die detaillierte Untersuchung von Auslagerungsrisiken aus verschiedenen Blickwinkeln. Aufgrund des dadurch gewonnenen Verständnisses für die aus der Auslagerung resultierenden Risiken können die erforderlichen Entscheidungen in Bezug auf eine wirksame Einbindung in das Risikomanagement getroffen werden.

Die konkrete Ausgestaltung der Risikoanalyse beziehungsweise des Risikoanalyseprozesses obliegt jeweils den Instituten selbst. Dies steht im Einklang mit dem bereits im Anschreiben der BaFin zu den MaRisk i. d. F. von 2007[1] erklärten Ziel, den Instituten im Bereich Outsourcing mehr Flexibilität und Freiräume zu geben. Die Institute sollen anhand einer jeweils institutsspezifischen Risikoanalyse beziehungsweise eines institutsspezifischen Risikoanalyseprozesses selbst entscheiden können, welche Auslagerung sie als wesentlich oder unwesentlich qualifizieren und welche Aktivitäten und Prozesse sie auslagern können. Letzteres ist im Ergebnis nur dann der Fall, wenn bei grundsätzlicher Zulässigkeit der Auslagerung[2] eine wirksame und risikoadäquate Einbindung der ausgelagerten Aktivitäten und Prozesse in das Risikomanagement des Instituts gewährleistet werden kann.

---

[1] Rundschreiben 5/2007 der BaFin vom 30.10.2007 über die Mindestanforderungen an das Risikomanagement (MaRisk).
[2] Vgl. Beitrag Wolfgang Frank „Aufsichtsrechtliche Aspekte beim Outsourcing".

Hinsichtlich der Intensität einer Risikoanalyse als Basis für die Auslagerungsentscheidung sind Abstufungen in Abhängigkeit von Art, Umfang und Komplexität der ausgelagerten Aktivitäten und Prozesse möglich. Dafür sollte der im Institut definierte Standardrisikoanalyseprozess genaue Vorgaben enthalten. So lassen sich subjektive Einschätzungen in den jeweiligen Fachbereichen und Organisationseinheiten weitgehend ausschließen, und es kann die erforderliche Vergleichbarkeit der Analyseergebnisse innerhalb eines Instituts oder einer Institutsgruppe erreicht werden. Insbesondere für sogenannte Auslagerungen mit erheblicher Tragweite, wie die namentlich in der Erläuterung genannte Vollauslagerung der Internen Revision zu AT 9 Tz. 2 MaRisk, sollte eine ausreichend hohe Intensität der Risikoanalyse sichergestellt werden.

B. Aufgaben der Risikoanalyse

I. Instrument zur Beurteilung der Wesentlichkeit

Nur wesentliche Auslagerungen werden von § 25a Abs. 2 KWG erfasst. Nach AT 9 Tz. 2 MaRisk ist die Wesentlichkeit einer Auslagerung mittels eines risikoorientierten Vorgehens auf Basis einer Risikoanalyse zu bestimmen. Die vor dem 1. November 2007 geltende aufsichtsrechtliche Betrachtung stellte in Bezug auf die Einstufung einer Auslagerungsmaßnahme als wesentlich oder unwesentlich noch allein auf den Auslagerungsgegenstand ab. Die jeweilige institutsindividuelle Risikosituation hatte damit grundsätzlich keine Bedeutung. Mag der jeweilige Auslagerungsgegenstand im Einzelfall zwar auch nach den aktuellen aufsichtsrechtlichen Vorgaben eine Indikation für eine Einstufung als wesentlich oder unwesentlich geben, so kann abhängig von Umfang und Komplexität einer Auslagerung sowie der Institutsgröße derselbe Auslagerungsgegenstand aber durchaus unterschiedliche Risiken mit sich bringen. Eine pauschale Einstufung allein auf Basis des Auslagerungsgegenstands ist von daher nicht mehr ohne Weiteres möglich. Das Vorliegen bestimmter typischer Auslagerungsgegenstände kann somit zwar Indizwirkung für die Einstufung wesentlich oder unwesentlich entfalten,[3] die Analyse des konkreten Risikogehalts aber nicht ersetzen.

Abhängig vom Ergebnis der Wesentlichkeitsbeurteilung sind für wesentliche Auslagerungen die besonderen aufsichtsrechtlichen Anforderungen nach § 25a Abs. 2 KWG und den MaRisk zu beachten. Hierzu zählen neben den Anforderungen an die Vertragsgestaltung (AT 9 Tz. 6 MaRisk) insbesondere die Anforderungen an die Steuerung und Überwachung der identifizierten und bewerteten Risiken.

Kommt die Risikoanalyse zu dem Ergebnis, dass eine für das Institut nicht wesentliche Auslagerung vorliegt, sind die allgemeinen Anforderungen an eine ordnungsgemäße Geschäftsorganisation nach § 25a Abs. 1 KWG zu beachten (AT 9 Tz. 3 MaRisk). Das Institut hat damit auch für nicht wesentliche Auslagerungen zu prüfen, inwieweit die Auslagerung in Abhängigkeit von den festgestellten Risiken in das Risikomanagement des Instituts einzubeziehen ist. Insoweit sind unwesentliche Auslagerungen wie auch der sonstige Fremdbezug in Bezug auf eine Einbindung in das Risikomanagement nach § 25a Abs. 1 KWG grundsätzlich gleich zu behandeln wie wesentliche Auslagerungen. Dies wird in der Praxis häufig nicht beachtet. Lediglich hinsichtlich der Kontrollintensität unterliegen unwesentliche Auslagerungen nicht den gleichen erhöhten Anforderungen wie wesentliche Auslagerung.

---

[3] Vgl. zum Beispiel Langen, in: Schwennicke/Auerbach (2009), § 25a KWG Rz. 132, wonach unwesentliche Auslagerungen in den dort genannten Beispielen vorliegen, etwa Inkassowesen, Geldautomatenversorgung, allgemeine Service- und Unterstützungsleistungen (Gebäudemanagement, Postdienst, Kantinenbetrieb, Reinigungsdienst, Wachschutz etc.).

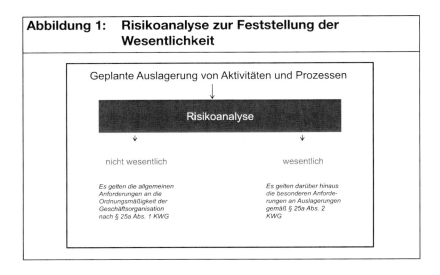

Abbildung 1: Risikoanalyse zur Feststellung der Wesentlichkeit

II. Grundlage für die Beurteilung der Zulässigkeit einer Auslagerung

Die Aufgabe der Risikoanalyse beschränkt sich nicht auf die Bestimmung der Wesentlichkeit von Auslagerungen. Die Risikoanalyse ist zugleich Grundlage für die Beurteilung der Zulässigkeit einer Auslagerung, denn eine Auslagerung darf nur dann stattfinden, wenn angemessene Vorkehrungen getroffen werden, um übermäßige zusätzliche Risiken zu vermeiden.[4] Hieraus ergibt sich implizit eine zeitliche Vorgabe für die Vornahme der Risikoanalyse. Um die Zulässigkeit beurteilen sowie die vertraglichen und organisatorischen Vorkehrungen treffen zu können, muss die Risikoanalyse Bestandteil der Auslagerungsentscheidung sein.

---

[4] Vgl. § 25a Abs. 2 Satz 1 KWG.

III. Risikoanalyse als Teil des Risikomanagements

Die Risikoanalyse hat die weitere Aufgabe, allen Beteiligten der Auslagerungsentscheidung eine transparente Entscheidungsgrundlage dafür zu geben, ob und wie im Einzelfall eine wirksame Einbeziehung in das Risikomanagement gewährleistet werden kann. Somit ist die Risikoanalyse immer auch gleichzeitig Grundlage für die anschließende Steuerung und Überwachung einer Auslagerungsmaßnahme. Von daher ist es notwendig, dass die Risikoanalyse alle in Betracht kommenden Risiken identifiziert, analysiert und bewertet.

C. Aufsichtsrechtliche Vorgaben für den Risikoanalyseprozess und in diesem Zusammenhang stehende Praxisfragen

Im Folgenden werden die aufsichtsrechtlichen Vorgaben für den Risikoanalyseprozess kurz erläutert und häufige Praxisfragen dargestellt.

I. Eigenverantwortliche Feststellung des Instituts

Nach AT 9 Tz. 2 MaRisk hat das auslagernde Institut auf Basis einer Risikoanalyse eigenverantwortlich festzustellen, ob die Auslagerung der Aktivität oder des Prozesses unter Risikogesichtspunkten wesentlich ist.[5] Damit obliegt dem Institut sowohl die Verantwortung für die Einstufung der Auslagerung als auch die Verantwortung für deren Einbindung in das eigene Risikomanagement. Der Grundsatz der doppelten Proportionalität[6] als wesentliches Prinzip der MaRisk findet insoweit Berücksichtigung.[7]

---

5 BaFin Rundschreiben (RS) 15/2009 vom 14.8.2009, AT 9 Tz. 2 MaRisk.
6 Der Grundsatz der sogenannten doppelten Proportionalität ist in AT 1 Tz. 2 MaRisk verankert. Dieser besagt, dass der bankinterne Prozess proportional zur Größe, zum Geschäftsvolumen und der Risikostruktur des Instituts und die Prüfung durch die Aufsicht hinsichtlich der Häufigkeit und der Intensität der Prüfung proportional zur Ausgestaltung der bankinternen Prozesse sein muss.
7 Vgl. Langen, in: Schwennicke/Auerbach (2009), KWG § 25a, Rz. 129f.

In diesem Zusammenhang stellt sich in der Praxis immer wieder die Frage, ob der Risikoanalyseprozess seinerseits – gegebenenfalls auch nur gruppenintern – ausgelagert werden kann. Die MaRisk enthalten hierzu keine speziellen Vorgaben. Von daher muss zur Beantwortung dieser Frage auf die allgemeinen Grundsätze der MaRisk zurückgegriffen werden.

§ 25a Abs. 2 Satz 4 KWG enthält explizit die Vorgabe an alle Institute, dass die Auslagerung nicht zu einer „Delegation der Verantwortung" führen darf. Dies bedeutet, dass das auslagernde Institut bei der Auslagerung für die Einhaltung der vom Institut zu beachtenden gesetzlichen Bestimmungen einschließlich der Ordnungsmäßigkeit der Geschäftsorganisation weiterhin verantwortlich bleibt.[8]

Betrachtete man die Durchführung des Risikoanalyseprozesses als Ausübung einer Leitungsaufgabe oder als integralen Bestandteil der Steuerung und Überwachung von Risiken, wäre eine Auslagerung unzulässig. Zu berücksichtigen ist jedoch, dass der Risikoanalyseprozess zwar Basis für die Auslagerungsentscheidung eines Instituts ist, aber auch zahlreiche Aktivitäten und Prozesse betrifft, die lediglich unterstützende Funktion für die Ausübung der Leitungsaufgaben beziehungsweise Steuerungs- und Überwachungsfunktion haben. Von daher ist eine genaue Untersuchung geboten, welche Aktivitäten in Bezug auf den Risikoanalyseprozess ausgelagert und wie etwaige aus der Auslagerung resultierende strategische und operationelle Risiken ausgeschlossen werden können. Die eigentliche Auslagerungsentscheidung und die Feststellung der Wesentlichkeit sind als originäre Aufgabe jedes einzelnen Kreditinstituts nicht auslagerbar. Für die Frage der Zulässigkeit der Auslagerbarkeit von einzelnen Aktivitäten des Risikoanalyseprozesses ist zu berücksichtigen, dass sowohl die Einstufung der Wesentlichkeit als auch die Vorbereitung der Auslagerungsentscheidung selbst eine jeweils exakte aktuelle Kenntnis der Risikostruktur, gegebenenfalls des Risikoprofils und der Risikobewertungsvorgaben eines Instituts voraussetzen. Von daher wird es bei einer konzerninternen Auslagerung von Aktivitäten

---

8 Begründung der Bundesregierung zum Gesetzentwurf des Finanzmarktrichtlinienumsetzungsgesetzes (FRUG), Drucksache 16/4028, S. 128.

des Risikoanalyseprozesses in jedem Fall einer eingehenden Plausibilisierung der Ergebnisse durch das auslagernde Institut bedürfen. Insbesondere bei einer konzernexternen Auslagerung bedarf es in Bezug auf den Dienstleister außerdem einer intensiven Auseinandersetzung mit dessen Eignung.

II. Einbeziehung der maßgeblichen Organisationseinheiten

AT 9 Tz. 2 Satz 2 MaRisk sieht ausdrücklich vor, dass die maßgeblichen Organisationseinheiten bei der Erstellung der Risikoanalyse einzubeziehen sind. Dies erfolgte vor dem Hintergrund, dass die Risikoidentifizierung und -bewertung auf eine breite Basis gestellt und vorhandenes Spezial-Know-how zu den betroffenen Unternehmensbereichen genutzt werden soll.[9]

In der Praxis ist immer wieder festzustellen, dass die Risikoanalyse für alle Outsourcing-Vertragsverhältnisse von einer einzigen Abteilung ohne Beteiligung der betroffenen Organisationseinheiten oder der Internen Revision durchgeführt wird und/oder eine Dokumentation der Beteiligung der betroffenen Organisationseinheiten fehlt. Dies führt häufig zu Prüfungsfeststellungen im Rahmen der Jahresabschlussprüfung oder von Prüfungen durch die Bankenaufsicht. Ursache hierfür ist, dass entweder konkrete Vorgaben hierzu in den Organisationsrichtlinien fehlen oder Vorgaben zwar vorhanden sind, aber nicht beachtet werden.

III. Beteiligung der Internen Revision im Rahmen ihrer Aufgaben

Bei der Erstellung der Risikoanalyse ist nach den Vorgaben der MaRisk auch die Interne Revision im Rahmen ihrer Aufgaben zu beteiligen. Generelle Aufgabe der Internen Revision ist nach Maßgabe der MaRisk (vgl. BT 2.2. Tz. 1 MaRisk) die Durchführung risikoorientierter, prozessneutraler beziehungsweise -unabhängiger Prüfungshandlungen.

---

[9] Kokert (2008), in: Erfolgreiche Auslagerung von Geschäftsprozessen, S. 31.

Hierfür relevante Regelungen finden sich oftmals in der Geschäftsanweisung beziehungsweise den Rahmenbedingungen für die Interne Revision, im Handbuch der Internen Revision oder auch in der Organisationsrichtlinie für Auslagerungen. Dies gilt auch in Bezug auf die Dokumentationsanforderungen (gesonderte Berichtserstellung, Aktenvermerk, E-Mail, Dokumentation der Beteiligung in einem Risikoanalysetool etc.). Neben einer nur beratenden Tätigkeit (vgl. BT 2.2, Tz. 2 MaRisk) kommt eine Einbindung der Internen Revision in die Vorbereitung der Auslagerung insbesondere auch im Rahmen einer Projektprüfung in Betracht. Die Projektprüfung ist gemäß DIIR-Prüfungsstandard Nr. 4[10] eine Revisionstätigkeit, die die Prüfung von Projekten in Bezug auf das Projektmanagement, den Business Case oder die fachlichen Anforderungen sowie ihre Umsetzung zum Gegenstand hat. Grundsätzlich kann eine Projektprüfung begleitend (ex ante) oder erst nach Abschluss des Projekts (ex post) erfolgen. Um auf Feststellungen der Internen Revision angemessen reagieren zu können, empfiehlt sich allerdings eine frühzeitige (ex ante) Einbindung der Internen Revision.[11]

Dies deckt sich mit den Vorgaben in BT 2.1, Tz. 2 MaRisk, wonach die Interne Revision in Kreditinstituten unter Wahrung ihrer Unabhängigkeit und Vermeidung von Interessenkonflikten bei wesentlichen Projekten begleitend tätig sein muss.[12]

Eine frühzeitige Einbeziehung der Internen Revision in den laufenden Risikoanalyse- beziehungsweise Auslagerungsprozess hat den Vorteil, dass rechtzeitige Hinweise/Feststellungen der Internen Revision gegebenenfalls kosten- und zeitintensive Korrekturmaßnahmen vermeiden können. Dies gilt insbeson-

---

10 Deutsches Institut für Interne Revision e. V., DIIR Prüfungsstandard Nr. 4, Ziffer 3.2.
11 Deutsches Institut für Interne Revision e. V., DIIR Prüfungsstandard Nr. 4, Ziffer 5.5. Vgl. auch Becker (2009), in: ZIR 2009, S. 26 und 39: „Das Deutsche Institut für Interne Revision hat im Juni 2008 aufgrund der steigenden Bedeutung der Projektrevision den Prüfungsstandard Nr. 4 zur Prüfung von Projekten veröffentlicht. Der Standard ist branchenübergreifend anwendbar, eine entsprechende Anwendung wird für Outsourcing in der Finanzwirtschaft zumindest bei größeren Outsourcing-Vorhaben empfohlen, wenn diese als Projekt organisiert werden. Das Merkmal der Projektrevision ist der „Ex-ante-Ansatz", der durch die prüferische Begleitung bereits vor und/oder während des Ablaufs von Projekten gekennzeichnet ist."
12 Vgl. RS 15/2009 BT 2.1 Tz. 2 MaRisk.

dere dann, wenn gesetzliche Anforderungen nicht eingehalten werden oder Schwächen im internen Kontrollsystem in Bezug auf Schnittstellen bezüglich ausgelagerter Bereiche bestehen.

Dabei variiert die Einbindungstiefe von Institut zu Institut, ist abhängig von den jeweiligen organisationsrechtlichen Vorgaben und im Einzelfall sicher auch von der Bedeutung beziehungsweise dem Risiko des jeweiligen Outsourcing-Projekts für das Institut. Grenzen der Einbindung der Internen Revision ergeben sich aus der notwendigen Unabhängigkeit und Selbstständigkeit der Internen Revision. Unzulässig wäre es zum Beispiel, wenn die Interne Revision die Ergebnisverantwortung für den Risikoanalyseprozess und die Feststellung der Wesentlichkeit tragen würde. Zulässig ist es hingegen, von der Internen Revision eine Einschätzung zu dem im Institut standardmäßig definierten Risikoanalyseprozess in Bezug auf prozessunabhängige Gesichtspunkte einzuholen, bevor der Prozess „life" geht. Die Einschätzungen und Ergebnisse der Internen Revision sollten dokumentiert werden. Spätere Feststellungen des Abschlussprüfers oder Feststellungen der Bankenaufsicht im Rahmen von Sonderprüfungen lassen sich so von vornherein vermeiden.

Die Beteiligung der Internen Revision bei Outsourcing-Maßnahmen bedeutet gleichzeitig auch immer, dass die Interne Revision gegenüber der für Auslagerungen im auslagernden Institut verantwortlichen Stelle und gegenüber dem Auslagerungsunternehmen ein uneingeschränktes Informationsrecht (turnusgemäß oder ad hoc) über eine veränderte Risikosituation bei Erstauslagerungen sowie bei Folgeanalysen erhalten sollte.[13]

IV. Unternehmenseinheitliche Definition der Risiken einer Auslagerung und der Bewertungskriterien

Die MaRisk legen nicht fest, welche Risiken bei Auslagerungen im Risikoanalyseprozess zu berücksichtigen sind. Ein Institut hat hierzu jeweils institutsspezifische Festzulegungen zu treffen. In der Praxis bereitet diese institutsspezifische Festlegung unabhängig von der konkreten Ausgestaltung des Risikoanalyse-

---
13 Vgl. auch Becker (2009), in: Outsourcing in Kreditinstituten, S. 274.

verfahrens immer wieder Schwierigkeiten. Häufig wird der Fehler begangen, dass maßgebende Risiken beziehungsweise deren Untergliederungen (z. B. Risikosegmente, Risikoklassen) nicht in die Risikobetrachtung einbezogen werden oder eine unzureichende Auswahl der Risiken getroffen wird. Dies führt teilweise auch dazu, dass die Bewertungsergebnisse und die Einstufung einer Auslagerung als wesentlich oder unwesentlich insgesamt nicht nachvollzogen werden können. Mitunter werden auch durch eine zu enge Auswahl der Risiken mögliche Wechselwirkungen zwischen den einzelnen Risiken nicht oder nicht ausreichend berücksichtigt. So können beispielsweise Liquiditätsrisiken entstehen, wenn Reputationsrisiken schlagend werden.

Es empfiehlt sich insoweit, vorab einen gesonderten Risikokatalog beziehungsweise eine Risikoliste für Auslagerungsvorhaben zu erstellen, der die institutsspezifischen wesentlichen Risikoarten und gegebenenfalls deren weitere Untergliederung in Risikosegmente, Risikobereiche oder Risikoklassen (siehe nachfolgende Abbildung 2) berücksichtigt. Dabei kann die Prüfung, ob Auslagerungsrisiken vorhanden sind, auf die als wesentlich im Sinne von AT 2.2. MaRisk identifizierten Risikoarten und deren Untergliederungen beschränkt werden. Zusätzlich sollte dabei auf eine Harmonisierung mit den institutsinternen Festlegungen im Risikohandbuch oder sonstigen übergreifenden Regelungen eines Instituts geachtet werden. So können zum Beispiel Reputationsrisiken nach den institutsinternen Festlegungen entweder zu den operationellen Risiken zählen, als Folgerisiken anderer Risikoarten oder als eine gesonderte Risikoart definiert sein.[14]

Die institutsindividuelle Abgrenzung „wesentlicher Risikoarten" sollte sich an den hauptsächlichen Geschäftsaktivitäten des Instituts orientieren. Zu den regelmäßig in Betracht kommenden wesentlichen Risikoarten (nebst Untergliederungen, nachfolgend im Klammerzusatz) eines Instituts mit Auswirkungen auf wesentliche andere Risikoarten im Fall eines Outsourcings in der Finanzwirtschaft[15] zählen in erster Linie:

---

[14] Vgl. Kaiser (2010), in: Zeitschrift für das Kreditwesen, S. 127ff.
[15] Lahmann/Echbach/Bockisch (2009): Sourcing-Fallstricke aus Revisionssicht, S. 8.

- Adressenausfallrisiken (Kreditrisiken, Länderrisiken, Kontrahentenrisiken, Anteilseignerrisiken),

- Marktrisiken (Zinsänderungsrisiken, Währungsrisiken, Kursrisiken/Marktpreisrisiken),

- Liquiditätsrisiken (zum Beispiel Refinanzierungsrisiko als Liquiditätsrisiko im engeren Sinne),

- operationelle Risiken (Personalrisiken, IT/Infrastrukturrisiken, Externe Risiken, Prozessrisiken, Rechtsrisiken),

- Reputationsrisiken (soweit nicht als Teil der operationellen Risiken definiert) und

- sonstige auslagerungsspezifische wesentliche Risiken (z. B. Restwertrisiko, Eigenversicherungsrisiko, strategische Risiken).

Zu beachten ist dabei, dass die institutsindividuelle Festlegung der maßgeblichen Risikoarten nicht statisch ist. Eine Überprüfung des Katalogs in Bezug auf Auslagerungsrisiken und den Risikoanalyseprozess hat daher regelmäßig (z. B. jährlich) sowie anlassbezogen zu erfolgen.

In der Praxis hat es sich bewährt, innerhalb der Risikoarten und deren Untergliederungen in Risikosegmente oder Risikoklassen weitere konkrete Orientierungshilfen und Beurteilungskriterien vorzugeben. Andernfalls besteht die Gefahr, dass der Anwender die Bewertung der Risiken anhand weitgehend subjektiver Kriterien vornimmt und die Ergebnisse verzerrt werden. So können zumindest bestehende subjektive Entscheidungsspielräume reduziert werden, gleichzeitig erhöht sich damit auch die Vergleichbarkeit der Analyseergebnisse innerhalb des jeweiligen Instituts.

Beispiel für einen Top-Down-Ansatz zur Identifizierung und Bewertung von Auslagerungsrisiken

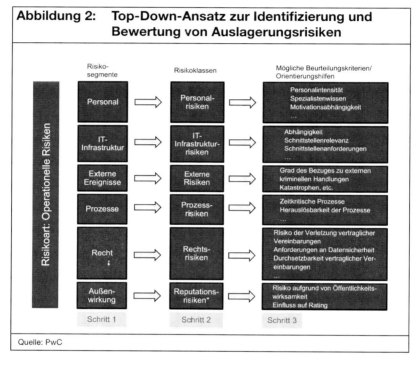

Abbildung 2: Top-Down-Ansatz zur Identifizierung und Bewertung von Auslagerungsrisiken

Quelle: PwC

Abbildung 2 veranschaulicht das Vorgehen beispielhaft für operationelle Risiken bei Auslagerungen. Es werden folgende Schritte für jede wesentliche Risikoart durchgeführt:

- **Schritt 1:**

  Identifizierung der wesentlichen Risikosegmente pro Risikoart (am Beispiel der Risikoart operationelle Risiken): Personalrisiko, IT/Infrastrukturrisiko, Externe Risiken, Prozessrisiken, Rechtsrisiken.

- **Schritt 2:**

Identifizierung von Risikoklassen oder -typen je Risikosegment (am Beispiel des Risikosegments Personalrisiko): Personalintensität, Qualifikationsniveau, Motivationsabhängigkeit, Relevanz der Einhaltung von Einhaltung und Akzeptanz von Verhaltensstandards.

- **Schritt 3:**

Festlegung möglicher Beurteilungskriterien beziehungsweise Orientierungshilfen zur Bewertung der Risikoklassen (am Beispiel Personalrisiken): sehr hohe Motivationsabhängigkeit der Mitarbeiter und dadurch sehr hohe Fluktuation sowie hohe Fehlerquote möglich; Spezialistenwissen erforderlich (know-how-intensiv und know-how-abhängig); Key-Mitarbeiter.

V. Eignung des Auslagerungsunternehmens

Nach § 25a Abs. 2 KWG darf die Auslagerung die Ordnungsmäßigkeit der Bankgeschäfte, Finanzdienstleistungen und institutstypischen Dienstleistungen nicht beeinträchtigen. Hieraus und aus den Vorgaben der MaRisk (Erläuterungen AT 9 Tz. 2 MaRisk) ergibt sich, dass das Institut diese Vorgaben auch bei der Anbieterauswahl berücksichtigen muss.

Outsourcing-Maßnahmen können die Effizienz von Geschäftsprozessen eines Instituts deutlich steigern und gegebenenfalls auch das operationelle Risiko eines Instituts deutlich senken. Möglich ist aber auch der umgekehrte Fall. Von daher sind eine gute Vorbereitung des Auswahlverfahrens und eine sorgfältige Auswahl des Auslagerungsunternehmens maßgebende Faktoren für den Erfolg einer Auslagerung. Der gewählte Geschäftspartner sollte einem vorher genau definierten Anforderungsprofil entsprechen. Hierzu zählt zum Beispiel, dass der Dienstleister in der Lage ist, die Anforderungen an die benötigten Prozesse und Kontrollmaßnahmen zu erfüllen, dass er über genug Kapazitäten verfügt, eine ausreichende Servicequalität und Servicetiefe liefern kann und zu dem auslagernden Institut nicht im Wettbewerb steht.

Diskutiert wird in der Praxis, ob die Anbieterauswahl integraler Bestandteil der Risikoanalyse ist oder ob die Anbieterauswahl – quasi vor oder nach die Klammer gezogen – als gesonderter Prüfungsschritt zu behandeln ist. Aufsichtsrechtliche Vorgaben gibt es hierzu nicht. Aus Gründen der Prozessökonomie empfiehlt es sich, bei der Risikoanalyse auch die Eignung des Auslagerungsunternehmens als einen für das Institut relevanten Aspekt zu berücksichtigen und die Eignungsprüfung des Dienstleisters anhand einheitlich für alle Auslagerungsmaßnahmen vorgegebener Beurteilungskriterien vorzusehen. Das Ergebnis der Eignungsprüfung sollte dann in das Gesamtergebnis für die Einstufung der Wesentlichkeit übernommen werden, wobei darauf zu achten ist, dass der Aspekt der Anbieterauswahl nicht mehrfach – das heißt zusätzlich bereits bei der Bewertung der aus den Risikoarten abgeleiteten Auslagerungsrisiken – berücksichtigt wird. Eine gute Bewertung der Anbieterauswahl würde sonst zu einer verzerrten Darstellung der Risikosituation führen.

Es zeichnet sich ab, dass in Zukunft mit zunehmender Transformation der Finanzbranche[16] auch der Möglichkeit einer aussagekräftigen externen Dienstleisterbewertung und damit gegebenenfalls auch einem „Rating" des jeweiligen Dienstleisters eine zusätzliche Bedeutung zukommen könnte.[17] Auslagernde Institute werden dann sowohl bei komplexen Auslagerungsvorhaben als auch bei komplett ausgelagerten Prozessen häufig nicht mehr über die erforderliche Sachkompetenz verfügen, die im Einzelfall aufwendige Bewertung der Dienstleister selbst durchzuführen.

---

16 Vgl. Beitrag Rainer Wilken in diesem Handbuch.
17 Beispiel: qualitative Ratings von Investmentprozessen (Investment Servicing, Investment Management) der Telos GmbH, Wiesbaden.

VI. Erleichterungen bei gruppeninternen Auslagerungen

Weder EU-Regelungen noch nationale Regelungen[18] differenzieren zwischen gruppeninternen Auslagerungen und Auslagerungen auf sonstige Dritte. Von daher sah die BaFin keinen Anlass, gruppeninterne Auslagerungen pauschal von der Anwendung der spezifischen Outsourcing-Anforderungen auszunehmen.[19] Bei gruppeninternen Auslagerungen können nach der pragmatischen Lösung der BaFin wirksame Vorkehrungen, insbesondere ein Risikomanagement auf Gruppenebene sowie Durchgriffsrechte, „risikomindernd" berücksichtigt werden. Liegen die Voraussetzungen vor, können gruppeninterne Auslagerungen auch als „nicht-wesentlich" eingestuft werden.[20]

In der Praxis steht zur Diskussion, ob für § 25a Abs. 2 KWG allein der aufsichtsrechtliche Gruppenbegriff maßgebend ist, oder auch der gesellschaftsrechtliche Konzernbegriff herangezogen werden kann. Für den Gruppenbegriff sprechen der eindeutige Wortlaut sowie die Entstehungsgeschichte.[21] Von daher ist die Inanspruchnahme einer Risikominderung nur bei gruppeninternen Auslagerungen möglich.[22]

Weitergehende Erläuterungen dazu, unter welchen konkreten Voraussetzungen die Risikominderung im Einzelfall in Anspruch genommen werden kann, geben die MaRisk nicht. Die Inanspruchnahme der Risikominderung in Bezug auf wirksame Vorkehrungen ist nur dann möglich, wenn schlüssig dargelegt werden kann, warum das Risikomanagement auf Gruppenebene zur Steuerung und Überwachung der mit der geplanten gruppeninternen Auslagerung verbundenen Risiken geeignet ist. Entsprechende Prozesse zur Identifikation, Beurteilung, Steuerung und Überwachung sowie Kommunikation der Risiken auf Gruppenebene müssen das jeweilige Auslagerungsunternehmen

---

18 Vgl. Schneider (2008), in: WPg, S. 435 und 440, allerdings mit dem Hinweis auf CEBS, Guidelines on Outsourcing, 2006, dass auf EU-Ebene durchaus anerkannt wird, dass eine besondere Behandlung bei gruppeninternen Auslagerungen gegebenenfalls gerechtfertigt ist.
19 Vgl. Erläuterungen der BaFin zu AT 9 Tz. 2 MaRisk.
20 Schneider (2008), in: WPg, S. 435 und 440.
21 Vgl. AT 9 Tz. 2 MaRisk und Begr.RegE FRUG. Anderer Ansicht aber wohl Brogl (2009), in: Outsourcing in Kreditinstituten, S. 75, wonach im Ergebnis auch bei konzerninternen Auslagerungen eine Inanspruchnahme der Risikominderung möglich sein soll.
22 So auch Kleemann/Serafin (2009): Outsourcing in Kreditinstituten, S. 101.

nachvollziehbar einschließen (z. B. einheitliche Richtlinien, internes Kontrollsystem). Bestehende Durchgriffsrechte auf das Auslagerungsunternehmen müssen klar begründet sein. Anhaltspunkte hierfür sind zum Beispiel, dass ein Beherrschungsvertrag vorliegt, das auslagernde Institut Konzernrichtlinien vorgibt, bei der Besetzung der Aufsichtsorgane Personalunion besteht und/oder regelmäßige Konsultationsprozesse stattfinden. Die in der Praxis häufig zu beobachtende pauschale Berufung auf das Vorliegen eines konzernweiten Risikomanagements ist nicht ausreichend und führt regelmäßig zu Beanstandungen des Abschlussprüfers und der Bankenaufsicht. Es empfiehlt sich, im Standardrisikoanalyseprozess beziehungsweise den Outsourcing-Richtlinien hierzu Vorgaben zu machen und die Anforderungen zu definieren.

VII. Notwendige Anpassungen im Zeitablauf

Als Bestandteil des Risikomanagements unterliegen sowohl der Risikoanalyseprozess als auch die Ergebnisse der Einzelanalysen in Bezug auf den jeweiligen Auslagerungsgegenstand laufenden Veränderungen.

Der in der Organisationsrichtlinie festgelegte Standardrisikoanalyseprozess ist regelmäßig zu überprüfen und gegebenenfalls anzupassen, wenn sich aufsichtsrechtliche oder interne Änderungen, zum Beispiel aufgrund von neuen Strategievorgaben des Instituts, ergeben.

Auch die Ergebnisse der Risikoanalyse sind nicht statisch zu sehen. Dies ergibt sich aus AT 9 Tz. 2, Satz 3 MaRisk. Anpassungen können aufgrund einer strategischen Neuausrichtung des Instituts erforderlich werden, was wiederum eng verknüpft ist zum Beispiel mit der Frage der Geschäftsstrategie und der daraus abzuleitenden Risikostrategie eines Instituts, beziehungsweise bei größeren Instituten einer Teilstrategie Sourcing. Anpassungen können aber auch turnusmäßig oder anlassbezogen erforderlich werden (z. B. aufgrund von Feststellungen der Internen Revision oder des Abschlussprüfers). Hierzu sollten idealerweise auch die internen Richtlinien beziehungsweise der in den internen Richtlinien definierte Standardprozess für die Durchführung einer Risikoanalyse genauere Festlegungen treffen.

In der Praxis ist festzustellen, dass der Prozess für die erforderliche Anpassung von Risikoanalysen häufig noch Schwachstellen aufweist. Die Hauptursachen hierfür liegen darin, dass konkrete institutsindividuelle Vorgaben für den Anpassungsprozess gänzlich fehlen oder zu wenig konkret sind, das Auslagerungscontrolling zu wenig aussagekräftig ist oder aber der Anpassungsprozess einfach noch nicht im gebotenen Umfang „gelebt" wird.

VIII. Dokumentation

Nicht direkt aus AT 9 MaRisk, aber aus den allgemeinen aufsichtsrechtlichen Vorgaben der MaRisk folgt, dass der Standard-Risikoanalyseprozess als Regelung zu Verfahrensweisen bei wesentlichen Auslagerungen (AT 5 Tz. 3e MaRisk) sowie die Durchführung, der Inhalt und die Ergebnisse der Risikoanalyse zu dokumentieren sind. Die Aufbewahrungsfrist für diese Unterlagen beträgt nach § 25a Abs. 1 Satz 6 Nr. 2 KWG mindestens fünf Jahre,[23] denn nur so kann eine lückenlose Überwachung durch die BaFin bei Auslagerungen überhaupt gewährleistet werden.[24]

---

23 Andere Auffassung Langen, in: Schwennicke/Auerbach (2009), KWG § 25a, Rz. 130 mit Hinweis auf die Zulässigkeit der verkürzten Aufbewahrungsfristen in Bezug auf die Dokumentation der Risikoanalysen der BaFin nach AT 6 Tz. 1 MaRisk sowie Brogl (2009), in: Outsourcing in Kreditinstituten, S. 55.
24 Nach § 257 Abs. 4 HGB sind unter anderem auch die zum Verständnis der genannten Unterlagen erforderlichen Arbeitsanweisungen und sonstigen Organisationsunterlagen sowie Buchungsbelege nach § 238 Abs. 1 HGB mindestens zehn Jahre, empfangene Handelsbriefe, Wiedergaben der abgesandten Handelsbriefe mindestens sechs Jahre aufzubewahren.

Christine Wicker/Martin Wollinsky

D. Methoden zur Durchführung der Risikoanalyse

I. Überblick und Zielsetzung

Ein typischer Risikomanagementprozess in Bezug auf Auslagerungen besteht aus der Risikoidentifizierung, der Risikoanalyse einschließlich der Feststellung der Wesentlichkeit einer Auslagerung sowie der Steuerung und Überwachung von Auslagerungsrisiken.

Die Phase der Risikoidentifizierung bildet die Grundlage für die eigentliche Risikoanalyse und zählt zu den wichtigsten Aufgaben des Auslagerungsrisikomanagements. Für die Phase „Identifizierung von Auslagerungsrisiken" und die Phase „Analyse von Auslagerungsrisiken" werden deshalb im Folgenden ausgewählte und auch in der Finanzwirtschaft häufig verwendete Methoden vorgestellt. Die Darstellung erhebt keinen Anspruch auf Vollständigkeit.[25]

II. Risikoidentifizierung

Die Phase der Risikoidentifikation stellt einen Prozess dar, in dem Unsicherheiten und Auslagerungsbesonderheiten bei Instituten in vorab definierte Risiken transferiert werden müssen. Zentrale Zielsetzung der Risikoidentifizierung ist, potenzielle Auslagerungsrisiken möglichst umfassend zu erkennen, etwaige bestehende Unklarheiten zu verringern und die identifizierten Risiken zu beschreiben. Damit bildet der Schritt der Risikoidentifizierung auch die Grundlage für die nachgelagerte Phase der Risikoanalyse, da nur identifizierte Risiken im Rahmen des weiteren Prozesses berücksichtigt werden können. Die Qualität der Risikoidentifizierung ist damit wesentlich für den Erfolg und die Effektivität des gesamten Auslagerungsrisikomanagements. Wesentliche Voraussetzung für die Durchführung des Risikoidentifizierungsprozesses

---

25 Der Beitrag stellt eine Auswahl wichtiger Methoden sowohl zur Risikoidentifizierung als auch zur Risikoanalyse dar und erhebt keinen Anspruch auf Vollständigkeit in Bezug auf die Methodenauswahl sowie die Darstellung der Vor- und Nachteile der dargestellten Methoden.

sind aussagekräftige Informationen zum Auslagerungsprojekt sowie den damit verbundenen Unklarheiten und Unsicherheiten. Dabei sollten einheitliche Vorgaben zur Vorgehensweise bei der systematischen Risikoidentifizierung gemacht werden sowie die dabei zu berücksichtigenden Auslagerungsrisiken spezifisch und vollständig definiert werden.

Für die Identifikation von Auslagerungsrisiken kommen in der Regel drei verschiedene Ansätze zur Anwendung: analytische Ansätze (z. B. Checklisten, Analogiemethode), Kreativitätsmethoden (z. B. Risiko-Workshop, Brainstorming, Brainwriting) und Prognosetechniken (z. B. Expertenbefragungen, Delphi-Methode).[26] Methoden zur Identifizierung von Risiken sind im Einzelnen:

1. Checklisten, Analogiemethode
Ein wichtiges Hilfsmittel für die Identifizierung von Risiken sind Risikochecklisten oder Risikofragebögen, die Risiken behandeln, die bei Auslagerungen in der Vergangenheit aufgetreten sind. Regelmäßig gewährleistet der Einsatz von Checklisten oder Fragebögen zu Auslagerungsrisiken eine einfache Anwendung, da das Verfahren leicht und schnell nachvollziehbar ist, sich auch in mehreren Projekten wiederverwenden lässt und die Diskussionsergebnisse unmittelbar dokumentiert werden. Entscheidender Nachteil ist aber aufgrund des Fokus auf Erfahrungen aus vergangenen Projekten, dass möglicherweise einmalig oder neu auftretende Risiken beziehungsweise Abhängigkeiten von Risiken mit dieser Methode nicht erkannt werden.

Nach der Analogiemethode werden in einem ersten Schritt vergleichbare Auslagerungsprojekte ermittelt und basierend darauf die Projektdaten der gefundenen Projekte analysiert. Auf der Grundlage der erhaltenen Informationen wird die Entscheidung getroffen, ob das jeweilige Risiko auch ein Risiko des aktuellen Auslagerungsprojekts darstellt und ob gegebenenfalls eine Anpas-

---

26 Delphi-Methode: Befragung von Experten in mehreren Interviewrunden, wobei Prognosen durch die anonyme Befragung von Experten aus unterschiedlichen Fachdisziplinen erstellt werden, um sicherzustellen, dass unterschiedliche Aspekte des Prognoseproblems berücksichtigt werden. Es erfolgt dann eine statistische Auswertung der Antwortergebnisse. Die Befragung wird in mehreren Runden auf Basis der zurückgemeldeten Gruppenurteile wiederholt.

sung beziehungsweise Aktualisierung des Risikokatalogs beziehungsweise der Risikolisten erfolgen muss. Dieses Verfahren eignet sich zur Ergänzung der sonstigen Risikoidentifizierungsmethoden. Anwendbar ist dieses Verfahren allerdings nur dann, wenn Wissen zu Auslagerungsprojekten systematisch abgelegt und dokumentiert ist. Auch hier stellt die Vergangenheitsorientierung ein Problem dar, sodass die vorhandenen Daten für die Risikoidentifizierung von neuen Auslagerungssachverhalten möglicherweise nicht oder nur bedingt geeignet sind.

2. Kreativitätsmethoden

Die Kreativitätsmethoden des Brainstormings und Brainwritings wiederum sind in hohem Maße abhängig von der Qualität des Moderators, verhindern aber durch den interaktiven Charakter die Konzentration auf eingleisige Gedankengänge.

3. Prognosetechniken

Befragungen (Expertenbefragungen, Repräsentativbefragungen aller Akteure oder als Stichprobe, Risk-Workshops) ermöglichen die Integration von objektiven Expertenmeinungen, sind in der Regel allerdings auch zeitaufwendig.

Festzuhalten ist, dass jede der vorgenannten Methoden zur Risikoidentifizierung spezifische Vor- und Nachteile aufweist, die im Einzelnen nicht umfänglich aufgezeigt werden können. Von daher kann keine generelle Anwendungsempfehlung gegeben werden. Die geeignete Methodenwahl muss in Abhängigkeit von den gegebenen institutsspezifischen Risikoidentifizierungsvorgaben in Bezug auf die jeweiligen Risiken und Projektbedingungen getroffen werden. In der Praxis bewährt hat sich eine Kombination der dargestellten Methoden. Zum Beispiel kann dadurch, dass Checklisten unter intensiver Nutzung von Kreativitätstechniken entwickelt werden, der mit Checklisten grundsätzlich verbundene Nachteil der Vergangenheitsorientierung kompensiert werden. Gleichzeitig bleibt ihr entscheidender Vorteil einer einfachen Handhabung erhalten. Der mit den Kreativitätsmethoden verbundene höhere Aufwand wird dadurch relativiert, dass er nur einmal anfällt und die Ergebnisse mittels der Checklisten mehrfach genutzt werden können.

III. Risikoanalyse

Die Risikoanalyse ist ein Prozess, bei dem die Eintrittswahrscheinlichkeit und der Umfang der Auswirkungen für jedes der identifizierten Auslagerungsrisiken kalkuliert werden. Zielsetzung der Risikoanalyse ist es, die unterschiedlichen Risiken aus verschiedenen Blickwinkeln zu betrachten, um ein vertieftes Verständnis für die Risikoereignisse und deren Eintrittsbedingungen zu erlangen. Dabei beinhaltet der Risikoanalyseprozess die beiden Aspekte Risikobewertung und Risikopriorisierung. Die Risikopriorisierung fließt im Rahmen der Auswahl und Gewichtung der zu berücksichtigenden Risiken in die Risikobewertung ein. Gleichzeitig stellt sie die Schnittstelle zwischen Risikobewertung und Risikosteuerung dar und entscheidet darüber, wie intensiv die bewerteten Risiken behandelt, das heißt, wie diese im Rahmen des Auslagerungscontrollings berücksichtigt werden müssen.

1. Qualitativer Risikobewertungsansatz

Beim qualitativen Bewertungsansatz wird zur Risikobewertung ein Bewertungssystem verwendet, das die Ausprägung durch Adjektive oder Farben angibt. Beispielsweise können die Adjektive „geringes Risiko", mittleres Risiko" „hohes Risiko" oder die Farben „Rot" „Gelb" und „Grün" verwendet werden. Durch diese Vorgehensweise lassen sich auch für schwer abschätzbare Risiken wenigstens Risikotendenzen angeben. Dabei ist die Skala selbstverständlich nicht auf drei Stufen beschränkt. Eine fünfstufige Bewertungsskala könnte zum Beispiel wie folgt definiert werden: Eintrittswahrscheinlichkeit (unwahrscheinlich, möglich, wahrscheinlich, hochwahrscheinlich, nahezu sicher) und Schadensausmaß (kein, gering, mittel, groß, total).

2. Quantitativer Risikobewertungsansatz

Beim quantitativen Bewertungsansatz werden die Risiken mittels Zahlen bewertet, in der Regel differenziert nach Eintrittswahrscheinlichkeit und potenzieller Auswirkung des jeweiligen Risikos. Häufig werden die Eintrittswahrscheinlichkeiten in Prozentwerten zwischen null Prozent und 100 Prozent oder zwischen 0 und 1 angegeben. Auch die Auswirkungen werden in konkreten Zahlenangaben bezüglich der definierten Parameter, wie zum Beispiel resultierende Kosten, Zeitverzögerungen, Reputationsverlust, Kundenunzufriedenheit, erfasst.

Verfeinert wird der quantitative Risikobewertungsansatz häufig dadurch, dass zusätzlich dem Risikoprofil eines Instituts in Bezug auf Auslagerungen durch eine unterschiedliche Gewichtung der wesentlichen Auslagerungsrisiken Rechnung getragen wird. Bei einer derartigen Risikopriorisierung ist darauf zu achten, dass das Gesamtrisikogewicht insgesamt die Summe von „1" beziehungsweise „100 Prozent" nicht überschreitet. Konkrete Festlegungen hierzu sollte der für alle Auslagerungsmaßnahmen einheitlich anzuwendende Standardrisikoanalyseprozess enthalten. Von den Festlegungen sollte ebenso wie beim qualitativen Bewertungsansatz nur in Ausnahmefällen und unter Einbindung der für die Pflege und Weiterentwicklung des Standardprozesses Verantwortlichen abgewichen werden dürfen. So lassen sich Manipulationen genauso wie unbeabsichtigte Verzerrungen von vornherein ausschließen.

Auch Anpassungen der im Standardprozess festgelegten Gewichtungen sollten immer nur dann in Betracht kommen, wenn diese Gewichtungen erkennbar die aktuelle Risikosituation in Bezug auf die konkret geplante Auslagerung nicht abdecken. Dies sollte immer sorgfältig und für Dritte nachvollziehbar begründet und dokumentiert werden. Hierzu sollten die Organisationsrichtlinien konkrete Vorgaben enthalten. In der Praxis wird teilweise von der Möglichkeit Gebrauch gemacht, die Gewichtungen den mit der Durchführung der Risikoanalyse betrauten Mitarbeitern gar nicht erst offenzulegen oder diese nicht sichtbar in einem Dokumentationstool zu hinterlegen, um damit eine mögliche Beeinflussung bei der Risikobewertung zu vermeiden.

3. Kombination beider Bewertungsansätze

Die quantitative Risikoanalyse folgt in der Regel dem Prozess der qualitativen Risikoanalyse. Nur vereinzelt führen erfahrene Risikomanager die quantitative Risikobewertung auch direkt nach der Risikoidentifikation durch. Von daher sind Kombinationsansätze bei der quantitativen Risikobewertung in der Praxis am häufigsten anzutreffen.

4. Berücksichtigung von risikomindernden Aspekten bei der Risikobewertung

Können zusätzlich risikomindernde Aspekte (z. B. wirksame Einbeziehung in das Risikomanagement auf Gruppenebene) berücksichtigt werden, sind diese bei der Bewertung der Risiken zu berücksichtigen, nicht hingegen bei der Festlegung der Wesentlichkeitsgrenze, das heißt bei dem institutsspezifisch definierten Limit zur Abgrenzung von wesentlichen und unwesentlichen Auslagerungen.[27] Liegen die Voraussetzungen für die Inanspruchnahme einer Risikominderung vor, können gruppeninterne Auslagerungen dann gegebenenfalls immer noch als „nicht wesentlich" eingestuft werden. Dies korrespondiert mit der risikoorientierten Grundausrichtung der MaRisk.[28]

5. Vor- und Nachteile der Bewertungsansätze

Der qualitative Bewertungsansatz bietet den Vorteil, dass die Bewertungsskalen leicht und einfach definiert und angewendet werden können. Jedoch besteht das Problem der unterschiedlichen Interpretationen durch verschiedene Anwender, woraus häufig Fehleinschätzungen resultieren und eine Vergleichbarkeit der Analyseergebnisse aus den unterschiedlichen Fachbereichen erschwert wird. Dadurch gestaltet sich eine konsistente Anwendung innerhalb eines Instituts einheitlich für alle Auslagerungsprojekte schwieriger als beim quantitativen Bewertungsansatz beziehungsweise einem kombinierten Bewertungsansatz. Zu beachten ist jedoch auch, dass der rein quantitative Ansatz nicht selten dazu verleitet, den Eindruck einer Genauigkeit und Bestimmtheit zu vermitteln, die aufgrund der Bewertung der Risiken mit Zahlen letzten Endes nicht gegeben sind. Von daher sollten rein quantitativ erzielte Risikoanalyseergebnisse stets nochmals kritisch hinterfragt werden. Dies ist ein weiteres Argument für die Verwendung eines Kombinationsansatzes.

In der finanzwirtschaftlichen Praxis hat sich in der Durchführung der Risikoanalyse für Auslagerungen eine Vielzahl von Methoden und Hilfsmitteln bewährt, die den Risikoanalyseprozess unterstützen und damit die Bewertung und Priorisierung von Risiken erleichtern. Hierzu zählen die bei der Risiko-

---
27 Zur Wesentlichkeitsgrenze siehe nachfolgend unter D. III 6.
28 Vgl. Schneider (2008), in: WPg, S. 435 und 440.

identifizierung dargestellte Expertenbefragung, die Berechnung von Erwartungswerten unter Berücksichtigung vorhandener Schadensfalldaten sowie die Wirkungsanalyse. Expertenbefragungen zur Risikobewertung können dabei mit Gruppen oder einzelnen Personen durchgeführt werden, die über die entsprechenden Fach- beziehungsweise Spezialkenntnisse verfügen. Dabei stellt die Einzelbefragung zwar die einfachste, aber zugleich auch die unsicherste Variante zur Ermittlung der Risikoeintrittswahrscheinlichkeit und deren Auswirkungen dar, da hier keine weiteren Meinungen berücksichtigt werden. Eine mögliche Gruppenbefragungsmethode, die die Nachteile einer möglicherweise zeitaufwendigen Gruppendiskussion vermeidet, ist die sogenannte Delphi-Methode, die auch im Rahmen einer Fernbefragung genutzt werden kann. Durch die anonyme und schriftliche Befragung von Experten werden hier Eintrittswahrscheinlichkeiten von Risiken, mögliche Schadenshöhen und Schadenswahrscheinlichkeiten prognostiziert.

Für die Vergleichbarkeit der Risikoanalyseergebnisse und für die Möglichkeit einer Gesamteinschätzung aller Risiken aus Auslagerungen eines Instituts ist es notwendig, dass die identifizierten Risiken und der gewählte Risikobewertungsansatz für alle Auslagerungsvorhaben institutsspezifisch einheitlich definiert und die Beachtung in den Organisationsrichtlinien für alle Unternehmenseinheiten verbindlich festgelegt werden. Etwaige institutsintern bereits bestehende Vorgaben, wie zum Beispiel allgemein für das Risikomanagement zu beachtende Vorgaben des Risikohandbuchs, sind zu berücksichtigen.

IV.   Feststellung der Wesentlichkeit einer Auslagerung

Von der Risikobewertung ist die Frage der Feststellung der Wesentlichkeit einer Auslagerung zu trennen. Sämtliche Bewertungsansätze erfordern für die Feststellung einer Auslagerung als „wesentlich" oder „unwesentlich" noch zusätzliche Vorgaben. Notwendig ist hierfür eine institutsindividuelle Festlegung, unter welchen Voraussetzungen oder bei welchem Wert die Risikobewertung – für alle Risiken insgesamt oder für einzelne Risiken – maßgebend für die Einstufung einer Auslagerungsmaßnahme als wesentlich oder unwesentlich ist. Ohne die vorherige Festlegung von entsprechenden Kriterien könnte auch bei der rein qualitativen Bewertung der Auslagerungsrisiken noch keine Aussage zur Wesentlichkeit gemacht werden. Die generelle Vorgehensweise ist zu dokumentieren. Dies obliegt regelmäßig dem Risikomanagement oder den nach der Organisationsrichtlinie für den Standardrisikoanalyseprozess hierfür Verantwortlichen. Allgemeingültige Vorgaben gibt es für die Festlegung der Wertgrenzen nicht. Berücksichtigt werden können das konkrete Gesamtrisikoprofil oder die für wesentliche Auslagerungen aus der Risikostrategie abzuleitenden Vorgaben des auslagernden Instituts.[29] Für die Festlegung der Wesentlichkeitsgrenze kann auf die Methoden und Hilfsmittel zurückgegriffen werden, wie sie für die Phase der Risikoidentifizierung und der Risikobewertung dargestellt wurden. Auf Basis der Vorgaben kann dann bezogen auf die jeweilige Auslagerung die Wesentlichkeitseinschätzung getroffen werden. Diese Festlegung erfolgt damit regelmäßig workshop- oder projektbasiert unter Beteiligung der maßgebenden Fachbereiche, in der Regel nicht ohne die Beteiligung des für operationelle Risiken zuständigen Risikomanagements.

V. Abgestufte Risikoanalyse

Nicht für alle Auslagerungen muss ein gleichermaßen detailliertes Risikoanalyseverfahren durchgeführt werden. Dies ergibt sich aus den Erläuterungen zu AT 9 Tz. 2 MaRisk, wonach Art, Umfang, Komplexität und Risikogehalt der ausgelagerten Aktivitäten und Prozesse Einfluss auf die erforderliche Intensität der Risikoanalyse haben. So sind beispielsweise bei der Auslagerung von reinen Service- und Unterstützungsfunktionen (z. B. Archivierung und Wachdienst) und evident wenig risikorelevanten Auslagerungen (z. B. gruppeninterne Auslagerung) auch abgestufte Verfahren möglich.

---

29 Hinweis: Das Gesamtrisikoprofil umfasst alle wesentlichen und anderen (nicht wesentlichen) Risiken eines Instituts. Andere Risikoarten sind in Abhängigkeit vom jeweilgen Institut zum Beispiel strategische Risken, Absatz- oder Vertriebsrisken und Geschäftsfeldrisiken. Aussagen zum Gesamtrisikoprofil verlangen die MaRisk derzeit noch nicht ausdrücklich (zukünftig anders, vgl. AT 2.2 Tz. 2 MaRisk-Entwurf in der Fassung vom 9.7.2010. Das Gesamtrisikoprofil eines Instituts kann zum Beispiel durch verschiedene Methoden abgeleitet weden (z. B. Risikoinventur, Workshops, interne Projekte etc.;), vgl. auch ausführlich zur Risikoinventur als Möglichkeit, das Gesamtrisikoprofil abzuleiten DSGV, MaRisk Interpretationsleitfaden, MaRisk Version 3.0, S. 179ff.

In der Praxis haben sich hier Verfahren etabliert, die auf der Basis von vorher institutsintern definierten und in der schriftlich fixierten Ordnung dokumentierten Kriterien den Verzicht auf eine umfängliche Risikoanalyse – bei Inanspruchnahme des qualitativen und/oder quantitativen Bewertungsansatzes – vorsehen. Alternativ kann auch zunächst in einer Grobanalyse auf Basis ebenfalls verbindlich festgelegter Kriterien zunächst eine grobe Wesentlichkeitseinschätzung vorgenommen werden.[30] Sollten sich im Rahmen der Grobanalyse (Stufe 1) Anhaltspunkte dafür ergeben, dass eine wesentliche Auslagerung vorliegt, könnte daran anschließend eine Detailanalyse (Stufe 2) durchgeführt werden. Es ist auch bei der Entscheidung für ein abgestuftes Risikoanalyseverfahren darauf zu achten, dass sämtliche Ergebnisse für alle Beteiligten nachvollziehbar und angemessen dokumentiert werden.

Die Aufsicht[31] steht derartigen abgestuften Verfahren grundsätzlich positiv gegenüber. Erforderlich ist, dass das genaue Verfahren in den Organisationsrichtlinien verankert ist und mit der risikoorientierten Ausrichtung der MaRisk korrespondiert. Bei der Wahl des sogenannten quantitativen Bewertungsansatzes könnten als Beispiel für eine mögliche Ausgestaltung eines abgestuften Verfahrens diejenigen Risiken, die mit den höchsten Gewichtungsfaktoren unterlegt sind, im Rahmen der Risikogrobanalyse erfasst werden. Bei der Wahl eines rein qualitativen Verfahrens hingegen könnte sich die Grobanalyse auf die Beurteilung von vorher festgelegten Kernrisiken beschränken, die vorher mittels Befragung und/oder auch „Risk-Workshops" evaluiert und als verbindlich für die Grobanalyse festgelegt wurden. Für Auslagerungen mit erheblicher Tragweite, wie zum Beispiel für die Auslagerung der Internen Revision oder die Auslagerung des Kreditgeschäfts, ist von vornherein das Erfordernis zur Durchführung einer Detailanalyse vorzuschreiben.

---

30 Schneider (2008), in: WPg, S. 435 und 440.
31 Schneider (2008), in: WPg, S. 435 und 440; vgl. Zentraler Kreditausschuss, Stellungnahme zum Entwurf über die Mindestanforderungen an das Risikomanagement vom 5.4.2007, www.bafin.de, Stand 1.2.2008; Kokert (2008), in: Erfolgreiche Auslagerung von Geschäftsprozessen, S. 33.

VI. Stellungnahme

Dem qualitativ-proportionalen Charakter und der Methodenfreiheit der zweiten Baseler Säule entsprechend werden im Rahmen der MaRisk keine Vorgaben für den Einsatz bestimmter Methoden zur Identifizierung und Bewertung von Auslagerungsrisiken gemacht, sodass grundsätzlich auch bezüglich der Methodenwahl Gestaltungsfreiheit besteht. Dabei weist jede der möglichen Methoden zur Risikoidentifizierung und Durchführung der Risikoanalyse spezifische Vor- und Nachteile auf. Von daher kann keine generelle Empfehlung für die eine oder andere Methode gegeben werden. Vielmehr ist die Methodenwahl von den jeweils gegebenen institutsspezifischen Projekt- und gegebenenfalls Risikoidentifizierungsvorgaben abhängig, die sich auch bereits aus bestehenden internen Organisationsrichtlinien (z. B. Risikohandbuch) ergeben können. Für die Methodenauswahl und -anwendung zur Risikoanalyse in der Praxis sind Einfachheit und Nachvollziehbarkeit als zwei elementare Erfolgsfaktoren zu nennen.[32] Eine erfolgreiche Umsetzung kann nur dann erreicht werden, wenn diese beiden Bedingungen erfüllt sind. Von daher sollte ein einfacher und transparenter Standardrisikoanalyseprozess vorgegeben werden.

VII. Praxisbeispiel für ein Risikoanalyseverfahren für Auslagerungen in Auszügen

Das im Folgenden in verkürzter Form dargestellte Praxisbeispiel für die Durchführung einer Risikoanalyse hat sich bei entsprechender institutsindividueller Anpassung gleichermaßen für kleine wie für große Institute bewährt, da es zum einen den aufsichtsrechtlich geforderten risikoorientierten Ansatz bei Auslagerungen berücksichtigt und zum anderen eine weitgehend standardisierte Vorgehensweise für alle Auslagerungsvorhaben gewährleistet. Werden die einzelnen Schritte in einem entsprechenden Dokumentations-Tool sachlo-

---

[32] Vgl. Ebert, (2006): Risikomanagement kompakt, Risiken und Unsicherheiten bei IT- und Software Projekten identifizieren, bewerten und beherrschen, S. 39.

gisch erfasst, führt dies zu einer einfachen und praktikablen Handhabung des Risikoanalyseprozesses in Bezug auf die Identifizierung und Bewertung von Auslagerungsrisiken.

Nachfolgend werden die wesentlichen Schritte und Funktionen in Ausschnitten als Screenshots aus einem von PwC entwickelten Dokumentationstool (sogenannter „PwC-Risikoanalysestandardansatz") dargestellt.

1. Vereinbarkeitsprüfung (Schritt 1)

Im ersten Schritt führt ein standardisierter Fragenkatalog zur Entscheidung über die Zulässigkeit der geplanten Auslagerung. Dabei sind sowohl die aufsichtsrechtliche als auch die geschäftspolitische Vereinbarkeit zu prüfen. Der zunächst standardisierte Fragenkatalog ist dabei an die institutsindividuellen Bedürfnisse anzupassen.

Die Frage der Auslagerungsfähigkeit ist Teil der Vereinbarkeitsprüfung. Sie ist maßgebend für einen effizienten Risikoanalyseprozess, denn es ist für jedes Institut kosten- und zeitaufwendig, wenn zunächst eine umfängliche Risikoanalyse durchgeführt wird, ohne dass die Frage der grundsätzlichen Auslagerbarkeit vorab geprüft wird und erst nach Abschluss der Risikoanalyse Zulässigkeitsfragen in Bezug auf die geplante Auslagerung insgesamt oder einzelne Aktivitäten und Prozesse auftreten. Von daher sollte die grundsätzliche Auslagerbarkeit in einem ersten Schritt (im Folgenden „Risikoanalyse im weiteren Sinne") vor der eigentlichen Risikoidentifizierung und -bewertung (im Folgenden „Risikoanalyse im engeren Sinne") geprüft werden.

Der Risikoanalyseprozess beim Outsourcing

Abbildung 3: Screenshot aus Risikoanalyse-Tool zum Themenbereich Aufsichtsrechtliche Vereinbarkeit

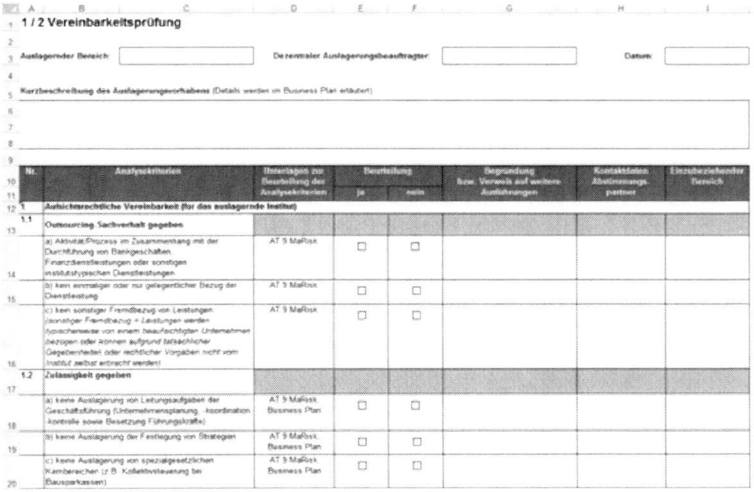

Quelle: PwC

2. Risikoidentifizierung (Schritt 2)

Das Dokumentationstool erfasst die bei Auslagerungen in der Finanzwirtschaft in der Regel als wesentlich einzustufende Risiken nach AT 2.2. MaRisk (Risikoliste; Spalte 2 der Abbildung 4). Hierzu zählen bei Auslagerungen auch Rechtsrisiken, Reputationsrisiken sowie sonstige wesentliche Risiken (z. B. strategische Risiken, Restwertrisiken, Eigenversicherungsrisiken). Die erfassten Risiken gewährleisten, dass potenzielle Auslagerungsrisiken und gegebenenfalls auch Abhängigkeiten zwischen Risiken erkannt und berücksichtigt werden können.

3. Risikoanalyse (Schritt 3)

Bei der Risikoanalyse im engeren Sinne sind die einzelnen wesentlichen Risiken anhand einer standardisierten Bewertungsskala mit entsprechend festgelegter Gewichtung zu untersuchen. Besonderheiten bei gruppeninternen Auslagerungen werden hierbei risikomindernd berücksichtigt.

Abbildung 4: Screenshot aus Risikoanalyse-Tool zum Themenbereich Risikobewertung

Quelle: PwC

4. Anbieterauswahl (Schritt 4)

Im dritten Schritt wird die Eignung von potenziellen Auslagerungsunternehmen geprüft. Die Auswahl der Anbieter erfolgt anhand gewichteter Beurteilungskriterien (Abbildung 5) im Rahmen einer Beurteilungsskala. Die vordefinierten Standardkriterien sind nur beispielhaft und müssen an die institutsspezifischen Bedürfnisse angepasst werden.

Der Risikoanalyseprozess beim Outsourcing

Abbildung 5: Screenshot aus Risikoanalyse-Tool zum Themenbereich Eignung des Auslagerungsunternehmens/Anbieterauswahl

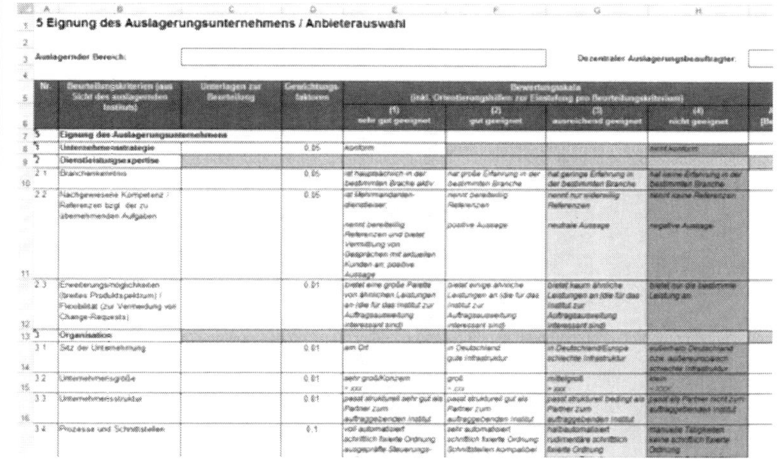

Quelle: PwC

E. Fazit und Ausblick

Die Praxis zeigt, dass in jedem Institut ein für alle Bereiche institutsübergreifender Standardrisikoanalyseprozess implementiert und dokumentiert werden sollte. Nur eine institutseinheitliche, standardisierte Handhabung vermeidet Redundanzen, gewährleistet eine annähernde Vergleichbarkeit der erzielten Ergebnisse bezogen auf den jeweiligen Auslagerungsgegenstand und eröffnet so überhaupt erst die Möglichkeit der notwendigen Gesamtrisikoeinschätzung aller Auslagerungen eines Instituts. Dies wird auch vor dem Hintergrund der Gesamtbanksteuerung und der Entwicklung in Richtung Vertriebsbanken an Bedeutung gewinnen, insbesondere für Institute, die über ein großes Auslagerungsvolumen verfügen.

Zivilrechtliche Grundsätze und Vertragsgestaltung

Herbert Zerwas & Larissa Knöfler

A. Einleitung

§ 25a Abs. 2 KWG erfordert für jede Auslagerung von Aktivitäten und Prozessen auf ein anderes Unternehmen, die für die Durchführung von Bankgeschäften, Finanzdienstleistungen oder sonstigen institutstypischen Dienstleistungen wesentlich sind, dass sie auf einer schriftlichen Vereinbarung beruht. Diese Vereinbarung soll die erforderlichen Rechte des Instituts, einschließlich der Weisungs- und Kündigungsrechte, sowie die korrespondierenden Pflichten des Auslagerungsunternehmens festschreiben. Die Regelung folgt damit jedoch lediglich der seit Langem gängigen Praxis. Bereits vor der ersten ausdrücklichen diesbezüglichen Regelung im KWG[1] waren Verträge über Outsourcing-Maßnahmen üblich. Unter fremden Dritten wurden schriftliche Verträge aus Gründen der Rechtssicherheit geschlossen und innerhalb verbundener Unternehmen ergab sich die Notwendigkeit, zumindest aus Sicht des Steuerrechts, die zwischen den Parteien vereinbarten Vergütungsregelungen vertraglich festzuhalten.

---

1 Wortlaut des mit der 6. KWG-Novelle am 1.1.1998 in Kraft getretenen § 25a Abs. 2 KWG.

Herbert Zerwas & Larissa Knöfler

B. Allgemeine Anmerkungen zu Outsourcing-Verträgen

Auslagerungsverträge lassen sich nicht auf die aufsichtsrechtlichen Inhalte beschränken, sondern enthalten auch Bestandteile, die allen anderen zivilrechtlichen Verträgen gemeinsam sind. Daher sollen, bevor aufsichtsrechtliche Besonderheiten der Outsourcing-Verträge behandelt werden, zunächst einige allgemeine Anmerkungen erfolgen.

I. Vertragstyp

Ein Outsourcing-Vertrag entspricht in der Regel nicht den im BGB enthaltenen Vertragsarten, sondern enthält Merkmale verschiedener Vertragstypen. In der Regel wird es sich um einen Geschäftsbesorgungs- oder Dienstvertrag handeln, der auch Elemente des Kauf- oder Mietvertrags enthalten kann. Die im Outsourcing-Vertrag getroffenen Regelungen können ihren Schwerpunkt aber auch im Werkvertragsrecht haben.

Die Frage, um welchen Vertragstyp es sich handelt, ist bedeutsam für die unterschiedlichen Rechtsfolgen, die sich im Fall von Leistungsstörungen ergeben. Daher ist bei der Konzeption des Vertrags zu beachten, dass ein auslagerndes Institut bei Schlechtleistung des Vertragspartners im Fall eines Dienstvertrags gegen diesen lediglich einen Anspruch auf Schadenersatz erwirbt, während bei einem Werkvertrag der Besteller einen Anspruch auf Nacherfüllung (§§ 634 Nr. 1, 635 BGB), auf Selbstvornahme mit Anspruch auf Kostenersatz (§§ 634 Nr. 2, 637 BGB), auf Rücktritt oder Minderung, (§§ 634 Nr. 3, 636, 323, 326 Abs. 5 oder 638 BGB) und/oder Schadenersatz (§§ 634 Nr. 4, 636, 280, 281, 283, 311a oder 284 BGB) hat.

Unabhängig von der Frage, welcher Vertragstyp gewählt wird, sollte im Outsourcing-Vertrag eine klare und einzelfallbezogene Regelung getroffen werden, die das Leistungsziel definiert und im Fall von Leistungsstörungen bestimmte Sanktionen festsetzt, ohne dass auf die im BGB enthaltenen Gewährleistungsvorschriften zurückgegriffen werden muss.

II. Rechtsfolgen bei Vertragsverletzung

Die Rechtsfolgen im Fall einer Vertragsverletzung sind gesetzlich geregelt. Wie bereits dargelegt, stehen dem auslagernden Institut je nach Vertragstyp Ansprüche auf Nacherfüllung, Selbstvornahme, Rücktritt beziehungsweise Minderung und/oder Schadenersatzansprüche zu.

Zu empfehlen ist zusätzlich die Vereinbarung von sogenannten „Nichterfüllungsgutschriften", die von Auslagerungsunternehmen bei nicht vertragsgemäßer Erfüllung (oder Erfüllung in nicht gehöriger Weise) an das Institut zu zahlen sind. Rechtlich gesehen würde es sich bei diesen um eine Form der Vertragsstrafe (§§ 339, 341 BGB) handeln, welche dazu dient, einen zusätzlichen Druck zur vertragsgemäßen Erfüllung auf den Schuldner auszuüben. Von Seiten des Gläubigers entfiele das Erfordernis des Schadensnachweises. Diese Zahlungen könnten zusätzlich zum Schadenersatz und nicht an dessen Stelle verlangt werden.

III. Übernahmen

Im Rahmen von Auslagerungen kommt es häufig zu Übernahmen von Vermögensgegenständen und Arbeitnehmern des auslagernden Instituts durch das Auslagerungsunternehmen. Ferner kann die Notwendigkeit bestehen, dass das Auslagerungsunternehmen in bestimmte Vertragsverhältnisse eintritt.

Im Fall der Übernahme von Vermögensgegenständen ist zunächst zu klären, ob die zur Erbringung der Leistung erforderlichen Vermögensgegenstände verkauft und übereignet werden sollen oder ob nur deren zeitweise Überlassung gewollt ist. Soll ein Verkauf erfolgen, sind die Vermögensgegenstände zu bewerten und das Eigentum auf den Erwerber zu übertragen.

Bei einer zeitweisen Überlassung der Vermögensgegenstände sind insbesondere gegebenenfalls der Mietzins und stets die Vertragsdauer zu regeln. Die Dauer der Überlassung sollte der Laufzeit des Outsourcing-Vertrags entsprechen.

Sowohl im Fall des Verkaufs als auch im Fall der Überlassung muss eine Bestandsaufnahme erfolgen, die die einzelnen Vermögensgegenstände listenförmig erfasst und die dem Vertrag beigefügt wird.

Werden Dauerschuldverhältnisse, wie zum Beispiel Verträge über Softwarelizenzen oder Leasingverträge, übertragen, ergibt sich unter Umständen die Notwendigkeit der Gläubigerbeteiligung.[2]

Geht infolge einer Auslagerungsmaßnahme ein Betrieb oder Betriebsteil auf das Auslagerungsunternehmen über, kann ein Fall des § 613a BGB vorliegen. Die Anstellungsverhältnisse der Mitarbeiter gehen dann auf das Auslagerungsunternehmen über, wie sie am Stichtag des Betriebsübergangs beim auslagernden Institut bestehen. Somit tritt das Auslagerungsunternehmen hinsichtlich Lohn und Gehalt, Urlaubsanspruch, betriebliche Altersversorgung, Dienstwagen, Arbeitnehmerdarlehen und sonstiger Lohnersatzleistungen in die Rechtsstellung des auslagernden Instituts ein. Übertragen werden müssen ferner bestehende Pensionsrückstellungen.[3]

---

2 § 415 BGB, § 22 UmwG.
3 Vgl. hierzu den Beitrag von Ott/Fischer, Arbeitsrechtliche Fragen, Anforderungen an die Personalausstattung und Vergütungsgestaltung beim Outsourcing.

IV. Streitbeilegung

Da Outsourcing-Verträge stets über längere Zeiträume geschlossen werden, ist nicht auszuschließen, dass es während der Vertragsdauer zu Meinungsverschiedenheiten über die korrekte Vertragserfüllung kommt. Zur Behebung dieser Probleme ist die Einrichtung eines gemeinsamen Projektmanagement-Teams anzuraten, in dem sowohl Mitarbeiter des auslagernden Instituts als auch Mitarbeiter des Auslagerungsunternehmens vertreten sind.

Dieses Gremium sollte regelmäßig zusammentreten. Hier können Meinungsverschiedenheiten über die Vertragserfüllung und Fehlerbeseitigung besprochen werden. Sofern eine Lösung auf dieser Ebene nicht möglich ist, sollten Eskalationsverfahren bestehen und die Geschäftsleitungen der beteiligten Unternehmen unverzüglich eingeschaltet werden. Im Sinne einer vertragsgemäßen Erfüllung der ausgelagerten Tätigkeiten sollten die hierfür vorgesehenen Fristen möglichst kurz gehalten werden.

V. Vergütungsregelung

Outsourcing-Verträge sollten stets eine Regelung über die zu zahlende Vergütung enthalten. Dies ist aus Gründen der Rechtssicherheit bei zwischen fremden Dritten geschlossenen Verträgen ohnehin erforderlich. Sofern Verträge innerhalb eines Konzerns oder zwischen nahestehenden Personen geschlossen werden, ist aus steuerlichen Gründen eine im Voraus abgeschlossene Vergütungsregelung, die klar und eindeutig den zu zahlenden Betrag regelt, schriftlich zu vereinbaren. Die Vergütungsregelung muss nicht zwingend im Vertrag enthalten sein, sondern kann auch in einer Anlage zum Vertrag geregelt werden.

VI. Haftung

Grundsätzlich hat ein Auslagerungsunternehmen seine Dienstleistungen mit der Sorgfalt eines ordentlichen Kaufmanns zu erbringen. Dies umfasst auch die Auswahl und Beaufsichtigung des eingesetzten Personals. In der Regel werden Auslagerungsunternehmen nicht bereit sein, die Haftung für von ihnen verursachte Schäden in vollem Umfang zu übernehmen, sodass Haftungsbeschränkungen in der Praxis durchaus üblich sind. Es ist zu empfehlen, insbesondere wenn sich gesetzliche Haftungsregeln als unzureichend erweisen sollten, speziellere vertragliche Haftungsabreden zu treffen.

VII. Anpassungsregeln

Outsourcing-Verträge werden in der Regel über längere Zeiträume geschlossen. Da auch detaillierte Leistungsbeschreibungen nicht jeden einzelnen Fall regeln können, kann sich innerhalb einer langen Vertragslaufzeit herausstellen, dass bestimmte Leistungen anders als ursprünglich vorgesehen erbracht werden müssen. Während der Vertragslaufzeit können Anpassungen infolge technischer oder gesetzlicher Änderungen notwendig werden. Daher ist es erforderlich, im Vertrag Anpassungsregeln und Änderungsmechanismen zu regeln, die das Auslagerungsunternehmen zur Berücksichtigung technischer oder rechtlicher Änderungen verpflichten.

VIII. Rechtswahl und Gerichtsstand

Die Parteien können das für den Vertrag anzuwendende Recht frei wählen.[4] Sie müssen die Rechtswahl ausdrücklich und mit hinreichender Sicherheit im Vertrag bestimmen. Weiterhin empfiehlt es sich, wie zwischen Kaufleuten üblich, eine Gerichtsstandsvereinbarung zu treffen.

---

[4] Art. 27 Abs. 1 EGBGB.

C. Aufsichtsrechtliche Vorgaben zu Outsourcing-Verträgen

Die im Folgenden näher ausgeführten aufsichtsrechtlichen Anforderungen zur Vertragsgestaltung beruhen neben § 25a Abs. 2 KWG vor allem auf den MaRisk,[5] in denen die aus aufsichtsrechtlicher Sicht erforderlichen vertraglichen Anforderungen an zulässige Auslagerungsmaßnahmen bezeichnet werden. Die zu regelnden Rechte und Pflichten[6] beziehen sich auf die unter Risikogesichtspunkten wesentlichen Auslagerungen und stellen für die Institute keine Neuerungen dar. Es sind auch nicht alle aufgelisteten Anforderungen in jedem Anwendungsfall in gleichem Maße zu gewichten.

In den MaRisk werden nicht nur rein aufsichtsrechtliche Fragen angesprochen, sondern es werden auch nicht aufsichtsrechtliche Aspekte erwähnt, die in jedem sorgfältig gearbeiteten Vertrag ohnehin enthalten sein müssen.[7] Nur beispielshaber zu erwähnen sind insoweit das Erfordernis der Spezifikation des Leistungsgegenstands und der Vereinbarung angemessener Kündigungsfristen.[8]

I. Vertragsgegenstand/Spezifizierung und Abgrenzung der vom Auslagerungsunternehmen zu erbringenden Leistung

Der ausgelagerte Tätigkeitsbereich muss im Outsourcing-Vertrag präzise definiert werden. Die für die Leistungserbringung maßgeblichen Anforderungen sind zu spezifizieren, gegebenenfalls gegenüber der vom Auslagerungsunternehmen zu erbringenden Leistung abzugrenzen und zu dokumentieren.[9] Der Bestimmung des auszulagernden Bereichs kommt im Vertrag eine zentrale Bedeutung zu. Sollte bei Vertragsschluss eine vollständige Beschreibung noch nicht möglich sein, ist an dieser Stelle eine Verpflichtung zur Ergänzung des

---

5 AT 9 Tz. 6 MaRisk in der Fassung vom 14.8.2009.
6 Beispielsweise Prüfungsrechte.
7 Benzler, in: Lange/Wall (Hrsg.) (2001): Risikomanagement nach dem KonTraG, § 4 Rn. 76.
8 AT 9 Tz. 6 a) und f) MaRisk.
9 AT 9 Tz. 6 a) MaRisk.

Leistungsumfangs erforderlich.[10] In der Praxis wird entsprechend den Vorgaben der BaFin, den ausgelagerten Tätigkeitsbereich und den Umfang der Leistung zu spezifizieren, neben einem Rahmenvertrag häufig eine Service-Level-Vereinbarung geschlossen, in der bestimmte Leistungsqualitäten und Leistungsverfügbarkeiten festgelegt werden. Für jede Teilleistung muss detailliert bestimmt werden, welcher Leistungsumfang innerhalb welcher Zeit von wem zu erbringen ist. Die Service-Level-Vereinbarung sollte Verfügbarkeit, Responsezeiten, die Verantwortung des Dienstleisters für übernommene Vermögensgegenstände sowie Mitwirkungspflichten des auslagernden Instituts regeln. Aufgrund ihrer wachsenden Bedeutung in der Praxis ist den Service-Level-Agreements und ihrer Ausgestaltung im Weiteren ein gesondertes Kapitel gewidmet.

II. Informations- und Prüfungsrechte der Internen Revision sowie externer Prüfer

Die Auslagerung der Funktion der Internen Revision hinsichtlich des Auslagerungsgegenstands, die Informationsrechte und die Prüfungstätigkeit und Berichterstattung der Revisoren sowie die Tätigkeit externer Prüfer müssen vertraglich geregelt werden.[11]

Zwingend vertraglich zu regeln ist, durch wen die Funktion der Internen Revision ausgeübt wird. In Betracht kommt die Interne Revision des Auslagerungsunternehmens oder ein externer Revisor. Die BaFin fordert die Kooperation der beauftragten Prüfer mit der Internen Revision des auslagernden Instituts und die Weiterleitung der maßgeblichen Prüfungsergebnisse auf Anforderung an die BaFin und den Abschlussprüfer des auslagernden Instituts. Da die Delegation der Funktion der Internen Revision die Interne Revision des auslagernden Instituts nicht von der Pflicht entbindet, bei Zweifeln an der Funktionsfähigkeit der Internen Revision des Auslagerungsunternehmens eigene Prüfungshandlungen beim Auslagerungsunternehmen vorzunehmen, muss das Recht zu eigenen Ergänzungsprüfungen der Internen Revision des

---

10 Zerwas/Hanten/Bühr (2002), in: ZBB, S. 17 bis 21.
11 AT 9 Tz. 6 b) MaRisk.

auslagernden Instituts vertraglich sichergestellt werden. Der Internen Revision und dem Abschlussprüfer des auslagernden Instituts muss vertraglich das Recht eingeräumt werden, grundsätzlich beim Auslagerungsunternehmen jederzeit, vollumfänglich und ungehindert Einsicht nehmen und prüfen zu können.[12] Dies ist am besten in Form einer bisher auch der gängigen Praxis entsprechenden Duldungserklärung vorzunehmen. Den Prüfern ist Zugang zu allen Dokumenten, Datenträgern und Systemen zu gestatten, die den ausgelagerten Bereich betreffen. Damit soll die Einhaltung der bankaufsichtsrechtlichen Bestimmungen und Einzelvorgaben der BaFin beim Auslagerungsunternehmen sichergestellt werden.

Mitarbeiter der Internen Revision des Auslagerungsunternehmens und dort aufgrund gesetzlicher Vorschriften tätige externe Prüfer müssen gegenüber dem auslagernden Institut sowie dessen Prüfern von ihrer Schweigepflicht entbunden werden. Um ein nachhaltiges Ausüben der Prüfungsfunktion zu gewährleisten, sollten die Prüfungsrechte nach Beendigung der Auslagerung für einen Zeitraum von mindestens zwei Jahren ausgehend vom Geschäftsjahr des Instituts fortbestehen und die relevanten Unterlagen so lange verfügbar bleiben. Der Zweijahreszeitraum beginnt dann mit dem Ablauf des Geschäftsjahres, in dem der Auslagerungsvertrag beendet wird.

III. Informations- und Prüfungsrechte sowie Kontrollmöglichkeiten der BaFin

Weiterhin muss der BaFin sowie den von dieser mit der Prüfung beauftragten Stellen jederzeit die Möglichkeit gegeben sein, vollumfänglich und ungehindert beim Auslagerungsunternehmen zu prüfen. Die Möglichkeit hierzu hat sich das Institut vertraglich vom Auslagerungsunternehmen zusichern zu lassen.[13] Dies ist, wie auch im Fall der Sicherung der Prüfungsrechte der Internen Revision, in Form einer entsprechenden Duldungserklärung vorzunehmen.

---

12 AT 9 Tz. 6 b) MaRisk.
13 AT 9 Tz. 6 c) MaRisk.

Das festgelegte Auskunftsrecht ist beschränkt auf diejenigen Angaben und Unterlagen, die die BaFin sowie die mit der Prüfung beauftragten Stellen für die Durchführung ihrer Aufsichtstätigkeit benötigen.[14]

IV. Zugangs- und Weisungsrechte des auslagernden Instituts

Als weitere aufsichtsrechtliche Vorgabe sind die Verantwortlichkeiten und Zuständigkeiten von Institut und Auslagerungsunternehmen vertraglich zu regeln. Insbesondere bedarf es einer Festlegung der Ansprechpartner, der Schnittstellen und Abgrenzung der Zuständigkeiten von auslagerndem Institut und Auslagerungsunternehmen. Das auslagernde Institut kann seiner Überwachungspflicht nur nachkommen, wenn ihm vertraglich die notwendigen Auskunfts-, Einsichts-, Zutritts- und Zugangsrechte eingeräumt werden, soweit diese zur Ausübung seiner Überwachungsfunktion erforderlich sind. Die Zugangsrechte müssen auch den Zugang zu Datenbanken des Auslagerungsunternehmens umfassen.

Insbesondere hat sich das auslagernde Institut vertraglich die erforderlichen Weisungsrechte einräumen zu lassen.[15] Die Weisungsrechte müssen dem Institut vom Auslagerungsunternehmen so eingeräumt werden, dass sie zur Sicherstellung einer ordnungsgemäßen Durchführung der ausgelagerten Tätigkeiten und Funktionen unmittelbar und unabhängig von etwaigen konkurrierenden Weisungsrechten durchsetzbar sind.

Als Weisungsadressaten kommen das Auslagerungsunternehmen als Rechtsträger oder dessen Geschäftsleitung in Betracht. Sinn und Zweck des § 25a Abs. 2 KWG sprechen gegen ein direktes Weisungsrecht gegenüber dem Geschäftsführungsorgan des Auslagerungsunternehmens,[16] sodass Weisungen gegenüber dem Unternehmen selbst abzugeben sind. Es ist jedoch zweckmäßig, im Wege der internen Delegation jeweils geeignete Ansprechpartner beim Auslagerungsunternehmen zu benennen.

---

14 Zerwas/Hanten/Bühr (2002), in: ZBB, S. 17 und 22.
15 § 25a Abs. 2 Satz 8 KWG, AT 9 Tz. 6 d), MaRisk.
16 Mülbert (2001), in: Funktionsauslagerung (Outsourcing) bei Kreditinstituten S. 3 und 25.

Die MaRisk verlangen lediglich „soweit erforderlich" die Vereinbarung von Weisungsrechten.[17] Auf eine explizite Vereinbarung von Weisungsrechten zugunsten des Instituts kann verzichtet werden, wenn die vom Auslagerungsunternehmen zu erbringende Leistung hinreichend klar im Auslagerungsvertrag spezifiziert ist. Ferner kann die Interne Revision des auslagernden Instituts unter den Voraussetzungen von BT 2.1 Tz. 3 MaRisk auf eigene Prüfungshandlungen verzichten. Diese Erleichterungen können auch bei Auslagerungen auf sogenannte Mehrmandantendienstleister in Anspruch genommen werden.[18]

Bei Auslagerungen innerhalb eines Konzerns ist eine ausdrückliche zusätzliche vertragliche Regelung des Weisungsrechts entbehrlich. Dies gilt jedoch nur dann, wenn eine entsprechende Einflussmöglichkeit aus konzernrechtlichen Gründen vorliegt, etwa bei einer Auslagerung vom Mutterunternehmen auf das Tochterunternehmen. Bei einer Auslagerung vom Tochterunternehmen auf das Mutterunternehmen würde eine konzernrechtliche Weisungsmöglichkeit hingegen nicht bestehen.

Weisungen können grundsätzlich sowohl für den Einzelfall als auch für bestimmte Ereignisse im Voraus erteilt werden, zum Beispiel in Form von Arbeitsanweisungen und Handbüchern.

Es sollte vertraglich geregelt werden, dass der ausgelagerte Bereich durch die Geschäftsleitung des Auslagerungsunternehmens zwecks Prüfung sowie Identifizierung und Beseitigung von Mängeln laufend intern kontrolliert wird. Weiterhin ist das Auslagerungsunternehmen vertraglich zu verpflichten, regelmäßig an das auslagernde Institut zu berichten und unverzüglich Fehlermeldungen abzugeben (vgl. hierzu nachfolgend VIII.).

---

17 AT 9 Tz. 6 d) MaRisk.
18 Erläuterung BaFin zu AT 9 Tz. 6 d) MaRisk.

V. Beachtung datenschutzrechtlicher Bestimmungen

Institut und Auslagerungsunternehmen haben einen angemessenen Datenschutz zu gewährleisten und die Vertraulichkeit und Verfügbarkeit der Daten sicherzustellen.[19] Aus diesem Grund ist das Auslagerungsunternehmen vertraglich zu verpflichten, die Systeme gegen widerrechtliche Verwendung, unbefugtes Ändern, Kopieren, Zugreifen und andere unbefugte Bearbeitung zu schützen. Ausdrücklich zu regeln ist die Verpflichtung des Auslagerungsunternehmens, die Vertraulichkeit der Kundendaten zu wahren.

Weiterhin muss sich das Auslagerungsunternehmen vertraglich dem Geschäftsgeheimnis des Instituts[20] unterwerfen. Die Verpflichtung zur Wahrung der Vertraulichkeit der Kundendaten muss in den Vertrag ausdrücklich aufgenommen werden.

VI. Vertragsdauer und angemessene Kündigungsfristen

Zwingender Bestandteil eines Outsourcing-Vertrags sind auch Regelungen zur Vertragsbeendigung und Kündigungsmöglichkeiten.

Zu einer effektiven Steuerung und Kontrolle des ausgelagerten Bereichs gehört auch die Möglichkeit, sich vom Vertrag zu lösen, wenn dies geboten erscheint, und den ausgelagerten Bereich auf ein anderes Unternehmen zu übertragen oder ihn wieder in das Institut einzugliedern. Für den Fall der Beendigung der Auslagerungsvereinbarung hat ein Institut geeignete Vorkehrungen zu treffen, um die Kontinuität und Qualität der ausgelagerten Prozesse zu gewährleisten.[21] Die Regelungen zur Vertragsbeendigung müssen hinreichend flexibel und die Kündigungsfristen so bemessen sein, dass dem auslagernden Institut auch im Fall einer Kündigung durch das Auslagerungsunternehmen genügend Zeit zur Suche nach Alternativlösungen bleibt.[22]

---

19 AT 9 Tz. 6 e) MaRisk; vgl. hierzu den Beitrag von Wicker/Wollinsky, Datenschutz und Bankgeheimnis bei Outsourcingmaßnahmen.
20 Vgl. etwa Nr. 3 Abs. 2 AGB Spk.
21 AT 9 Tz. 5 MaRisk.
22 Zerwas/Hanten/Bühr (2002), in: ZBB, S. 17 und 23.

VII. Regelungen über Möglichkeit und Modalitäten einer Weiterverlagerung

Eine weitere Auslagerung auf Subunternehmer ist zulässig, wenn gewährleistet ist, dass der Subunternehmer den vertraglichen Verpflichtungen des Auslagerungsunternehmens in vollem Umfang nachkommt. Der Outsourcing-Vertrag sollte in der Regel einen Zustimmungsvorbehalt des auslagernden Unternehmens enthalten, der sich auf Möglichkeit und Modalitäten der weiteren Auslagerung erstreckt. Es ist sicherzustellen, dass auch der Subunternehmer den zwischen dem auslagernden Institut und den Auslagerungsunternehmen bestehenden Verpflichtungen nachkommt.[23] Dies kann insbesondere dadurch erfolgen, dass das Auslagerungsunternehmen sich verpflichtet, die vertraglichen Regelungen mit den Subunternehmern unter Beachtung der im Auslagerungsvertrag mit dem Institut getroffenen Regelungen zu vereinbaren.

VIII. Informationsrechte des auslagernden Instituts

Das Auslagerungsunternehmen ist zu verpflichten, das auslagernde Institut über Entwicklungen zu informieren, die die ordnungsgemäße Erledigung der ausgelagerten Aktivitäten und Prozesse beeinträchtigen können. Das auslagernde Institut muss sich diese Informationsrechte vertraglich vom Auslagerungsunternehmen zusichern lassen.[24] Damit soll sichergestellt werde, dass bei Outsourcing-Verträgen, die in der Regel über längere Zeiträume geschlossen werden, das auslagernde Institut auf die eingetretenen Entwicklungen reagieren und somit die bankaufsichtsrechtlichen Bestimmungen und Einzelvorgaben der BaFin einhalten kann.

IX. Übergangsbestimmungen

Die MaRisk enthalten keine Regelungen zum Bestandsschutz der Vertragsgestaltung für Altfälle und auch keine Übergangsregelungen. Auslagerungen, die bereits vor der Aufnahme der Outsourcing-Regelungen in die MaRisk ver-

---

23 AT 9 Tz. 6 g) MaRisk.
24 AT 9 Tz. 6 h) MaRisk.

einbart wurden, waren bereits nach der vor dem Inkrafttreten der MaRisk geltenden Fassung des § 25a Abs. 2 KWG in das interne Kontrollverfahren des Instituts einzubeziehen. Substanziell hat sich daran durch die geltende Fassung des § 25a Abs. 2 KWG nicht viel geändert. Daher ist davon auszugehen, dass im Hinblick auf die Altfälle grundsätzlich keine Neueinschätzungen nach Maßgabe von AT 9 Tz. 2 (Risikoanalyse) erforderlich ist. Aus diesem Grund sollten Auslagerungsmaßnahmen, die unter Zugrundelegung des BaFin RS 11/2001 vertraglich geregelt wurden, nicht einer generellen Überarbeitungspflicht unterzogen werden. Sollten sich hingegen bei Altfällen Änderungen der Risikosituation ergeben, hat das Institut dem durch eine Risikoanalyse beziehungsweise deren Anpassung Rechnung zu tragen.[25] In der Folge ist dann auch eine gegebenenfalls erforderlich werdende Anpassung des Auslagerungsvertrags vorzunehmen.

D. Gliederungsmöglichkeit eines Outsourcing-Vertrags

Vertragsgegenstand und Service-Level-Vereinbarung

Change Request/Anpassungsregeln

Zugangs- und Weisungsrechte des auslagernden Instituts

Informations- und Prüfungsrechte der Internen Revision sowie externer Prüfer

Informationsrechte des auslagernden Instituts gegenüber dem Auslagerungsunternehmen

Informations- und Prüfungsrechte sowie Kontrollmöglichkeiten der BaFin

Streitbeilegung

---
25 Vgl. Begleitschreiben der BaFin vom 30.10.2007 zu den MaRisk.

Haftung und Haftungsbeschränkung

Möglichkeiten und Modalitäten einer Weiterauslagerung

Datenschutz und Bankgeheimnis

Vergütungsregelung

Vertragsdauer und Kündigung

Rechtswahl und Gerichtsstand

E. Verwendung von Service Level Agreements

Im Folgenden soll aufgrund ihrer zunehmenden Relevanz in der Praxis genauer auf die sogenannten Service Level Agreements (oder Service-Level-Vereinbarungen (SLA)) eingegangen werden. Wie bereits erwähnt dienen sie in erster Linie dazu, in einem Auslagerungsverhältnis Leistungsqualitäten und Leistungsverfügbarkeiten genauer zu fixieren.

Die grundsätzliche Idee, ein solches SLA abzufassen, stammt aus dem Bereich der IT-Auslagerung. Gerade in diesem Bereich zeichnete es sich ab, dass es über die gewöhnlichen Vereinbarungen in einem Auslagerungsverhältnis hinaus sinnvoll ist, noch detaillierter festzulegen, was von den Parteien tatsächlich verlangt oder erwartet wird.[26] Dies gilt insbesondere aufgrund der Komplexität der Systeme und auch der mehr noch als in anderen Bereichen häufig existierenden Missverhältnisse in der Kosten-Nutzen-Relation. Die Lösung untergeordneter Systemfehler kann beispielsweise unverhältnismäßige Kosten in der Behebung verursachen.

---

26 Vertiefte Beschäftigung mit Entstehung und Einsatz von SLAs: Dissertation Thomas G. Berger zu „Konzeption und Management von Service-Level-Agreements für IT-Dienstleistungen" vom 26.4.2005; vgl. auch den Beitrag von Wilken/Otto, Sourcing als Grundlage der Transformation von Banken.

Es geht also primär um die klare Fixierung von Verantwortlichkeiten und Erwartungen der Parteien über den gewöhnlichen Grad einer Vertragsgegenstandsbeschreibung hinaus, um Konflikten vorzubeugen und Kosten zu reduzieren.

I. Inhaltliche Anforderungen an ein SLA

Die grundsätzlichen inhaltlichen Anforderungen an ein SLA ergeben sich insbesondere aus den genannten Zielsetzungen der Konfliktvorbeugung und Kostenreduktion. Für die einzelne Situation soll daher klar herausgearbeitet werden, welche Aktion tatsächlich gefordert ist und welche Kosten dafür anzusetzen sind.

Aus der Zielsetzung der Konfliktvorbeugung ergibt sich, dass nicht zwingend alle Vorgänge, die bei einem Provider intern ablaufen und geregelt sind, vom SLA zu erfassen sind, sondern die eigentlichen Schnittstellenprozesse zwischen den Vertragsparteien, welche tatsächlich Konfliktpotenzial aufweisen.

Zur Erreichung einer angestrebten Kostenreduktion ist klar herauszustellen, was konkret durch welche Partei erreicht werden soll (Erwartungshaltung), in welcher Zeit und zusätzlich zu welchen Kosten. Das „Wie" ist dabei gegebenenfalls für die andere Partei jeweils nicht entscheidend. Genauso wichtig wie die Erwartungshaltung in Bezug auf eine Auslagerungsmaßnahme selbst zu definieren, ist es aber auch, klar festzulegen, was im Fall einer Nichterfüllung dieser Erwartung durch wen zu veranlassen ist. Auch hier sind die Kosten wieder zu berücksichtigen.

Wie eine wörtliche Übersetzung des Wortes SLA besagt, sollen die verfolgten Ziele eines SLA über die klare Leistungsfixierung in Form einer Vereinbarung von sogenannten „Service Levels", also Dienstleistungsgraden oder Dienstleistungskennziffern erreicht werden.

Dazu sind die einzelnen Dienstleistungen im Bereich der erwähnten Schnittstellen zwischen den Vertragsparteien jeweils mit einem Qualitätsmerkmal zu versehen, wie zum Beispiel Erreichbarkeit, Häufigkeit, Pünktlichkeit etc. Für diese wiederum ist eine Anforderung oder Erwartungshaltung zu definieren. Die gemeinsame Festlegung einer solchen Qualitätsanforderung wird durch eine Kennzahl in Form eines Soll-Wertes (Service Level) fixiert. Dieser bestimmt die erwartete Qualität einer Leistung. In der Praxis spricht man in Bezug auf Kennzahlen zur Bewertung relevanter Qualitätsdimensionen auch von Key-Performance-Indikatoren (KPI). In der Regel wird hier mit Prozentwerten und Zeitangaben gearbeitet. So wird zum Beispiel bei Auslagerung einer Callcenter-Funktion festgelegt, dass die Abarbeitung von 80 Prozent der (angenommenen) Anrufe eine Zeit von je 20 Sekunden nicht überschreiten soll. Um beurteilen zu können, ob ein solcher Soll-Wert eingehalten wird, ist ebenfalls hinreichend detailliert die Methode der Ermittlung des Wertes festzulegen. Für den Fall eines Unterschreitens einer solchen Kennzahl ist zu bestimmen, welche Maßnahmen in welchem Zeitraum (Reaktionszeit bei Fehlerauftritt und Beseitigungszeitraum) und zu welchen Kosten zu ergreifen sind.

Das Erstellen eines SLAs ist eine komplexe Aufgabe, welche einen hohen Abstimmungsbedarf zwischen den beteiligten Parteien aufweist, jedoch den späteren Ablauf und die Durchführung der Auslagerungshandlungen erheblich vereinfachen und optimieren kann.

II. Gliederungsmöglichkeit eines SLAs

Ein SLA ist wie jede komplexe Vereinbarung oder jedes Vertragswerk individuell entsprechend der speziellen Situation zu gliedern und auszugestalten. Hier sollen lediglich mögliche Punkte einer Gliederung als Anhaltspunkte aufgezeigt werden:

- Genereller Auslagerungsgegenstand

- Leistungsbeschreibung detailliert nach:

- Schnittstellenbeschreibung
- Pflichten der einzelnen Parteien
- Angabe der einzelnen Service Level (Soll-Werte)
- Beschreibung von Vorgehen bei Fehlermeldungen (Abweichung vom Soll-Wert)
- Vergütungsregelungen
- Eskalationsregelungen
- Ausstiegs- und Abwicklungsregelungen

III. Rechtliche Einordnung eines SLAs

Rechtlich gesehen kann man mehrere Stufen von SLAs definieren. So werden teilweise SLAs auch zur Klärung unternehmensinterner Prozesse verwendet (innerbetriebliche SLAs). Diese sind als reine Willens- oder Absichtsbekundungen zu werten. Ihnen ist aufgrund ihres internen Charakters und der fehlenden zweiten Partei keine Vertragseigenschaft zuzusprechen.

SLAs, welche mit einer anderen Partei (externer Provider) geschlossen werden, sind je nach Regelungsumfang als eigenständiger Vertrag oder Vertragsbestandteil (z. B. Annex zum Outsourcing-Rahmenvertrag) zu werten.

Die Differenzierung und damit Einordnung erfolgt also je nach Geltungsbereich und Geltungsanspruch des SLAs.

Genau wie bei einem „gewöhnlichen" Outsourcing-Vertrag können auch in einem SLA Komponenten zum Beispiel eines Dienstleistungs- und Werkvertrags zusammentreffen. Insofern gilt das bereits unter B. I. zu Outsourcing-Verträgen Gesagte entsprechend. In der Praxis hat sich jedoch bereits herauskristallisiert, dass in Bezug auf Gewährleistung und Haftung die Regelungen des Werkvertragsrechts zu unflexibel sind. Daher werden in der Regel Garantien für Reaktionszeiten und gegebenenfalls Vertragsstrafen bei Nichteinhaltung der Service Level vereinbart.

IV. Management eines SLAs

Neben den inhaltlichen Erwartungen und der rechtlichen Einordnung ist ein wesentlicher Aspekt bei dem Abschluss eines SLAs sein Management durch das auslagernde Institut im Vorfeld und im Hinblick auf die Zukunft.

Aus den generellen und speziell im Einzelfall gesetzten Zielsetzungen bezogen auf ein SLA ergeben sich auch Erwartungen an das Management eines SLAs. Als „lebender Vertrag" ist seine Funktionalität gemessen an den Zielsetzungen regelmäßig zu überprüfen und ein entsprechender Anpassungsbedarf zu identifizieren. Folgende Punkte sollten bei Verhandlung und späterer Durchführung des SLAs beachtet werden:

- Die Verhandlung eines SLAs sollte im engen Dialog der Beteiligten erfolgen. Gemeinsame Vorstellungen und Erwartungen sind abzugleichen und zu definieren.

- Das Ziel der Konfliktvorbeugung sollte nie außer Acht gelassen werden. Alle identifizierten und definierten Dienstleistungen sollten auf mögliche Konfliktfelder genauestens untersucht und hinterfragt werden.

- Wesentlich während der Vorverhandlung und für die spätere Durchführung der im SLA definierten Dienstleistungen ist eine offene Kommunikation zwischen den Parteien.

- Ein SLA ist nur dann sinnvoll, wenn die Einhaltung der dort festgelegten Service Level für die Dienstleistungen auch regelmäßig überprüft und kommuniziert wird, damit ein Fehlereintritt festgestellt und anforderungsgemäß behoben werden kann.

- Fehlermeldungen sind zur effektiven Umsetzung des SLAs zeitnah zu analysieren und entsprechende Konsequenzen sind zu ziehen.

- Grundsätzlich sollten zur Sicherstellung eines sinnvollen Einsatzes des SLAs regelmäßig das Fortbestehen seiner Zweckmäßigkeit durch das Management überprüft werden. Gegebenenfalls sind entsprechende Anpassungen zu verhandeln und vorzunehmen.

Besonders der zuletzt angesprochene Punkt „Überprüfung durch das Management" setzt selbstverständlich entsprechende Berichterstattung der jeweiligen betroffenen Bereiche voraus. Der wirkungsvolle Einsatz von SLAs ist damit nur im Rahmen eines wirkungsvollen Gesamtkonzepts von Unternehmensrisikomanagement und Controlling möglich.

Zudem ist zur effektiven Kommunikation zwischen den Parteien auch daran zu denken, entsprechende Foren einzurichten, die eine Plattform darstellen, aufgetretene Probleme in der Durchführung in sinnvoller Form zu diskutieren. Hierzu ist auf die Ausführungen unter B. IV. zu Streitbeilegung bei Outsourcing-Verträgen zu verweisen.

V. Zukunft des SLAs

Die Praxis zeigt, dass – gerade unter dem Aspekt eines angemessenen Risikomanagements und Controllings von Unternehmen – die Verwendung von SLAs immer mehr an Bedeutung gewinnt. Ein SLA stellt ein wirkungsvolles Instrument dar, um die notwendigen Erwartungshaltungen der Parteien bei einem Outsourcing so zu präzisieren, dass Risiken angemessen berücksichtigt und eingegrenzt werden können. Insbesondere auch dadurch, dass klar beschriebene Prozesse für das Auftreten von Fehlern vereinbart werden.

Durch die Notwendigkeit, sich im Rahmen der Vertragsverhandlungen zu einem SLA sämtlicher möglicher Probleme einer bestimmten Tätigkeit bewusst zu werden, können wichtige Schlussfolgerungen für das gesamte Unternehmensrisikomanagement getroffen werden und das notwendige Risikobewusstsein bei den Entscheidungsträgern geschaffen werden. Die Präzisierungsmöglichkeit von Outsourcing-Sachverhalten über SLAs sollte daher auch zukünftig wenn möglich verstärkt genutzt und vom Management eines Unternehmens befürwortet werden.

Umsatzsteuerliche Fragestellungen

Christian Schubert & Elmar Jaster

A. Überblick

I. Outsourcing und Umsatzsteuer

Outsourcing-Maßnahmen sind zunächst betriebswirtschaftlich motiviert. Mit dem Fremdbezug spezifischer Leistungen von externen Dienstleistern (Kooperationspartnern) sollen im Ergebnis Kostensenkungspotenziale erschlossen werden. Durch eine Externalisierung von Leistungen, Teilleistungen oder Funktionen eines Unternehmens und deren Wahrnehmung durch einen mit dem Leistungsempfänger nicht verbundenen Anbieter sollen Synergie- und Spezialisierungseffekte sowie eine bessere Auslastung des mit der Ausführung betrauten Personals letztlich auch zu einer Kostenreduzierung beim auftraggebenden Unternehmer führen. Der Druck zur Kostenreduktion steigt durch die sich verschärfende Wettbewerbssituation bedingt zum einen durch die Entwicklung zu einem einheitlichen EU-Markt, zum anderen aber auch durch außereuropäische Anbieter.

Umsatzsteuerlich führt die Auslagerung der Tätigkeiten auf externe Dritte regelmäßig zu einem zusätzlichen Leistungsaustausch, der auf seine Steuerpflicht hin zu untersuchen ist.

Neben der Einbindung bestehender externer Dienstleistungsanbieter (sogenanntes echtes Outsourcing) können Outsourcing-Maßnahmen auch durch die Ausgründung von Betriebsabteilungen in rechtlich selbstständige Organisationseinheiten oder die Neugründung eines mit einem externen Dienstleistungsanbieter gegründeten Gemeinschaftsunternehmens (sogenanntes Beteiligungs-Outsourcing)[1] verfolgt werden. Durch Begründung einer umsatzsteuerlichen Organschaft zwischen dem neugegründeten Kooperationsunternehmen und dem Auftraggeber kann im Rahmen einer umsatzsteuerlichen Gestaltungsmaßnahme der zunächst durch die Auslagerung herbeigeführte Leistungsaustausch umsatzsteuerlich neutralisiert werden. Die Beteiligten führen fortan nicht steuerbare Innenumsätze aus; steuerlich wird die Leistung gewissermaßen wieder „hereingelagert" (sogenanntes Organic Insourcing, vgl. auch Abschnitt C.I.).

Umsatzsteuerlich gänzlich unbedeutend ist die rein betriebsinterne Auslagerung von Aufgabenbereichen an unternehmensinterne Stabsstellen. Da sich in diesem Fall der Leistungsaustausch bezüglich der ausgegliederten Aufgaben lediglich innerhalb eines Unternehmens abspielt, handelt es sich um nicht umsatzsteuerbare Tatbestände. Verlagerungen von Aufgaben zwischen Konzerngesellschaften können indes zu umsatzsteuerlichen Auswirkungen führen, wenn zwischen den beteiligten Gesellschaften nicht bereits eine umsatzsteuerliche Organschaft besteht. Zu beachten ist aber auch der Fall, dass die Servicegesellschaft, etwa eine Holding, infolge der Übernahme von Aufgabenbereichen im Konzern Leistungen gegen Entgelt ausführt und somit erstmals als umsatzsteuerliche Unternehmerin qualifiziert werden kann, infolgedessen wiederum auch taugliche Trägerin einer umsatzsteuerlichen Organschaft sein kann (vgl. hierzu auch Abschnitt C.I.).

Im Folgenden sollen daher die umsatzsteuerlichen Anknüpfungspunkte „echter" Outsourcing-Maßnahmen beleuchtet werden. Unter echtem Outsourcing in diesem Sinne verstehen wir solche Strukturen, die grundsätzlich zu steuerbaren Leistungsaustauschverhältnissen zwischen dem Auftraggeber und externen Dienstleistern führen. Die Vermeidung solcher Leistungsaustauschverhältnisse durch Etablierung umsatzsteuerlicher Organschaftsstrukturen wird im Folgenden als Gestaltungsmaßnahme (Abschnitt C.I.) dargestellt.[2]

---

1 Zur Begrifflichkeit vgl. auch Kieserling/Schmitz, in: DB 2001, 1544; weiterführend Schiller (2006): Outsourcing im Finanzdienstleistungs- und Versicherungssektor, Teil C.
2 Vgl. zusammenfassend hierzu auch: Grambeck (2009), in: UR, S. 541ff.

II. Bedeutung steuerbefreiter Leistungen im Rahmen des echten Outsourcings

Die Umsetzung von Outsourcing-Maßnahmen stößt auf zahlreiche Hindernisse sowohl betriebswirtschaftlicher als auch rechtlicher Natur. Vor dem Hintergrund der erwähnten betriebswirtschaftlichen Ausgangsüberlegungen kommt hierbei für den Bereich der Banken und Versicherungen der Umsatzsteuer eine besondere Bedeutung zu, da sie sich hier schnell als Kostenfaktor niederschlagen und somit den (wirtschaftlichen) Erfolg einer jeden Outsourcing-Maßnahme von Beginn an infrage stellen kann. Dies ist dann der Fall, wenn es sich bei den ausgelagerten Tätigkeiten um steuerpflichtige Leistungen handelt. Die von den Kooperationspartnern in Rechnung gestellte Umsatzsteuer wird für die auftraggebende Bank zum Kostenfaktor, soweit sie als Vorsteuer nicht wieder abgezogen werden kann. Die Bank kann diese Kosten bei einer starken Marktposition an den Kunden weitergeben oder muss eine Verringerung der eigenen Gewinnmarge hinnehmen. Eine Preisüberwälzung im Hinblick auf die nicht abziehbare Vorsteuer kann grundsätzlich aber auch auftreten, wenn die eingekaufte Leistung steuerfrei ist. Sie beschränkt sich dann aber auf die beim Dienstleister anfallenden steuerbelasteten Kostenelemente, die im Hinblick auf die an die Bank erbrachte steuerfreie Leistung vom Vorsteuerabzug ausgeschlossen sind. Bei mehrstufiger Auslagerung kann sich dieser Effekt sogar noch verstärken. Bei wirtschaftlicher Betrachtungsweise kann die beim Verbraucher hierdurch eintretende umsatzsteuerliche Definitivbelastung bezogen auf die jeweiligen Kostenelemente sogar deutlich über den Regelsteuersatz hinaus gehen (sogenannter Kaskadeneffekt).[3]

Diese Schwierigkeiten kann man zunächst vermeiden, indem man die auszulagernden Dienstleistungen selektiert: Danach wären zunächst nur solche Leistungen an Dritte auszulagern, die unmittelbar einer steuerpflichtigen Aus-

---

3   Auch Kumulations- oder Nachholungseffekt genannt. Vgl. hierzu: Reiß, in: Tipke/Lang (2010): Steuerrecht, § 15 Rz. 32 m. w. N.; Wagner in: Sölch/Ringleb; mit Rechenbeispiel; Schiller (2006): Outsourcing im Finanzdienstleistungs- und Versicherungssektor, S. 30ff., Hahne, in: Hahne (Hrsg.) (2007): Die Umsatzsteuer in Kreditinstituten, S. 15; Study to Increase the Understanding of the Economic Effects of the VAT Exemptions for Financial and Insurance Services, Tender no TAXUD/2005/AO-006, Final Report to the European Commission prepared by PwC, 2.11.2006, Report section 7.2.2 (item 7.25).

gangsleistung des Auftraggebers zugeordnet werden können (denkbar ist z. B. das Depotgeschäft). Diesbezüglich wäre dann aufgrund der unmittelbaren Zuordnung zu steuerpflichtigen Ausgangsleistungen ein hundertprozentiger Vorsteuerabzug gegeben. Die Umsatzsteuer wirkt sich hier nicht als Kostenelement aus.

Neben der Gestaltungsmöglichkeit, mit der Dienstleistungsgesellschaft (meist eine Konzerngesellschaft oder ein Joint Venture mit einem auf diesem spezifischen Gebiet spezialisierten Anbieter) eine umsatzsteuerliche Organschaft zu bilden und somit die Steuerpflicht eingekaufter Umsätze zu „neutralisieren" (sogenanntes Organic Insourcing, vgl. hierzu C.I.) wird man sich auf der Suche nach wirtschaftlich sinnvollen Outsourcing-Maßnahmen intensiv mit der Frage der Umsatzsteuerpflicht der einzelnen fremdbezogenen Leistungsbestandteile beschäftigen müssen. Denn Fremdleistungen, die steuerfrei an das Finanzdienstleistungsinstitut erbracht werden können, führen von vornherein beim auslagernden Unternehmen zu keiner steuerlichen (Mehr-)Kostenbelastung. Zu Recht wird darauf hingewiesen, dass auch bei Eigenerstellung der Leistung eine Belastung mit nicht abziehbarer Vorsteuer beim Outsourcer eintritt, nämlich insoweit er zur Leistungserstellung Material beziehungsweise Dienstleistungen steuerpflichtig fremd bezieht[4] (im Banken- und Versicherungsbereich sind das IT-Equipment sowie (Software-)Lizenzen als wesentliche Kostenfaktoren zu nennen). Man wird wohl daher als „Faustregel" vereinfachend sagen können, dass die effektive steuerliche Mehrbelastung durch die „steuerpflichtige" Auslagerung von Funktionsbereichen durch die vom Dienstleister belasteten Umsatzsteuerbeträge auf den Personalkostenanteil entstehen.[5] Zur Reduzierung dieses „Personalkosteneffekts" kann die Beistellung von Personal durch den Outsourcer beitragen (vgl. Abschnitt C.V.). Wirtschaftlich und unternehmensstrategisch ist das jedoch häufig nicht gewollt.

---

[4] Schiller (2006): Outsourcing im Finanzdienstleistungs- und Versicherungssektor, Ziff. 1.3.1.
[5] Zur Auswirkung der Verlagerung nicht abziehbarer Vorsteuer auf den Auftraggeber vgl. ausführlich mit Herleitung von Berechnungsformeln unter Berücksichtigung der „relativen Materialintensität": Schiller (2006): Outsourcing im Finanzdienstleistungs- und Versicherungssektor, Ziff. 1.3.2.; Hahne, in: Hahne (Hrsg.) (2007): Die Umsatzsteuer in Kreditinstituten, S. 14.

Umsatzsteuerliche Fragestellungen

Hier geht es insbesondere um die Frage, inwieweit die Steuerbefreiungsvorschriften des Umsatzsteuergesetzes für Finanzumsätze auch auf Dienstleister außerhalb des Bankensektors angewendet werden können, wenn diese Umsätze unmittelbar der Erbringung der steuerbefreiten Umsätze des Finanzdienstleisters dienen.

Im Bereich des Vertriebs von Finanzdienstleistungen stellt sich zudem die Frage der Begriffsbestimmung der umsatzsteuerbefreiten Vermittlungsleistung in Abgrenzung von ausgelagerten Funktionsbereichen, die der Partei des vermittelten Vertrags zuzurechnen sind (z. B. reine Informationserteilung zum Produkt, etwa durch Callcenter).[6] Des Weiteren stellt sich die Frage, ob weiteren Tätigkeiten des Vermittlers, wie etwa der Beratung des Bankkunden, die im Vorfeld oder während der Vermittlung ausgeführt werden, eine eigenständige Bedeutung zugemessen werden muss[7] und letztlich, ob die Steuerbefreiung auch für mehrstufige Vermittlungsverhältnisse einschlägig ist.[8]

Fehlt es an der Möglichkeit, die Leistung ohne steuerliche Mehrbelastung auszulagern, so wirkt die geltende Systematik der Steuerbefreiungsvorschriften in ihrer konkreten Ausgestaltung gesamtwirtschaftlich wünschenswerten Tendenzen entgegen. Die beschriebenen steuerlichen Effekte führen zu einer künstlichen Aufrechterhaltung eines hohen Maßes vertikaler Integration. Dies gilt auf nationaler, aber auch auf europäischer Ebene. Das bedeutet, dass die Marktteilnehmer durch umsatzsteuerliche Effekte in ihren Möglichkeiten eingeschränkt werden, wirtschaftlich gebotene Auslagerungsmaßnahmen mit kostendegressiver Wirkung durchzuführen.[9] Neben der Beeinträchtigung einer möglichen Steigerung der Produktivität (und des damit entweder einhergehenden Verbesserungspotenzials bei der Preisgestaltung der Produkte oder

---

6   Vgl. EuGH Urteil vom 13.12.2001 Rs. C-235/00 [CSC Financial Services Ltd] = UR 2002, 84; EuGHE 2001, 10273.
7   Vgl. BFH Urteil vom 3.11.2005, V-R-21/05, UR 2006, 121; BFH/NV 2006, S. 465.
8   Vgl. hierzu Abschnitt D.III.4. mit weiteren Fundstellen; klarstellend EuGH vom 21.6.2007 Rs. C 453/05 [Volker Ludwig], DStR 2007, 1160; BMF-Schreiben vom 29.11.2007, IV A 6 – S 7160-a/07/0001.
9   Study to Increase the Understanding of the Economic Effects of the VAT Exemptions for Financial and Insurance Services, Tender no TAXUD/2005/AO-006, Final Report to the European Commission prepared by PwC, 2.11.2006, Report section 2.2.3 (item 2.10); Zur Frage der gegeben Möglichkeiten aufgrund des regulatorischen Umfelds vgl. hierzu auch den Beitrag von Frank, Aufsichtsrechtliche Aspekte beim Outsourcing.

der Gewinnsituation für den Unternehmer, die insofern aber für alle Marktteilnehmer in Deutschland in gleichem Maße gegeben ist) hat die Beschäftigung mit dieser Thematik über den deutschen Markt hinaus maßgebliche Bedeutung im internationalen Vergleich. Man muss nämlich konstatieren, dass die Wirkungsweise der derzeit geltenden europäischen Umsatzsteuersystematik zu Wettbewerbsverzerrungen führt.[10] Das gilt zunächst für den Vergleich mit dem sogenannten umsatzsteuerlichen Drittland, für das entweder ein dem europäischen Mehrwertsteuersystem vergleichbares System indirekter Verbrauchsbesteuerung nicht existiert oder eines, bei dem eine wie hier beschriebene spezifische beeinträchtigende Wirkungsweise auf den Finanzdienstleistungssektor nicht eintritt. Aber auch innerhalb des Geltungsbereichs der Mehrwertsteuersystemrichtlinie (MwStSystRL)[11] kommt es zu Verzerrungen, die dadurch entstehen, dass die einzelnen Steuerbefreiungsvorschriften in den einzelnen Mitgliedstaaten nicht einheitlich umgesetzt wurden oder unterschiedlich ausgelegt werden (vgl. hierzu III., Auslegung der Steuerbefreiungsvorschriften). Eine vollständige Harmonisierung ist hier trotz der Vorgaben der europäischen MwStSystRL und der Rechtsprechung des Europäischen Gerichtshofs (EuGH) nicht gegeben.[12]

---

10 Study to Increase the Understanding of the Economic Effects of the VAT Exemptions for Financial and Insurance Services, Tender no TAXUD/2005/AO-006, Final Report to the European Commission prepared by PwC, 2.11.2006, Executive Summary sec. 6 report section 7.3.2; mögliche Wettbewerbsverzerrungen zwischen Versicherungsleistungen und Finanzdienstleistungen sind jedoch nicht als spezifische Folge des Outsourcings zu nennen.
11 Der ECOFIN-Rat hat am 28.11.2006 die Richtlinie 2006/112/EG des Rates über das gemeinsame Mehrwertsteuersystem (ABl. EU Nr. L 347 Satz 1), sogenannte „Mehrwertsteuersystemrichtlinie") verabschiedet. Mit der Richtlinie wird insbesondere die 6. EG-Richtlinie (Basisrechtsakt; 6. Richtlinie des Rates vom 17.5.1977 (77/388/EWG), ABl. EG Nr. L 145, Satz 1 neu gefasst. Die Neufassung ist am 1.1.2007 in Kraft getreten. Zum gleichen Zeitpunkt wurden die 1. EG-Richtlinie, die 6. EG-Richtlinie und die jeweiligen Änderungsrechtsakte aufgehoben. Mit der Neufassung des geltenden Gemeinschaftsrechts durch die Richtlinie 2006/112/EG sind grundsätzlich keine Änderungen des geltenden Rechts verbunden.
12 Vgl. hierzu Study to Increase the Understanding of the Economic Effects of the VAT Exemptions for Financial and Insurance Services, Tender no TAXUD/2005/AO-006, Final Report to the European Commission prepared by PwC, 2.11.2006, report section 7.3.2.

III. Auslegung der Steuerbefreiungsvorschriften

Der EuGH hat sich zu dieser Frage grundlegend[13] und hieran anschließend[14] mehrfach geäußert. Er neigt hierbei grundsätzlich zu einer weiten Auslegung der in der 6. EG-Richtlinie[15] für den Bereich der Finanzdienstleistungsumsätze verankerten Steuerbefreiungstatbestände. Danach ist es nicht entscheidend, wer die Leistung erbringt. Das heißt, die Steuerbefreiung kann unter weiteren Voraussetzungen auch grundsätzlich von außenstehenden Dritten (Nicht-Banken) in Anspruch genommen werden, die am Bankumsatz im engeren Sinne nicht selbst beteiligt sind.

Man kann wohl sagen, dass die deutsche Finanzverwaltung sich grundsätzlich restriktiv zeigt und den Vorgaben, die von dem zwingend anzuwendenden EU-Recht ausgehen, allenfalls mit einiger Zeitverzögerung umsetzt und bisweilen hiervon am liebsten ganz absehen würde.[16] Auch bei der Bestimmung steuerfreier Vermittlungsleistungen legten deutsche Gerichte und Behörden die Befreiungsvorschrift unter Bezugnahme auf das EuGH-Urteil im Fall „CSC"[17] zunächst sehr restriktiv aus. Erst viel später durch das EuGH Urteil „Volker Ludwig" wurde für sogenannte Untervermittlungsverhältnisse endgültig klargestellt, dass das diesbezüglich maßgebliche Europarecht viel weiter auszulegen war, als von der deutschen Gerichtsbarkeit und der Finanzverwal-

---

13 EuGH, Urteil vom 5.6.1997 – Rs. C-2/95 [Sparekassernes Datacenter], EuGHE 1997, S. 3017; UR 1998, S. 64; DB 1997, S. 1904; IStR 1997, S. 397.
14 EuGH, Urteil vom 25.2.1999 – Rs. C-349/96 [Card Protection Plan]; Urteil vom 13.12.2001, EuGHE 1999, S. 973; Urteil vom 4.5.2006 – Rs. C-235/00 [CSC Financial Services Ltd] = UR 2002, S. 84; EuGHE 2001, S. 10237; EuGH, Urteil, Rs. C-169/04 [Abbey National (II)] = UR 2006, 353 mit Anm. Wäger; EuGHE 2006, S. 4062.
15 6. Mehrwertsteuerrichtlinie 77/388/EWG, nunmehr „Mehrwertsteuersystemrichtlinie"; vgl. zur Entwicklung Fn. 11.
16 Vgl. nur BMF-Schreiben vom 30.5.2000 zu Zahlungsverkehrsdienstleistungen, IV D 2 – S 7160d – 5/00 = UR 2000, S. 297 = DStR 2000, S. 1095= DB 2000, S. 1258.
17 EuGH, Urteil vom 13.12.2001 – Rs. C-235/00 [CSC Financial Services Ltd] = UR 2002, S. 84; EuGHE 2001, S. 10237.

tung vorgesehen.[18] Die in Fn. 19 in Bezug genommenen Bundesministeriumder-Finanzen-(BMF-)Schreiben wurden erst mit BMF-Schreiben vom 29. November 2007 als Reaktion auf das vorgenannte EuGH-Urteil aufgehoben.[19]

Diese restriktive Sichtweise steht vielfach jedoch im Widerspruch zu den Vorgaben der 6. EG-Richtlinie, wie sie durch die verbindliche Auslegung des EuGH aufgestellt wurden. Zudem kann man wohl auch feststellen, dass die Auslegung der nationalen Umsatzsteuervorschriften in den benachbarten Mitgliedstaaten mitunter großzügiger vorgenommen wird als in Deutschland. Das kann zu erheblichen Verzerrungen und letztlich auch zu Wettbewerbsnachteilen führen. Es ist daher durchaus sinnvoll, die Auslegung der jeweiligen Befreiungsvorschrift mithilfe des „richtlinienorientierten Ansatzes" genau zu hinterfragen und hierbei gegebenenfalls auch rechtsvergleichende Aspekte heranzuziehen. Die hierzu ergangene EuGH-Rechtsprechung bietet hier vielfach Klarstellung und Unterstützung.

IV. Ausblick – Entwicklung auf EU-Ebene

Neben der Beschäftigung mit geltendem Recht ist auf Bestrebungen der Europäischen Kommission zur Vereinfachung und Modernisierung der MwStSystRL für den Finanzdienstleistungs- und Versicherungssektor hinzuweisen. Im Auftrag der Europäischen Kommission wurde im Jahr 2006 eine Studie[20]

---

18 Vgl. BFH vom 9.10.2003, V-R-5/03, BStBl II 958 = DB 2004, S. 290 mit Anmerkung Neubert/Jaster; BMF-Schreiben vom 13.12.2004, IV A 6 – S 7160 a – 26/04 – (BStBl I 1199), mit Folgeschreiben vom 30.5., 14.7. und 21.11.2005; EuGH vom 21.6.2007 – Rs. C 453/05 [Volker Ludwig], DStR 2007, S. 1160; vgl. Abschnitt D.III.5. mit weiteren Fundstellen; Becker/Robisch (2004), in: DStR .S. 438.
19 Vgl. BMF-Schreiben vom 29.11.2007, IV A 6 – S 7160-a/07/0001. Die Umsatzsteuerrichtlinien 2008 haben die im Entwurf in der Fassung der Bundesrats-Drucksache 430/07 vom 21.6.2007 noch vorgesehenen Absätze 8 und 9 des Abschnitts 57, welche die bisherige BFH-Rechtsprechung, Urteile vom 9.10.2003, V-R-5/03, BStBl II 958, und vom 3.11.2005, V-R-21/05, BStBl 2006 II 282, umsetzten, nicht übernommen (Bundesrats-Drucksache 430/07 (Beschluss)). Abschnitt 57 der Umsatzsteuerrichtlinien 2008 steht demnach nicht im Widerspruch zum Urteil des EuGH vom 21.6.2007, Rs. C-453/05 [Volker Ludwig]; HFR 2007, S. 407.
20 Study to Increase the Understanding of the Economic Effects of the VAT Exemptions for Financial and Insurance Services, Tender no TAXUD/2005/AO-006, Final Report to the European Commission prepared by PwC, 2.11.2006.

durchgeführt, die die Wirkungsweise der Steuerbefreiungsvorschriften innerhalb der EU und in Beziehung zu ausgewählten Drittlandsstaaten auch unter Heranziehung empirischer Grundlagen untersuchte.

Die von der Studie zutage gebrachten Ergebnisse zur Wirkungsweise des derzeitigen Systems der Steuerbefreiungen lassen sich in aller Kürze in folgenden Kernsätzen zusammenfassen:[21]

- Die Umsatzsteuer beeinflusst die Profitabilität des Finanzdienstleistungssektors.

- Die Verwerfungen durch die Steuerbefreiungsvorschriften sind systemimmanent.

- Die festgestellten Harmonisierungsdefizite haben starke Auswirkungen bei den Wirtschaftsteilnehmern.

- Das Outsourcing ist maßgeblich beeinträchtigt.

Die Verwerfungen im Umsatzsteuersystem führen zu:

- einer erhöhten Kostenbasis für die Marktteilnehmer in der EU,

- einer suboptimalen Strukturierung der Geschäftsabläufe (durch Beeinträchtigung des Outsourcings, Co-Sourcing und Shared-Service-Centers),

- einer reduzierten Möglichkeit der Marktexpansion und

- Wettbewerbsverzerrungen.

---

21 Study to Increase the Understanding of the Economic Effects of the VAT Exemptions for Financial and Insurance Services, Tender no TAXUD/2005/AO-006, Final Report to the European Commission prepared by PwC, 2.11.2006, report Executive Summary section 6, Tz. 109, Report Chapter 2 und 5.

Parallel zur Erstellung der Studie wurde im Rahmen eines Konsultationsverfahrens den Wirtschaftsbeteiligten Gelegenheit gegeben, Stellung zu den in einem Konsultationspapier aufgezählten umsatzsteuerlichen Problembereichen und vorgestellten Lösungsansätzen zu beziehen.[22] Dem liegt unter anderem auch die Erkenntnis zugrunde, dass die Vorschriften für den Bereich des Finanzdienstleistungssektors seit Einführung der 6. EG-Richtlinie in den 70er-Jahren des 20. Jahrhunderts unverändert geblieben sind und dem geänderten Umfeld moderner Finanzinstrumente nicht mehr gerecht werden. Die beschriebenen Schwierigkeiten bei der Auslegung von Steuerbefreiungsvorschriften ergeben sich insbesondere auch deshalb, weil eine Vielzahl der heute am Markt angebotenen Finanzdienstleistungen vom Wortlaut der Vorschriften schon nicht erfasst ist. Gleichzeitig geht ein erheblicher Konzentrations- und Effektivitätsdruck für den gesamten Sektor von der Entwicklung eines integrierten Europäischen Marktes für Finanzdienstleistungen aus, der durch das Entstehen eines erweiterten Rechtsrahmens zur Liberalisierung des Marktes begleitet wird,[23] während das bestehende Besteuerungssystem diese Tendenzen und Ziele der Marktentwicklung[24] nicht zu unterstützen scheint.

Im Konsultationspapier wurden mehrere Lösungen zur Diskussion gestellt, darunter unter anderem die Einführung eines sogenannten Null-Steuersatzes (bei Beibehaltung des vollen Vorsteuerabzugs), die Verfeinerung und Anpassung der Steuerbefreiungsvorschriften, ein pauschalierter Vorsteuerabzug, die Option zur Umsatzsteuer und die zwingende Einführung von Organschaften (auch grenzüberschreitend).

---

22 Konsultationspapier zur Modernisierung der Mehrwertsteuerpflichten für Finanzdienstleistungen und Versicherungsleistungen, März 2006.
23 Konsultationspapier zur Modernisierung der Mehrwertsteuerpflichten für Finanzdienstleistungen und Versicherungsleistungen, März 2006, Ziff. 1.3.
24 Siehe hierzu: „Weißbuch zur Finanzdienstleistungspolitik" („White Paper on Financial Services Policy (2005-2010)" in http://europa.eu.int/comm/internal_market/finances/policy/index_en.htm; „Lissabon Programm der Europäischen Gemeinschaft" – Communication from the Commission to the Council and the European Parliament – The contribution of taxation and customs policies to the Lisbon Strategy – COM(2005) 532 of 25 October 2005 – http://ec.europa.eu/taxation_customs/common/publications/com_reports/taxation/archives_2005_en.htm., Section 2.1.2.d.

Umsatzsteuerliche Fragestellungen

Im Rahmen der oben genannten Studie wurden auch die hier diskutierten Lösungsansätze auf ihre Auswirkungen hin untersucht. Die Lösungen sollten dabei möglichst umfassend die vom derzeitigen System ausgehenden Beeinträchtigungen beseitigen. Dabei wurden Evaluierungskriterien erarbeitet und die identifizierten Lösungsansätze anhand dieser Kriterien bewertet. Die Lösungsvorschläge wurden auf ihre Auswirkungen auf das Steueraufkommen der Mitgliedstaaten, die Einfachheit ihrer Implementierung, ihre Geeignetheit, auf zukünftige Entwicklungen[25] reagieren zu können, ihre Wirkungsweise auf möglichst viele Problemkreise (Kombinationseffekt) sowie die hiervon ausgehende Rechtssicherheit für die Beteiligten hin untersucht.

Nach Abschluss des Konsultationsverfahrens und auf Basis der Erkenntnisse der Studie hat die Europäische Kommission in mehreren Arbeitspapieren Vorschläge für gesetzgeberische Maßnahmen zur Änderung der MwStSystRL vorgelegt und diesbezüglich um Stellungnahmen der Mitgliedstaaten und der Betroffenen gebeten.[26]

Die Kommission legte dann am 28. November 2007 einen Vorschlag für eine Änderung der Richtlinie sowie den Erlass einer Verordnung des Rates zur Festlegung diesbezüglicher Durchführungsbestimmungen vor, die zum 31. Dezember 2009 in Kraft treten sollten.[27]

---

25 Wie etwa die fortschreitende Globalisierung, Integration des Europäischen Markts, Weiterentwicklung und zunehmende Komplexität von Finanzdienstleistungsprodukten, Einsatz von neuen Technologien, Nutzen von Outsourcing; vgl. Study to Increase the Understanding of the Economic Effects of the VAT Exemptions for Financial and Insurance Services, Tender no TAXUD/2005/AO-006, Final Report to the European Commission prepared by PwC, 2.11.2006, Report Tz. Section, Chapter 6.9.2.3 (item 6.8).

26 EUROPEAN COMMISSION, Working Paper Harmonisation of Turnover Taxes, 31.5.2007, TAXUD/2134/07 Rev. 1, FINANCIAL AND INSURANCE SERVICES CROSS-BORDER VEHICLES; Working Paper Harmonisation of Turnover Taxes, 31.5.2007, TAXUD/2139/07, Definitions Financial and Insurance services; zuletzt: EUROPEAN COMMISSION, Working Paper Harmonisation of Turnover Taxes, 16.7.2007, TAXUD/2144/07 Rev. 1, DRAFT PROPOSAL FOR DIRECTIVE.

27 Vorlagen der Kommisson der Europäischen Gemeinschaften vom 28.11.2007: Vorschlag für eine Richtlinie des Rates zur Änderung der Richtlinie 2006/112/EG über das gemeinsame Mehrwertsteuersystem hinsichtlich der Behandlung von Versicherungs- und Finanzdienstleistungen (KOM (2007) 747), Vorschlag für eine Verordnung des Rates zur Festlegung von Durchführungsbestimmungen zur Richtlinie 2006/112/EG über das gemeinsame Mehrwertsteuersystem hinsichtlich der Behandlung von Versicherungs- und Finanzdienstleistungen (KOM (2007) 746); im Internet unter: http://ec.europa.eu/taxation_customs/common/publications/studies/index_de.htm.

Die darin angestrebten wichtigsten Neuerungen waren:

Die Mitgliedstaaten sollten verpflichtet werden, ihren Steuerpflichtigen das Recht zur Option zur Umsatzsteuer im Hinblick auf die im neu zu fassenden Art. 135 Abs. 1 aufgeführten steuerfreien Umsätze einzuräumen. Die Option zur Umsatzsteuer sollte danach sowohl für den B2B-Bereich als auch für B2C-Geschäfte möglich sein. Die Option sollte (im Vergleich zu den derzeit nach deutschem Recht gegebenen Möglichkeiten) weitere Steuerbefreiungstatbestände, insbesondere auch den Versicherungsbereich, erfassen und auch grenzüberschreitend möglich sein. Über die Methode der Ausübung der Option enthielt der Richtlinienvorschlag keine Regelungen. Der Zeitraum bis zum Inkrafttreten dieser Verpflichtung am 1. Januar 2012 wurde weit gefasst. Es wurde erwartet, dass die Mitgliedstaaten auf einzelstaatlicher Ebene weitere Details zur Ausführung regeln werden.[28]

Die auf dem derzeitigen Art. 132 Abs. 1 Buchst. f MwStSystRL[29] basierende Lösung eines sogenannten „steuerfreien Zusammenschlusses" sollte reformiert werden und nun ausdrücklich für den Finanzdienstleistungssektor vorgesehen sein.[30] Insbesondere sah die Vorschrift vor, dass neben der Beschränkung auf die zwischen den Mitgliedern zu berechnende Kostenerstattung Anpassungen bei den Verrechnungen, die sich aus ertragsteuerlichen Vorgaben zur Bestimmung von Verrechnungspreisen ergeben, erlaubt sein sollen.

---

28 Die grenzüberschreitende Option sollte zunächst von weiteren Voraussetzungen, wie einem beidseitig zu übermittelnden Antrag an die zuständigen Steuerbehörden der jeweiligen Mitgliedstaaten, Nachweis der vollständigen Erfüllung sämtlicher steuerlicher Aufzeichnungs- und Erklärungspflichten, gesonderten Aufzeichnungen im Hinblick auf die steuerfreien zu optierungspflichtigen Umsätze sowie der entsprechenden Zuordnung von Vorsteuern und anderem, abhängig gemacht werden; vgl. hierzu: EUROPEAN COMMISSION, Working Paper Harmonisation of Turnover Taxes, 31.5.2007, TAXUD/2134/07 Rev. 1. FINANCIAL AND INSURANCE. SERVICES; CROSS-BORDER VEHICLES; Working Paper Harmonisation of Turnover Taxes, 31.5.2007; diese Voraussetzung ist im Entwurf vom 16.7.2007 nicht mehr enthalten.
29 Entspricht Art. 13 A. Abs. 1 lit. f 6. EG-RL, sogenannte „steuerfreie Zusammenschlüsse".
30 Vgl. hierzu auch C. II; eine entsprechende Vorschrift wird auch mit Jahressteuergesetz 2010 in Deutschland nicht eingeführt werden, vgl. Regierungsentwurf zum Jahressteuergesetz BT-Drucksache 17/3549 vom 28.10.2010.

Umsatzsteuerliche Fragestellungen

Darüber hinaus war vorgesehen, die bestehenden Steuerbefreiungsvorschriften zu erneuern, zu präzisieren und zu erweitern. Neben der Neufassung der Steuerbefreiungstatbestände sollte die geänderte Richtlinie in einem ergänzenden Artikel verbindliche Definitionen der in den Befreiungsvorschriften verwendeten Begriffe enthalten.[31]

Änderungen zeichneten sich zunächst auch für die Regelungen der Vorsteuerkalkulation gemischt abziehbarer Vorsteuerbeträge gemäß Art. 174 MwStSystRL[32] („pro-rata") ab, waren aber bereits in dem zusammenfassenden Entwurf der Kommission vom 16. Juli 2007 nicht mehr enthalten.[33]

Nachdem dieser Vorschlag der Kommission dem Europäischen Rat zum weiteren Verfahren übermittelt wurde, haben die im Turnus folgenden Ratspräsidentschaften mittlerweile mehrere Änderungsvorschläge eingearbeitet und mit der Arbeitsgruppe für Steuerfragen erörtert. Zu einer finalen Beschlussfassung ist es bislang nicht gekommen. Die Diskussion beschränkt sich mittlerweile jedoch lediglich auf die Definition der neuzufassenden Steuerbefreiungsvorschriften und die begleitende Verordnung.[34]

Für den Bereich des Outsourcings werden sich erhebliche Änderungen beziehungsweise Möglichkeiten insbesondere aus dieser Neubearbeitung und der Neufassung der Steuerbefreiungsvorschriften ergeben. Es bleibt nachzuverfolgen, inwieweit die Möglichkeit der steuerfreien Zusammenschlüsse gegebenenfalls durch einzelstaatliche Gesetzesänderungen erweiternd bezie-

---

31 Änderung des Art. 135 und Einfügung eines neuen Art. 135a mit Begriffsbestimmungen.
32 Entspricht Art. 19 der 6. EG-RL; EUROPEAN COMMISSION, Working Paper Harmonisation of Turnover Taxes, 15.1.2007, TAXUD D1(2007) DOC/2101, Calculation of Prorata and Recovery for Financial and Insurance services.
33 Vgl. EUROPEAN COMMISSION, Working Paper Harmonisation of Turnover Taxes, 16.7.2007, TAXUD/2144/07 Rev. 1, DRAFT PROPOSAL FOR DIRECTIVE.
34 Vgl. zuletzt: COUNCIL OF THE EUROPEAN UNION, Proposal for a Council Directive amanding Directive 2006/112/EC on the common system of value added tax , as regards the treatment of insurance and financial services, 10227/10, FISC 51 dated May 26, 2010 und COUNCIL OF THE EUROPEAN UNION Proposal for a Council Regulation laying down implementing measures for Directive 2006/112/EC on the common system of value added tax, as regards the treatment of insurance and financial services, 10226/10, FISC 50 dated May 26, 2010.

hungsweise einführend geregelt wird.[35] Soweit ersichtlich und für sinnvoll erachtet, haben wir Hinweise auf mögliche Entwicklungen bei der Darstellung der einzelnen Steuerbefreiungsvorschriften (Abschnitt E.) aufgenommen. Wir weisen darauf hin, dass unseres Erachtens aus den Vorschlägen der Kommission respektive den vom Rat vorgelegten Nachfolgedokumenten zu den geänderten Steuerbefreiungsvorschriften und den damit verbundenen erweiterten Kommentierungen lediglich eine Entwicklung zu schaffenden Rechts (de lege ferenda) nachgezeichnet werden kann. Man wird grundsätzlich weder den beabsichtigten Wortlaut der jeweiligen Vorschrift, noch die damit verbundenen zukünftigen Definitionen zur Auslegung bestehenden Rechts (de lege lata) heranziehen können. Etwas anderes kann wohl nur für die Inhalte gelten, die die bestehende Rechtsprechung des EuGH zur 6. EG-Richtlinie beziehungsweise zur MwStSystRL in den Richtlinienwortlaut aufnehmen sollen und insofern rein klarstellende Bedeutung haben.

B. Etablierung von Leistungsstrukturen

I. Umsatzsteuerpflicht der Übertragung von Wirtschaftsgütern – Etablierung der Leistungsstruktur

Bevor man sich mit der umsatzsteuerlichen Behandlung der von den Kooperationspartnern erbrachten Dienstleistungen befasst, muss man sich mit der Frage beschäftigen, ob sich umsatzsteuerliche Auswirkungen bereits aus einem eventuell vorhergehenden Veräußerungs- beziehungsweise Übertragungsvorgang ergeben. Vielfach wird der auszugliedernde Funktionsbereich bereits im Vorfeld an den zukünftigen Kooperationspartner im Rahmen einer Veräußerung übertragen. Denkbar ist beispielsweise auch die Übertragung der Wirtschaftsgüter, welche zur Durchführung der bisher In-house erbrachten Leistungen notwendig sind, auf ein zwischen dem Auftraggeber und dem externen Dienstleister gegründetes Joint-Venture-Unternehmen. Gesell-

---

35 Eine entsprechende Regelung für Deutschland wird auch nicht mit dem Jahressteuergesetz 2010 eingeführt; vgl. BT-Drucksache 17/3549 vom 28.10.2010.

schaftsrechtlich erfolgt die Übertragung einzelner Geschäftsbereiche in eine selbstständige Tochtergesellschaft in der Regel durch Ausgliederung oder Ausgründung (sogenannte Spaltungs- und Ausgliederungsmodelle).[36] Durch Ausgliederung von operativen betrieblichen Teilfunktionen werden hierbei bisher vom Einheitsunternehmen oder Stammhaus erbrachte Tätigkeiten auf neu zu gründende oder vorhandene Tochterunternehmen übertragen.[37] Bereits in der Übertragung liegt meist ein steuerbarer Vorgang, wenn nicht der Empfänger der Wirtschaftsgüter bereits zum umsatzsteuerlichen Organkreis des Auftraggebers gehört. Es muss zwischen der Auslagerung gesamter Betriebsteile oder einzelner Wirtschaftsgüter unterschieden werden. Werden Funktionsbereiche eines inländischen Unternehmens an ein ausländisches Konzernunternehmen übertragen, so kann es nach § 1 Abs. 3 AStG[38] zu einer erweiterten Besteuerung von stillen Reserven[39] kommen, während die bloße Übertragung von Wirtschaftsgütern oder die Erbringung von Dienstleistungen nicht der steuerlichen Sonderbehandlung einer Funktionsverlagerung unterliegt.[40] Der Definition und der Abgrenzung des Begriffs der „Funktion" sowie der Auswahl geeigneter Bewertungsmethoden zur Bestimmung des Gesamtwerts der Funktion als „Transferpaket" ist hierbei besondere Beachtung zu schenken.[41]

1.   Veräußerung eines Betriebsteils

Zivilrechtlich kann sich die Übertragung oder die Einbringung der zum Betriebsbereich gehörenden Wirtschaftsgüter neben der sachenrechtlichen Einzelübertragung aller zum Betriebsteil gehörenden Wirtschaftsgüter nach §§ 929ff. BGB auch im Wege einer zivilrechtlichen Gesamtrechtsnachfolge durch die im Umwandlungsgesetz vorgesehenen Institute der Ausgliederung oder der Spaltung vollziehen.

---

36 Hübner-Weingarten (1997), in: DB, S. 2593; Kraft, in: Lutter (2004): Holding-Handbuch, B. Rn. 80 und 84.
37 Vgl. Kraft, in: Lutter (2004): Holding-Handbuch, B., Rn. 83.
38 In der Fassung des Unternehmensteuerreformgesetzes 2008 vom 14.8.2007 (BGBl I 1912).
39 Sogenannter „Transferpaketzuschlag".
40 Vgl. § 1 Abs. 7 Verordnung zur Anwendung des Fremdvergleichsgrundsatzes nach § 1 Abs. 1 des Außensteuergesetzes in Fällen grenzüberschreitender Funktionsverlagerungen (Funktionsverlagerungsverordnung – FVerlV) vom 12.8.2008, BGBl I.2008, S. 1680.
41 Vgl. Baumhoff/Ditz/Greinert (2007): Auswirkungen des Unternehmensteuerreformgesetzes 2008 auf die Besteuerung grenzüberschreitender Funktionsverlagerungen, DStR, S. 1649.

a) Einzelübertragung versus Geschäftsveräußerung im Ganzen

Die Übertragung einzelner Wirtschaftsgüter ist grundsätzlich steuerbar und steuerpflichtig, die Übertragung oder Einbringung ganzer Betriebsteile in eine Gesellschaft ist als Veräußerung einer Vielzahl von Wirtschaftsgütern zunächst ebenfalls steuerbar und steuerpflichtig.

Abweichend von dieser im Sachenrecht verankerten Anknüpfung an den jeweiligen Einzelübertragungsvorgang ordnet das Umsatzsteuergesetz unter bestimmten Voraussetzungen eine Gesamtbetrachtung des Übertragungsvorgangs in Form der sogenannten Geschäftsveräußerung im Ganzen an, sofern es sich um die Übertragung eines für sich lebensfähigen wirtschaftlichen Organismus handelt.[42]

Die Veräußerung eines Betriebsteils ist gemäß § 1 Abs. 1a UStG dann eine Geschäftsveräußerung im Ganzen, wenn ein im Unternehmen gesondert geführter Betrieb im Ganzen entgeltlich oder unentgeltlich übereignet oder in eine Gesellschaft eingebracht wird. Ein gesondert geführter Betrieb ist gegeben, wenn er wirtschaftlich selbstständig ist, das heißt, der veräußerte Unternehmensteil muss einen für sich lebensfähigen Organismus gebildet haben, der unabhängig von den anderen Geschäften des Unternehmens nach Art eines selbstständigen Unternehmens betrieben worden und nach außen hin ein selbstständiges, in sich abgeschlossenes Wirtschaftsgebilde gewesen ist.[43] Liegt einkommensteuerrechtlich eine Teilbetriebsveräußerung vor, so ist auch umsatzsteuerlich eine Geschäftsveräußerung im Ganzen gegeben.[44]

Allerdings geht der umsatzsteuerliche Begriff des Betriebsteils weiter als der einkommensteuerrechtliche Begriff des Teilbetriebs. So kann umsatzsteuerrechtlich unter weiteren Voraussetzungen bereits die Veräußerung eines einzelnen Grundstücks als Geschäftsveräußerung angesehen werden, wenn es die wesentliche Betriebsgrundlage bildet.[45] In der Bank vielfach gesondert ge-

---

42 Husmann, in: Rau/Dürrwächter (Stand 2010): UStG, § 1, Rn. 1105 und 1112; Widmann, in: Plückebaum/Malitzky (2004): UStG, § 1 Abs. 1a, Rn. 22.
43 Widmann, in: Plückebaum/Malitzky (2004): UStG, § 1 Abs. 1a, Rn. 22.
44 Husmann, in: Rau/Dürrwächter (Stand 2010): UStG, § 1, Rn. 1112.
45 Husmann, in: Rau/Dürrwächter (Stand 2010): UStG, § 1, Rn. 1115.

Umsatzsteuerliche Fragestellungen

führte Bereiche, wie etwa IT, Gebäude- oder Grundstücksverwaltung oder die Kantine, können umsatzsteuerlich als gesonderte Betriebsteile in diesem Sinne gelten, obwohl sie ertragsteuerlich wohl regelmäßig nicht als Teilbetriebe angesehen werden können, da sie als innerbetriebliche Organisationseinheiten nicht selbst am Markt durch ein eigenes Leistungsangebot auftreten. Der umsatzsteuerliche Betriebsteil wird vom Begriff der „Funktion" im Sinne des § 1 Abs. 3 Satz 9 AStG ebenfalls nicht erfasst.[46] Nach der Gesetzesbegründung soll es sich bei der „Funktion" um einen „organischen Teil" eines Unternehmens handeln, wobei es sich jedoch nicht um einen Teilbetrieb im steuerlichen Sinne handeln muss.[47] Das Vorliegen einer Funktionsverlagerung in diesem Sinne lässt nicht zwingend auf eine umsatzsteuerliche Geschäftsveräußerung im Ganzen schließen, da der Funktionsbegriff des Außensteuergesetzes ersichtlich geringere oder keine Anforderungen an die wirtschaftliche Selbstständigkeit der Funktionseinheit stellt. Indes dürfte eine Geschäftsveräußerung im Ganzen regelmäßig die Übertragung der mit dem Betrieb oder gesondert geführten Betriebsteil maßgeblichen Funktionen zur Folge haben. Weitere ertragsteuerliche Konsequenzen aufgrund dieser Neuregelung erwachsen indes nur, wenn es sich um eine Übertragung innerhalb des Konzerns an ein im Ausland ansässiges aufnehmendes Unternehmen handelt.[48]

Umsatzsteuerlich führt diese Betrachtung dazu, dass die Übereignung der fraglichen Bereiche nicht steuerbar ist. Der Auftraggeber schuldet daher keine Umsatzsteuer, dem Erwerber kann demgemäß aus der Übertragung zunächst auch keine Vorsteuerbelastung entstehen.

---

46 In der Fassung des Unternehmensteuerreformgesetzes 2008 vom 14.8.2007 (BGBl I, S. 1912).
47 Vgl. Begründung des Regierungsentwurfs zu § 1 Abs. 3 Satz 9 AStG, BT-Drs. 16/4841, S. 86; Entwurf eines BMF-Schreibens über die Grundsätze der Verwaltung für die Prüfung der Einkunftsabgrenzung zwischen nahestehenden Personen in Fällen von grenzüberschreitenden Funktionsverlagerungen (Verwaltungsgrundsätze – Funktionsverlagerung vom 17.7.2009, Ziff. 2.1.1.
48 Vgl. Verordnung zur Anwendung des Fremdvergleichsgrundsatzes nach § 1 Abs. 1 des Außensteuergesetzes in Fällen grenzüberschreitender Funktionsverlagerungen (Funktionsverlagerungsverordnung – FVerlV) vom 12.8.2008, BGBl I.2008, S. 1680.

Zu beachten ist allerdings, dass der Erwerber umsatzsteuerlich in die Position des Veräußerers eintritt. Insbesondere wird der Berichtigungszeitraum des § 15a Abs. 1 UStG durch den Erwerber gemäß § 15a Abs. 10 UStG fortgeführt. Das heißt, dass auch eine Nutzungsänderung beim Erwerber innerhalb des in § 15a UStG vorgesehenen Berichtigungszeitraums (zehn Jahre für Grundstücke, fünf Jahre für übrige Wirtschaftsgüter) zu einer anteiligen Vorsteuerkorrektur führt. Das heißt, dass die Frage der Vorsteuerkorrektur insbesondere dann beachtet werden muss, wenn die von dem jeweiligen Betriebsteil ausgeführten Leistungen in Bezug auf ihre Steuerpflicht beim Erwerber nach Übertragung des notwendigen Anlagevermögens anders zu beurteilen sind als beim Veräußerer.[49] Waren die Umsätze beim veräußernden Kreditinstitut nach § 4 Nr. 8 UStG steuerbefreit und greift diese Steuerbefreiung für den Kooperationspartner nicht gleichfalls ein, ist beim Erwerber des Betriebsteils an eine erstmalige Geltendmachung der Vorsteuer für den verbleibenden Berichtigungszeitraum zu denken.

Umgekehrt ist insbesondere für den Fall einer anschließenden Rückübertragung daran zu denken, dass es hier zu einer Berichtigung zulasten des Auftraggebers kommen kann, wenn dieser, anders als der Kooperationspartner, eine Steuerbefreiung für die von ihm ausgeführten Umsätze in Anspruch nehmen kann. Gemäß § 15a Abs. 10 Satz 2 UStG ist der Veräußerer verpflichtet, dem Erwerber die zur Durchführung der Berichtigung erforderlichen Angaben zu machen.

b) Gesamtrechtsnachfolge nach dem Umwandlungsgesetz

Neben der Übertragung von Geschäftsbereichen durch Veräußerung von Vermögensgegenständen kann eine Auslagerung der Geschäftsbereiche auch nach den Vorschriften des Umwandlungsgesetzes im Wege einer Gesamtrechtsnachfolge durchgeführt werden. In Betracht kommt hier eine Spaltung im Sinne des § 123 UmwG. Drei Formen der Spaltung sind möglich, nämlich die Aufspaltung, die Abspaltung oder die Ausgliederung. Im Rahmen von Outsourcing-Überlegungen wird regelmäßig nur eine Abspaltung oder Ausgliederung in Betracht zu ziehen sein, da hier der übertragende Rechtsträger nach

---

49 Zur Steuerbefreiung ausgelagerter Tätigkeiten vgl. Abschnitte D. und E.

der Vermögensübertragung bestehen bleibt.[50] Bei den beiden verbleibenden Varianten handelt es sich um eine Übertragung von Teilen des Vermögens des übertragenden Rechtsträgers als Gesamtheit auf einen anderen oder mehrere bestehende oder neu zu gründende Rechtsträger.[51]

Die Umsätze im Rahmen einer Geschäftsveräußerung sind dann nicht steuerbar, wenn sie an einen anderen Unternehmer ausgeführt werden. Aber auch wenn bei einer Spaltung zur Neugründung der übernehmende Rechtsträger zunächst noch gar nicht besteht, sondern erst zum Zwecke der Vermögensübernahme gegründet wird, kann eine nicht steuerbare Geschäftsveräußerung unter der Voraussetzung vorliegen, dass der Erwerber (= die neu zu gründende Gesellschaft) seine unternehmerische Tätigkeit erst mit Übernahme des Betriebsteils aufnimmt. Die Übertragung eines gesondert geführten Betriebs an einen Unternehmer für dessen Unternehmen liegt gemäß Abschn. 5 Abs. 1 Satz 3 UStR 2008 (Abschn. 1.5. Abs. 1 UStAE) auch dann vor, wenn der Erwerber mit dem Erwerb des Unternehmens oder des gesondert geführten Betriebs seine unternehmerische Tätigkeit erst beginnt. Voraussetzung ist jedoch, dass der durch die Übertragung Begünstigte beabsichtigt, den übertragenen Geschäftsbetrieb oder Unternehmensteil zu betreiben und nicht nur die betreffende Geschäftstätigkeit sofort abzuwickeln. Es ist jedoch nicht Voraussetzung, dass der Begünstigte vor der Übertragung eine wirtschaftliche Tätigkeit derselben Art ausgeübt haben muss wie der Übertragende.[52]

Die im Zusammenhang mit der Abspaltung oder Ausgliederung bewirkte Vermögensübertragung gegen Gewährung von Anteilen an den übertragenden Rechtsträger beziehungsweise dessen Anteilseigner stellt nach bisher wohl überwiegender Auffassung grundsätzlich steuerbare und vorbehaltlich des Vorliegens von Steuerbefreiungstatbeständen steuerpflichtige Umsätze dar, sofern es sich bei den zu übertragenden Vermögensteilen nicht um ge-

---

50 Vgl. hierzu auch Rn. 00.08ff. UmwSt-Erlass vom 25.3.1998, BStBl. 1998 I 268; zur näheren Darstellung der verschiedenen Übertragungsmöglichkeiten sei auf den Beitrag von Obermann/Marx, Grundzüge des Umwandlungs-, Umwandlungssteuer- und Ertragsteuerrechts, sowie den Beitrag von Zerwas, Zivilrechtliche Grundsätze und Vertragsgestaltung, verwiesen.
51 Vgl. § 123 Abs. 2 und 3 UmwG.
52 EuGH, Urteil vom 27.11.2003, C-497/01, „Zita Modes", UR 2004, S. 19 mit Anmerkung Wäger; EuGHE 2003, S. 14410.

sondert geführte Betriebsteile beziehungsweise Teilbetriebe handelt und deshalb eine Geschäftsveräußerung im Sinne von § 1 Abs. 1a UStG vorliegt.[53] Grundsätzlich ist es für die Beurteilung der umsatzsteuerlichen Einordnung als Geschäftsveräußerung daher nicht maßgeblich, dass bei der Abspaltung und Ausgliederung das Vermögen einschließlich der Verbindlichkeiten gemäß der im Spaltungs- und Übernahmevertrag vorgesehenen Aufteilung als Gesamtheit auf die übernehmenden Rechtsträger übergeht. Anders als bei der Verschmelzung geht hier nicht zwingend das gesamte Vermögen des übertragenden Rechtsträgers (= umsatzsteuerlicher Unternehmer) über. In den Fällen der Abspaltung und Ausgliederung liegt hinsichtlich des übertragenen Vermögens daher nur dann eine nicht steuerbare Geschäftsveräußerung vor, wenn auf den übernehmenden Rechtsträger ein „in der Gliederung des Unternehmens gesondert geführter Betrieb übertragen wird".[54] In den Fällen, in denen Funktionsbereiche im Ganzen auf eine Servicegesellschaft übertragen werden, wird es sich allerdings häufig auch um gesondert geführte Betriebsteile beziehungsweise Teilbetriebe handeln.

Nach anderer Auffassung hingegen liegt aufgrund der vom Umwandlungssteuergesetz angeordneten gesetzlichen Gesamtrechtsnachfolge[55] bezüglich der vom Spaltungs- und Übernahmevertrag erfassten Vermögensgegenstände schon kein Leistungsaustausch vor.[56]

Im Übrigen ist die Frage umsatzsteuerlich nicht relevant, ob es sich um eine Übertragung auf eine Personengesellschaft oder eine Kapitalgesellschaft handelt. Für die Beurteilung, ob eine umsatzsteuerliche Geschäftsveräußerung gegeben ist, ist nicht entscheidend, ob es sich bei dem abgespaltenen Vermögen um einen Teilbetrieb im Sinne von § 15 Abs. 1 UmwStG handelt. Es kann auch dahinstehen, ob der Begriff des Teilbetriebs im Sinne des UmwStG – so die herrschende Meinung[57] – mit dem des Einkommensteuergesetzes de-

---

53 Husmann, in: Rau/Dürrwächter (Stand 2010): UStG, § 1, Rn. 289ff.; vgl. zum Ganzen: Reiss (1996): UR, S. 357 und 371ff.
54 Reiss (1996): UR, S. 357 und 371.
55 Für die Spaltung vgl. § 131 Abs. 1 Nr. 1 UmwG.
56 Vgl. Stadie, in: Rau/Dürrwächter (Stand 2010): UStG, § 2, Rn. 603.
57 Rn. 15.02 UmwSt-Erlass vom 25.3.1998, BStBl. I 1998, S. 268; a. A. Haritz, in: Haritz/Benkert (2000): UmwStG, § 15, Rn. 31 m. w. N.

ckungsgleich ist, da der umsatzsteuerliche Begriff des gesondert geführten Betriebsteils, wie bereits erwähnt, weiter auszulegen ist als der des Teilbetriebs im Sinne des EStG.

Infolge der hier erwähnten Übertragungen von Vermögensteilen nach dem Umwandlungsgesetz wird der übertragende Rechtsträger nicht zwingend Anteilseigner des übernehmenden oder neu zu gründenden Rechtsträgers, sprich des zukünftigen Kooperationspartners. Dies muss beachtet werden, sofern man mithilfe der Bildung einer umsatzsteuerlichen Organschaft zwischen Auftraggeber und Kooperationspartner eine umsatzsteuerliche Belastung der auftraggebenden Bank durch die vom Kooperationspartner erbrachten Dienstleistungen vermeiden will. Infolge einer Auf- oder Abspaltungsmaßnahme scheitert eine umsatzsteuerliche Organschaft bereits an der fehlenden finanziellen Eingliederung des Kooperationspartners in das Unternehmen des auftraggebenden Kreditinstituts.

Im Fall der Aufspaltung endet die Existenz des übertragenden Rechtsträgers gemäß §§ 131 Abs. 1 Nr. 2, 123 Abs. 1 Nr. 1 UmwG zwingend durch Auflösung. Infolge einer Abspaltung gehen die Anteile, die auf den abzuspaltenden Vermögensteil entfallen, auf die Anteilsinhaber des übertragenden Rechtsträgers und nicht auf den übertragenden Rechtsträger selbst über. Nach einer Abspaltung besteht daher zunächst auch kein Nachordnungsverhältnis zwischen dem abgebenden und dem aufnehmenden Rechtsträger mehr. Eine finanzielle Eingliederung des Unternehmens des Kooperationspartners kann hier nur dadurch erreicht werden, dass die/der Anteilseigner des auslagernden Kreditinstituts selbst als umsatzsteuerlicher Unternehmer beide Vertragspartner als Organträger in sein Unternehmen eingliedert. Mangels Unternehmereigenschaft ist dies beispielsweise bei einer reinen Finanzholding oder bei privaten Anteilseignern nicht möglich. Allein im Fall der Ausgliederung zur Neugründung besteht nach der Ausgliederung zwingend eine finanzielle Eingliederung des neugegründeten Unternehmens in das ausgliedernde Unternehmen. Unter den weiteren Voraussetzungen der Schaffung einer organisatorischen und wirtschaftlichen Eingliederung kann hier eine umsatzsteuerliche Organschaft gegeben sein. Bei einer Ausgliederung zur Aufnahme kommt es entscheidend auf den Anteil der Beteiligung an, der auf das ausgegliederte Vermögen entfällt. Eine finanzielle Eingliederung des aufnehmenden Rechtsträgers in das Unternehmen des ausgliedernden Rechtsträgers setzt voraus, dass der Gesellschaftsanteil, der auf das zu übernehmende Vermögen entfällt, mehr als 50 Prozent der (stimmrechtsberechtigten) Anteile an dem aufnehmenden Rechtsträger ausmacht.[58] Die weiteren Voraussetzungen der organisatorischen und wirtschaftlichen Eingliederung wären darüber hinaus herzustellen.

2. Veräußerung einzelner Wirtschaftsgüter

Werden nicht gesamte Betriebsteile, sondern lediglich einzelne Wirtschaftsgüter übertragen, so handelt es sich grundsätzlich[59] auch nicht um eine Geschäftsveräußerung im Ganzen. Die Übertragung der Wirtschaftgüter ist grundsätzlich steuerbar und steuerpflichtig. Allerdings kommt gemäß § 4 Nr. 28 UStG eine Umsatzsteuerbefreiung für die Übertragung solcher Wirtschaftsgüter in Betracht, die beim Veräußerer ausschließlich[60] der Ausführung von steuerbefreiten Bank- oder Versicherungsdienstleistungen dienten[61] oder deren Übertragung der Grunderwerbsteuer unterliegt (§ 4 Nr. 9a UStG).

3. Vermietung

Werden die notwendigen Wirtschaftsgüter dem Kooperationspartner durch entgeltliche Nutzungsüberlassung in Form der Miete oder des Leasings zur Verfügung gestellt, so ist darauf hinzuweisen, dass nach der Rechtsprechung des BFH bei einer Einbringung eines Betriebsteils in eine neue Gesellschaft (z. B. bei Gründung einer Joint-Venture-Gesellschaft mit dem Kooperationspartner) eine Geschäftsveräußerung im Ganzen auch dann vorliegen kann,

---

58 Birkenfeld (Stand 2010): Umsatzsteuer-Handbuch, § 37, Rn. 50; Stadie, in: Rau/Dürrwächter (Stand 2010): UStG, § 2, Rn. 683.
59 Die Übertragung eines Grundstücks kann unter weiteren Voraussetzungen als Geschäftsveräußerung im Ganzen angesehen werden, vgl. Husmann, in: Rau/Dürrwächter (Stand 2010): UStG, § 1, Rn. 1112.
60 Vgl. hierzu auch A 122 Abs. 2 UStR 2008 („Fünf-Prozent-Grenze") (Abschn. 4.28.1. Abs. 1 Satz 1 UstAE).
61 Zur Steuerpflicht der Übertragung eines Rückversicherungsbestandes vgl. Finanzgericht München, Urteil vom 22.3.2006, EFG 2006, S. 1202.

wenn wesentliche Wirtschaftsgüter nicht mit dinglicher Wirkung an die neue Gesellschaft übertragen, sondern an die Gesellschaft vermietet oder verpachtet werden.[62]

II. Umsatzsteuerpflicht bei der Rückübertragung von Wirtschaftsgütern – Beendigung der Auslagerung

Dem eigentlichen Outsourcing-Vorgang, nämlich zunächst der Ausgliederung der jeweiligen Funktion und der anschließenden Erbringung der Dienstleistung durch den Kooperationspartner, kann sich nach Abschluss der Vertragsbeziehung eine Rückübertragung der fraglichen Wirtschaftsgüter an den Auftraggeber anschließen. Es kann sich hier um einen Rückkauf der fraglichen Wirtschaftgüter handeln. Sofern die Funktion im Rahmen der Auslagerung auf eine eigenständige Gesellschaft übertragen wurde, ist auch eine Verschmelzung der Dienstleistungsgesellschaft auf die Auftraggebergesellschaft denkbar. Handelte es sich bei der ausgegliederten Funktion um einen beim Kooperationspartner integrierten Betriebsteil, so kann dieser auch durch Abspaltung auf die auftraggebende Gesellschaft zurückübertragen werden.

Zur umsatzsteuerlichen Beurteilung dieses Rückübertragungsvorgangs kann im Wesentlichen auf das zur Auslagerung Gesagte verwiesen werden. Bei der Rückübertragung handelt es sich um steuerbare und steuerpflichtige Vorgänge, wenn ihr die entgeltliche Veräußerung einzelner Wirtschaftsgüter zugrunde liegt. Eine Steuerbefreiung gemäß § 4 Nr. 28 UStG kommt hier nur dann infrage, wenn die Wirtschaftsgüter auch beim Kooperationspartner zur Ausführung von steuerfreien Umsätzen verwendet wurden.[63] Eine steuerpflichtige Rückveräußerung führt für den Auftraggeber zu einer Kostenbelastung in Höhe der nicht abziehbaren Vorsteuer. Je nach Wert der rückübertragenen Wirtschaftsgüter kann die Rückübertragung somit für den Auftraggeber gravierende Kostenfolgen haben. Dem kann man entgehen, indem man das

---

62 Vgl. BFH, Urteil vom 4.7.2002, V-R-10/01, BFH/NV 2002, S. 1684; BStBl. 2004 II, S. 662.
63 Zur Anwendbarkeit der Steuerbefreiungsvorschriften des § 4 Nr. 8 und Nr. 10 UStG auf Nicht-Finanzdienstleister vgl. Abschnitte D und E.

Entgelt für den Rückerwerb der Wirtschaftsgüter niedrig ansetzt[64] oder die Wirtschaftsgüter von vornherein nur zur (entgeltlichen) Nutzung, zum Beispiel Miete, überlässt. Die Rückgabe nach Ablauf des Nutzungsüberlassungsvertrags ist umsatzsteuerlich neutral.

Wird bereits im Auslagerungsvertrag eine unbedingte Verpflichtung zur Rückübertragung vorgesehen, so kann die umsatzsteuerliche Beurteilung von dem zuvor Gesagten aber erheblich abweichen. Im Hinblick auf die BFH-Rechtsprechung zur umsatzsteuerlichen Behandlung des Sale-and-lease-back[65] wäre anhand der konkreten Vertragsbedingungen zu prüfen, ob die Verfügungsmacht im Rahmen der Auslagerung tatsächlich an den Dienstleister übertragen wird oder nicht aufgrund einer zwingenden Rückübertragung bei der Bank verbleibt. Sowohl die Hinlieferung als auch die Rücklieferung wären dann umsatzsteuerlich unbeachtlich. Sollte die Finanzverwaltung diese Sichtweise einnehmen, können sich hieraus für beide Seiten erhebliche Risiken für den Vorsteuerabzug aus der jeweiligen Lieferung ergeben.

Denkbar wäre auch, im Vertrag auf eine entgeltliche Rückübertragungsverpflichtung zu verzichten, wenn der Auftraggeber die Möglichkeit hat, die Dienstleistung selbst ohne anderweitige Neuanschaffung der fraglichen Wirtschaftsgüter oder durch Übertragung auf andere Dienstleister zu erbringen. Der Belastung mit nicht abziehbarer Umsatzsteuer bei der Rückübertragung entgeht der Auftraggeber ebenfalls, wenn der rückübertragende Kooperationspartner zum Organkreis des Auftraggebers gehört.

Wird ein gesamter Betriebsteil übertragen oder als Rechtsträger auf den Auftraggeber verschmolzen, so wird wohl regelmäßig eine nicht steuerbare Geschäftsveräußerung vorliegen.[66] Auch hier ist auf die Fortführung des Berichtigungszeitraums beim Erwerber gemäß § 15a Abs. 10 UStG hinzuweisen. Dies kann dazu führen, dass beispielsweise ein vom Kooperationspartner er-

---

[64] Ertragsteuerlich könnte eine Ermäßigung des Rückkaufpreises allerdings zu einer VGA-Problematik führen, wenn diese einem Fremdvergleich nicht standhält.
[65] Eigentlich: Sale-and-Mietkauf-back. BFH-Urteil vom 9.2.2006, V-R-22/03, BB 2006, S. 1668 mit Anmerkung Bünning.
[66] Zur umsatzsteuerlichen Behandlung der Verschmelzung vgl. Husmann, in: Rau/Dürrwächter (Stand 2010): UStG, § 1, Rn. 286.

worbenes Wirtschaftsgut, das dieser zu steuerpflichtigen Umsätzen verwendete, beim Auftraggeber zu einer Berichtigung der vom Kooperationspartner geltend gemachten Vorsteuer führt. Kann man hingegen davon ausgehen, dass der Kooperationspartner selbst steuerbefreite Finanzdienstleistungsumsätze ausführte, so kommt das Risiko einer Berichtigungsverpflichtung beim Kooperationspartner infolge des Rückerwerbs des Geschäftsbereichs nicht in Betracht.

Erfolgt die Rückübertragung in Form der Verschmelzung auf die auftraggebende Gesellschaft, so wird in dem Verschmelzungsvertrag zu vereinbaren sein, dass die auftraggebende Gesellschaft die Anteile an der aufzunehmenden Gesellschaft gegen Zahlung einer Abfindung an deren bisherigen Anteilseigner erwirbt oder dass die Anteilseigner der aufzunehmenden Gesellschaft ausscheiden, da diese keine Beteiligung an der Gesellschaft des auftraggebenden Unternehmens erwerben sollen. Die Veräußerung der Gesellschaftsanteile selbst ist wiederum steuerbar, aber gemäß § 4 Nr. 8 lit. f UStG steuerfrei.

C. Umsatzsteuerliche Optimierungsmöglichkeiten

Ausgangspunkt umsatzsteuerlicher Optimierungsansätze muss die bereits erwähnte Feststellung sein, dass die vom Kooperationspartner für die zu erbringenden Dienstleistungen in Rechnung gestellte Umsatzsteuer bei dem auftraggebenden Finanzdienstleister mangels Vorsteuerabzugsberechtigung zum Kostenblock werden kann. Die Belastung mit Umsatzsteuer muss daher möglichst verhindert werden.

I. Organschaftsstrukturen – Organic Insourcing

Durch die Implementierung von Organschaftsstrukturen ist im Bereich der Umsatzsteuer ein dauerhaftes Einsparpotenzial gegeben, da durch eine umsatzsteuerliche Organschaft die Leistungen innerhalb des Organkreises als nicht umsatzsteuerbar angesehen werden. Leistungen, welche vormals durch einen externen Dienstleister erbracht wurden und die Bank mit (teilweise) nicht abziehbarer Vorsteuer als Kostenfaktor belastet haben, können von einer im Organkreis der Bank befindlichen Service-GmbH erbracht werden, was die Bank nicht mehr mit nicht abziehbarer Vorsteuer belastet. Zu beachten ist dabei jedoch, dass die Vorsteuer auf die Leistungen, welche die Service-GmbH von externen Dritten einkauft, weiterhin nicht abziehbar bleibt. Jedoch wird durch die Verringerung der einzukaufenden Leistungen auch die nicht abziehbare Vorsteuer verringert.

1. Voraussetzungen

Eine umsatzsteuerliche Organschaft setzt nach § 2 Abs. 2 Nr. 2 UStG voraus, dass eine juristische Person als Organgesellschaft nach dem Gesamtbild der tatsächlichen Verhältnisse finanziell, wirtschaftlich und organisatorisch in das Unternehmen des Organträgers eingegliedert ist. Beim Organic Insourcing kommt dabei der Bank die Rolle des Organträgers und der Service-GmbH die Rolle der Organgesellschaft zu.

a) Organträger

Voraussetzung für die Eigenschaft eines Organträgers einer umsatzsteuerlichen Organschaft ist, dass die Gesellschaft Unternehmer im Sinne des § 2 Abs. 1 UStG ist. In diesem Zusammenhang können sich Probleme ergeben, wenn der Organträger zwar grundsätzlich Unternehmer im Sinne des UStG ist, jedoch die Beteiligungen, über die die Organschaft vermittelt werden, zu seiner nicht-unternehmerischen Sphäre gehören.[67]

Bei einer privatrechtlich organisierten Bank bestehen zunächst grundsätzlich keine Bedenken bezüglich der Unternehmereigenschaft der Bank als Organträger. Jedoch hat der BFH entschieden,[68] dass aufgrund der sogenannten „Sphärentheorie" auch juristische Personen des privaten Rechts eine nicht-unternehmerische Sphäre aufweisen können. Nach der Rechtsprechung des Eu-

---

67 BMF, Schreiben vom 27.1.2007; auch A 2.3 Abs. 2 UStAE.
68 BFH Urteil vom 20.12.1984, V R 25/76; BStBl. II 1985, S. 176.

GH[69] stellt das reine Halten von Beteiligungen eine nicht unternehmerische Tätigkeit (sogenannte Finanzholding) dar. Diese Gedanken hat das BMF[70] dahingehend übertragen, dass eine nicht-unternehmerische Sphäre vorliegt, wenn bezüglich einiger Beteiligungsgesellschaften die Muttergesellschaft sich lediglich auf das Halten der Beteiligungen beschränkt und keine Leistungen an diese Gesellschaften erbringt (sogenannte „gemischte Holding"). Das BMF sieht das Halten solcher Beteiligungen als nicht-unternehmerisch an.[71] Ob diese Auffassung des Bundesfinanzhofs und der Finanzverwaltung auch vom EuGH geteilt wird, ist nicht eindeutig. In dem Verfahren „Securenta"[72] hat der EuGH zwar erneut bestätigt, dass auch eine Körperschaft eine nicht wirtschaftliche Tätigkeit ausüben kann und dass bei Vorliegen eines unternehmerischen und eines nicht-unternehmerischen Bereichs der Vorsteuerabzug nach einem Vorsteuerschlüssel abgezogen werden muss. Der EuGH hat seine Auffassung, dass ein Unternehmen einen wirtschaftlichen und nicht-wirtschaftlichen Bereich aufweist, die dem Unternehmen zuzuordnen sind, in der neueren Rechtsprechung bestätigt und grenzt diesen unternehmerischen Bereich vom privaten Bereich ab[73]. Inwieweit diese Entscheidungen als Bestätigung oder Ablehnung der vom BMF befürworteten nicht-unternehmerischen Sphäre gesehen werden, ist ungeklärt, da der EuGH sich bezüglich der Voraussetzungen nicht mit der Ansicht des BMF auseinandersetzt und die Definitionen des „nicht-unternehmerischen Bereichs" beziehungsweise der „nicht wirtschaftlichen Aktivität" des EuGH und des BMF unterschiedlich sind.[74] Nach Ansicht des BMF gehören jedenfalls Beteiligungen, die durch eine Bank lediglich gehalten werden, ohne dass an die Tochtergesellschaft Leistungen erbracht werden, zur nicht-unternehmerischen Sphäre der Gesellschaft. Folglich können diese Beteiligungen nicht dem Unternehmen der Bank zugerechnet werden und sie kann bezüglich dieser Tochtergesellschaften nicht als Organträger fungieren. Erbringt somit die Bank als Muttergesellschaft keine Leis-

---

69 EuGH Urteile vom 20.6.1991, C-60/90 [Polysar];HFR 1993, S. 48, vom 14.11.2000, C-142/99 [Floridienne Berginvest]; vom 27.9.2001, C-16/00 [Cibo Participations]; EuGHE 2000. S. 9567; vom 29.04.2004, C-77/01 [EDM]; EuGHE 2004, S. 4319.
70 A 2.3 Abs. 2 UStAE.
71 A 2.3 Abs. 2 Satz 5 UStAE.
72 EuGH, Urteil vom 13.3.2008, C-437/06, [Securenta],BStBl. II 2008, S. 727.
73 EuGH, Urteil vom 12.2.2009, Rs. C-515/07 [VNLTO], HFR 2009, S. 421.
74 Zu der Diskussion vgl. unter anderem Korf/Kurtz UR (2010), S. 86.

tungen an die Service-GmbH (welche bei Nichtvorliegen einer Organschaft umsatzsteuerbar wären), liegt es nahe, eine umsatzsteuerliche Organschaft abzulehnen. Dem kann jedoch nach unserer Ansicht nicht gefolgt werden. Das BMF hat in dem genannten Schreiben die Zugehörigkeit der Beteiligung zum Unternehmen der Muttergesellschaft bejaht, wenn die Beteiligung nicht um ihrer selbst willen (bloßer Wille, Dividenden zu erhalten) gehalten wird, sondern der Förderung einer bestehenden oder beabsichtigten unternehmerischen Tätigkeit dient.[75] Dies dürfte im Fall einer Service-GmbH gegeben sein, da diese gegründet wurde, um Serviceleistungen an die Bank zu erbringen. Folglich dient sie der unternehmerischen Tätigkeit, weswegen die Beteiligung der unternehmerischen Sphäre der Bank zuzuordnen ist und somit auch die Bank als Organträger anzusehen ist.

b)   Finanzielle Eingliederung der Service-GmbH

Unter der finanziellen Eingliederung wird der Besitz der entscheidenden Anteilsmehrheit an der Organgesellschaft verstanden, die es ermöglicht, Beschlüsse in der Organgesellschaft durchzusetzen.[76]

Die finanzielle Eingliederung in den Organkreis der Bank ist gegeben, wenn die Bank an der Service-GmbH mehr als 50 Prozent der stimmberechtigten Anteile hält.[77]

c)   Wirtschaftliche Eingliederung der Service-GmbH

Eine wirtschaftliche Eingliederung liegt vor, wenn die Organgesellschaft gemäß dem Willen des Unternehmers im Rahmen des Gesamtunternehmens, und zwar in engem wirtschaftlichem Zusammenhang, dieses fördernd sowie ergänzend wirtschaftlich tätig ist.[78] Dabei muss die wirtschaftliche Eingliederung in den meisten Fällen nicht besonders ausgeprägt sein, wenn die finanzielle und organisatorische Eingliederung entsprechend stark ausgeprägt

---

[75] BMF, Schreiben vom 27.11.2007, A 18 Abs. 2 Satz 12 Nr. 2 UStR 2008 mit Hinweis auf EuGH, Urteil vom 11.7.1996, C-306/94, [Régie Dauphinoise], HFR 1996, S. 772.
[76] Vgl. A 21.8 Abs. 5 Satz 1 UStAE.
[77] Zur finanziellen Eingliederung bei mittelbarer Beteiligung, vgl. BFH, Urteil vom 20.1.1999, XI-R-69/97, BFH/NV 1999, S. 1136f.; BFH, Urteil vom 22.11.2001, V-R-50/00, DStR 2002, S. 214f.
[78] BFH, Urteil vom 22.6.1967, V-R-89/66, BStBl. III 1967, S. 715f.; vgl. auch A 2.8 Abs. 6 UStAE.

Umsatzsteuerliche Fragestellungen

ist, da die Eingliederung sich aus dem Gesamtbild der tatsächlichen Verhältnisse ergibt (A 2.8 Abs. 1 Satz 3 UStAE). In solchen Fällen kann sie bereits dann vorliegen, wenn zwischen dem Organträger und der Organgesellschaft aufgrund gegenseitiger Förderung und Ergänzung mehr als nur unerhebliche wirtschaftliche Beziehungen bestehen.[79] Im Gegensatz zu seiner früheren Ansicht, nach der ein wirtschaftlicher Zusammenhang im Sinne einer wirtschaftlichen Einheit, Kooperation oder Verflechtung schon dann gegeben ist, wenn die Gesellschaften unter einem gleichen Logo im Rechtsverkehr auftreten,[80] scheint der BFH nunmehr von strengeren Voraussetzungen auszugehen, welche zur Begründung einer wirtschaftlichen Eingliederung führen.

So führt nach Ansicht des BFH eine unentgeltliche Beistellung von Material durch die Mutter- an die Tochtergesellschaft nicht zum Vorliegen einer wirtschaftlichen Eingliederung.[81]

Aber selbst das Erbringen von entgeltlichen Leistungen durch den Organträger an die Organgesellschaft ist nach Ansicht der Rechtsprechung nicht zwingend ausreichend, um eine wirtschaftliche Eingliederung zu begründen. Maßgeblich ist vielmehr, dass die erbrachten Leistungen nicht wirtschaftlich unerheblich sind, nämlich nicht lediglich administrativen Charakter haben, sodass das Erbringen von Buchführungs- und Personalverwaltungsleistungen durch die Muttergesellschaft nicht ausreicht.[82]

Unabhängig von dieser neueren Rechtsprechung fehlt die wirtschaftliche Eingliederung nach Ansicht des Bundesfinanzministeriums auf jeden Fall dann, wenn die Beteiligungen nicht im unternehmerischen Bereich des Anteilseigners gehalten werden.[83] Hierfür sind die unter C.I.1.a. aufgeführten Grundsätze zur nicht-unternehmerischen Sphäre heranzuziehen. Diese dürften aber nach der neueren Rechtsprechung des BFH insoweit für die wirtschaftliche

---

79 A 2.8 Abs. 6 Satz 2 UStAE, BFH-Urteil vom 3.4.2003 – BStBl. II, S. 354.
80 BFH, Beschluss vom 20.9.2006, V-B-138/05, BFH/NV 2007, S. 281.
81 BFH, Urteil vom 20.8.2009, V-R-30/06, DStRE 2009, S. 1395.
82 BFH, Urteil vom 18.6.2009, V-R-4/08; BStBl. 2010 II, S. 310 mit Verweis auf BFH, Urteil vom 25.6.1998, V-R-76/97, BFH/NV 1998, S. 1534.
83 BMF, Schreiben vom 27.1.2007; auch A 2.3 Abs. 2 UStAE.

Eingliederung bedeutungslos sein, da wie dargestellt selbst das Erbringen von Dienstleistungen nicht in jedem Fall zur Begründung der wirtschaftlichen Eingliederung ausreicht.

d) Organisatorische Eingliederung der Service-GmbH

Die organisatorische Eingliederung liegt vor, wenn der Organträger durch organisatorische Maßnahmen sicherstellt, dass in der Organgesellschaft sein Wille auch tatsächlich ausgeführt wird.[84] Dabei wird die tatsächliche Willensdurchsetzung in aller Regel nach Auffassung der Finanzverwaltung durch Personalunion der geschäftsleitenden Organe des Organträgers und der Organgesellschaft sichergestellt.[85] Ob der Organträger die tatsächliche Willensdurchsetzung in der Organgesellschaft nach dem Gesamtbild der Verhältnisse aber auch dadurch gewährleisten kann, dass er die Kontrolle durch andere weisungsgebundene Arbeitnehmer, zum Beispiel durch Prokuristen, ausübt, ist fraglich. Entscheidend ist dabei, dass nicht nur die theoretische Möglichkeit zur Einflussnahme gegeben ist, sondern der Wille des Organträgers bei der laufenden Geschäftsführung der Organgesellschaft auch tatsächlich durchgesetzt wird.

Dabei legt der BFH an die organisatorische Eingliederung in seiner neueren Rechtsprechung strenge Maßstäbe an. Demnach setzt sie nach seiner Meinung in aller Regel die personelle Verflechtung der Geschäftsführungen des Organträgers und der Organgesellschaft voraus, das heißt, es muss eine Personenidentität der Geschäftsführer vorliegen,[86] zumindest aber müssen die Geschäftsführer der Organgesellschaft leitende Mitarbeiter des Organträgers sein.[87] Inwieweit bei fehlender Personenidentität durch andere Maßnahmen die organisatorische Eingliederung dargestellt werden kann, lässt der BFH ebenso wie die Finanzverwaltung offen, schließt dies aber auch nicht aus-

---

84 A 2.8 Abs. 7 UStAE.
85 A 2.8 Abs. 7 UStAE.
86 BFH, Urteile vom 5.12.2007, V-R-26/06, BStBl 2008 II, S. 451; und vom 3.4.2008, V-R-76/05, BStBl. 2008 II, S. 451; auch A 2.8 Abs. 7 Satz 2 UStAE.
87 BFH, Urteil vom 20.8.2009, V-R-30/06, DStRE 2009, S. 1395.

drücklich aus.[88] Jedenfalls sollte nach unserer Ansicht der Abschluss eines Beherrschungsvertrags zwischen dem Organträger und der Organgesellschaft für die Begründung der organisatorischen Eingliederung ausreichend sein.

2. Rechtsfolgen

Nach § 2 Abs. 2 Nr. 2 UStG ist die Organgesellschaft kein selbstständiger Unternehmer. Dementsprechend sind die Eingangsleistungen der Organgesellschaft dem Organträger zuzurechnen. Bei nicht steuerbaren Innenumsätzen innerhalb des Organkreises ist für die Frage der Verwendung der entsprechenden Eingangsleistungen gemäß § 15 Abs. 2 UStG auf die Ausgangsumsätze des Organkreises abzustellen, das heißt im Wesentlichen auf die Ausgangsumsätze der Bank.[89] Folglich überträgt sich die Vorsteuerquote der Bank auf die Vorbezüge der Organgesellschaft in den Fällen, in denen eine direkte Zurechnung der von der Service-GmbH eingekauften Dienstleistungen zu Ausgangsumsätzen der Bank nicht möglich ist. Kann eine solche Zuordnung vorgenommen werden, so sind die allgemeinen Grundsätze des § 15 Abs. 2 UStG heranzuziehen. Zum Beispiel ist der Einkauf von Software durch die Service-GmbH, um damit durch Innenumsätze das Zahlungsverkehrsgeschäft der Bank zu bedienen, mit nicht abziehbarer Vorsteuer belastet,[90] während die Vorsteuer auf den Einkauf von Software, welche die Bank lediglich für ihre Tätigkeit als Verwahrstelle für Wertpapiere nutzt, abziehbar ist.

Das Umsatzsteuereinsparpotenzial ist umso größer, je höher der Personalkostenanteil bei den von der Service-GmbH erbrachten Dienstleistungen ist, da die mit eigenen Arbeitnehmern erbrachte Dienstleistung von vornherein nicht mit Umsatzsteuer belastet ist. Somit kann innerhalb der Organschaft der Arbeitsleistungsanteil umsatzsteuerneutral weitergegeben werden. Da für die Service-GmbH hinsichtlich ihres externen Leistungsbezugs (z. B. Materi-

---

88 BFH, Urteil vom 20.8.2009, V-R-30/06, DStRE 2009, S. 1395.
89 Vgl. Studie, in Rau/Dürrwächter (Stand 2010): UStG, § 2 Rn. 660f.; Birkenfeld (Stand 2010): Umsatzsteuerhandbuch, § 37, Rn. 16.
90 Wenn nicht die Voraussetzungen eines umsatzsteuerbefreiten Outsourcings erfüllt sind, siehe Abschnitt D.

alkosten) mangels umsatzsteuerlicher Eigenständigkeit die Beurteilung bei der nicht zum Vorsteuerabzug befugten Bank maßgeblich ist, werden solcherart nicht abziehbare Vorsteuern in die Preiskalkulation einfließen müssen.

3. Grenzüberschreitende Organschaft

Die bisherigen Ausführungen zur umsatzsteuerlichen Organschaft beziehen sich lediglich auf den Fall, dass die Service-GmbH und die Bank im Inland ansässig sind. Eine grenzüberschreitende Organschaft ist nach A 2.9 UStAE nicht möglich. Ihre Wirkungen beschränken sich auf Innenleistungen zwischen den im Inland gelegenen Unternehmensteilen. Bei einer im Inland ansässigen Bank als Organträger gehören lediglich die im Inland ansässigen Organgesellschaften und Betriebsstätten zu dem Organkreis. Hat der Organträger Organgesellschaften im Ausland, so gehören diese umsatzsteuerrechtlich nicht zum Unternehmen des Organträgers.[91] Ebenso gehören Betriebsstätten des Organträgers oder einer inländischen Organgesellschaft im Ausland nicht zum Organkreis. Folglich sind Leistungen zwischen dem Organträger und einer im Ausland gelegenen Betriebsstätte einer Organgesellschaft nicht als Innenumsatz anzusehen und können somit umsatzsteuerpflichtige Umsätze darstellen. Die Beschränkung der Organschaft auf das Inland kann daher zu dem Ergebnis führen, dass die Leistungen einer ausländischen Service-GmbH an die inländische Bank als Organträger zu einer Umsatzsteuerbelastung führen (nicht abziehbare Reverse-Charge-Umsatzsteuer bei Leistungen nach § 3a Abs. 2 UStG), dies aber dann nicht der Fall wäre, wenn die Leistungen durch eine im Inland ansässige Service-GmbH erbracht würden, welche unter den gleichen Voraussetzungen in den Organträger eingegliedert ist.

Diese Nichtanerkennung einer grenzüberschreitenden umsatzsteuerlichen Organschaft ergibt sich zwingend aus Art. 11 Abs. 1 MwStSystRL. Inwieweit diese Regelung der MwStSystRL wegen Verstoßes gegen europäisches Primärrecht rechtswidrig ist, wurde in der Vergangenheit in der Literatur diskutiert,

---

91 A 2.9 UStAE.

wobei ein Verstoß mit unterschiedlichen Argumenten bejaht wurde.[92] Aufgrund der eindeutigen gesetzlichen Regelung ist jedoch für die Praxis davon auszugehen, dass eine grenzüberschreitende Organschaft nicht zulässig ist.

II. Steuerfreier Zusammenschluss gemäß Art. 132 Abs. 1 lit. f der MwStSystRL

Eine weitere Möglichkeit, ein Umsatzsteuereinsparpotenzial durch Outsourcing zu kreieren, bietet Art. 132 der MwStSystRL (Art. 13 Teil A Abs. 1 lit. f der 6. EG-Richtlinie). Nach dieser Vorschrift sind Dienstleistungen, die durch selbstständige Zusammenschlüsse von Personen, welche umsatzsteuerbefreite Tätigkeiten ausüben, an ihre Mitglieder für unmittelbare Zwecke der Ausübung dieser Tätigkeit erbracht werden, von der Umsatzsteuer befreit. Voraussetzung ist, dass die Zusammenschlüsse von ihren Mitgliedern lediglich die genaue Erstattung des jeweiligen Anteils an die gemeinsamen Kosten fordern und die Befreiung nicht zu Wettbewerbsverzerrungen führt. Folglich kann durch Gründung einer Servicegesellschaft, welche beispielsweise zur Erbringung von IT-Dienstleistungen für unterschiedliche Gesellschaften eines Bankkonzerns genutzt wird, ein umsatzsteuerlicher Vorteil erreicht werden.

1. Anwendbarkeit in Deutschland

Die genannte Vorschrift wurde für Finanzdienstleister in Deutschland nicht ins nationale Umsatzsteuergesetz umgesetzt, sondern lediglich in § 4 Nr. 14 UStG für Heilberufe. Die unterbliebene Umsetzung ist nach unserer Ansicht rechtswidrig,[93] weil die MwStSystRL für die Einführung dieser Vorschrift kein Wahlrecht einräumt. Aus diesem Grund hat der Gesetzgeber gegen die Umsetzungspflicht der MwStSystRL verstoßen.

---

92 Vgl. Schiller (2006): Outsourcing im Finanzdienstleistungs- und Versicherungssektor, S. 172ff.; Hahne, in: Hahne/Eckstein/Witzani (Hrsg.) (2006): Die Umsatzsteuer in Kreditinstituten, S. 65; Hamacher/Grund (2006): DStR, S. 2157; ebenso andeutend mit zusätzlichem Hinweis auf einen Verstoß gegen die Dienstleistungsfreiheit, Birkenfeld (2010): UR, S. 198 und 204.

93 Gesetzgeberische Aktivitäten diesbezüglich zur Einführung eines neuen § 4 Nr. 29 UStG mit dem Dritten Gesetz zur Änderung des Umsatzsteuergesetzes führten vorerst nicht zum Erfolg, vgl. Handelsblatt vom 20.7.2009. Auch im Jahressteuergesetz 2010 wird eine entsprechende Bestimmung nicht Eingang finden; vgl. BT-Drucksache 17/3549 vom 28.10.2010.

Bei einem solchen systemwidrigen Verstoß gegen die Umsetzungspflicht kann sich der Steuerpflichtige auf eine für ihn günstigere Bestimmung einer EG-Richtlinie berufen, wenn die Richtlinienvorschrift hinreichend klar formuliert ist. Diese ständige Rechtsprechung des EuGH[94] wurde auch durch den Bundesfinanzhof[95] und das Finanzgericht Schleswig-Holstein[96] bestätigt.

Nach unserer Auffassung unter Berufung auf das genannte EuGH-Urteil „Taksattoringen" ist somit die Gründung eines solchen Zusammenschlusses in Deutschland durchaus möglich, wenn die Voraussetzungen der Vorschrift erfüllt sind.[97] Allerdings ist in diesem Zusammenhang zu beachten, dass die deutsche Finanzverwaltung die Steuerfreiheit der erbrachten Leistungen mit Hinweis auf die fehlende Vorschrift im deutschen Umsatzsteuergesetz wahrscheinlich zunächst ablehnen wird und zur Durchsetzung ein längerer Rechtsweg als wahrscheinlich anzusehen ist.

2. Voraussetzungen der Vorschrift

Die Regelung in Art. 132 Abs. 1 lit .f der MwStSystRL nennt diverse Voraussetzungen, welche zur Anwendung der Steuerbefreiung gegeben sein müssen.

a) Selbstständiger Zusammenschluss

Die MwStSystRL erwähnt im vorliegenden Fall lediglich einen selbstständigen Zusammenschluss ohne Verweis auf eine bestimmte Art der Gesellschaftsform. Folglich ist eine Ausgestaltung einer Servicegesellschaft in gesellschaftsrechtlicher Sicht in allen möglichen zivilrechtlichen Rechtsformen möglich.[98] Zu beachten ist allerdings die Besonderheit bei grenzüberschreitenden Zusammenschlüssen.[99]

---

94 Vgl. unter anderem EuGH-Urteil vom 19.1.1982, C-8/81 [Becker], EuGHE 1982, S. 53.
95 BFH, Urteil vom 27.9.2001, V-R-37/01, BFH/NV 2002, S. 378.
96 Finanzgericht Schleswig-Holstein, Urteil vom 21.2.2001, II 1384/98, EFG 2001, S. 672.
97 Vgl. dazu 2.
98 So auch Hahne, in: Hahne/Eckstein/Witzani (Hrsg.) (2006): Die Umsatzsteuer in Kreditinstituten, S. 135.
99 Siehe 3.

b) Ausüben einer umsatzsteuerbefreiten Tätigkeit

Voraussetzung für die Anwendbarkeit der Vorschrift ist, dass die Mitglieder eine Tätigkeit ausüben, welche von der Steuer befreit ist. Dabei ist aufgrund des Wortlauts der Vorschrift nicht entscheidend, welcher Steuerbefreiungsvorschrift die Tätigkeit unterfällt. Zwar könnte aufgrund der Überschrift des Kapitels 2 der MwStSystRL („Steuerbefreiungen für bestimmte, dem Gemeinwohl dienende Tätigkeiten") vermutet werden, dass die entsprechende Steuerbefreiungsvorschrift an das Gemeinwohl anknüpft, jedoch wurde dies bereits vom EuGH[100] verneint. Ebenso ging der EuGH in seiner Entscheidung in der Rechtssache „Taksatorringen"[101] offensichtlich von der Zulässigkeit der Errichtung eines Zusammenschlusses von Versicherungsgesellschaften aus.

c) Leistungen an Mitglieder zur Ausübung deren steuerbefreiter Tätigkeit

Art. 132 Abs. 1 lit. f der MwStSystRL fordert weiterhin, dass die Leistungen an die Mitglieder zur Ausübung von deren steuerbefreiter Tätigkeit erbracht werden. In diesem Zusammenhang ist zum einen fraglich, ob die Gesellschaft lediglich Leistungen an ihre Mitglieder erbringen darf, und zum anderen, ob und inwieweit eine Zuordnung zu den umsatzsteuerbefreiten Ausgangsumsätzen vorzunehmen ist.

Wie die Zuordnung zu den umsatzsteuerbefreiten Ausgangsumsätzen gestaltet werden muss, ist bisher nicht höchstrichterlich entschieden worden. Der Wortlaut der Vorschrift weist darauf hin, dass die Leistungen für unmittelbare Zwecke der Ausübung dieser Tätigkeit zu erbringen sind, weswegen es nicht ausreichend sein dürfte, wenn die Leistungen nicht hinreichend konkret den umsatzsteuerbefreiten Umsätzen zuzuordnen sind. Aus diesem Grund dürften beispielsweise IT-Dienstleistungen der Servicegesellschaft, welche die Bank sowohl für ihre umsatzsteuerbefreiten Umsätze im Wertpapiergeschäft als auch für die umsatzsteuerpflichtige Verwahrung und Verwaltung von Wertpapieren

---

[100] EuGH, Urteil vom 3.4.2003, Rs. C-144/00 [Hoffmann], EuGHE 2003, S. 2921.
[101] EuGH, Urteil vom 20.11.2003, Rs. C-8/01 [Taksatorringen], EuGHE 2003, S. 13741.

nutzt, nicht der Umsatzsteuerbefreiung des Art. 132 Abs. 1 lit. f der MwStSystRL unterliegen. Die Leistungen müssen vielmehr direkt in die umsatzsteuerbefreiten Ausgangsumsätze eingehen.[102]

d) Tätigkeit lediglich auf Basis der Kostenerstattung

Problematisch ist das Erfordernis, dass die Tätigkeit lediglich auf Basis einer Kostenerstattung durchzuführen ist. Dies ergibt sich bereits daraus, dass eine Weiterbelastung von Kosten ohne Gewinnaufschlag an die Anteilseigner unter Umständen aus ertragsteuerlicher Sicht nicht anzuerkennen wäre,[103] sodass etwaige ertragsteuerliche Risiken zu beachten wären.

Andererseits ist nicht höchstrichterlich geklärt, wie der Begriff der „Kostenerstattung" auszulegen ist.

e) Keine Wettbewerbsverzerrung

Der EuGH hat zu der Frage der Zulässigkeit des gewinnlosen Zusammenschlusses im Sinne des Art. 132 der MwStSystRL in der Rechtssache „Taksattoringen"[104] Stellung zu dem Merkmal der Wettbewerbsverzerrung genommen, das die Anwendbarkeit des Instituts des gewinnlosen Zusammenschlusses ausschließt. Nach Ansicht des Gerichtshofs ist jedoch dieses Merkmal nicht so weit auszulegen, dass bereits die Tatsache, dass der Zusammenschluss theoretisch zu anderen Mitbewerbern in Wettbewerb treten kann, ausreicht, um das Vorliegen eines steuerbefreiten Zusammenschlusses zu verhindern. Vielmehr muss nach Ansicht des Gerichtshofs konkret aufgezeigt werden können, dass der Wettbewerb so stark ist, dass die Mitbewerber keinen weiteren Marktzutritt mehr haben. Das Vorliegen einer solchen „realen Gefahr" einer Wettbewerbsverzerrung wurde nunmehr auch vom BFH in einer Entscheidung betreffend einer von Krankenkassen gegründeten Genossenschaft gefordert.[105]

---

[102] So auch Hahne, in: Hahne/Eckstein/Witzani (Hrsg.) (2006): Die Umsatzsteuer in Kreditinstituten, S. 157.
[103] So auch Hahne, in: Hahne/Eckstein/Witzani (Hrsg.) (2006): Die Umsatzsteuer in Kreditinstituten, S. 158.
[104] EuGH, Urteil vom 20.11.2003, Rs. 8/01 [Taksattoringen], EuGHE 2003, S. 13741.
[105] BFH, Urteil vom 23.4.2009, V-R-5/07, BFH/NV, 2009, S. 1723.

3. Grenzüberschreitende Anwendung

Eine grenzüberschreitende Anwendung der Regelung des Art. 132 der MwStSystRL dürfte nach unserer Ansicht möglich sein. Die Vorschrift ist nach ihrem Wortlaut nicht auf Mitglieder beschränkt, die ihr Unternehmen in demselben Mitgliedstaat betreiben. Da im Gegensatz zu den Regelungen über die umsatzsteuerliche Organschaft den Mitgliedstaaten kein Wahlrecht betreffend die Implementierung der Vorschrift eingeräumt wird, spricht unseres Erachtens nichts gegen eine grenzüberschreitende Anwendung. Da in Deutschland (wie auch in einigen anderen Mitgliedstaaten) jedoch keine Umsetzung der Vorschrift in das nationale Gesetz erfolgt ist, ist damit zu rechnen, dass die Finanzverwaltung der Anerkennung eines solchen Zusammenschlusses zunächst ablehnend gegenüber steht.

Ein besonderes Augenmerk ist bei der Einführung eines grenzüberschreitenden Zusammenschlusses auf die ertragsteuerlichen Aspekte der Kostenverrechnung zu legen. Ebenso ist zu beachten, dass für den Zusammenschluss eine Gesellschaftsform gewählt wird, welche in den entsprechenden Staaten akzeptiert wird, weswegen die Gründung einer S.E. empfehlenswert ist.

4. Struktur über eine ausländische Tochtergesellschaft

Kreditinstitute, welche ein ausgeprägtes Auslandsgeschäft haben und welche bisher ihre Leistungen an ausländische Kunden von Deutschland aus erbracht haben, könnten von der Umsetzung des Art. 132 Abs. 1 lit. f der MwStSystRL in einigen EU-Staaten (z. B. Niederlande oder Luxemburg) profitieren. Werden die Leistungen an die Kunden nunmehr nicht mehr aus Deutschland, sondern durch die ausländische Tochtergesellschaft erbracht, so kann diese mit einer ebenso im Ausland ansässigen Service-GmbH einen steuerfreien Zusammenschluss bilden. Diese Service-GmbH würde dann Leistungen über den steuerfreien Zusammenschluss sowohl an die ausländische Tochtergesellschaft als auch an das in Deutschland ansässige Kreditinstitut erbringen.

Die Leistungen der Service-GmbH über den steuerfreien Zusammenschluss an das deutsche Kreditinstitut sind nach der momentanen deutschen Gesetzeslage nicht umsatzsteuerbefreit und verursachen somit eine Vorsteuerbelastung.[106] Die Leistungen, welche allerdings der ausländischen Tochtergesellschaft zugutekommen, sind umsatzsteuerbefreit beziehungsweise nicht umsatzsteuerbar, weswegen die nicht abziehbare Vorsteuer um den Personalkostenanteil der Service-GmbH verringert wird.

III. Joint Employment Contracts

Regelmäßig wird mit der Auslagerung von Funktionsbereichen zum Beispiel auf eine selbstständige Tochtergesellschaft als externe Dienstleisterin das zur Erbringung notwendige Personal mit übertragen. Die infolge der Auslagerung beim Dienstleister entstehenden Personalkosten fließen beim Dienstleister in die Kalkulation für die outgesourcte Dienstleistung ein und werden infolge der Belastung mit dem Dienstleistungsentgelt bei der auftraggebenden Gesellschaft (Bank) auch bezüglich der auf den Personalkostenanteil entfallenden Umsatzsteuer in Höhe der nicht abziehbaren Vorsteuer zum Kostenbestandteil. Die Frage ist daher, ob es möglich ist, zwar die Aufgaben und das Knowhow auszulagern, aber die hierauf entfallenden Personalkosten umsatzsteuerneutral „In-house" zu behalten.

Diese Problemstellung kann insbesondere auch im bereits angesprochenen Fall des Organic Insourcings relevant werden, wenn der Dienstleister das notwendige eigene Personal in die neuzugründende Joint-Venture-Gesellschaft einbringen möchte. Werden im Rahmen von Outsourcing-Maßnahmen Dienstleistungen auf eine externe Dienstleistungsgesellschaft, eine Tochter-/Konzerngesellschaft oder ein gemeinsames Joint-Venture-Unternehmen übertragen, erfolgt unter den Voraussetzungen des § 613a BGB der Übergang von Rechten und Pflichten aus bestehenden Arbeitsverhältnissen auf den neuen Arbeitgeber (sogenannter Betriebsübergang). Fraglich ist, ob es zwingend zu einem solchen Arbeitgeberwechsel kommen muss, oder ob eine Weiter-

---

106 Wenn nicht die Möglichkeit bejaht wird, die unter 1. bis 3. aufgezeigt wird.

beschäftigung des Personals bei dem auslagernden Arbeitgeber möglich ist. Bei Joint Employment Contracts würde der Arbeitnehmer beim auslagernden Arbeitgeber weiterbeschäftigt und zusätzlich bei dem neuen Arbeitgeber teilzeitbeschäftigt. Möglich ist es auch, den Arbeitsvertrag bei dem auslagernden Arbeitgeber ruhend zu stellen und bei dem neuen Arbeitgeber einen weiteren (Vollzeit-)Arbeitsvertrag abzuschließen. Letztere Gestaltung trägt dem Gedanken Rechnung, dass das Personal in der Regel vollständig für den neuen Arbeitgeber tätig werden soll.

In jedem Fall müssen die Anforderungen des BaFin-Rundschreibens vom 21. Dezember 2009 umgesetzt werden.

Es ist (arbeits-)rechtlich anerkannt, dass ein Arbeitnehmer zu mehreren Arbeitgebern gleichzeitig in einem abhängigen Arbeitsverhältnis stehen kann (sogenannte Joint Employment Contracts).[107] Voraussetzung hierfür ist unter anderem, dass die jeweiligen Arbeitgeber von dem parallelen Arbeitsverhältnis Kenntnis haben und dies im Arbeitsvertrag ausdrücklich tolerieren.[108]

Eine solche Gestaltung kann umsatzsteuerlich erhebliche Vorteile mit sich bringen, denn der Dienstleister kann seine Leistung an den Auftraggeber gewissermaßen mit „dessen" Personal erbringen. Die Angestellten des Dienstleisters werden, sofern sie Leistungen an den Auftraggeber erbringen, aufgrund eines eigenen Arbeitsverhältnisses mit dem Auftraggeber tätig. Der Anteil für die Personalkosten nimmt somit nicht am umsatzsteuerlichen Leistungsaustausch teil.

---

107 Richardi (2000): Münchener Handbuch Arbeitsrecht, Band 1, § 32, Rn. 8.
108 Aus arbeitsrechtlicher Sicht muss den Anforderungen des Nachweisgesetzes und der Inhaltskontrolle von Arbeitsverträgen seit der Schuldrechtsreform Rechnung getragen werden. Dies bedeutet, dass in den arbeitsvertraglichen Vereinbarungen mit beiden Arbeitgebern die Konditionen der jeweiligen Beschäftigung, das heißt die genaue Arbeitszeit, Vergütung, variable Vergütungsbestandteile, Urlaubshöhe, Entgeltfortzahlung im Krankheitsfall sowie weitere Regelungen, genau festgelegt werden müssen. Die arbeitsvertraglichen Regelungen müssen hinreichend klar und unmissverständlich formuliert sein. Gleiches gilt für Ansprüche aus betrieblicher Altersversorgung. Es muss geregelt werden, von welcher Versorgungsregelung der Mitarbeiter erfasst wird und ob sein Gesamtgehalt beziehungsweise nur ein Teil des Gehalts als Berechnungsgrundlage für die Altersversorgung dient.

Diese Gestaltungsmöglichkeit bietet sich insbesondere im Rahmen der vorgestellten Konstellation der Neugründung eines Joint-Venture-Unternehmens zwischen Dienstleister und Auftraggeber an. Die mit der Ausführung der in Auftrag gegebenen Dienstleistung befassten Arbeitnehmer des Dienstleisters müssten sonst unter Auflösung der bestehenden Arbeitsverhältnisse zum Joint-Venture-Unternehmen wechseln, um eine umsatzsteuerpflichtige Personalüberlassung des Dienstleistungsunternehmens an das Joint-Venture-Unternehmen zu vermeiden.

Sofern der Dienstleister weiterhin die Lohn- und Gehaltsbuchhaltung für die gesamte Arbeitsleistung übernimmt, wird er seinen „Mit-Arbeitgeber" bezüglich des auf ihn entfallenden Personalkostenanteils lediglich mit einer Umlage belasten, die nicht der Umsatzsteuer unterliegt. Der Auftraggeber erstattet dem Dienstleister insofern die eigenen Lohnkosten, die dieser im fremden Namen und für fremde Rechnung an die Arbeitnehmer ausgezahlt hat (sogenannter durchlaufender Posten).

Die bei der Begründung von Joint Employment Contracts bestehende Schwierigkeit liegt darin, die Arbeitsverträge aufeinander abzustimmen und die Voraussetzungen einer exakten Zuordnung der Lohnkosten auf die Arbeitsverhältnisse vorzunehmen. Sofern nämlich die erwähnte Erstattung die auf die tatsächlich in Anspruch genommenen Dienstleistungen entfallenden Lohnkosten übersteigt, liegt insoweit keine Erstattung der für fremde Rechnung verauslagten Kosten vor, sondern ein Entgelt für eine umsatzsteuerpflichtige Personalgestellung. Für die umsatzsteuerliche Beurteilung ist dabei nicht entscheidend, ob die Weiterbelastung mit einem Gewinnaufschlag versehen ist.

Eine exakte arbeitsorganisatorische Trennung ist daher notwendig. Die Arbeitnehmer müssten ihre Tätigkeit genau dokumentieren und diese Dokumentation als Grundlage der Gehaltsabrechnung zwischen den beteiligten Arbeitgebergesellschaften zur Verfügung stellen. Es ist an dieser Stelle darauf hinzuweisen, dass eine solche Gestaltung der genauen Überprüfung auf arbeits- und sozialversicherungsrechtliche und nicht zuletzt auch auf datenschutzrechtliche Aspekte hin bedarf.[109]

IV. Annex: Arbeitsrechtliche Implikationen

Zur Vermeidung der Rechtsfolgen eines Betriebsübergangs nach § 613a BGB ist es ratsam, dass eine eindeutige Erklärung des Arbeitnehmers über den Fortbestand des Arbeitsverhältnisses mit dem übertragenden Arbeitgeber erfolgt (dies geschieht durch den Widerspruch des Arbeitnehmers gegen den Betriebsübergang und anschließen Personalgestellung an den Dienstleister, sofern nicht von vornherein eine doppelte Tätigkeit für beide Unternehmen durch Joint Employment Contracts vereinbart wird). Diese Personalgestellung ist aus arbeitsrechtlicher Sicht nur zulässig, wenn der alte Arbeitgeber das arbeitgeberseitige Weisungsrecht hinsichtlich der Zeit, des Orts und des Umfangs der Arbeit beibehält und eine Eingliederung des Arbeitnehmers in die Betriebsorganisation des Dienstleisters nicht erfolgt. Insofern lehnt sich die umsatzsteuerliche Beurteilung an das Arbeitsrecht an. Ansonsten läge eine illegale Arbeitnehmerüberlassung nach § 1 AÜG vor.

---

[109] In arbeitsrechtlicher Hinsicht kann ein Joint Employment Contract zu Nachteilen für die beschäftigenden Arbeitgeber führen. Dies ist insbesondere bei einer anstehenden Beendigung des Arbeitsverhältnisses aus personen-, verhaltens- oder betriebsbedingten Gründen der Fall. Es ist dann erforderlich, dass Kündigungsgründe vorliegen, die eine Beendigung beider Arbeitsverhältnisse rechtfertigen. Die Arbeitsverträge müssen von dem jeweiligen Arbeitgeber gekündigt werden und dieser muss die entsprechenden Kündigungsgründe gemäß § 1 KSchG nachweisen; vgl. hierzu im Einzelnen Nanette Ott „Arbeitsrechtliche Fragen, Anforderungen an die Personalausstattung und Vergütungsgestaltung beim Outsourcing" sowie Christine Wicker/Martin Wollinsky „Datenschutz und Bankgeheimnis bei Outsourcingmaßnahmen".

Wie bereits dargestellt, ist allerdings eine eingeschränkte Übertragung des Weisungsrechts auf den Dienstleister umsatzsteuerlich zulässig, sofern es zur Erbringung der konkreten Leistung erforderlich ist.[110] Sofern der Dienstleister auch das arbeitgeberseitige Weisungsrecht erhalten soll und der Arbeitnehmer in die betriebliche Organisation des Dienstleisters eingegliedert wird, ist hierzu ein ausdrückliches Einverständnis des Arbeitnehmers erforderlich. Anderenfalls wäre er nicht zur Erbringung der Arbeitsleistung für den Dienstleister verpflichtet. Bei dieser Konstellation bestehen jedoch Bedenken unter dem Gesichtspunkt einer unzulässigen Arbeitnehmerüberlassung.

Sofern der Dienstleister eine Konzerngesellschaft ist, ist die konzerninterne Arbeitnehmerüberlassung nach § 1 Abs. 3 Arbeitnehmerüberlassungsgesetz (AÜG) zwar zulässig, jedoch nur für einen vorübergehenden Zweck. Beim Outsourcing ist eine vorübergehende Überlassung in der Regel jedoch nicht gewollt, sondern eine dauerhafte Überlassung.

Daher ist für die Verleihung von Arbeitnehmern grundsätzlich eine Erlaubnis des übertragenden Arbeitgebers zur Arbeitnehmerüberlassung nach § 1 Abs. 1 AÜG notwendig. Seit 1. Januar 2004 ist eine dauerhafte Arbeitnehmerüberlassung möglich, sofern die erforderliche Arbeitnehmerüberlassungserlaubnis vorliegt. Voraussetzung ist nunmehr, dass die verliehenen Arbeitnehmer zu den gleichen wesentlichen Arbeitsbedingungen beschäftigt werden wie die Mitarbeiter des Dienstleisters (§ 3 Abs. 1 Nr. 3 AÜG), es sei denn, bei dem Verleiher gelten andere tarifliche Bestimmungen. Rechtsfolge der fehlenden Erlaubnis ist die Unzulässigkeit der gewerbsmäßigen Arbeitnehmerüberlassung. Es wird dann ein Arbeitsverhältnis mit dem Dienstleister („Entleiher") gelten fingiert und es können gegebenenfalls entsprechende Bußgelder verhängt werden. Bei den Gestaltungsüberlegungen zur Vermeidung eines Betriebsübergangs sollte stets auch abgewogen werden, ob die Beibehaltung eines Arbeitsverhältnisses mit dem auslagernden Arbeitgeber aus personalrechtlichen Überlegungen gewollt ist. Outsourcing erfolgt oftmals auch aufgrund von Restrukturierungsmaßnahmen, die auch eine Personalanpassung erfordern. Dann ist die Beibehaltung von Arbeitsverhältnissen beim auslagernden

---

110 Vgl. BMF, Schreiben vom 30.1.2003, IV B 7 – S 7100 – 13/03, DB 2003, S. 313.

Unternehmen nicht gewollt. Zudem fordert die BaFin eine Personalausstattung bei dem Outsourcing-Unternehmen, sodass ein Übergang der Arbeitsverhältnisse in vielen Konstellationen notwendig wird.

V. Leistungsbeistellung

Als weitere Alternative zur Umsatzsteueroptimierung bei Auslagerungen kann sich die sogenannte Leistungsbeistellung anbieten. Hierbei bleiben die mit der Ausführung der Dienstleistungen betrauten Mitarbeiter weiterhin ausschließlich Arbeitnehmer des Auftraggebers. Dieser überlässt dem Auftragnehmer (Dienstleister) die Arbeitnehmer jedoch zur Ausführung der ausgelagerten Dienstleistungen. Anders als bei Joint Employment Contracts wird der mit der Ausführung der Dienstleistung betraute Arbeitnehmer nicht aufgrund eines eigenen Arbeitsverhältnisses zum Auftragnehmer tätig. Unter den nachfolgend skizzierten Überlegungen kann eine Belastung der Arbeitsleistung mit Umsatzsteuer vermieden werden. Im Folgenden wird der Fall der Auslagerung durch den Auftraggeber der Dienstleistung (Bank) an einen externen Dienstleister (Auftragnehmer) dargestellt, der nicht zum Organkreis der Bank gehört.

1. Personalüberlassung als nicht steuerbare Leistungsbeistellung

Zwar handelt es sich bei einer Personalüberlassung grundsätzlich um eine steuerbare und steuerpflichtige Dienstleistung. Erfolgt die Überlassung von Arbeitnehmern jedoch zweckgebunden im Hinblick auf die in Auftrag gegebene Dienstleistung, so fließt diese als nicht steuerbare Leistungsbeistellung in die Dienstleistung mit ein. Sie nimmt am Leistungsaustausch nicht teil. Die für den Bereich der Werklieferungen geltenden Grundsätze der sogenannten Materialbeistellung sind für die Abgrenzung zwischen steuerbarer Leistung und nicht steuerbarer Beistellung von Personal des Auftraggebers entsprechend anzuwenden.[111] Das vom Auftraggeber dem Unternehmer zur Ausführung des Werks zur Verfügung gestellte Material nimmt nicht umsatzsteuerlich am Leistungsaustausch teil.[112] Dieser Rechtsgedanke ist auf die „Beistellung" von Dienstleistungen zu übertragen.[113] Es ist darauf abzustellen, ob der Auftraggeber an den Auftragnehmer mit der Zurverfügungstellung des Personals selbst eine Leistung bewirken oder nur zur Erbringung der Leistung durch den Auftragnehmer beitragen will.

2. Stoffidentität – Weisungsrecht des Auftraggebers

Einschränkend ist anzumerken, dass die beigestellte Dienstleistung „stoffgleich" in die zu erbringende Dienstleistung einfließen muss (sogenannte Stoffidentität). Eine nicht steuerbare Beistellung von Personal setzt daher voraus, dass das Personal nur im Rahmen der beauftragten Leistung eingesetzt wird.[114] Problematisch wird dies aber bereits dann, wenn der überlassene Arbeitnehmer – etwa aus konkreten arbeitsorganisatorischen Gründen – eine abweichende Tätigkeit für den Auftragnehmer ausführt, die konkrete Tätigkeit für die bezogenen Dienstleistung aber ein anderer Arbeitnehmer des Auftraggebers ausführt. Zwar darf gemäß Abschn. 27 Abs. 3 Satz 3 UStR 2008 (Abschn. 3.8. Abs. 3 Satz 3 UStAE). auf das Merkmal der Stoffidentität verzichtet werden, wenn der Unternehmer den vom Auftraggeber zur Verfügung gestellten Stoff gegen gleichartiges und gleichwertiges Material austauscht und der Austausch wirtschaftlich geboten ist. Für den Bereich der Personalbeistellung will die Verwaltung eine Übertragung dieses Gedankens jedoch nicht durchführen. Der Einsatz von Personal des Auftraggebers für Umsätze an Drittkunden muss daher vertraglich und tatsächlich ausgeschlossen sein, was in den Verantwortungsbereich des Auftragnehmers fällt und wofür er die objektive Beweislast

---

[111] A 1 Abs. 7 (Abschn. 1.1. Abs. 6 UstAE), A 27 Abs. 2 bis 4 UStR 2008 (Abschn. 3.8. Abs. 2-4 UStAE); BMF, Schreiben vom 30.1.2003, IV B 7 – S 7100 – 13/03, DB 2003, S. 313.
[112] A 27 Abs. 2 UStR 2008 (Abschn. 3.8. Abs. 7 UStAE).
[113] BMF, Schreiben vom 30.1.2003, IV B 7 – S 7100 – 13/03, DB 2003, S. 313; Plückebaum/ Malitzky, UStG, Bd. II, § 3 Abs. 4, Rn. 64, 83; A 1 Abs. 7 UStR 2008 (Abschn. 1.1. Abs. 6 UStAE); BFH-Urteil vom 6.12.2007 V R 42/06, BStBl 2009, S. 493; Urteil vom 15.4.2010 V R 10/08 DB 2010, S. 1437.
[114] Abschnitt 1 Abs. 8 UStR 2008 (Abschn. 1.1. Abs. 7 UStAE).

trägt.[115] Darüber hinaus ist es erforderlich, dass ausschließlich der Auftraggeber die Entlohnung des überlassenen Personals übernimmt und ihm allein das Weisungsrecht obliegt, was nur in dem Umfang eingeschränkt und auf den Auftragnehmer übertragen werden kann, soweit dies zur Erbringung der konkreten Leistung erforderlich ist.[116]

Man kann daher festhalten, dass ein solcher Optimierungsansatz interessant erscheint, wenn die betroffenen Arbeitnehmer beim Auftraggeber verbleiben sollen, beispielsweise, weil sie dort auch weiterhin andere Aufgaben erfüllen – aber darüber hinaus dem Dienstleister zur Erbringung der spezifischen Dienstleistungen zur Verfügung gestellt werden. Es muss dann sichergestellt sein, dass deren Arbeitsleistung in die abgerufene Dienstleistung mit eingeht und der Arbeitnehmer beim Dienstleistungsunternehmen nicht auch für andere Aufgaben eingesetzt wird. Die Entlohnung und das Weisungsrecht müssen weiterhin beim Auftraggeber verbleiben. Unter dieser Voraussetzung fließen die Personalkosten für die zur Verfügung gestellte Arbeitsleistung nicht in die umsatzsteuerliche Bemessungsgrundlage für die erbrachte Dienstleistung ein. Notwendig ist daher auch hier eine exakte Dokumentation der für die Dienstleistung in Anspruch genommenen Arbeitsleistungen.

VI. Leistungsort – Globalisation

1. Übersicht

Unter Globalisation versteht man gemeinhin Leistungsstrukturen, bei denen sich das in Deutschland ansässige Finanzinstitut eines im Ausland ansässigen Dienstleisters bedient (Offshoring)[117] oder die Dienstleistung über eine

---

115 Vgl. BMF, Schreiben vom 30.1.2003, IV B 7 – S 7100 – 13/03, DB 2003, S. 313; A 1 Abs. 8 Satz 3 UStR 2008 (Abschn. 1.1. Abs. 7 Satz 3 UStAE).
116 Vgl. BMF, Schreiben vom 30.1.2003, IV B 7 – S 7100 – 13/03, DB 2003, S. 313. A 1 Abs. 8 Satz 4 bis 6 UStR 2008 (Abschn. 1.1. Abs. 7 Satz 4 bis 6 UStAE).
117 Vgl. hierzu Study to Increase the Understanding of the Economic Effects of the VAT Exemptions for Financial and Insurance Services, Tender no TAXUD/2005/AO-006, Final Report to the European Commission prepared by PwC, 02.11.2006, report section 4.5: „Offshoring" als generischer Begriff umfasst die Fälle, in denen unternehmerische Funktionen in den Bereich einer anderen Rechtsordnung verlagert werden, unabhängig, ob die Funktion von Dritten oder „intern" ausgeübt wird. Outsourcing im hier verwendeten Sinne bedeutet die Verlagerung vormals intern erbrachter Funktionen auf Dritte. Die Begriffe sind daher nicht synonym zu verwenden.

im Ausland befindliche Konzerngesellschaft oder Betriebsstätte (sogenannte Purchase Hubs) bezieht und hierbei unterschiedliche umsatzsteuerliche Konsequenzen zwischen den verschiedenen Umsatzsteuersystemen zu ihren Gunsten nutzt.

Der Gestaltungsansatz, durch Auswahl geeigneter Dienstleistungen den Leistungsort in das Ausland zu verlegen, sodass im Zusammenspiel mit dem am jeweiligen Leistungsort geltenden Umsatzsteuerrecht eine Reduzierung der Umsatzsteuerbelastung oder sogar eine Nichtbesteuerung erreicht werden kann, ist durch die nach Umsetzung des sogenannten Mehrwertsteuerpakets geltenden Regelungen zum Leistungsort für die hier infrage kommenden Arten des Dienstleistungsaustauschs erheblich eingeschränkt. Zu einer Reduzierung der Umsatzsteuerbelastung konnte es grundsätzlich kommen, wenn die Leistung am Sitzort des Dienstleisters steuerbar ist und dort mit einem niedrigeren Steuersatz belastet ist als in Deutschland (z. B. Schweiz 7,6 Prozent). Es konnte darüber hinaus sogar zu einer Nichtbesteuerung führen, wenn in dem Sitzstaat der Dienstleistungsgesellschaft das dortige Rechtssystem keine Umsatzbesteuerung der jeweiligen Leistung vorsieht. Das kann sich entweder daraus ergeben, dass der Sitzstaat eine Umsatzsteuer im Sinne unseres Mehrwertsteuersystems nicht kennt (z. B. USA) oder nach dem dortigen Umsatzsteuerrecht die Leistung im Ausland steuerbar ist (sogenannte Nicht-Besteuerung der Leistung). Ein solcher Effekt einer Nicht-Besteuerung als Folge einer unterschiedlichen Auslegung der Leistungsortsbestimmungen in verschiedenen den Mitgliedstaaten (z. B.: Anwendung des Empfängerortsprinzips gemäß Art. 56 Abs. 1 a. F. der MwStSystRL im Sitzstaat des Dienstleisters und Maßgeblichkeit der Ansässigkeit des Unternehmers gem. Art. 43 a. F. der MwStSystRL im Sitzstaat der Auftraggeberbank) wird mit der Neufassung der MwStSystRL durch das sogenannte Mehrwertsteuerpaket [118] und der hiermit eingeführten Grundregel des Art. 44 MwStSystRL für den B2B-Bereich (Leistungsort am Sitz des Leistungsempfängers) nunmehr für fast alle an die Bank erbrachten Leistungen wohl nicht mehr eintreten. Der Leistungsbezug von im Ausland ansässigen Dienstleistern kann zu einer Verla-

---

118 Richtlinie 2008/8/EG, Dienstleistungsort-Richtlinie vom 12.2.2008, Abl. EU Nr. L 44. S. 11.

gerung des Leistungsortes im Übrigen nur noch in Ausnahmefällen führen, da nach § 3a Abs. 2 Satz 1 UStG[119] der Ort der empfangenen Dienstleistung am Sitz des auftraggebenden Finanzinstituts ist, und zwar unabhängig davon, ob der Dienstleister im EU-Ausland oder im Drittland ansässig ist. Eine hiervon abweichende Bestimmung des Leistungsorts kommt beispielsweise noch bei Schulungs- und Trainingsleistungen infrage, wenn diese im Ausland durchgeführt werden, oder bei grundstücksbezogenen Leistungen.

2. Leistungsbezug über eine im Ausland befindliche Betriebsstätte – sogenannte Purchase Hubs

Die meisten Outsourcing-Leistungen aus dem Kernbereich der Finanzdienstleistungen, wie etwa die Datenverarbeitung, fallen nunmehr unter die Grundregel des § 3a Abs. 2 Satz 1 UStG. Die Auslagerung beispielsweise der IT- oder Rechenzentrumsleistungen an eine im Ausland ansässige Dienstleistungsgesellschaft wäre technisch denkbar, jedoch sind diese gemäß § 3a Abs. 2 Satz 1 UStG am Ort des Leistungsempfängers, also am Sitzort des Finanzinstituts in Deutschland steuerbar. Das Finanzinstitut muss die empfangenden Leistungen gemäß § 13b Abs. 1 Nr. 1 UStG grundsätzlich zum Regelsteuersatz[120] in Deutschland versteuern (Reverse Charge).

Für die Auslagerung dieser Dienstleistungen wäre daher zu prüfen, ob das nicht voll zum Vorsteuerabzug berechtigte Finanzinstitut die Leistung über eine im Ausland befindliche Betriebsstätte (sogenannte Purchase Hub) beziehen könnte. Verfügt die Bank etwa über ein Service-Center (Betriebsstätte) im Ausland, welches die Leistung selbst in Auftrag gibt und dann an die Bank als nicht steuerbare Innenleistung weiterleitet, könnte die umsatzsteuerliche Eingangsbelastung reduziert werden, wenn die Leistung in dem Land, in dem die Betriebsstätte gelegen ist, als bezogen gilt und der Steuersatz dort entsprechend geringer als in Deutschland ist[121] oder eine Umsatzsteuerbelastung gar nicht existiert (z. B. USA). Bei Bezug der Leistung über eine Betriebsstätte

---

119 In der Fassung des Jahressteuergesetzes 2009 vom 19.12.2008 (BGBl. I S. 2794) mit Wirkung zum 1.1.2010, entspricht Art. 44 Satz 1 MwStSystRL.
120 Zur Frage der Steuerbefreiung dieser Leistungen vgl. Abschnitt IV.
121 Neben Luxemburg (15 Prozent) sind Steuersatzgefälle zu weiteren EU Mitgliedstaaten zu beachten, zum Beispiel: Zypern (15 Prozent), Spanien (seit 1.7.2010 18 Prozent) und Großbritannien (seit dem 1.1.2010: 17,5 Prozent).

der Schweiz wäre nach schweizer Recht die Weiterbelastung an das deutsche Stammhaus nicht mit schweizerischer Umsatzsteuer belastet. Der Leistungsbezug der Betriebsstätte berechtigt indes in der Schweiz zum Abzug der auf der Dienstleistung lastenden schweizerischen Umsatzsteuer.[122]

Jegliche Überlegungen in dieser Richtung bedürfen jedoch einer sorgfältigen Überprüfung, bei der folgende Aspekte zu berücksichtigen sind:

a) Kein umsatzsteuerlicher Leistungsaustausch zwischen Betriebsstätte und Stammhaus

Der dargestellte Effekt setzt voraus, dass zwischen Betriebsstätte und Hauptsitz umsatzsteuerlich kein weiterer Leistungsaustausch stattfindet. Nach deutscher Rechtspraxis werden Leistungen innerhalb eines Rechtssubjekts als nicht umsatzsteuerbar behandelt.[123] Zum Unternehmen gehören sämtliche Betriebe desselben Unternehmers.[124] Die im Ausland befindliche Betriebsstätte ist Teil des inländischen Unternehmers.[125]

---

[122] Gemäß 10 Abs. 3 MWSTG (CH) bilden der Sitz im Inland sowie alle inländischen Betriebsstätten zusammen ein Steuersubjekt (sogenanntes Einheitsprinzip). Daraus folgt im Umkehrschluss, dass der grenzüberschreitende Leistungsaustausch zwischen Betriebsstätte und Stammhaus bejaht wird (sogenanntes Separationsprinzip). Der Leistungsort für Beratungsleistungen sowie für Bank-, Finanz- und Versicherungsumsätze wäre dann gemäß Art. 8 Abs. 1 MwStG CH am Stammhaus.

[123] Vgl. Heinrichshofen (2006): UR, S. 335.

[124] A 20 Abs. 1 UStR 2008 (Abschn. 2.7. Abs. 1 UStAE); vgl. hierzu auch Stadie, in: Rau/Dürrwächter (Stand 2010): UR, § 2 Rz. 93 und 487, ders. UR 2007, S. 1 (für Unternehmen, die eine Organisationsstruktur mit rechtlich eigenständigen Konzerngesellschaften wählen, kann es im Vergleich zur Organisation über Betriebsstätten zu umsatzsteuerlichen Nachteilen kommen, die aus der fehlenden Zurechnung der unternehmerischen Tätigkeiten der Konzerngesellschaften zur Holding resultieren).

[125] A 21a Abs. 6 Beispiel 1 UStR 2008 (Abschn. 2.9. Abs. 6 Beispiel 1 UStAE); die Frage, ob ein „Leistungsaustausch" zwischen einer im Ausland belegenen Betriebsstätte und der zu einer im Inland gehörenden Organschaft Hauptsitz nach der Argumentation des EuGH-Urteils als innerhalb derselben Rechtspersönlichkeit und somit als nicht steuerbar anzusehen ist, ist unseres Ermessens derzeit rechtlich unklar und vom EuGH noch nicht entschieden; die Zugehörigkeit der im Ausland gelegenen Niederlassung ablehnend: European Commission, COMMUNICATION FROM THE COMMISSION TO THE COUNCIL AND THE EUROPEAN PARLIAMENT on the VAT group option provided for in Article 11 of Council Directive 2006/112/EC on the common system of value added tax, dated 2.7.2009, KOM(2009), S. 325, vgl. Abschnitt 3.3.2.2.

Diese Sichtweise wird auch durch die Entscheidung des EuGH in der Rechtssache „FCE Bank"[126] grundsätzlich bestätigt. Zwar wurde vom EuGH der Fall einer Kostenbelastung des Hauptsitzes an die Niederlassung behandelt, jedoch dürfte sich unseres Ermessens im umgekehrten Fall der Belastung von der Betriebsstätte an den Hauptsitz keine andere Einschätzung ergeben. Denn für die Frage, ob hier ein steuerbarer Umsatz gesehen werden kann, kommt es allein darauf an, ob die Betriebstätte entweder als Leistungsempfängerin (wie im Vorlagefall FCE Bank) oder als Leistende eine hinreichende Selbstständigkeit aufweist, damit sie umsatzsteuerlich als Unternehmerin eingestuft werden kann.[127] Eine hinreichende Selbstständigkeit einer Betriebstätte in diesem Sinne ist insbesondere nach den Erwägungen des Generalanwalts *Philippe Léger*[128] grundsätzlich nicht anzunehmen. Danach sei es „schwer vorstellbar, dass innerhalb ein und derselben rechtlichen Einheit eine feste Niederlassung selbstständig genug sein kann, um für eigene Rechnung, in eigener Verantwortlichkeit und mit alleiniger Übernahme der wirtschaftlichen Risiken ihrer Tätigkeit zu handeln."[129]

Im Hinblick auf die Entscheidungsgründe des EuGH scheint es allerdings notwendig zu sein, die Herleitung dieses *Einheitsprinzips* durch den Generalanwalt kritisch zu hinterfragen. Ob die Niederlassung als selbstständige Bank angesehen werden kann, will der EuGH nämlich danach entscheiden, ob sie das wirtschaftliche Risiko ihrer Tätigkeit trägt.[130] Im entschiedenen Fall lastete das Risiko allein auf der Bank als juristischer Person, deren finanzielle Stabilität und Zahlungsfähigkeit deshalb im Herkunftsmitgliedstaat überwacht wird. Da die italienische Niederlassung der *FCE Bank plc.* nicht über Dotationskapital verfüge, trage sie auch kein wirtschaftliches Risiko. Damit sei sie vollständig vom Stammhaus abhängig. Der EuGH legt bei seiner Beurteilung einen Schwerpunkt somit auf eine „finanzielle" Betrachtung.

---

126 EuGH, Urteil vom 23.3.2006, Rs. 210/04 „FCE Bank plc.", EuGHE 2006, S. 2835.
127 Vgl. Schreib (2007): UR, S. 438.
128 EuGH, Urteil vom 23.3.2006, Rs. 210/04 „FCE Bank plc.", EuGHE 2006, S. 2835; Schlussantrag des Generalanwalts vom 29.9.2005.
129 Schlussantrag des Generalanwalts, EuGH Rs. 210/04 „FCE Bank plc." vom 29.9.2005, Tz. 43.
130 EuGH Urteil vom 23.3.2006, Rs. 210/04 „FCE Bank plc.", Tz. 35, UR 2006, S. 331 mit Anmerkungen Heinrichshofen.

Wenn der EuGH die Unselbstständigkeit der Niederlassung im vorliegenden Fall also damit begründet, sie trage kein wirtschaftliches Risiko und verfüge über kein Dotationskapital,[131] wirft das umgekehrt zunächst die Frage auf, ob beispielsweise Niederlassungen von Kreditinstituten mit Sitz außerhalb der EU mit eigenem Dotationskapital (gegebenenfalls unter weiteren Bedingungen) als selbstständige Unternehmer angesehen werden müssten. Dieser Umkehrschluss ist unseres Ermessens aus den folgenden Erwägungen heraus nicht zu ziehen.

Eine unreflektierte Betrachtung nach aufsichtsrechtlichen Vorgaben führt umsatzsteuerlich zu nicht zutreffenden Ergebnissen. Nach der Urteilsbegründung soll es erheblich sein, wer die wirtschaftlichen und finanziellen Folgen des Handelns der Zweigniederlassung zu tragen habe. Unseres Erachtens vermögen diese Erwägungen die fehlende Selbstständigkeit der Betriebsstätte im entschiedenen Fall des fehlenden Dotationskapitals zu bestärken. Allerdings ist die Frage, ob eine wirtschaftliche Tätigkeit selbstständig im Sinne von Art. 9 MwStSystRL ausgeführt wird, nicht ausschließlich nach den finanziellen Folgen des wirtschaftlichen Handelns zu beurteilen. Selbstständig handelt auch, wer als Kommissionär im eigenen Namen für fremde Rechnung tätig wird, wirtschaftlich also die Auswirkungen des herbeigeführten Umsatzes nicht verantwortet. Als rein bankspezifisch erweisen sich zudem der Hinweis auf das fehlende Dotationskapital sowie der Umstand, dass „die finanzielle Stabilität und Zahlungsfähigkeit [der Bank] im Herkunftsmitgliedstaat überwacht wird"[132]. Sollten das Vorliegen von Dotationskapital und die bankaufsichtsrechtliche Verantwortlichkeit der inländischen Niederlassung einer Auslandsbank[133] ein hinreichendes Kriterium für deren umsatzsteuerliche Selbstständigkeit sein,

---

131 EuGH Urteil vom 23.3.2006, Rs. 210/04 „FCE Bank plc.", Tz. 37, UR 2006, S. 331 mit Anmerkungen Heinrichshofen.
132 EuGH Urteil vom 23.3.2006, Rs. 210/04 „FCE Bank plc.", Tz. 36, UR 2006, S. 331 mit Anmerkungen Heinrichshofen; zur sogenannten „Sitzlandkontrolle" vgl. auch: Troberg, in: Schimansky/Bunte/Lwowski (2007), § 135 Rz. 5 und 9: Danach besitzt ein von einem Mitgliedstaat zugelassenes Kreditinstitut mit seiner Banklizenz eine EU-weit wirkende Genehmigung und unterliegt der bankaufsichtsrechtlichen Kontrolle ausschließlich im Herkunftsland (sogenannter „Europapass").
133 Innerhalb der EU gilt das Prinzip der „Sitzlandkontrolle", wonach Filialen in der gesamten Union vom Herkunftsland aus zu überwachen und vom Gastland möglichst freizustellen sind. Vgl.: Troberg, in: Schimansky/Bunte/Lwowski (2007): Bankrechtshandbuch, § 135 Rz. 4. Demnach wäre eine solche Konstellation allenfalls mit Drittlandsbezug zu beachten.

so läge hierin im Einzelfall eine umsatzsteuerlich nicht gerechtfertigte Ungleichbehandlung gegenüber sonstigen Unternehmern (Nicht-Banken) allein aufgrund bankaufsichtsrechtlicher Zuweisung von Eigenmitteln, die handels- und bilanzrechtlich letztlich allein bei der juristischen Person existieren. Die Bereitstellung des Dotationskapitals erfolgt durch die Bank als juristische Person und dient aufsichtsrechtlich lediglich einer Sicherstellung ausreichender finanzieller Eigenmittel im Inland.[134] Die finanziellen Auswirkungen des Handelns der Betriebsstätte trägt in jedem Fall die Bank als juristische Person.

b) Leistungsbezug durch die Betriebsstätte

Darüber hinaus muss zur Bestimmung der Eingangsbesteuerung überprüft werden, ob die Leistung auch nach den Maßstäben des deutschen Umsatzsteuergesetzes eindeutig von der im Ausland befindlichen Betriebsstätte bezogen wurde oder ob nicht der Leistungsbezug doch dem in Deutschland ansässigen Stammhaus zuzuordnen wäre. Unter Umständen käme es sonst in diesem Fall sogar zu einer Doppelbesteuerung der Leistung.

Gemäß § 3a Abs. 2 Satz 2 UStG wäre die Leistung des externen Dienstleisters im Ausland steuerbar, wenn die Leistung „an die Betriebsstätte ausgeführt" wurde. Dies setzt jedoch voraus, dass die Bank die Leistung für ihre Betriebsstätte bezieht.[135]

Eine Betriebsstätte liegt nur dann vor, wenn sie über den Mindestbestand an Sach- und Personalmitteln verfügt, der für die autonome Erbringung von Dienstleistungen erforderlich ist. Dieser Definition zum umsatzsteuerlichen Betriebsstättenbegriff schließt sich das BMF mit Schreiben vom 4. September 2009 an.[136] Obwohl das BMF den umsatzsteuerlichen Betriebsstättenbegriff mithin einheitlich sowohl für die Erbringung einer Leistung als auch für den

---

134 Troberg, in: Schimansky/Bunte/Lwowski (2007): Bankrechtshandbuch, § 135 Rz. 4 (Fn. 3): Als „Dotationskapital" bezeichnet man die Eigenmittel einer Zweigstelle. Gesellschaftsrechtlich bildet die Zweigstelle als unselbstständiger Betriebsteil indes kein „Eigenkapital" im rechtlichen Sinne.
135 BMF vom 4.9.2009, BStBl I S. 1005 Tz. 10 (A 33-42i UStR 2008 aufgehoben mit BMF-Schreiben vom 4.9.2010); vgl. zum Ganzen: Becker/Müller-Lee (2009): UStB, S. 320.
136 Vgl. die in BMF vom 4.9.2009 in Tz. 4 genannten EuGH Urteile.

Leistungsbezug definiert ist unseres Ermessens darauf hinzuweisen, dass für den Bezug der Leistung über die Betriebsstätte ergänzende Kriterien heranzuziehen sind.[137]

Eine Leistung ist an eine Betriebsstätte ausgeführt, wenn sie ihr zuzuordnen ist, weil sie dieser dient, das heißt für deren Zwecke verwendet wird.[138] Das ist nicht bereits der Fall, wenn die Leistung von der Betriebsstätte in Auftrag gegeben wird. Andererseits ist die Beauftragung durch die Betriebsstätte aber auch keine zwingende Voraussetzung für die Annahme eines Leistungsbezugs bei der Betriebsstätte.[139] Eine Verlagerung des Leistungsorts an den Ort der Betriebsstätte soll in den Fällen des § 3a Abs. 2 UStG nur dann greifen, wenn der wirtschaftliche Nutzen der bezogenen Leistungen der Betriebsstätte zugutekommt.[140] Lässt sich nicht feststellen, dass die Leistung ausschließlich oder zumindest zum überwiegenden Teil für eine Betriebsstätte bestimmt ist, gilt die Grundregel des § 3a Abs. 2 Satz 1 UStG, wonach der Ort der Leistung wieder an dem Ort zu besteuern wäre, an dem der Leistungsempfänger sein Unternehmen betreibt.[141] Bei einer einheitlichen sonstigen Leistung ist es nicht möglich, diese gegebenenfalls nach Nutzungsverhältnissen auf die Betriebsstätte und den Hauptsitz aufzuteilen.[142]

Eine Verwendung der Leistung durch die Betriebsstätte im genannten Sinne setzte unseres Ermessens voraus, dass die Betriebsstätte die Leistungen für eigene Tätigkeiten (im Ausland) benötigt. In jedem Fall müsste die Tätigkeit der Betriebsstätte über das schlichte „Durchleiten" der Leistung an den Auftraggeber im Inland hinausgehen, da die Leistung sonst nicht ausschließlich oder zumindest überwiegend für die Betriebsstätte bestimmt ist.

---

137 Becker/Müller-Lee (2009): UStB, S. 320
138 Vgl. Stadie, in: Rau Dürrwächter (Stand 2010): UStG, § 3a, Rn. 182.
139 Vgl. Stadie, in: Rau Dürrwächter (Stand 2010): UStG, § 3a, Rn. 182; vgl. aber EU-Kommission Vorschlag zur Neufassung der Verordnung 1777/2005 vom 16.12.2009 (COM 2009, 672), Art. 28 Abs. 3, wonach sich der Leistende für die Beurteilung, ob die Leistung tatsächlich an eine feste Niederlassung des Leistungsempfängers erbracht wurde, unter anderem daran orientieren sollen, ob die Niederlassung im Vertrag oder Bestellschein als Dienstleistungsempfänger ausgewiesen ist.
140 Vgl. von Streit (2001): UR, S. 375; noch zu § 3a Abs. 3 UStG a. F.
141 BMF vom 4.9.2009, BStBl I S. 1005 Tz. 12.
142 BMF vom 4.9.2009, BStBl I S. 1005 Tz. 12.

In welchem Umfang eine Zuordnung der empfangenen Leistung zur Betriebsstätte möglich sein soll, wird daher auch diskutiert.[143] Es ist zu beachten, dass der Anteil der Leistung, der nicht der wirtschaftlichen Tätigkeit der Betriebsstätte selbst unmittelbar zuzurechnen ist, sondern unmittelbar an das Stammhaus weitergeleitet wird, dazu führen kann, dass die Leistung als nicht *überwiegend* am Ort der Betriebsstätte genutzt anzusehen sei. Die Leistung wäre dann insgesamt am Ort des Hauptsitzes steuerbar.[144]

Zu Recht wird daher darauf hingewiesen, dass sich viele Fälle in der Praxis, in denen die empfangene Leistung typischerweise im Stammhaus und in mehreren Betriebsstätten gleichzeitig genutzt wird, unter Heranziehung der von der Finanzverwaltung geforderten Prinzipien (einheitliche Zuordnung nach überwiegender Nutzung) nicht zufriedenstellend lösen lassen.[145] *Schreib* schlägt daher vor, unter Aufrechterhaltung des Grundsatzes einer „inhaltlichen Betrachtungsweise", welche eine Anknüpfung nach Nutzungskriterien vorsieht, in solchen „Aufteilungsfällen" für die Entscheidung einer einheitlichen Zuordnung letztlich auf „formelle" Kriterien zurückzugreifen.[146]

Unseres Erachtens hat die einheitliche Zuordnung eine Berechtigung. Eine Aufteilung nach wirtschaftlichen Nutzungsanteilen zwischen in unterschiedlichen Mitgliedstaaten befindlichen Betriebsstätten und Hauptsitz birgt in der praktischen Umsetzung regelmäßig die Gefahr, dass es zwischen den betreffenden Mitgliedstaaten zu Unsicherheiten über den Umfang des Besteuerungsrechts kommen könnte und der leistende Unternehmer sich über die umsatzsteuerlich zutreffende Abrechnung nicht vergewissern kann.

---

143 Vgl. Schäfer (2001): UR, S. 55; ablehnend: Stadie, in: Rau Dürrwächter (Stand 2010): UStG, § 3a, Rn. 182; von Streit (2001): UR, S. 373.
144 von Streit (2001): UR, S. 373; Schreib (2007): UR, S. 437; zur Frage der „wirtschaftlichen" Teilbarkeit der bezogenen Leistungen vgl. auch Stadie, in: Rau Dürrwächter (Stand 2010): UStG, § 3a, Rn. 184.
145 Schreib (2007): UR, S. 437.
146 Schreib (2007): UR, S. 437; in diesem Sinne auch: EU-Kommission Entwurf eines Vorschlags zur Neufassung der Verordnung 1777/2005 vom 16.12.2009 (COM 2009, 672), Art. 28 Abs. 3.

Die Auslegung anderer Ortsbestimmungen durch den EuGH hat gezeigt, dass die Vermeidung solcher Kompetenzkonflikte in grenzüberschreitenden Leistungsverhältnissen ein maßgebliches Kriterium für die Auslegung dieser Vorschriften bildete.[147] Allerdings hat der EuGH diese Frage für den Leistungsbezug durch eine Betriebsstätte noch nicht entschieden. Daher ist unseres Erachtens den Argumenten zuzustimmen, die nach einer einheitlichen Zurechnung zu einer Betriebsstätte suchen, wenn ein maßgeblicher Nutzungsanteil eben bei der beziehungsweise den Betriebsstätten liegt und eine Besteuerung am Hauptsitz dem die Verbrauchsteuer leitenden Prinzip des Bestimmungslands im Ergebnis widersprechen würde.

Für eine solche wünschenswerte Zuordnung kann es daher ein Indiz sein, dass eine der Betriebsstätten beispielsweise die Vertragsverhandlungen für den Leistungseinkauf führt und die Verträge abschließt. Darüber hinaus könnte als Anhaltspunkt auch die ausdrückliche Nennung der Betriebsstätte im Bestellschein, die Zahlung des Entgelts durch die Betriebsstätte oder die Art der bestimmungsmäßigen Verwendung für die Betriebsstätte herangezogen werden.[148] Für den Erbringer von Dienstleistungen sieht das BMF-Schreiben vom 4. September 2009 hier eine Vermutungsregel vor. Ist die Zuordnung zu einer Betriebsstätte zweifelhaft und verwendet der Leistungsempfänger eine ihm von einem anderen EU-Mitgliedstaat erteilte USt-IdNr., kann davon ausgegangen werden, dass die Leistung für die im EU-Mitgliedstaat der verwendeten USt-IdNr. gelegenen Betriebsstätte bestimmt ist.[149]

---

147 Zum Beispiel EuGH-Urteil vom 25.1.2001, Rs. C-429/97 [Kommission ./. Französische Republik] Tz. 49, EuGHE 2001, S. 673; vom 17.7.1997, Rs. C-95/195 [ARO Lease B.V.], UR 1998, S. 185; vom 7.5.1998, Rs. C-390/96 [Lease Plan], EuGHE 1998, S. 2553; vom 4.7.1985, Rs. 168/84 [Berkholz], EuGHE 1985, S. 2251.
148 In diesem Sinne: EU-Kommission Vorschlag zur Neufassung der Verordnung 1777/2005 vom 16.12.2009 (COM 2009, 672), Art. 28 Abs. 3.
149 BMF vom 4.9.2009, BStBl I S. 1005 Tz.12

D. Steuerbefreiung

I. Bedeutung steuerbefreiter Leistungen im Rahmen des klassischen Outsourcings

Vor dem Hintergrund der bereits dargestellten spezifischen umsatzsteuerlichen Situation, die sich für Finanzdienstleistungsinstitute aus ihren eingeschränkten Vorsteuerabzugsmöglichkeiten ergibt, kommt dem Bezug steuerbefreiter Leistungen eine zentrale Bedeutung zu. Nicht mit Umsatzsteuer belastete Eingangsleistungen verursachen keine zusätzlichen umsatzsteuerbedingten Kosten. „Klassisches Outsourcing" ist in dem hier genannten Zusammenhang so zu verstehen, dass die Dienstleistungen von einem externen, im Inland ansässigen Dienstleister erbracht werden, der nicht zum umsatzsteuerlichen Organkreis des Finanzdienstleistungsinstituts gehört. Das heißt, es handelt sich bei den ausgelagerten Dienstleistungen grundsätzlich um in Deutschland steuerbare sonstige Leistungen gemäß § 3 Abs. 9 UStG.

Häufig werden die auszulagernden Tätigkeiten zuvor als Teilbereiche im Leistungserstellungsprozess der von der bei der Bank erbrachten Gesamtleistung gemäß § 4 Nr. 8 UStG steuerbefreit gewesen sein. Vorbehaltlich der aufsichtsrechtlichen Zulässigkeit der Auslagerung von Aktivitäten und Prozessen des Bankgeschäfts an Dritte (Nicht-Banken)[150] ist für Zwecke der Umsatzsteuer zu klären, ob die jeweilige Steuerbefreiungsvorschrift auch für die Erbringung des durch einen Dritten erbrachten Teilbereichs der Finanzdienstleistung gilt. Ist die Anwendung der Steuerbefreiungsvorschrift abzulehnen, so kommt es bezüglich der von dem Kooperationspartner belasteten Dienstleistungsentgelte beim Finanzdienstleistungsinstitut entsprechend der dortigen Vorsteuersituation zu einer Kostenbelastung in Höhe der nicht abziehbaren Vorsteuer. Wie bereits dargestellt, ist dieser Effekt bereits im Vorfeld der Beurteilung der Wirtschaftlichkeit des Auslagerungsvorgangs unbedingt zu beachten.

---

150 Zu aufsichtsrechtlichen Fragen vgl. den Beitrag von Frank, Aufsichtsrechtliche Aspekte beim Outsourcing.

Umgekehrt ist der Bezug der Leistungen vom Kooperationspartner umsatzsteuerlich unproblematisch, wenn die vormals für das Finanzdienstleistungsinstitut geltende Steuerbefreiungsvorschrift auch für die Leistungen des Dritten in Anspruch genommen werden kann. Die Einordnung der vom Dienstleister erbrachten Leistung als steuerfrei führt gemäß § 15 Abs. 2 Nr. 1 UStG zum Ausschluss des Vorsteuerabzugs auf die von ihm zur Ausführung der steuerbefreiten Umsätze bezogenen Vorleistungen. Dies hat zur Folge, dass auch auf Ebene des Kooperationspartners der nicht abziehbare Umsatzsteueranteil in die Kostenkalkulation und somit in den Preis der ausgelagerten Dienstleistung einfließt. Allerdings verwirklicht sich die Belastung mit nicht abziehbarer Umsatzsteuer hier auf einer vorausgehenden Stufe der Wertschöpfungskette, sodass die aus der nicht abziehbaren Vorsteuer resultierende (Gesamt-)Kostenbelastung für die Dienstleistung geringer ist als bei einer Steuerpflicht des vom Dienstleister ausgeführten Umsatzes. Insbesondere wird der Personalkostenanteil der ausgelagerten Dienstleistung durch den Auslagerungsvorgang nicht zusätzlich mit Umsatzsteuer belastet.

II. Auslegung der Steuerbefreiungsvorschriften

1. Allgemeine Auslegungskriterien

Die Frage, ob die Ausführung von steuerbefreiten Leistungen durch Dritte möglich ist, wäre zunächst auf Grundlage der jeweiligen Befreiungsvorschrift des Umsatzsteuergesetzes zu beantworten. Die dort aufgeführten Befreiungsvorschriften des § 4 Nr. 8 UStG sehen nach ihrem Wortlaut zunächst keine personellen Beschränkungen vor. Beispielsweise stellt § 4 Nr. 8 lit. a UStG „die Gewährung und die Vermittlung von Krediten" steuerfrei. Eine ausdrückliche Einschränkung auf solche Umsätze, die durch Banken erbracht werden, ist nicht vorgesehen.[151] Gemäß der bis zum 31. Dezember 2004 geltenden Fassung des § 4 Nr. 8 lit. h UStG war die Verwaltung von Sondervermögen nur dann steuerbefreit, wenn es sich um „Sondervermögen nach dem Gesetz

---

151 Vgl. hierzu bereits BFH, Urteil vom 27.8.1998, V-R-84/97, DStZ 1999, S. 341; Urteil vom 18.7.2002, V-R-44/01, BFH/NV 2003, S. 125; durch die Vorgaben der Rechtsprechung des EuGH ist die mögliche Ausdehnung der Steuerbefreiungsvorschriften auf Nicht-Banken anerkannt. Vgl. hierzu zuletzt: BFH, Urteil vom 13.7.2006, V-R-57/04, BFH/NV 2006, S. 2385.

über Kapitalanlagegesellschaften (KAGG)" handelte. Das KAGG wiederum sah als Verwalterin solcher Sondervermögen lediglich Kapitalanlagegesellschaften vor, sodass man aus dem Wortlaut des § 4 Nr. 8h UStG a. F. eine personenbezogene Steuerbefreiung hätte ableiten können. Die Formulierung der Vorschrift ist allerdings geändert worden. Aus dem nunmehr geltenden Verweis „Investmentvermögen nach dem Investmentgesetz" kann eine solche Einschränkung auf den Kreis möglicher Leistender nicht mehr unmittelbar hergeleitet werden.[152]

Dort, wo nach dem Wortlaut der Norm eine eindeutige Antwort auf die hier aufgeworfene Frage nicht zu erzielen ist, bedarf es der Auslegung der Vorschrift. Mögliche Leitlinien der Auslegung sind hierbei rechtssystematische Erwägungen, die Heranziehung des erkennbaren Regelungszwecks der Norm (sogenannte teleologische Auslegung) oder die Auslegung vor dem Hintergrund höherrangigen Rechts.[153] Für den Bereich der Umsatzsteuer hat sich die Auslegung insbesondere an den Vorgaben der 6. EG-RL beziehungsweise der MwStSystRL[154] zu orientieren (sogenannte richtlinienkonforme Auslegung).[155]

2. Regelungszweck der Befreiungsvorschriften – keine Parallelwertung zum Aufsichtsrecht

Eine Auslegung nach dem Regelungszweck der Befreiungsvorschriften ergibt jedoch nicht, dass zur Inanspruchnahme der Steuerbefreiung die dort genannten Leistungen oder Teilleistungen von Kreditinstituten oder Finanzdienst-

---

152 Vgl. Änderungen durch das Investmentmodernisierungsgesetz mit Wirkung zum 1.1.2004 und folgend Jahressteuergesetz 2008; vgl. zur Auslegung der Steuerbefreiung des § 4 Nr. 8h UStG in der Vorauflage den Beitrag von Neubert/Becker, Outsourcing bei Kapitalanlagegesellschaften – Umsatzsteuerliche Besonderheiten.
153 Zur Auslegung von Steuergesetzen vgl. auch Lang, in: Tipke/Lang (2008): Steuerrecht, § 5, Rn. 48ff; grundlegend: Larenz (1991): Methodenlehre, S. 320ff.
154 6. Richtlinie des Rates vom 17.5.1977 (77/388/EWG), ABl. EG Nr. L 145, S. 1, beziehungsweise Richtlinie 2006/112/EG des Rates vom 28.11.2006, sogenannte „Mehrwertsteuersystemrichtlinie", ABl. EU Nr. L 347, S. 1.
155 Stadie, in: Rau/Dürrwächter (Stand 2010): UStG, vor §§ 4 bis 9, Rn. 42.; Lang in: Tipke/Lang (2008): Steuerrecht, § 5, Rn. 60; instruktiv zur richtlinienkonformen Auslegung des Umsatzsteuergesetzes vgl. zum Beispiel BFH, Urteil vom 2.4.1998, V-R-34/97, BStBl. 1998 II 695; vgl. auch Cordewener (2006): UR, S. 673 m. w. N.

leistungsinstituten im Sinne des Kreditwesengesetzes (KWG) erbracht werden müssen. Hintergrund der Steuerbefreiung bestimmter Bankgeschäfte und Finanzdienstleistungen sind Zweckmäßigkeitsgründe.[156]

Neben dem Ziel, der Verteuerung der privaten Kreditaufnahme entgegenzuwirken, sah man in der Besteuerung der klassischen Bankumsätze vor allem technische Hürden.[157] Das Ziel, den Endverbrauch umsatzsteuerlich zu erfassen, ist aufgrund der technischen Ausgestaltung der klassischen Bankumsätze schwierig.[158] Anders als bei den meisten Lieferungen und sonstigen Leistungen, bei denen ein ausdrücklich vereinbarter Preis einen sachgerechten Anknüpfungspunkt für den umsatzsteuerlich zu erfassenden Verbrauch liefert, ist dies für die Finanzumsätze nicht ohne Weiteres gegeben. Die Höhe des Entgelts ergibt sich hier häufig, von außen nicht erkennbar, implizit aus mehreren Umsätzen als Marge zwischen Aktiv- und Passivgeschäft und ist daher mit einer transaktionsgebundenen Besteuerung nicht sachgerecht erfasst.[159]

Diese Feststellung gilt unverändert auch dann, wenn sich das Kreditinstitut zur Erbringung einzelner Umsätze oder Teilbereiche dieser Umsätze eines Dritten bedient. Die Umsatzsteuer verfolgt einen von Verbrauchsteuerkriterien geleiteten Zweck.[160] Entscheidend für die Belastung mit Umsatzsteuer ist danach der beim Abnehmer der Leistung stattfindende (End-)Verbrauch. Für die Qualifizierung des beim Endverbraucher eintretenden Leistungskonsums ist es jedoch nicht entscheidend, ob die Leistung oder Teile der Leistung (auch) von Dritten (Nicht-Banken) erbracht wurden. Mit einer Belastung dieser Leistungsbestandteile würde man letztlich, dem eigentlichen Regelungszweck zuwider, eine Verteuerung der durch das Finanzinstitut erbrachten Leistung herbeiführen.[161] Auch eine Bestimmung des Schutzbereichs „Bankgeschäfte"

---

156 Vgl. Birkenfeld (Stand 2010): Umsatzsteuer-Handbuch, II. Abschnitt, § 9 Rn. 12.
157 Vgl. Menner/Herrmann (2001): UStB. S. 61.
158 Vgl. hierzu auch EuGH, Urteil vom 14.7.1998, Rs. C-172/96 [First National Bank of Chicago], HFR 1998, S. 863.
159 Vgl. Wurts/Fenton (2002), in: : International Tax Review, Tax Reference Library No 7, Indirect Taxes, published in association with PwC; vgl. zum Ganzen auch: Europäische Kommission (2006), Einführung Punkt 1.1.
160 Vgl. Lippross (2005): Umsatzsteuer, S. 42.
161 Dieser Effekt der Preisüberwälzung mit nicht abziehbarer Vorsteuer kann auch auftreten, wenn die eingekaufte Leistung steuerfrei ist. Vgl. auch zum sogenannten Kaskadeneffekt A.II.

unter Anknüpfung an bankaufsichtsrechtliche Definitionskriterien würde umsatzsteuerrechtlich nicht zu sachgerechten Ergebnissen führen. Die für die Auslagerung von Geschäftsbereichen geltenden aufsichtsrechtlichen Vorgaben des § 25a Abs. 2 KWG bieten letztlich kein sachgerechtes Abgrenzungskriterium in Bezug auf die umsatzsteuerliche Einordnung der von Dritten erbrachten Dienstleistungen. Die im KWG vorgesehene aufsichtsrechtliche Definition der Bankumsätze und die Formulierung der Zulässigkeitskriterien für eine Auslagerung an Dritte verfolgt die Sicherstellung einer besonderen staatlichen Aufsicht über einen als sensibel angesehenen Wirtschaftssektor. Der vom Aufsichtsrecht verfolgte Regelungszweck unterscheidet sich somit von dem der umsatzsteuerlichen Befreiungsvorschriften.[162] Als Auslegungshilfe für die vom Verbrauchsteuergedanken geleiteten Vorschriften des Umsatzsteuergesetzes ist ein solcher Anknüpfungspunkt daher ungeeignet.

III. Anforderungen des EuGH an die ausgelagerte Tätigkeit

1. Bindung an gemeinschaftsrechtsrechtliche Vorgaben

Sämtliche im Umsatzsteuergesetz aufgeführten Befreiungsvorschriften für den Bereich des Bankwesens basieren auf den verbindlichen Vorgaben des Art. 13 Abschn. B lit. d der 6. EG-RL (entspricht Art. 135 Abs. 1 lit. b bis g der MwStSystRL). Der Wortlaut des heutigen § 4 Nr. 8 UStG ist der Richtlinienvorschrift nachgebildet.[163] Die Auslegung der hier untersuchten Befreiungsvorschriften des Umsatzsteuergesetzes hat daher stets im Licht der EU-rechtlichen Vorgaben zu erfolgen (sogenannte richtlinienkonforme Auslegung).[164] Kommt es hierbei zu Zweifelsfragen, ist zu beachten, dass dem EuGH ein Auslegungsmonopol bezüglich der Regelungen der Richtlinie zukommt.[165] Nationale Gerichte können daher auch letztinstanzlich nicht verbindlich über Zweifelsfragen bei der Auslegung der nationalen Vorschriften entscheiden, sofern diese auf einer Umsetzung entsprechender Richtlinienvorschriften be-

---

162 Vgl. auch Philipowski (2006): DB, S. 1235f.
163 BT Drucksache 8/1779 vom 5.5.1978, S. 32.
164 Ständige Rechtsprechung des EuGH: vgl. Urteil vom 17.12.1995, Rs. C-472/93 [Luigi Spano u. a.], EuZW 1996, S. 185, Rn. 17; Urteil vom 8.10.1987, Rs. 80/86 [Kolpinghuis Nijmegen], RIW 1988, S. 826, Rn. 14.
165 Stadie, in: Rau/Dürrwächter (Stand 2010): UStG, Einführung, Rn. 242f.

ruhen. Zweifelsfragen sind daher von dem deutschen Gericht im Wege eines sogenannten Vorabentscheidungsverfahrens vor dem EuGH zu klären.¹⁶⁶ Der EuGH hat mehrfach betont, dass es sich bei den in den Befreiungsvorschriften verankerten Voraussetzungen um autonome (Rechts-)Begriffe des Gemeinschaftsrechts handelt.¹⁶⁷ Zur Auslegung dieser Begriffe sind daher insbesondere nicht die Vorgaben der jeweiligen nationalen Rechtsordnungen, zum Beispiel des Zivilrechts, maßgeblich. Die europaweite Einheitlichkeit der Befreiungsvorschrift wäre gefährdet, wenn die Auslegung von der zivilrechtlichen Einordnung einer Tätigkeit oder des Steuersubjekts im jeweiligen Mitgliedstaat abhinge.¹⁶⁸

2. Anwendung der Steuerbefreiungsvorschrift auf ausgelagerte Dienstleistungen – Kriterien nach der Rechtsprechung des EuGH

Zur Frage der umsatzsteuerlichen Beurteilung ausgelagerter Finanzdienstleistungsumsätze hat der EuGH erstmals mit Urteil vom 5. Juni 1997 „Sparekassernes Datacenter" (SDC)¹⁶⁹ und daran anschließend in der Rechtssache „Card Protection Plan Ltd."¹⁷⁰ Stellung genommen. Wie der EuGH zunächst für Umsätze im Überweisungsverkehr und für Umsätze, die sich auf Wertpapiere beziehen, festgestellt hat, kann die steuerbefreite Tätigkeit grundsätzlich in verschiedene Leistungsbestandteile aufgeteilt werden, die dann Umsätze im Sinne der Steuerbefreiungsvorschrift darstellen können.¹⁷¹ Voraussetzung ist,

---

166 Art. 234 EGV.
167 Sogenannte autonome Auslegung des Gemeinschaftsrechts: ständige Rechtsprechung des EuGH, vgl. zum Beispiel Urteil vom 5.6.1997, Rs. C-2/95 [Sparekassernes Datacenter], EuGHE 1997, S. 3017, UR 1998, S. 64, Rn. 21; Urteil vom 8.3.2001, Rs C-240/99 [Skandia], EuGHE 2001, S. 1951, UR 2001, S. 157, Rz. 23, Urteil vom 3.3.2005, Rs. C-472/03 [Arthur Andersen & Co. Accountants c.s.] EuGHE 2005, S. 1735, Rz. 25; Urteil vom 4.5.2006, Rs. C-169/04 [Abbey National plc], EuGHE 2006, S. 4062, UR 2006, S. 352 mit Anmerkungen Wäger, Rz. 38.
168 Zur sogenannten Rechtsformneutralität vgl. auch EuGH, Urteil vom 4.5.2006, Rs. C-169/04 [Abbey National plc], Rn. 53, UR 2006, S. 352 mit Anmerkung Wäger.
169 EuGH, Urteil vom 5.6.1997, Rs. C-2/95 [Sparekassernes Datacenter], EuGHE 1997, S. 3017, UR 1998, S. 64, Rn. 21.
170 Vgl. EuGH, Urteil vom 5.2.1999, Rs. C-349/96 [Card Protection Plan Ltd.], EuGHE 1999, S. 973, UR 1999, S. 254.
171 EuGH, Urteil vom 5.6.1997, Rs. C-2/95 [Sparekassernes Datacenter], EuGHE 1997, S. 3017, UR 1998, S. 64, Rn. 64; EuGH, Urteil vom 13.12.2001 Rs. C-235/00 [CSC Financial Services Ltd.], EuGHE 2001, S. 10237, UR 2002, S. 84, Rn. 23.

dass es sich bei diesen Dienstleistungen um ein im Großen und Ganzen eigenständiges Ganzes handelt, das die spezifischen und wesentlichen Funktionen einer in der Vorschrift beschriebenen Leistung erfüllt.[172]

a) „Spezifische" und „wesentliche" Funktionen

In der 1997 ergangenen Entscheidung Sparekassernes Datacenter hatte der EuGH festgestellt, dass „outgesourcte" Dienstleistungen eines Rechenzentrums im Zahlungsverkehr unter bestimmten Bedingungen nach Art. 13 Teil B lit. d. Nr. 3 6. EG-RL (entspricht Art. 135 Abs. 1 lit. d der MwStSystRL) als steuerfrei behandelt werden können. Der EuGH nimmt hier eine materielle Wertung der ausgeführten Leistungen vor und fragt danach, welchen faktischen Inhalt die ausgelagerte Tätigkeit beim Verbraucher entfaltet.[173] Unerheblich für die Befreiung ist die Person desjenigen, der die Leistung erbringt. Nicht entscheidend ist daher, ob der Verbraucher mit einer Bank kontrahiert oder erkennen kann, dass Teile der von einer Bank erbrachten Leistung tatsächlich auch von Nicht-Banken ausgeführt wurden.[174] Entscheidend ist, dass die vom Dritten erbrachte (Teil-)Leistung ihrem materiellen Gehalt nach als Finanzdienstleistung im Sinne der Befreiungsvorschrift qualifiziert werden kann. Es kommt auch nicht darauf an, ob der Dienstleister mit dem Endkunden selbst eine Vertragsbeziehung unterhält. Voraussetzung für die materielle Anerkennung als Bankdienstleistung ist vielmehr, dass die ausgelagerten Tätigkeiten „ein eigenständiges Ganzes bilden, das die spezifischen und wesentlichen Funktionen der befreiten Leistung erfüllt"[175].

Die Kriterien, die der EuGH in der Entscheidung SDC für die Steuerbefreiungsvorschriften des Art. 13 Teil B lit. d. Nr. 3 (Zahlungs- und Überweisungsverkehr, entspricht Art. 135 Abs. 1 lit. d der MwStSystRL) und Nr. 5 (Wertpapierumsätze, entspricht Art. 135 Abs. 1 lit. f der MwStSystRL) der

---

172 EuGH, Urteil vom 5.6.1997, Rs. C-2/95 [Sparekassernes Datacenter], EuGHE 1997, S. 3017, UR 1998, S. 64, Rn. 66.
173 EuGH, Urteil vom 5.6.1997, Rs. C-2/95 [Sparekassernes Datacenter], EuGHE 1997, S. 3017, UR 1998, S. 64.
174 Vgl. auch bereits BFH, Urteil vom 27.8.1998, V-R-84/97, DStZ 99, S. 341.
175 EuGH, Urteil vom 5.6.1997, Rs. C-2/95 [Sparekassernes Datacenter], EuGHE 1997, S. 3017, UR 1998, S. 64, Schlussanträge der Generalanwältin Juliane Kokott vom 8.9.2005, EuGH Rs. C-169/04 [Abbey National plc], EuGHE 2006, S. 4062, Rz. 63

6. EG-RL aufgestellt hat, bieten den methodischen Ansatz für die Auslegung auch der übrigen Befreiungsvorschriften im Finanzdienstleistungssektor.[176] Jede Befreiungsvorschrift ist daher grundsätzlich auf den spezifischen Gehalt der dort genannten Tätigkeit hin zu untersuchen.

Es drängt sich die Frage auf, wie der Begriff „spezifisch" zu verstehen ist und insbesondere, wie er von dem Begriff „wesentlich" abgegrenzt werden kann. „Spezifisch" bedeutet nach allgemeiner Sprachbedeutung: einer Sache ihrer Eigenart nach zukommend, arteigen.[177] Die Generalanwältin beim EuGH *Juliane Kokott* umschreibt „spezifische" Aufgaben des Dienstleisters als solche, die „prägend" für die steuerbefreite Tätigkeit sind und grenzt ab von „ganz allgemeinen Tätigkeiten, die in jedem kaufmännischen Unternehmen anfallen, zum Beispiel die Buchführung, die Personalverwaltung, der Betrieb von Computern und die Unterhaltung von Büroräumen". Sie verwendet insofern auch den Begriff „charakteristisch"[178]. Die für die Steuerbefreiung spezifischen, charakteristischen, prägenden Merkmale und Kriterien sind für die jeweilige Steuerbefreiung durch (teleologische) Auslegung zu ermitteln.[179]

Es ist jedoch fraglich, wie darüber hinaus der Begriff „wesentlich" zu interpretieren ist. Von der Wortbedeutung könnte wesentlich hier gemeint sein im Sinne von „erheblich", „nennenswert" oder aber „dem Wesen nach". *Hamacher/Frenzel* wollen „wesentlich" im Sinne von „wesenhaft" verstehen.[180] Das Verständnis „wesenhaft", also dem Wesen der Tätigkeit immanent, wäre

---

176 Vgl. zuletzt EuGH, Urteil vom 4.5.2006, Rs. C-169/04 [Abbey National plc] EuGHE 2006, S. 4062, Tz. 61, UR 2006, S. 352 mit Anmerkung Wäger; maßgeblich ist dieser Ansatz aber auch für den Bereich der Steuerbefreiungen außerhalb des Finanzdienstleistungssektors; vgl. EuGH, Urteil vom 13.7.2006, Rs. C-89/05 [United Utilities plc] EuGHE 2006, S. 6815, Tz. 28, UR 2006, S. 521 mit Anmerkung Hahne.
177 Duden, Fremdwörterbuch.
178 Schlussanträge der Generalanwältin Juliane Kokott vom 8.9.2005, EuGH, Rs. C-169/04 [Abbey National plc], EuGHE 2006, S. 4062, Tz. 56f.
179 Schlussanträge der Generalanwältin Juliane Kokott vom 8.9.2005, EuGH, Rs. C-169/04 [Abbey National plc], EuGHE 2006, S. 4062, Tz. 57; EuGH, Urteil vom 13.7.2006, Rs. C-89/05 [United Utilities plc], EuGHE 2006, S. 6815, Tz. 28, UR 2006, S. 521 mit Anmerkung Hahne.
180 Hamacher/Frenzel (2002): UR, S. 297ff.; so auch: Hamacher/Grundt (2007): DStR, S. 283.

dem „Spezifischen" dann bedeutungsgleich, die synonyme Verwendung der Adjektive „spezifisch" und „wesentlich" in der Urteilsbegründung des EuGH dienten dann wohl stilistisch lediglich einer Bedeutungsverstärkung.[181]

Andererseits kann man aber auch zum dem Schluss kommen, dass eine ausgelagerte Leistung zunächst zum spezifschen Funktionsumfang der in der Steuerbefreiung geregelten Tätigkeit gehören muss. Eine eigenständige Bedeutung des Begriffs „wesentlich" würde dann darauf hindeuten, dass es sich nicht um eine unbedeutende, untergeordnete, fragmenthafte Tätigkeit handeln darf. Hierfür spricht auch die Formulierung „eigenständiges Ganzes", welche dann wiederum der Verstärkung des Begriffs „wesentlich" diente. Der Ermittlung des spezifischen Tätigkeitsbereichs wäre dann ein Korrektiv zur Seite gestellt, das unbedeutende Beiträge ausschließen soll. Die Generalanwältin beim EuGH *Juliane Kokott* sieht als Indiz für die Qualifikation einer Tätigkeit als eigenständiges Ganzes, wenn nicht lediglich einzelne Hilfstätigkeiten übernommen werden, sondern die Leistungen als eigenständiger Service betrachtet werden („Komplettservice").[182] Die „Eigenständigkeit" und somit unseres Erachtens auch die „Wesentlichkeit" sind wiederum nicht quantitativ,[183] also nach dem Umfang der übertragenen Aufgaben zu bestimmen, sodass auch vom Umfang geringfügige Leistungselemente grundsätzlich nicht von vornherein ausgeschlossen werden müssen.[184] Vielmehr ist etwa der „innere Zusammenhang" der übertragenen Tätigkeiten zu untersuchen.[185] Entscheidend ist unseres Erachtens somit, ob die Tätigkeit ein wichtiges, eigenständiges Teilelement des fraglichen Funktionsbereichs ausmacht und eine entscheidende Bedeutung

---

181 Sogenanntes Hendiadyoin.
182 Schlussanträge der Generalanwältin Juliane Kokott vom 8.9.2005, vom 8.9.2005, EuGH, Rs. C-169/04 [Abbey National plc], EuGHE 2006, S. 4062, Tz. 99.
183 Vgl. Becker/Neubert (2006): IStR, S. 624 und 628.
184 So auch: Becker/Neubert (2006): IStR, S. 624 und 628; Hahne (2005): UR, S. 353 und 358 sieht in dem Begriff „Wesentlichkeit" auch ein quantitatives Element, das aber von nachrangiger Bedeutung sei. Die Quantität des Leistungsbeitrags begründe aber eine Vermutung für das Vorliegen im Hinblick auf den Leistungserfolg „charakteristischer" Elemente.
185 Schlussanträge der Generalanwältin Juliane Kokott vom 8.9.2005, EuGH, Rs. C-169/04 [Abbey National plc], EuGHE 2006, S. 4062, Tz. 101.

für den Leistungserfolg der steuerbefreiten Tätigkeit hat.[186] Die Begriffe „eigenständiges Ganzes" und „wesentlich" verstärken sich somit gegenseitig und sind zum Merkmal des „Spezifischen" gesondert zu prüfen.[187]

Der Begriff der Wesentlichkeit im Sinne von § 25a Abs. 2 KWG in der Interpretation der Bundesanstalt für Finanzdienstleistungsaufsicht[188] stellt entscheidend auf die Risikorelevanz eines Bereichs sowie dessen Einfluss auf Prüfungs- und Kontrollfunktionen der Geschäftsleitung ab. Die Wesentlichkeit fragt danach, welche Funktionen *notwendig* zur Durchführung des Bankgeschäfts sind und aufsichtsrechtlich relevante Risiken *nachhaltig beeinflussen* können. Wie in D.II.2. bereits herausgestellt, kann das Aufsichtsrecht zwar grundsätzlich keine Leitschnur für die Umsatzsteuer bieten,[189] jedoch ist nach den dargestellten Erwägungen des EuGH wohl auch für die Umsatzsteuer zu konstatieren, dass die Merkmale der *Notwendigkeit* und des *Einflusses* für die Wesentlichkeit hier ebenfalls bestimmend sein könnten; indes bezogen auf den Leistungserfolg der steuerbefreiten Tätigkeit. Eine wesentliche Tätigkeit wäre danach dann gegeben, wenn sie für die Herbeiführung des Leistungserfolgs notwendig ist und einen maßgeblichen Einfluss auf diesen hat.

Nicht ausreichend ist es allerdings, wenn die ausgelagerten Dienstleistungen zum wesentlichen Inhalt der Tätigkeiten der Bank oder des Finanzdienstleistungsunternehmens beitragen.[190] Allein die Notwendigkeit zur Ausführung des maßgeblichen Umsatzes kann somit nicht entscheidend sein. Wie für die Versicherungsumsätze gezeigt, kann beispielsweise die Backoffice-Bearbeitung sowohl für das Zustandekommen des Versicherungsvertrags als auch für dessen Abwicklung gegebenenfalls unabdingbar sein, sie trägt also „im Wesentlichen" zur Durchführung des Versicherungsumsatzes bei, ohne für diesen

---

186 Becker/Neuber (2006): IStR, S. 624 und 628.
187 A. A. Hahne (2005): UR, S. 353 und 358, der die Merkmale „spezifisch und wesentlich" als einheitliches Prüfkriterium sieht.
188 Vormals BAKred, vgl. Rundschreiben 11/2001 vom 6.12.2001.
189 Vgl. hierzu Philipowski (2006): DB, S. 1235f.
190 EuGH, Urteil vom 3.3.2005, Rs. C-472/03 [Arthur Andersen & Co. Accountants c.s.], EuGHE 2005, S. 1735, Rz. 34.

„spezifisch" im Sinne der Rechtsprechung zu sein. Es gibt somit auch für das Bank- oder Versicherungsgeschäft „wesentliche" Dienstleistungen, die für die Steuerbefreiung jedoch nicht zugleich spezifisch sind.[191]

Die ausgelagerte Tätigkeit muss also zunächst dem Spezifikum der Steuerbefreiung entsprechen und darüber hinaus als eigenständiges Ganzes wesentliche Funktionen der befreiten Leistung erfüllen. Die Spezifität und die Wesentlichkeit müssen kumulativ erfüllt sein.

Die Bedeutungen der Begriffe „spezifisch" und „wesentlich" sind in der Praxis für die Bestimmung der einzelnen Tätigkeit jedoch schwer zu handhaben, selbst dann, wenn die Bestimmung des Wesensgehalts (vgl. hierzu Ziff. 3) der Steuerbefreiung auf Grundlage der vorhandenen EuGH-Rechtsprechung gelingen sollte. Die Bestimmung, ob eine Dienstleistung die jeweiligen Kriterien einer Steuerbefreiung erfüllt, wird letztlich durch die nationalen Gerichte unter Beachtung der Vorgaben des EuGH erfolgen müssen.[192] Das nationale Gericht hat den Sachverhalt daraufhin zu untersuchen, in welchem Umfang der Dienstleister dem Finanzdienstleistungsinstitut gegenüber Eigenverantwortung für solche spezifischen Elemente der Leistung übernommen hat.[193] Auf eine aussagekräftige und umfassende Kasuistik kann derzeit noch nicht zurückgegriffen werden.

b)   Leistungsbeziehungen

Der EuGH hat in seiner Entscheidung Card Protection Plan Ltd.[194] festgestellt, dass die Befreiungsvorschrift des Art. 13 Teil B lit. a der 6. EG-RL (Versicherungs- und Rückversicherungsumsätze; nunmehr Art. 135 Abs. 1 lit. a MwStSystRL) auch den Fall erfasst, in dem die Gewährung von Versicherungsschutz durch einen Unternehmer herbeigeführt wird, der nicht selbst

---

191 So auch: Schlussanträge der Generalanwältin Juliane Kokott vom 8.9.2005, EuGH Rs. C-169/04 [Abbey National plc], EuGHE 2006, S. 4062, Tz. 103.
192 Vgl. EuGH, Urteil vom 4.5.2006, Rs. C-169/04 [Abbey National plc], EuGHE 2006, S. 4062, Tz. 73, UR 2006, S. 352 mit Anmerkung Wäger.
193 EuGH, Urteil vom 5.6.1997, Rs. C-2/95 [Sparekassernes Datacenter], EuGHE 1997, S. 3017, UR 1998, S. 64, Rn. 64 und 66; EuGH, Urteil vom 13.12.2001, Rs. C-235/00 [CSC Financial Services Ltd.], EuGHE 2001, S. 10237, UR 2002, S. 84, Rn. 26.
194 Vgl. EuGH, Urteil vom 5.2.1999, Rs. C-349/96 [Card Protection Plan Ltd.], EuGHE 1999, S. 973, UR 1999, S. 254.

Versicherer ist. Auch hier argumentiert der EuGH wieder vom Zweck der Befreiungsvorschrift her und untersucht die erbrachte Leistung nach ihrem materiellen Gehalt für den Endverbraucher.

„Erfasste der Ausdruck Versicherungsumsätze nur Umsätze der Versicherer selbst, so könnte der Endverbraucher nicht nur mit dieser Abgabe[195], sondern im Fall von Gruppenversicherungen auch mit der Mehrwertsteuer belastet werden."[196] Die Besonderheit gegenüber der Entscheidung SDC liegt im Fall Card Protection Plan Ltd. über die Qualifizierung des konkreten Umsatzes hinaus darin, dass der Dienstleister in direktem Kontakt mit dem Endverbraucher steht und das Versicherungsunternehmen lediglich im Innenverhältnis die Deckungszusage gibt. Hier wird nochmals deutlich, dass es auf die Leistungsstruktur, in die der Dienstleister eingebunden ist, nicht ankommt. Er kann entweder als „Subunternehmer" des Finanzdienstleisters tätig werden oder direkt Umsätze an den Endkunden erbringen. Wird er „Subunternehmer" des Finanzdienstleisters, so braucht der Dienstleister nach Ansicht des BFH dem Kunden des Finanzdienstleisters selbst gegenüber nicht unbedingt verantwortlich zu sein.[197]

3. Wesensgehalt als Grenze der Bestimmung befreiter Tätigkeiten

Die Grenzen der Ausdehnung der Befreiungsvorschrift auf ausgelagerte Tätigkeiten sind aber dort erreicht, wo die ausgelagerte Tätigkeit dem Wesensgehalt der steuerbefreiten Tätigkeit eben nicht gerecht wird. Der Wesensgehalt ist für jede Steuerbefreiungsvorschrift durch Auslegung gesondert zu bestimmen. Dem Wesen der Steuerbefreiung nach sind daher auch für die unterschiedlichen Steuerbefreiungsvorschriften unterschiedliche Leistungselemente charakteristisch. Der Frage nach der Spezifität muss daher die nach dem Wesensgehalt der befreiten Tätigkeit vorausgehen.

---

195 Gemeint ist die Versicherungssteuer. Gesetzgeberisches Motiv für die Befreiung der Versicherungsumsätze von der Umsatzsteuer war die Vermeidung der Doppelbesteuerung von Versicherungsumsätzen mit Versicherungssteuer und Umsatzsteuer; vgl. hierzu auch Köhler, in: Plückebaum/Malitzky (2004): UStG, § 4 Nr. 10, Rn. 2.
196 Vgl. EuGH, Urteil vom 5.2.1999, Rs. C-349/96 [Card Protection Plan Ltd.], EuGHE 1999, S. 973, UR 1999, S. 254.
197 BFH, Urteil vom 13.7.2006, V-R-57/04, BFH/NV 2006, S. 2385.

Sowohl für Überweisungsumsätze als auch für Wertpapierumsätze sieht der EuGH[198] den Wesensgehalt in einer Änderung rechtlicher oder finanzieller Verhältnisse durch die steuerbefreite Leistung.[199]

Für den Bereich der outgesourcten Leistungen bei Versicherungen hat der EuGH in seiner Entscheidung „Skandia"[200] indes eine Steuerbefreiung nicht angenommen und sieht sich damit nicht im Widerspruch zu der vorgenannten Rechtsprechung SDC.[201] Im Fall Skandia hatte eine Versicherungsgesellschaft umfangreiche Tätigkeitsbereiche (insbesondere Vertrieb von Versicherungsprodukten, Schadensabwicklung, versicherungsmathematische Berechnungen, Kapitalverwaltung) auf eine andere Gesellschaft übertragen. Bei wortgetreuer Auslegung des Art. 13 Teil B lit. a 6. EG-RL findet eine Steuerbefreiung nicht statt. Die Befreiung des Art. 13 Teil B lit. a der 6. EG-RL umfasst zunächst nur die Versicherungsumsätze im eigentlichen Sinne.[202] Denn für den Begriff des Versicherungsumsatzes hält es der EuGH für ein wesentliches Charakteristikum, dass sich ein Versicherer gegen vorherige Zahlung einer Prämie verpflichtet, beim Eintritt des Versicherungsfalls die zuvor vereinbarte Leistung zu erbringen.[203] Ausgelagerte Verwaltungsleistungen oder versicherungsmathematische Berechnungen sind für die Eingehung dieser Verpflichtung nicht charakteristisch, auch wenn sie zur Durchführung des Geschäfts unabdingbar sind. Für Backoffice-Tätigkeiten hat der EuGH darüber hinaus

---

[198] EuGH, Urteil vom 13.12.2001 Rs. C-235/00 [CSC Financial Services Ltd.], EuGHE 2006, S. 4062, UR 2002, S. 84, Rn. 23.
[199] Vgl. zuletzt: EuGH C-175/09, AXA UK PLC, Vorlage Court of Appeal (United Kingdom) vom 8.4.2009.
[200] Vgl. EuGH, Urteil vom 8.3.2001, Rs C-240/99 [Skandia], EuGHE 2001, S. 1951, UR 2001, S. 157, vgl. späteres Zitat im Urteil vom 3.3.2005, Rs. 472/2005 [Arthur Andersen & Co. Accountants c.s.] EuGHE 2005, S. 1735, Rz. 23.
[201] Vgl. hierzu auch Menner/Herrmann (2001): UR, S. 229.
[202] Vgl. EuGH, Urteil vom 5.2.1999, Rs. C-349/96 [Card Protection Plan Ltd.], EuGHE 1999, S. 973, UR 1999, S. 254, Rn. 36.
[203] Vgl. EuGH, Urteil vom 5.2.1999, Rs. C-349/96 [Card Protection Plan Ltd.], EuGHE 1999, S. 973, UR 1999, S. 254, Rn. 36, EuGH, Urteil vom 13.7.2006, Rs. C-89/05 [United Utilities plc] EuGHE 2006, S. 6815, UR 2006, S. 521 mit Anmerkung Hahne.

bestätigt, dass es sich auch nicht um „zu den Versicherungsumsätzen gehörige Dienstleistungen, die von Versicherungsmaklern und -vertretern erbracht werden" handelt.[204]

Ähnlich argumentierte der EuGH für einen Fall außerhalb des Finanzdienstleistungssektors. Die vom EuGH erkennbar bei der Auslegung aller Steuerbefreiungsvorschriften herangezogene grundlegende Methodik einer teleologischen Auslegung wird hier weiter verdeutlicht. Maßgeblich muss daher die Zielsetzung der jeweiligen Steuerbefreiung berücksichtigt werden.[205] Die Leistungen eines Callcenters, die zugunsten eines Organisators von Telefonwetten erbracht wurden, waren nach Auffassung des EuGH nicht steuerfrei. Zwar führte die Tätigkeit des Dienstleisters im entschiedenen Fall unmittelbar zum Abschluss des Wettvertrags mit den Wettkunden. Das Wesensmerkmal der in Art. 13 Teil B Buchst. f der 6. EG-RL erfassten Wettumsätze liege jedoch darin, dass dem Wettteilnehmer eine wie auch immer geartete Gewinnchance – gegen Hinnahme eines entsprechenden Risikos, diese Gewinne auszuzahlen zu müssen, eingeräumt wird.[206] Ähnlich wie im Fall Skandia für die Versicherungsumsätze war hier der Wesensbereich der Steuerbefreiung eigenständig herauszuarbeiten. Beiden Bereichen gemein ist demnach, dass ein externer Dienstleister ohne Übernahme des dem Umsatz immanenten Risikos (hier: Eintritt des Versicherungsfalls,[207] dort Auszahlungsrisiko) keinen spezifischen Beitrag zum befreiten Umsatz leisten kann.[208] Das Urteil „United Utilities" zeigt aber auch noch einmal deutlich, dass das vom EuGH für den Bereich der Zahlungsverkehrs- und Wertpapierumsätze für maßgeblich erachtete Kriterium „der Änderung finanzieller und rechtlicher Verhältnisse" eben nicht allgemeinverbindlich für die Bestimmung des Wesensgehalts der übrigen Steuer-

---

204 EuGH, Urteil vom 3.3.2005, Rs. C-472/03 [Arthur Andersen & Co. Accountants c.s.], EuGHE 2005, S. 1735; danach ist insbesondere auch nicht erheblich, ob es sich bei dem von der Servicegesellschaft eingesetzten Personal um Fachkräfte im Bereich der Versicherung handelt.
205 EuGH, Urteil vom 13.7.2006, Rs. C-89/05 [United Utilities plc], EuGHE 2006, S. 6815, UR 2006, S. 521 mit Anmerkung Hahne, Tz. 22.
206 EuGH, Urteil vom 13.7.2006, Rs. C-89/05 [United Utilities plc], EuGHE 2006, S. 6815, UR 2006, S. 521 mit Anmerkung Hahne, Tz. 26f.
207 Vgl. hierzu EuGH, Urteil vom 25.2.1999, Rs. C-349/96 [Card Protection Plan], EuGHE 1999, S. 973, UR 1999, S. 254 Rz. 17.
208 A. A. für Wettumsätze: Hahne (2006): UR, S. 524.

befreiungsvorschriften, weder der allgemeinen noch der Steuerbefreiungsvorschriften für den Bereich der Finanzdienstleistungsumsätze,[209] ist. Zwar wird man wohl bei den meisten Finanzdienstleistungen diese Voraussetzung als spezifisch annehmen können, indes sehen wir das nicht für zwingend an.[210]

Der Wesensgehalt für die jeweilige Steuerbefreiungsvorschrift ist somit eigenständig und unter Zugrundelegung der Zielsetzung der Steuerbefreiung zu bestimmen. Ob ein aus der steuerbefreiten Tätigkeit ausgelagerter Teilbereich daher „spezifisch" für die in der Steuerbefreiungsvorschrift vorgesehene Tätigkeit ist, ist allein durch Auslegung der jeweiligen Steuerbefreiungsvorschrift unter Berücksichtigung ihres Regelungszwecks zu bestimmen.[211]

4. Vermittlungsumsätze

Eine besondere Bedeutung im Rahmen der Finanzdienstleitungen kommt dem Bereich der Vermittlungsleistungen[212] zu. Sie sind in allen Steuerbefreiungsvorschriften des Art. 135 Abs. 1 lit. b bis f MwStSystRL (Art. 13 Teil B lit. d. Ziff. 1 bis 5 6. EG-RL) bezüglich der dort genannten Finanzdienstleistungen mit einbezogen,[213] ohne dass der Wortlaut der Richtlinie eine Definition des Begriffs der Vermittlung enthielte.[214] Ziel der Befreiungsvorschrift

---

209 So auch bereits Schlussanträge der Generalanwältin Juliane Kokott vom 8.9.2005, EuGH, Rs. C-169/04 [Abbey National plc], EuGHE 2006, S. 4062, Rz. 63f.; vgl. auch Neubert/Becker (2006): IStR, S. 624 und 627; Hahne (2005): UR, S. 353 und 359; vgl. hingegen Vorschlag für die Einführung eines neuen Art. 135 Abs. 1a MWSt-SystRL, der die Voraussetzungen des spezifischen und wesentlichen Elemente und Eigenständigkeit der Leistung für alle Finanzdienstleistungen zur Voraussetzung erheben soll. Es wird erwägt, ebenfalls die „Änderung von rechtlichen und finanziellen Verhältnissen" als allgemeinverbindlich für alle Befreiungsvorschriften festzulegen, beziehungsweise geht davon aus, dass dies den vorgenannten Voraussetzungen immanent ist: Council of the European Union, Interinstitutional File, 10227/10 FISC, vom 26.5.2010 Proposal for a Council Directive amending Directive 2006/112/EC on the common system of value added tax, as regards the treatment of insurance and financial services, presidency note.
210 Eine steuerfreie Verwaltung von Investmentvermögen liegt etwa auch vor, wenn der Verwalter entscheidet, keine Umschichtung im Portfolio vorzunehmen.
211 Vgl. auch EuGH, Urteil vom 13.7.2006, Rs. C-89/05 [United Utilities plc], EuGHE 2006, S. 6815, UR 2006, S. 521 mit Anmerkung Hahne.
212 Zum umsatzsteuerlichen Vermittlungsbegriff vgl. im Einzelnen die Ausführungen unter Abschnitt E.VI.
213 Die Leistungen der Versicherungsmakler und -vertreter im Sinne von Art. 135 Abs. 1 lit. a der MwStSystRL (Art. 13 Teil B lit. a der 6. EG-RL) – entspricht § 4 Nr. 11 UStG – bieten demgegenüber eine weitere Besonderheit, auf die an dieser Stelle nicht eingegangen wird.
214 EuGH, Urteil vom 13.12.2001, Rs. C-235/00 [CSC Financial Services Ltd.], EuGHE 2001, S. 10237, UR 2002, S. 84.

ist es, die in der Richtlinie genannten Finanzumsätze, zu denen auch die Vermittlungstätigkeiten gehören, nicht mit Umsatzsteuer zu belasten.[215] Fraglich war bislang, wie der Begriff der Vermittlungstätigkeit zu definieren sei. Im Hinblick auf die ständige Rechtsprechung des EuGH zur sogenannten autonomen Auslegung des Gemeinschaftsrechts dürfte bis dahin allenfalls sicher gewesen sein, dass zur Definition des Vermittlungsbegriffs ein Rückgriff auf das nationale Zivilrecht verschlossen war.[216] In seinem Urteil CSC[217] nahm der EuGH indes keine positive Begriffsbestimmung vor, sondern grenzte den Begriff der Vermittlung lediglich von unterstützenden Tätigkeiten negativ ab, die an eine Vertragspartei als „Subunternehmer" erbracht werden.[218]

Neben der Problematik der Begriffsbestimmung der Vermittlungstätigkeit stellte sich die Frage, welche weiteren Tätigkeiten von einer Steuerbefreiung der Vermittlungstätigkeiten erfasst sein könnten oder ob solche weiteren Tätigkeiten des Vermittlers wiederum Einfluss auf die eigentlich steuerfreie Vermittlertätigkeit haben könnten. Augenfällig sind Tätigkeiten, die anlässlich oder im Vorfeld der eigentlichen Vermittlung durchgeführt werden (z. B. eine Analyse der Finanzsituation des potenziellen Kunden). Weiterhin war fraglich, ob eine Steuerbefreiung solcher „vorbereitenden" oder „ergänzenden" Tätigkeiten vom (nachher eintretenden) Vermittlungserfolg abhängig zu machen ist. Welchen Einfluss hat eine etwa erbrachte wirtschaftliche Beratung des Vermittlers, die für sich genommen steuerpflichtig wäre, auf die Steuerfreiheit der Vermittlungsleistung?

Zuletzt sind die Leistungen der sogenannten Untervermittler zu beurteilen, die nicht direkt von einer der Parteien des zu vermittelnden Vertragsverhältnisses beauftragt wurden.

---

215 EuGH, Urteil vom 13.12.2001, Rs. C-235/00 [CSC Financial Services Ltd.], EuGHE 2001, S. 10237, Tz. 24; UR 2002, S. 84.
216 Zur autonomen Auslegung vgl. Abschnitt D.III.1.; keine Auslegungshilfe durch Rückgriff auf § 632 BGB, vgl. auch: Wäger (2002): UR, S. 90.
217 EuGH, Urteil vom 13.12.2001, Rs. C-235/00 [CSC Financial Services Ltd.], EuGHE 2001, S. 10237, UR 2002, S. 84.
218 Nunmehr bestätigt durch EuGH, Urteil vom 21.6.2007 Rs. C 453/05 [Volker Ludwig], HFR 2007, S. 915, Tz. 32; vgl. auch schon: Neubert/Jaster (2004): DB, S. 291f.

Umsatzsteuerliche Fragestellungen

Mit dem Urteil des EuGH vom 21. Juni 2007 „Volker Ludwig"[219] werden Antworten gegeben. Im Einzelnen und zur Vermeidung von Wiederholungen wird an dieser Stelle auf die Ausführungen unter Abschnitt E.V. verwiesen. An dieser Stelle sei aber eine methodische Klarstellung des EuGH in diesem Urteil erwähnt, wonach die Beurteilung der Steuerfreiheit von Vermittlungsleistungen im Grunde nach denselben Kriterien zu erfolgen hat, die für die Beurteilung der vermittelten Finanzdienstleistung selbst ausschlaggebend sind.[220] Danach schließt die Befreiungsvorschrift der Richtlinie[221] grundsätzlich nicht aus, dass auch die Vermittlungstätigkeit in verschiedene einzelne Dienstleistungen zerfällt, auf die dann die Befreiung anwendbar sein kann. Dem Steuerpflichtigen muss unter Berücksichtigung der steuerlichen Neutralität die Möglichkeit eingeräumt sein, das Organisationsmodell zu wählen, das er rein wirtschaftlich betrachtet favorisiert. Die einzelne Dienstleistung als Teil der Vermittlungsleistung muss dann aber gemäß der ständigen Rechtsprechung des EuGH für die steuerbefreite Tätigkeit selbst ein „im Großen und Ganzen eigenständiges Ganzes bilden, das die spezifischen und wesentlichen Funktionen einer Vermittlungsleistung erfüllt"[222]. Der Wesensgehalt der Steuerbefreiung im Hinblick auf die Vermittlungsleistung ist dann nach dem Wesen der Vermittlungstätigkeit zu bestimmen.[223]

---

219 EuGH, Urteil vom 21.6.2007 Rs. C 453/05 [Volker Ludwig], HFR 2007, S. 915; BMF-Schreiben vom 29.11.2007, IV A 6 – S 7160-a/07/0001.
220 Vgl. auch schon Neubert/Jaster (2004): DB, S. 291f.
221 Ausdrücklich in der Urteilsbegründung für Art. 13 Teil B lit. d Nr. 1 6. EG-RL (entspr. Art. 135 Abs. 1 lit. b MwStSystRL); unseres Ermessens ist hieraus aber eine allgemeine Aussage abzuleiten, da der Wortlaut der anderen Steuerbefreiungsvorschriften nicht wesentlich abweicht.
222 EuGH vom 21.6.2007 Rs. C 453/05 [Volker Ludwig], HFR 2007, S. 915, Rn. 36, sowie 27 und 34f.
223 Der EuGH bezieht sich in seiner Entscheidung vom 21.6.2007 (EuGH vom 21.6.2007 Rs. C 453/05 [Volker Ludwig], HFR 2007, S. 915, Rn. 38) auf die Tätigkeitsbeschreibung im Urteil CSC (EuGH, Urteil vom 13.12.2001, Rs. C-235/00 [CSC Financial Services Ltd.], EuGHE 2001, S. 0237, Rn. 39).

E. Einzelne Steuerbefreiungstatbestände

I. Zahlungs- und Überweisungsverkehr

Gemäß der bereits erwähnten SDC-Entscheidung des EuGH[224] kommt es für die Steuerbefreiung gemäß Art. 135 Abs. 1 lit. c der MwStSystRL (Art. 13 lit. d Nr. 3 der 6. EG-RL) bei ausgelagerten Dienstleistungen darauf an, dass der Dienstleister gegenüber seinem Auftraggeber, das heißt der Bank, für wesentliche Schritte des Zahlungs- und Überweisungsverkehrs verantwortlich ist und die Übertragung von Geldern mit der Folge rechtlicher und finanzieller Änderungen zwischen der Bank und ihren Kunden bewirkt. Dabei ist es nicht notwendig, dass der Dienstleister selbst Gläubiger oder Schuldner der betreffenden Konten ist. Er muss vielmehr die betreffenden Geldbewegungen beziehungsweise Buchungen verantwortlich durchführen und darf sich nicht auf eine bloße technische und elektronische Unterstützung des Kreditinstituts beschränken. Für die Steuerbefreiung kann es ausreichen, wenn der Dienstleister nur einen Teil der Überweisung ausführt (z. B. Geldbewegung vom Konto des Kunden zur Zentralbank), weil etwa die beteiligten Kreditinstitute verschiedenen Rechenzentren angeschlossen sind, solange die erbrachte Dienstleistung mitursächlich für die Durchführung der Geldbewegung ist.[225]

Führt der Dienstleister Buchungen verantwortlich durch, so dürften sämtliche Tätigkeiten, die mit der Vorbereitung und Durchführung von Zahlungen und Überweisungen zusammenhängen, unter die Umsatzsteuerbefreiung des § 4 Nr. 8 lit. d UStG fallen. Dabei ist es unerheblich, ob es sich um beleggebundene oder beleglose Vorgänge (z. B. Selbstbedienungsterminals, Homebanking) handelt.

---

224 EuGH, Urteil vom 5.6.1997, Rs. C-2/95 [Sparekassernes Datacenter], EuGHE 1997, S. 3017, UR 1998, S. 64; vgl. nunmehr auch Vorlage EuGH Rs. C-175/09 AXA UK Plc.
225 Vgl. hierzu ausführlich Philipowski, in: Rau/Dürrwächter (Stand 2010): UStG, § 4 Nr. 8, Rn. 236ff.

Allerdings erscheint es unter Berücksichtigung der Rechtsprechung des EuGH fraglich, ob das Erfordernis der Bewirkung von rechtlichen und finanziellen Änderungen auch dann erfüllt ist, wenn der Dienstleister die Buchungen nicht selbst ausführt, sondern die zusammengefassten Daten vor Durchführung der Überweisung an das Kreditinstitut beziehungsweise ein weiteres Rechenzentrum übermittelt. Zu dieser Fragestellung hatte der BFH[226] erstmals im Revisionsverfahren gegen das Urteil des FG Brandenburg[227] zumindest Abgrenzungskriterien entwickelt, auch wenn der BFH wegen fehlender hinreichender tatsächlicher Feststellungen keine abschließende Entscheidung treffen konnte. Der BFH bestätigt in dieser Entscheidung die Grundsätze des EuGH und setzt sich mit dem Vorliegen einer rein technischen Unterstützung des Kreditinstituts auseinander. Maßgebend soll (wie auch schon nach Ansicht des EuGH) dabei sein, dass sich die Verantwortlichkeit des Leistenden auf die spezifischen und wesentlichen Elemente des Umsatzes erstreckt und nicht auf technische Aspekte beschränkt ist. Dabei sind eigenverantwortliche Entscheidungen des Leistungserbringers dann gegeben, wenn sie zur Übertragung von Geldern und zu rechtlichen und finanziellen Änderungen geführt haben. Dies ist dann der Fall, wenn nach der Übersendung der Datensätze an das Rechenzentrum (oder an das Kreditinstitut) die Buchungen automatisch ausgelöst werden sowie über etwaige inhaltliche Korrekturen der Datensätze eigenverantwortlich von dem Dienstleister entschieden wird. Das FG Brandenburg hatte in dieser Weise entschieden, da in dem Verfahren eine Zahlungsverkehrsgesellschaft Überweisungsbelege nach Erfassung, Kontrolle und eigenverantwortlicher Korrektur in Datensätze umgewandelt und diese an ein Rechenzentrum zur Durchführung der eigentlichen Buchung weitergeleitet hat, wobei die Datensätze durch das Rechenzentrum nicht mehr verändert werden konnten. Durch die unveränderte Übernahme der Datensätze würde die erforderliche Buchung – außer im Fall der Unterdeckung des Kontos – bereits durch den von der Zahlungsverkehrsgesellschaft erstellten Datensatz ausgelöst. Nach Ansicht des BFH ist die automatische Auslösung unter Umständen in diesem Fall nicht mehr gegeben, da das Rechenzentrum fehlerhafte

---

226 BFH, Urteil vom 13.7.2006, V-R-57/04,UR 2006, S. 699.
227 Finanzgericht des Landes Brandenburg, Urteil vom 24.1.2003, 1-K-1997/01, EFG 2003, S. 886.

Vorgänge an die Klägerin zur Nachbearbeitung zurückgegeben hat und die Kontodeckung durch das Rechenzentrum und nicht durch die Gesellschaft, die für den Zahlungsverkehr verantwortlich zeichnete, geprüft wurde.

Nach Ansicht des BFH scheint also auch die Rückgabe von fehlerhaften Datensätzen durch das Kreditinstitut und/oder Rechenzentrum dazu zu führen, dass der Dienstleister keine eigenverantwortliche Entscheidung über die Durchführung der Buchungen mehr trifft. Folglich ist bei der Bestimmung des Vorliegens einer umsatzsteuerbefreiten Leistung durch den Dienstleister darauf zu achten, dass die Prüfung der Datensätze auf Fehlerhaftigkeit sowie die Kontodeckung durch den Dienstleister vor der Weiterleitung an das Rechenzentrum oder das Kreditinstitut erfolgt, sodass die Buchung ohne weitere Änderungen automatisch stattfinden kann.

Der BFH bestätigt ferner in einer neueren Entscheidung[228], dass das Betreiben eines automatisierten Überweisungssystems steuerfrei sein kann. Das System ermögliche die Prüfung und Freigabe einzelner Überweisungsaufträge und setzte die Kundenanweisung dadurch um, dass der Überweisungsbetrag vom Konto des Bankkunden abgebucht und der Bank des Begünstigten gutgeschrieben wurde. Dabei stellt der BFH klar, dass es für die Steuerbefreiung nicht darauf ankommen kann, dass das Rechenzentrum aufgrund inhaltlicher Vorgaben der Bank handelt und somit keine dispositiven Entscheidungen zu treffen hat, es folglich unerheblich ist, wenn die auftraggebende Bank grundsätzliche Entscheidungen darüber trifft, in welchen Fällen Überweisungssperren gesetzt werden und wie in Sonderfällen zu verfahren ist, in denen die automatisierte Durchführung des Überweisungsverfahrens zunächst scheiterte. Allerdings weist der Bundesfinanzhof darauf hin, dass unter Umständen auch eine fehlende Verantwortlichkeit im Sinne einer zivilrechtlichen Haftung des Rechenzentrums die Anwendung der Steuerbefreiung verhindern könnte, wenn für „spezifische Umstände", wie die Rechtzeitigkeit der Geldübertragung keine vorbehaltlose Übernahme der Verantwortung vorgenommen wurde. Dabei stellt sich die Frage, ob der Umfang der Haftung des Rechenzentrums

---

228 BFH, Urteil vom 12.6.2008, V-R-32/06, BStBl. II 2008, S. 777, auch A 4.8.7. Abs. 2 Satz 2 bis 4 UStAE.

gegenüber der Bank in gleicher Weise gestaltet ist wie die Haftung der Bank gegenüber dem Kunden. Da der Bundesfinanzhof diese Frage jedoch nicht für entscheidungserheblich gehalten hat, hat er keine ausdrücklichen Kriterien für diesen Fall entwickelt. Allerdings lässt sich aus den Ausführungen schließen, dass die Verantwortung des Rechenzentrums sich auf alle wesentlichen Aspekte des Überweisungsvorgangs beziehen muss. Auf die rein zivilrechtlich ausgestaltete Haftungsregel kann es nach unserer Ansicht jedoch nicht ankommen, wobei jedoch ein etwaiger Haftungsausschluss des Rechenzentrums für wesentliche Elemente des Vorgangs zu einer mangelnden Verantwortlichkeit des Rechenzentrums und somit zur Verneinung der Steuerbefreiung führen kann.

Zu beachten ist nach der Entscheidung des BFH aber vor allem die Begründung, mit der das Vorliegen der Steuerbefreiung abgelehnt wurde. Nachdem bisher die Diskussionen vor allem dahingehend geführt wurden, welche Tätigkeiten als „spezifisch und wesentlich" für die steuerbefreite Tätigkeit sind, hat der BFH sich vorliegend mit dem Begriff des vom EuGH in der Entscheidung SDC erstmals geprägten Begriffs des „im Großen und Ganzen eigenständigen Ganzen" auseinandergesetzt. Im entschiedenen Fall hatten die Parteien einen Rahmenvertrag geschlossen, in dem insgesamt 2 623 Einzelpositionen geregelt waren, wovon die überwiegende Anzahl sich unstrittig auf die Erbringung rein materieller oder technischer Leistungen (z. B. Überlassung eines Zahlungsverkehrsprogramms, Lizenz für Kontoausdrucksdrucker) bezog. Daraus folgert der Bundesfinanzhof, dass eine Zusammenfassung von 145 Einzeltätigkeiten aus diesem Katalog mangels Bestimmbarkeit als steuerfreie Leistungen gegenüber den anderen steuerpflichtigen Leistungen keiner Einzelbetrachtung zugänglich ist. Es ist folglich zu empfehlen, bei der Vertragsgestaltung darauf zu achten, die Leistungen, die als spezifisch und wesentlich für die Steuerbefreiung anzusehen sind, getrennt von den rein technischen und materiellen Dienstleistungen zu vereinbaren, sodass das Erfordernis des „im Großen und Ganzen eigenständigen Ganzen" erfüllt ist. Dabei ist auf eine Leistungsbeschreibung zu achten, die die Leistungen als eindeutig umsatzsteuerbefreit beschreibt.

Nach unserer Auffassung dürften die bisherigen Ausführungen zur Durchführung von Überweisungen entsprechend für folgende Vorgänge gelten, da auch hier Geldbewegungen in Form von Buchungen oder Auszahlungen stattfinden:

- Lastschriften,

- Inkasso von Schecks und Wechseln,

- Abwicklung von Daueraufträgen, insbesondere deren Ausführung und damit zusammenhängend auch deren Anlage, Erfassung, Änderung und Löschung,

- Autorisierung und Steuerung von Auszahlungen an Geldausgabeautomaten, sofern dadurch die Abbuchung des angeforderten Betrages vom entsprechenden Konto bewirkt wird.

Die reine Erstellung von Kontoauszügen zur Dokumentation der Kontobewegungen ist ebenfalls Teil des Zahlungs- und Überweisungsverkehrs. Die Steuerbefreiung greift jedoch unseres Erachtens nicht, sofern sich die Tätigkeit des Dienstleisters auf die Erstellung der Kontoauszüge beschränkt, da allein durch die Dokumentation der Kontobewegungen keine rechtlichen und finanziellen Änderungen bewirkt werden.[229]

Die Erstellung von Statistiken, Listen und sonstiger Dokumentation lediglich für bankinterne Zwecke ist nicht umsatzsteuerbefreit. Gleiches gilt für alle sonstigen Tätigkeiten des Dienstleisters, die nicht Teil der vom Kreditinstitut an seine Kunden geschuldeten Auftragsleistung (Übertragung von Geldern) sind und die auch nicht als unselbstständige Nebenleistung hierzu angesehen werden können.

---

229 Im Ergebnis auch: Hahne (2005): UR, S. 353 und 357; anderer Ansicht: Hamacher/Frenzel (2002): UR, S. 297ff.

II. Kontokorrentverkehr und Einlagengeschäft

Zwar ging es im SDC-Urteil des EuGH nur um Umsätze im Zahlungs- und Überweisungsverkehr, jedoch weist der EuGH darauf hin, dass es auch bei den anderen in Art. 135 Abs. 1 lit. c der MwStSystRL (Art. 13 lit. d Nr. 3 der 6. EG-RL) genannten Befreiungstatbeständen nur auf die Art der Leistung und nicht auf die Person ankommt, welche die Leistung erbringt.[230] Auch das Finanzgericht München[231] hat in der Vorentscheidung zu der unter E.I. diskutierten Entscheidung des BFH[232] festgestellt, dass die Abgrenzungskriterien zur Bestimmung der Umsatzsteuerfreiheit der durch den Dienstleister erbrachten Leistung auch für Umsätze im Einlagen- und Kontokorrentgeschäft analog gelten. Der BFH hat in der Revisionsinstanz dies indirekt dadurch bestätigt, dass er die Voraussetzungen der verschiedenen Leistungen nicht getrennt, sondern ohne weitere Differenzierung prüft.

Wesentliche Funktionen im Kontokorrentverkehr sind die laufende Inrechnungstellung beziehungsweise Buchung der gegenseitigen Ansprüche nebst Zinsen zwischen Kreditinstitut und Kunde sowie die Feststellung des sich ergebenden Saldos zum Schluss der vereinbarten Rechnungsperiode.[233] Somit ist die Abwicklung des Kontokorrentverkehrs durch den Kontoführer (z. B. Kontoeröffnung und -löschung, Verbuchung sämtlicher Vorgänge auf dem Konto, Zinsberechnung und Durchführung des Kontoabschlusses) nach § 4 Nr. 8d UStG umsatzsteuerbefreit, auch wenn sie an einen externen Dienstleister übertragen wurde. Auch hier ist die reine Dokumentation der Kontobewegungen durch Erstellung eines Kontoauszugs für sich gesehen nicht umsatzsteuerbefreit, da wesentliche Aufgabe des Kontoführers die Einstellung der gegenseitigen Ansprüche in die laufende Rechnung und die Ermittlung des Schlusssaldos ist.

---

230 EuGH, Urteil vom 5.6.1997, Rs. C-2/95 [Sparekassernes Datacenter], EuGHE 1997, S. 3017, UR 1998, S. 64, Rn. 32 und 58.
231 FG München, Urteil vom 9.3.2005, 3-K-5039/02, EFG 2005, S. 1397.
232 BFH, Urteil vom 12.6.2008, V-R-32/06, BStBl. II 2008, S. 777.
233 Vgl. § 255 Abs. 1 HGB.

Im Einlagengeschäft nimmt das Kreditinstitut Kundengelder entgegen, bucht und verwaltet sie auf Kundenkonten und zahlt sie bei Fälligkeit zurück. Bei Vorliegen einer entsprechenden Vereinbarung werden für die Einlagen Zinsen an den Kunden gezahlt. Werden diese Funktionen von einem externen Dienstleister ausgeführt, so fallen sie ebenfalls unter die Steuerbefreiung des § 4 Nr. 8 lit. d UStG, da sie die wesentlichen Funktionen der Leistungen im Einlagengeschäft erfüllen.

Unter die Steuerbefreiung fallen unseres Erachtens unter anderem:

- Einrichtung von Daueraufträgen,

- Erteilung von Auskünften, die das Konto betreffen, wie Informationen über den Kontostand, und

- Einrichten der PIN für den Kunden.

III. Wertpapiergeschäft

Die CSC-Entscheidung des EuGH[234] fordert im Einklang mit dem SDC-Urteil für die Steuerbefreiung nach Art. 135 Abs. 1 lit. f der MwStSystRL (Art. 13 lit. d Nr. 5. der 6. EG-RL), dass die Tätigkeit des Dienstleisters faktisch dazu beiträgt beziehungsweise geeignet ist, Rechte und Pflichten in Bezug auf Wertpapiere zu begründen, zu ändern oder zum Erlöschen zu bringen. Auch hier muss der Dienstleister die Verantwortung für die wesentlichen Schritte des Prozesses der Wertpapierübertragung innehaben. Seine Leistung muss bei einem Wertpapierhandelsgeschäft zum Übergang der Rechtsposition führen.[235]

Für den Bereich der Wertpapierabwicklung bedeutet dies, dass der externe Dienstleister die erforderlichen Buchungen auf den Wertpapierdepots vornehmen beziehungsweise verantwortlich bewirken muss, die den Erwerber eines

---
[234] EuGH, Urteil vom 13.12.2001 Rs. C-235/00 [CSC Financial Services Ltd.], EuGHE 2001, S. 10237, UR 2002, S. 84 mit Anmerkung Wäger.
[235] Vgl. Philipowski, in: Rau/Dürrwächter (Stand 2010): UStG, § 4 Nr. 8, Rn. 286.

Wertpapiers befähigen, über das Papier zu verfügen. Dies sind beispielsweise bei Kommissionärsgeschäften im Zusammenhang mit girosammelverwahrten Wertpapieren die jeweiligen Gutschriften auf den Depotkonten zur Verschaffung des Miteigentumsanteils am Wertpapiersammelbestand.[236]

Demgegenüber ist die bloße Zurverfügungstellung von Informationen im finanzwirtschaftlichen Bereich steuerpflichtig.

Wie im Zahlungs- und Überweisungsverkehr kann es für die Steuerbefreiung ausreichen, wenn der Dienstleister nur für einen Teil der Wertpapierübertragung verantwortlich ist, also beispielsweise nur einen Teil der Buchungen durchführt, die notwendig sind, um die Verfügungsmacht zu übertragen.

Zu beachten ist, dass diese Ausführungen sich nur auf die bestandsverändernden Dienstleistungen beziehen können. Ausgelagerte Dienstleistungen im Zusammenhang mit der Verwahrung und der Verwaltung sind aufgrund der Regelung des § 4 Nr. 8 e UStG auch dann nicht umsatzsteuerbefreit, wenn das Kreditinstitut sie selbst erbringt. Eine andere Beurteilung könnte nur dann gelten, wenn diese ausgelagerten Leistungen als Nebenleistung zu den Wertpapiertransaktionen angesehen werden können. Dies wird jedoch in den meisten Fällen schwer zu begründen sein.[237] Die Steuerbefreiung fehlt nach Ansicht der Finanzverwaltung unter anderem wohl auch dann, wenn diese Buchungen durch eine Depotbank vorgenommen werden.[238] Für diesen Fall geht das BMF eindeutig von einer steuerpflichtigen Leistung aus, indem eine Umsatzsteuerbefreiung nach § 4 Nr. 8 h UStG (Verwaltung von Investmentvermögen) verneint wird. Da jedoch an die für die Umsatzsteuerbefreiung maßgebliche Frage, ob die Leistungen spezifisch und wesentlich sind, bei § 4 Nr. 8 h UStG nach der Rechtsprechung des EuGH andere Kriterien heranzuziehen sind,[239]

---

236 Vgl. § 24 Abs. 2 DepotG sowie das Beispiel von Philipowski, in: Rau/Dürrwächter (Stand 2010), UStG, § 4 Nr. 8, Rn. 303ff.
237 Schiller (2006): Outsourcing im Finanzdienstleistungs- und Versicherungssektor, S. 125 und 136 m. w. N., A 4.8.13 UStAE.
238 BMF, Schreiben vom 6.5.2010, IV-D3-S7160-h/09/1010 Rz. 10; A 4.8.13 UStAE.
239 EuGH, Urteil vom 4.5.2006, Rs. C-169/04 [Abbey National]; HFR 2006, S. 737.

kann diese Aussage nicht für die Ablehnung der Umsatzsteuerbefreiung nach § 4 Nr. 8 e UStG gelten. Jedoch könnte der eindeutige Wortlaut des Schreibens („steuerpflichtige Leistungen") darauf hinweisen.

IV. Gewährung von Krediten

Nach der Rechtsprechung des EuGH beschränkt sich die Steuerbefreiung des Art. 135 Abs. 1 lit. b der MwStSystRL (Art. 13 lit. d Nr. 1 der 6. EG-RL) nicht allein auf Kredite, welche von Banken und Finanzinstituten vergeben werden.[240] Es kommt somit auch für die Steuerfreiheit der Kreditgewährung grundsätzlich auf die Art der Leistung an und nicht auf die Person, welche die Leistung erbringt.

Für die Leistungen nach Art. 132 Abs. 1 lit. d und f der MwStSystRL (Art. 13 lit. d Nr. 3 und 5 der 6. EG-RL) hat der EuGH in seinem SDC-Urteil festgestellt, dass es für die Steuerbefreiung auch nicht auf die Person des Empfängers der Leistung ankommt, da diese Bestimmungen keine entsprechende Bezugnahme auf den Empfänger enthalten.[241] In Art. 135 Abs. 1 lit. b der MwStSystRL (Art. 13 lit. d Nr. 1 der 6. EG-RL) wird ebenfalls nicht auf den Empfänger verwiesen. Die Person des Leistenden wird nur insoweit erwähnt, als die Verwaltung von Krediten nur dann steuerbefreit ist, wenn sie durch den Kreditgeber erfolgt. Es ist deshalb unseres Ermessens denkbar, dass ein Unternehmer steuerbefreite Kreditleistungen erbringt, auch wenn er keine direkte Vertragbeziehung zum Bankkunden beziehungsweise Kreditnehmer hat, sondern die Leistungen an die kreditgewährende Bank als Teil der von der Bank an ihren Kunden geschuldeten Leistung erbringt. Voraussetzung für eine derartige analoge Anwendung des SDC-Urteils wäre allerdings, dass solche Leistungen spezifisch und wesentlich für die Kreditgewährung im Sinne des SDC-Urteils sind und zu rechtlichen und finanziellen Änderungen führen.

---

240 EuGH, Urteil vom 17.10.1993, Rs. C-281/91 [Muys' en De Winter's Bouwen Aannemingsbedrijf], EuGHE 1993, S. 5405.
241 EuGH, Urteil vom 5.6.1997, Rs. C-2/95 [Sparekassernes Datacenter], EuGHE 1997, S. 3017, UR 1998, S. 64, Rn. 32.

Umsatzsteuerliche Fragestellungen

Kreditgewährung ist umsatzsteuerlich eine Dauerleistung, die in der Verschaffung und bis zum Ende der Kreditlaufzeit fortwährenden Überlassung von Kaufkraft besteht.[242] Sie beginnt in dem Moment, in dem das Kapital zur Verfügung gestellt wird beziehungsweise vereinbarungsgemäß der Kredit bereitgestellt wird.[243] Tätigkeiten vor diesem Zeitpunkt, wie zum Beispiel Kreditverhandlungen, Kreditzusage, Prüfung der Sicherheiten und Abschluss des Kreditvertrags, sind lediglich Vorbereitungshandlungen, die es dem Kreditgeber ermöglichen, seinem Kunden Kaufkraft zu überlassen beziehungsweise sein Kreditrisiko zu mindern. Werden die Kosten für solche Tätigkeiten dem Kunden neben dem Zins in Rechnung gestellt, so gehören sie zum Entgelt für die umsatzsteuerfreie Kreditgewährung.[244]

Fraglich ist, ob ein externer Dienstleister steuerbefreite Kreditleistungen an die kreditgewährende Bank erbringen kann, auch wenn er weder sein eigenes Kapital überlässt noch das wirtschaftliche Risiko der Kreditgewährung trägt noch dem Kunden gegenüber als Kreditgeber auftritt. Nach der Rechtsprechung des EuGH im SDC-Urteil kommt es für die Anwendung der Steuerbefreiung darauf an, ob die Tätigkeit des Dienstleisters als spezifisch und wesentlich anzusehen ist. In diesem Zusammenhang ist zu bestimmen, was bei der Gewährung von Krediten als „spezifisch" und „wesentlich" anzusehen ist. Nach unserer Ansicht liegt das Charakteristikum bei diesen Leistungen vor allem in der Überlassung von Liquidität. Diese ist erst dann vollzogen, wenn rechtliche und finanzielle Änderungen bewirkt wurden, weswegen unseres Erachtens für die Steuerbefreiung der ausgelagerten Kreditgewährungsleistungen zunächst dieselben Kriterien anzuwenden sind, welche der EuGH im Rahmen der SDC-Rechtsprechung für Zahlungsverkehrsleistungen aufgestellt hat. Denkbar wäre eine solche Steuerbefreiung folglich bei automatisierten Kreditvergabesystemen, wo nach Eingabe bestimmter Parameter und bei Vorliegen von vorab vom kreditgewährenden Institut festgelegten Kriterien ohne weiteres Zutun der Bank Kreditentscheidungen getroffen werden können, welche zur Auszahlung des Kreditbetrags an den Kreditnehmer füh-

---
242 Philipowski, in: Rau /Dürrwächter (Stand 2010): UStG, § 4 Nr. 8, Rn. 25.
243 BFH, Urteil vom 21.7.1988, V-R-201/83, UR 1989, S. 117; A 4.8.2 Abs. 1 Satz 3 UStAE.
244 Philipowski, in: Rau/Dürrwächter (Stand 2010): UStG, § 4 Nr. 8, Rn. 49.

ren. Betreibt der Dienstleister ein solches System selbst und ist er berechtigt, bei positiver Entscheidung die Auszahlung des Kreditbetrags an den Kunden selbst zu bewirken, kann man unseres Ermessens mit dem SDC-Urteil argumentieren, dass der Dienstleister einen wesentlichen Teil der Kreditgewährungsleistung erbringt, die zu rechtlichen und finanziellen Änderungen führt, nämlich dem Zustandekommen des Kreditverhältnisses und der Übertragung des Kreditbetrags von der Bank auf den Kreditkunden.[245] Kommt es nicht zu einer Auszahlung des Kredits, ist kein Hinderungsgrund gegeben, die Leistung des Dienstleisters als umsatzsteuerbefreit anzusehen. Im Gegensatz zu den Leistungen des Zahlungsverkehrs kommt es bei der Kreditgewährung nicht lediglich auf die Auszahlung des Kredits an, sondern nach unserer Ansicht sind auch Vorprüfungen wie die Kreditwürdigkeitsprüfung als wesentliche Charakteristika des Umsatzes anzusehen. Wie bereits dargestellt, liegt das Wesen der Kreditgewährung in einer Liquiditätsüberlassung auf Zeit, die auf einem Vertrauensverhältnis zwischen Kreditgeber und Kreditnehmer basiert (lat. „credere"). Nur das begründete Vertrauen in die Fähigkeit und die Bereitschaft des Kreditnehmers zur vertragsgemäßen Rückführung der Darlehensvaluta rechtfertigt auch bankbetrieblich die Ausreichung des Kredits. Die spezifische Tätigkeit des Zahlungsverkehrs erschöpft sich in der Übertragung vorhandenen Buchgeldes und hat kein dauerhaftes Moment. Aus diesem Grund ist schon die Durchführung der Vorprüfung als spezifisches und wesentliches Element der Leistung Kreditgewährung anzusehen. Aber auch wenn man die Durchführung dieser Vorprüfungen nicht als spezifisch und wesentlich ansehen würde, liegt nach unserer Ansicht eine umsatzsteuerbefreite Leistung des Dienstleisters vor, wenn nach Durchführung der Kreditwürdigkeitsprüfung eine Auszahlung der Valuta unterbleibt. Nach der Rechtsprechung des BFH[246] ist auch die Gebühr für die Kreditwürdigkeitsprüfung als Entgelt für eine umsatzsteuerbefreite Leistung anzusehen, selbst wenn es nicht zur Auszahlung der Kreditsumme kommt. Wenn dies für die Leistungen der Bank gilt, muss

---

245 Vgl. hierzu Menner/Herrmann (2003): Kreditgeschäft ausgelagert – Steuern gespart, Handelsblatt vom 23.4.2003.
246 BFH, Urteil vom 3.11.2005, V-R-21/05, BStBl. 2006 II, S. 282.

dies nach unserer Auffassung auch für die Leistungen des Dienstleisters gelten, soweit sie im Übrigen als spezifisch und wesentlich für die Kreditgewährung anzusehen sind.

Wird eine solche Steuerbefreiung bejaht, stellt sich die weitere Frage, ob ein Dienstleister auch umsatzsteuerfreie Kreditverwaltungsleistungen erbringen kann. Letzteres könnte die Überwachung der eingehenden Zins- und Tilgungszahlungen sowie der Sicherheiten mittels des von ihm betriebenen Systems und die Führung der Darlehensakte beinhalten. Voraussetzung hierfür ist, dass der Dienstleister als Kreditgeber im Sinne des Art. 135 Abs. 1 lit. b der MwStSystRL (Art.13 B lit. d Nr. 1 der 6. EG-Richtlinie) angesehen werden kann. Denn nach dem Wortlaut dieser Bestimmung ist nur die Verwaltung „durch die Kreditgeber" steuerbefreit. Inwieweit der Begriff des „Kreditgebers" auch auf einen dritten Leistungserbringer übertragen werden kann, wenn dieser „spezifische" Tätigkeiten eines Kreditgebers erbringt, ist bisher nicht geklärt. Seitens der Finanzverwaltung liegen bislang keine Äußerungen zur Frage der Anwendung des SDC-Urteils auf Kreditgewährungsleistungen vor. Angesichts der bisherigen restriktiven Haltung der deutschen Finanzverwaltung zur Anwendung des SDC-Urteils bei Rechenzentren im Zahlungsverkehr ist jedoch anzunehmen, dass sie auch bei der Steuerbefreiung der beschriebenen Leistungen im Zusammenhang mit Kreditvergabe- und Kreditverwaltungssystemen vorerst eine ablehnende Haltung einnehmen wird.

V. Behandlung ausgelagerter Vertriebsleistungen

Bei der Auslagerung des Vertriebs von Finanzprodukten kann eine Umsatzsteuerbefreiung zum einen dadurch erreicht werden, dass der Dienstleister umsatzsteuerlich als Kommissionär in die Leistungskette eingebunden ist. In diesem Fall liegt bereits ein umsatzsteuerbefreiter Umsatz nach § 4 Nr. 8 e UStG vor. Zum anderen ist eine Vertriebsleistung immer dann umsatzsteuerbefreit, wenn sie als Vermittlungsleistung im Sinne des § 4 Nr. 8 lit. a bis g UStG beziehungsweise Art 13. lit. d Nr. 1 bis 5 der 6. EG-RL angesehen werden kann.

Der umsatzsteuerliche Vermittlungsbegriff war in Deutschland schon seit Längerem umstritten und in der Vergangenheit war die umsatzsteuerliche Behandlung von ausgelagerten Vertriebsleistungen Thema einer Vielzahl von Gerichtsverfahren. Dabei liegt ein Schwerpunkt der Diskussionen auf der umsatzsteuerlichen Behandlung des Strukturvertriebs. Dabei sind für die Diskussionen zwei Ebenen des Strukturvertriebs zu unterscheiden.

Im ersten Fall sind die Vermittler in einem Über-/Unterordnungsverhältnis angeordnet, das heißt, ein Hauptvermittler steht an der Spitze mehrerer Untervermittler, die wiederum in einer Kette oder einem Pyramidensystem angeordnet sein können. Dabei steht der jeweilige (Unter-)Vermittler in direkter Vertragsbeziehung mit dem nächst-übergeordneten (Unter-)Vermittler.

In der zweiten Alternative ist ein Unternehmer nicht direkt in die Kette eingebunden, sondern koordiniert den Strukturvertrieb.

Dabei ist die Diskussion auf allen Ebenen des Strukturvertriebs zu führen. Während in der Vergangenheit vor allem die Steuerbefreiung auf der Ebene des Untervermittlers von Bedeutung war, bezieht sich die neuere Diskussion auf die Tätigkeit der oberen Stufen in der Vermittlungsstruktur beziehungsweise auf den Unternehmer, welcher lediglich Koordinationsaufgaben übernimmt, ohne in die Kette eingebunden zu sein.

1. Umsatzsteuerbefreiung der Leistungen des Untervermittlers Rechtsprechung des EuGH, Urteile in den Rechtssachen „CSC Financial Services" (C-235/00) vom 13. Dezember 2001 sowie „Volker Ludwig" (C-453/05) vom 21. Juni 2007

In dem Verfahren CSC Financial Services hat sich der EuGH erstmals zum umsatzsteuerlichen Vermittlungsbegriff geäußert.[247] Demnach bezieht sich der Begriff Vermittlung auf eine Mittelsperson, die mit keiner der beiden Vertragsparteien identisch ist und deren Tätigkeit sich auch von den Leistungen entscheidet, welche typischerweise von den Vertragsparteien erbracht werden.

---

247 EuGH, Urteil vom 13.12.2001, Rs. C-235/00 [CSC Financial Services Ltd.], EuGHE 2001, S. 10237, UR 2002, S. 84, Rn. 39 und 40.

Umsatzsteuerliche Fragestellungen

Die Tätigkeit als Subunternehmer einer der beiden Vertragsparteien, wobei der Subunternehmer mit einem Teil der mit dem Vertrag verbundenen Sacharbeit betraut wird, ist somit keine Vermittlungstätigkeit, da der Subunternehmer insoweit nicht als Mittelsperson zwischen den Vertragsparteien angesehen werden kann. Weiterhin muss die Vermittlungstätigkeit gegenüber einer Vertragspartei erbracht werden und von dieser als eigenständige Mittlertätigkeit vergütet werden. Sie kann beispielsweise darin bestehen, dass mit der anderen Vertragspartei Kontakt aufgenommen oder im Namen und für Rechnung des Kunden über die Einzelheiten der gegenseitigen Leistungen verhandelt wird. Zweck der Vermittlertätigkeit muss es demnach sein, das Erforderliche zu tun, damit zwei Parteien einen Vertrag schließen, ohne dass der Vermittler ein Eigeninteresse am Inhalt des Vertrags hat.

Während der BFH in seinem Urteil vom 9. Oktober 2003[248] mit Verweis auf die genannte Rechtsprechung des EuGH die Anwendung der Umsatzsteuerbefreiung für die Leistungen eines Untervermittlers abgelehnt hat und auch die Finanzverwaltung die Ansicht des BFH übernahm,[249] wurde durch das Urteil „Volker Ludwig" des EuGH[250] geklärt, dass die Steuerbefreiung auch für Leistungen durch einen Untervermittler gilt.

In diesem Verfahren, welches das FG Brandenburg[251] dem EuGH zur Vorabentscheidung vorgelegt hatte, war darüber zu entscheiden, ob die Leistungen eines Untervermittlers nach der EG-Richtlinie als umsatzsteuerbefreit anzusehen sind.

Gegenstand des Verfahrens war die Tätigkeit eines Handelsvertreters, welcher als selbstständiger Vermögensberater für eine Vermögensberatungsgesellschaft tätig ist. Die Vermögensberatungsgesellschaft vermittelt Privatpersonen über

---

248 BFH, Urteil vom 9.10.2003, V-R-5/03, BStBl. II 958 = DB 2004, S. 291 mit Anmerkung Neubert/Jaster.
249 A 57 Abs. 8 Satz 4 UStR 2005, BMF-Schreiben, Begriff der Vermittlung in § 4 UStG, BFH, Urteil vom 9.10.2003, BStBl. 2004 II, S. 958; zur Steuerbefreiung für die Vermittlung von Krediten nach § 4 Nr. 8 lit. a UStG – IV A 6 – S 7160a – 26/04, BStBl. I 1199, Schreiben vom 30.5.2005, IV A 6 – S 7160 a – 34/05, BStBl. I, S. 711, BMF, Schreiben vom 25.11.2005, IV A 6 – S 7160 a – 67/05.
250 EuGH, Urteil vom 21.6.2007, Rs. C-453/05 [Volker Ludwig], HFR 2007, S. 915.
251 Vorlagebeschluss vom 23.11.2005, 1-K-692/05, EFG 2006, S. 221.

den als Untervermittler tätigen Handelsvertreter Finanzprodukte, wie etwa Kredite, deren allgemeine Bedingungen sie zuvor mit den kreditgebenden Finanzinstituten festgelegt hat. Zu diesem Zweck akquiriert der Handelsvertreter im Namen der Vermögensberatungsgesellschaft potenzielle Kunden, um eine Bilanz des Vermögens aufzustellen und die Anlagebedürfnisse zu ermitteln. Auf Basis dieser Analyse schlägt der Handelsvertreter den Kunden geeignete Finanzprodukte vor und bereitet ein verbindliches Vertragsangebot vor. Dieses wird nach Unterschrift des Kunden an die Vermögensberatungsgesellschaft weitergeleitet, welche es nach Prüfung der Ordnungsmäßigkeit an das kreditgebende Finanzinstitut weiterleitet. Für seine Tätigkeit erhält der Handelsvertreter einen Teil der Provision, welche die Vermögensberatungsgesellschaft von der kreditgebenden Bank erhält.

Der EuGH hatte bezüglich der Vorlage darüber zu entscheiden, ob eine Vermittlungsleistung auch dann vorliegt, wenn zur Tätigkeit des Vermittlers auch die Analyse der Vermögenssituation und der finanziellen Bedürfnisse gehört. Weiterhin hatte der EuGH darüber zu entscheiden, ob eine umsatzsteuerbefreite Vermittlungsleistung voraussetzt, dass der Vermittler ein unmittelbares Vertragsverhältnis mit dem Kreditnehmer/Kreditgeber hat und der Vermittler nicht nur mit dem Kreditnehmer, sondern auch mit dem Kreditgeber in Kontakt treten muss, um die Einzelheiten des Vertrags auszuhandeln.

Der EuGH hat festgestellt, dass die Ermittlung und Analyse der Vermögenssituation und der persönlichen und finanziellen Bedürfnisse potenzieller Kunden als Nebenleistungen zu einer umsatzsteuerbefreiten Kreditvermittlung angesehen werden können. Anhaltspunkte dafür sind, dass die Beratungsleistungen nur vergütet werden, wenn der Kreditvertrag geschlossen wird, und dass die Beratungsleistungen nur in einem vorbereitenden Stadium geleistet werden und sich darauf beschränken, dem Kunden dabei zu helfen, unter verschiedenen Finanzprodukten diejenigen zu wählen, die seiner Situation und seinen Bedürfnissen am besten entsprechen.

Weiterhin hat der EuGH festgestellt, dass das Bestehen eines Vertragsverhältnisses zwischen dem Vermittler und einer Partei des Kreditvertrags nicht Voraussetzung für die Anwendung der Steuerbefreiung des Art. 135 Abs. 1 lit. c MwStSystRL ist. Hierbei verweist der EuGH auf seine Rechtsprechung in dem CSC-Verfahren. Im Gegensatz zum BFH schließt der EuGH aus dieser Entscheidung, dass eine Vermittlungstätigkeit nicht unbedingt vom Bestehen eines Vertragsverhältnisses zwischen dem Erbringer der Vermittlungsleistung und einer der Parteien des Kreditvertrags abhängt.

Dabei stützt sich der EuGH auf seine bereits im Verfahren SDC entwickelten allgemeinen Grundsätze zum Outsourcing von Leistungen bei Finanzumsätzen und überträgt diese nun auch auf die Vermittlung dieser Finanzumsätze. Demnach ist entscheidend, ob die erbrachten Leistungen ein im Großen und Ganzen eigenständiges Ganzes darstellen, das die spezifischen und wesentlichen Funktionen einer Vermittlungsleistung erfüllt. Die Vermittlungsleistung kann aber in verschiedene Teilleistungen zerfallen. Daher ist es nach Ansicht des EuGH nicht entscheidend, dass der Vermittler mit beiden Vertragsparteien in unmittelbaren Kontakt tritt. Entscheidend ist jedoch, dass sich die Tätigkeit des Vermittlers nicht auf die Übernahme eines Teils der mit dem Vertrag verbundenen Sacharbeit beschränkt. Der Steuerbefreiung steht nach Ansicht des EuGH nicht entgegen, dass die Klauseln des Vertrags von einer der Vertragsparteien im Voraus festgelegt wurden.

Nach dieser Entscheidung wurde die Kontroverse über die umsatzsteuerliche Behandlung der Leistungen eines Untervermittlers beendet. Dies gilt nicht nur für die Behandlung von Untervermittlungsleistungen im Rahmen der Vermittlung der Kreditgewährung, sondern auch für die Untervermittlung von allen anderen Finanzumsätzen. Demzufolge können Leistungen eines Untervermittlers im Strukturvertrieb grundsätzlich umsatzsteuerbefreit sein.

2. Begriff der Vermittlungstätigkeit in Abgrenzung zur Koordination des Strukturvertriebs unter Berücksichtigung der Rechtsprechung des BFH und der Ansicht der Finanzverwaltung

Die Abgrenzung des Begriffs der Vermittlungsleistungen zur reinen Koordination des Strukturvertriebs wurde durch den Bundesfinanzhof erstmals in einem Urteil über die Vermittlung von Anteilen an Gesellschaften[252] vorgenommen. In dem zugrundeliegenden Fall hatten Emissionsgesellschaften eine Gesellschaft mit dem Vertrieb der Gesellschaftsanteile beauftragt, die ihrerseits sogenannte Abschlussvermittler damit beauftragte. Die Klägerin führte der Vertriebsgesellschaft solche Abschlussvermittler zu und übernahm deren Aus- und Weiterbildung beziehungsweise Überwachung, ohne jedoch eine direkte Vertragsbeziehung zu den Emissionsgesellschaften oder den Abschlussvermittlern zu haben. Die Klägerin erhielt von ihrem Vertragspartner Zuführungs- und Koordinationsprovisionen, welche mit der Abschlussprovision der Abschlussvermittler verknüpft waren.

In diesem Verfahren kommt der Bundesfinanzhof konsequenterweise zu dem Ergebnis, dass die Tätigkeit der Klägerin nicht die Voraussetzungen für eine Steuerbefreiung als Vermittlungstätigkeit erfüllt und beruft sich hierbei auf die Rechtsprechung des EuGH im CSC-Verfahren. Im Einklang mit der Rechtsprechung des EuGH hat der BFH die Umsatzsteuerfreiheit für die Leistung der Klägerin verneint, da die Klägerin nicht als Vermittlerin, sondern als „mittelbare Subunternehmerin" der Emissionsgesellschaften anzusehen sei, in dem sie mit der Auswahl, Schulung, Koordination und Überwachung der Abschlussvertreter Leistungen erbringt, die eigentlich den Emissionsgesellschaften als späteren Vertragsparteien der Kapitalanleger obliegen.

Anhand dieser Entscheidung war eindeutig zu erkennen, dass ein Teilnehmer in einem Strukturvertrieb Teil der Vertriebskette sein muss und sich die Tätigkeit nicht auf Koordination und Schulung beschränken darf, was jedoch im Rahmen der Tätigkeit von Versicherungsvertretern für die Anwendung

---

252 BFH, Urteil vom 23.10.2002, V-R-68/01, UR 2003ff. mit Anmerkung Wäger.

Umsatzsteuerliche Fragestellungen

der Steuerbefreiung ausreichend war, da dies nach damaliger Ansicht der Finanzverwaltung eine berufstypische Tätigkeit eines Versicherungsvermittlers darstellte.[253]

Diese Ansicht wurde durch den Bundesfinanzhof aufgehoben,[254] indem er die Vermittlungstätigkeit nach § 4 Nr. 11 UStG richtlinienkonform entsprechend Art. 135 Abs. 1 lit. a der MwStSystRL auslegt, wonach der wesentliche Aspekt der steuerbefreiten Tätigkeit darin besteht, Kunden zu suchen und diese mit dem Versicherer zusammenzuführen. Das Bundesfinanzministerium hat dieses Urteil zum Anlass genommen, um die Voraussetzungen der Steuerbefreiung für die Tätigkeit des Versicherungsvertreters dahingehend zu konkretisieren. Demnach sei die Steuerbefreiung nur dann anzuwenden, wenn der Unternehmer, der Leistungen der Betreuung, Überwachung oder Schulung vornimmt, durch Prüfung eines jeden Vertragsangebots mittelbar auf eine der Vertragsparteien einwirken kann. Dabei sollte es ausreichen, wenn der Unternehmer bei Gestaltung von Standardverträgen auf die Gestaltung dieser Verträge eine Einflussmöglichkeit im Wege einer einmaligen Prüfung und Genehmigung hat.[255]

Während sich dieses Schreiben nach dem Wortlaut auf die Steuerbefreiung des § 4 Nr. 11 UStG beschränkte, hat der Bundesfinanzhof in seiner Entscheidung vom 30 Oktober 2008[256] darauf hingewiesen, dass § 4 Nr. 11 UStG nach Sinn und Zweck der MwStSystRL wie § 4 Nr. 8f. UStG auszulegen sei. Durch diese Aussage hat der BFH konsequenterweise die Vergleichbarkeit der Steuerbefreiungsvorschriften für Vermittlungsleistungen festgestellt und damit die Anwendung der gleichen Grundsätze auf sämtliche Steuerbefreiungen für Vermittlungsleistungen nach § 4 Nr. 8 und Nr. 11 UStG eröffnet. Weiterhin hat sich der BFH in dieser Entscheidung gegen die Auffassung des BMF ausgesprochen, dass die einmalige Prüfung und Genehmigung von Standardverträgen und standardisierten Vorgängen nicht ausreicht, um eine

---

253 A 75 Abs. 2 S. 6 UStR 2005 „Zur berufstypischen Tätigkeit eines Bausparkassenvertreters, Versicherungsvertreters oder Versicherungsmaklers gehört zum Beispiel auch die Betreuung, Überwachung oder Schulung von nachgeordneten selbstständigen Vermittlern".
254 BFH, Urteil vom 9.9.2007, V-R-50/05, BStBl. II.
255 BMF, Schreiben vom 9.10.2008, IV B 9 – S-7167/08/10001, BStBl. I 2008, S. 948.
256 BFH, Urteil vom 30.10.2008, V-R-44/07, BStBl. II 2009, S. 554.

umsatzsteuerbefreite Vermittlungsleistung zu erbringen. Insoweit läge der Schwerpunkt der Tätigkeit bei steuerpflichtigen Leistungselementen, nämlich im Halten der Kontakte mit Versicherungsvertretern und in der Weitergabe von Informationen an diese.

Das Bundesfinanzministerium hat die Vorgaben des BFH aufgenommen und mit Schreiben vom 23. Juni 2009[257] die Anwendung der Grundsätze auf alle Vermittlungsleistungen nach § 4 Nr. 8 und Nr. 11 UStG bestätigt. Weiterhin verwirft das BMF sein vorheriges Schreiben, insoweit es die Aussagen zur Prüfung von Standardverträgen und standardisierten Vorgängen betrifft, hält aber an den grundsätzlichen Aussagen fest.

Zusammenfassend lässt sich feststellen, dass sowohl nach Ansicht des BFH als auch des BMF die Betreuung, Überwachung oder Schulung von nachgeordneten selbstständigen Vermittlern der Umsatzsteuerbefreiung nach § 4 Nr. 11 UStG ebenso wie einer steuerbefreiten Vermittlungsleistung nach § 4 Nr. 8 UStG nicht entgegenstehen, wenn durch Prüfung eines jeden Vertragsangebots mittelbar eine Einwirkungsmöglichkeit auf eine der Vertragsparteien besteht. Folglich ist zu empfehlen, dass die Verträge der Vermittler so gestaltet werden, dass diese Einwirkungsmöglichkeit besteht und bestenfalls die Ausübung dieser Einwirkung auch dokumentiert wird.

3. Weitere aktuelle Urteile zum Begriff der Vermittlung

Zur Auslegung des Begriffs der Vermittlung sind neben der nun geklärten Frage der umsatzsteuerlichen Behandlung von Untervermittlungsleistungen und der Frage der Einwirkungsmöglichkeit im Strukturvertrieb weitere Urteile ergangen, welche die umsatzsteuerbefreiten Vermittlungsleistungen von umsatzsteuerpflichtigen Leistungen abgrenzen.

So hat der BFH in einem Urteil[258] festgestellt, dass ein Auslagenersatz für Vorprüfungen der Kreditvergabe (z. B. Identität und Bonität der Kreditsuchenden) als Entgelt für eine steuerfreie Kreditvermittlungsleistung anzusehen

---

[257] BMF, Schreiben vom 23.6.2009, IV-B-9-S-7160f/08/10004, BStBl. I, 2009, S. 773, so auch A 4.8.1 UStAE.
[258] BFH, Urteil vom 3.11.2005, V-R-21/05, BStBl. 2006 II, S. 282.

ist. Auch wenn der BFH dieses Urteil noch unter Bestätigung der Grundsätze des Urteils vom 9. Oktober 2003 getroffen hat, ist die Entscheidung noch insoweit von Bedeutung. Zieht man die Grundsätze der EuGH-Rechtsprechung in „Volker Ludwig" heran, ist auch die Vorprüfung durch einen Untervermittler als umsatzsteuerbefreite Leistung anzusehen.

Weiterhin ist nach der Rechtsprechung des BFH auch die Durchführung einer Computeranalyse als Nebenleistung zur einer umsatzsteuerbefreiten Vermittlungsleistung anzusehen, wenn sie ähnlich einer Kaufberatung das Mittel darstellt, den Kunden bei der Auswahl des Finanzprodukts zu unterstützen, das seiner Situation und seinen Bedürfnissen am besten entspricht.[259] Der BFH stellt folglich die rein technische Analyse der Vermögenssituation der persönlichen Beratungstätigkeit gleich, welche gemäß der Entscheidung „Volker Ludwig" des EuGH als Teil der Vermittlungsleistung anzusehen ist. Demzufolge ist auch das Erstellen einer Computeranalyse als umsatzsteuerbefreite Nebenleistung anzusehen.

Zu beachten ist jedoch, dass nicht alle auf die Vermittler ausgelagerten Leistungen Teil der umsatzsteuerbefreiten Vermittlungsleistung sein können. Hat der EuGH dies zwar für vorbereitende Beratungsleistungen bejaht, so ist dies bei Marketing- und Werbeleistungen, die durch den Vermittler erbracht werden, zumindest als zweifelhaft anzusehen. Der BFH[260] hat in der Revisionsinstanz die in der Vorauflage dargestellte Entscheidung des FG Rheinland-Pfalz[261] bestätigt. In dieser Entscheidung stellt der BFH fest, dass Marketing- und Werbeleistungen wie die Gestaltung von Emissionsprospekten nicht als Nebenleistungen anzusehen sind, wenn sie auch dann erfolgen, wenn bei einem Eigenvertrieb keine Vermittler eingeschaltet werden. Dann dienen diese Leistungen eigenständigen Zwecken und nicht der Erbringung von Vermittlungsleistungen. Ebenso sind Marketing- und Werbeaktivitäten, bei denen sich das Vertriebsunternehmen nur in allgemeiner Form an die Öffentlichkeit wendet, mangels Handelns gegenüber individuellen Vertragsinteressenten nicht als Vermittlung anzusehen. Bei der Gestaltung von Out-

---
259 BFH, Urteil vom 6.9.2007, V-R-14/06, BFH/NV 2008, S. 624.
260 BFH, Urteil vom 6.12.2007, V-R-66/05, BFH/NV 2008, S. 716.
261 FG Rheinland-Pfalz, Urteil vom 7.9.2005, 3-K-1900/02, DStRE 2006, S. 241.

sourcing-Projekten ist folglich darauf zu achten, dass der Vermittler nicht mit zusätzlichen Marketing- oder Werbeleistungen beauftragt wird, welche nicht mit der Vermittlung als solcher zusammenhängen (z. B. lediglich unschädliche Hingabe von Prospekten, da diese unmittelbar auf das Ziel des Abschlusses des Vertrags gerichtet sind). Die Erbringung von weitergehenden Marketing- und Werbemaßnahmen ist nach unserer Ansicht nicht mehr als spezifisch und wesentlich für die Vermittlungsleistung anzusehen und kann somit auch nicht umsatzsteuerbefreit sein.

F. Ausblick

Die Anwendung der umsatzsteuerlichen Regelungen zum Outsourcing bei Finanzdienstleistern ist nach wie vor im Detail äußerst umstritten. Es bleibt zu hoffen, dass in naher Zukunft die seit einigen Jahren bestehenden Harmonisierungsbestrebungen in der Europäischen Union zu einer verbindlichen Festlegung des Umfangs der Steuerbefreiungen durch eine Auslegungsverordnung führen werden.

Zwischenzeitlich empfiehlt sich eine vorherige Abstimmung mit der Finanzverwaltung beziehungsweise ein Offenhalten der relevanten Steuerfestsetzungen, soweit zu den fraglichen Themen laufende Verfahren beim Bundesfinanzhof oder EuGH anhängig sind.

Steuerliche Aspekte bei inländischen und grenzüberschreitenden Outsourcing-Maßnahmen

Christine Marx & Achim Obermann

A. Einführung

Nicht erst die aktuelle Finanz- und Wirtschaftskrise hat es erforderlich gemacht: Banken (aber auch andere Unternehmen des Finanzdienstleistungssektors, z. B. Versicherungen) müssen ihre Arbeitsprozesse effizienter gestalten. Vor allem das Outsourcing arbeitsintensiver Backoffice-Tätigkeiten kann zu einer Senkung der Kosten und damit zu einer Verbesserung des Unternehmenserfolgs beitragen. Doch auch andere Faktoren sind für das gestiegene Kostenbewusstsein der Banken von Bedeutung: das vermehrte Auftreten von Direktbanken, gestiegene Ansprüche der Kunden im Hinblick auf Servicequalität und Preisbewusstsein sowie die generelle Konkurrenzsituation.

Im Wege des Outsourcings werden seit geraumer Zeit Dienstleistungen und insbesondere Backoffice-Leistungen, die vormals allesamt von der Bank selbst erbracht wurden, auf dritte Unternehmen übertragen. Im Kreditwesengesetz wird in § 25a KWG die grundsätzliche Zulässigkeit einer Auslagerung unter bestimmten Voraussetzungen statuiert. Die hieraus resultierenden Anforderungen wurden von der BaFin zuletzt in ihrem Rundschreiben „Mindestanforderungen an das Risikomanagement vom 14. August 2009"[1] konkretisiert.[2]

---
[1] RS 15/2009, BA 54-FR 2210-2008/0001.
[2] Siehe hierzu den Beitrag von Frank, „Aufsichtsrechtliche Aspekte beim Outsourcing".

Die Entscheidung eines Kreditinstituts, Teilbereiche auszulagern, ist in der Regel zunächst betriebswirtschaftlich bedingt. So sollen Kosten gesenkt und damit die Ertragssituation der Bank verbessert werden. Neben aufsichts-, datenschutzrechtlichen[3] und vertraglichen[4] Problemstellungen darf aber die ertragsteuerliche Bewertung und Ausgestaltung einer solchen Auslagerungssituation im Zusammenhang mit der betriebswirtschaftlichen Entscheidung[5] nicht vergessen werden. Insoweit ist für Auslagerungstatbestände mit Auslandsbezug insbesondere auch auf die „Verordnung zur Anwendung des Fremdvergleichsgrundsatzes nach § 1 Abs. 1 des Außensteuergesetzes in Fällen grenzüberschreitender Funktionsverlagerungen" vom 12. August 2008 hinzuweisen.[6] Schließlich sollte auch eine potenzielle umsatzsteuerliche[7] Mehrbelastung nicht unterschätzt werden.

Ertragsteuerliche Aspekte sind meist nicht das ausschlaggebende Kriterium für eine Outsourcing-Entscheidung. Allerdings können mit dem Outsourcing steuerliche Vorteile (aber auch Nachteile) verbunden sein. Auslagerungsvorgänge sollten idealerweise ohne zusätzliche ertragsteuerliche Belastungen strukturiert werden: Die Aufdeckung beziehungsweise Versteuerung stiller Reserven sollte tunlichst vermieden werden – es sei denn, bestehende Verluste sollen bewusst genutzt werden. Hierfür ist eine Reihe von Faktoren, angefangen bei der Rechtsform des auslagernden Unternehmens bis hin zum Umfang der Auslagerung – Stichwort Teilbetrieb –, von Bedeutung. Daneben spielen aber auch die Regelungen des Grunderwerbsteuergesetzes eine Rolle, sofern Immobilienvermögen vorhanden ist, welches gegebenenfalls mit übertragen wird. Bei grenzüberschreitenden Sachverhalten kommen noch Aspekte der sogenannten Verrechnungspreise wie generell des Außensteuergesetzes hinzu.

---

3   Siehe hierzu den Beitrag von Wicker/Wollinsky, „Outsourcing und Datenschutz".
4   Siehe hierzu den Beitrag von Zerwas/Knöfler, „Zivilrechtliche Grundsätze und Vertragsgestaltung".
5   Siehe hierzu den Beitrag von Wilken/Otto, „Sourcing als Grundlage der Transformation von Banken".
6   BGBl I 2008, S. 1680.
7   Siehe hierzu den Beitrag von Schubert/Jaster, „Umsatzsteuerliche Fragestellungen".

Für die ertragsteuerrechtliche Beurteilung kommt es auf eine Reihe von Unterscheidungen an, die die wirtschaftlichen Folgen einer Outsourcing-Maßnahme entscheidend mitgestalten. Nur schlagwortartig seien hier erwähnt:

- Share Deal oder Asset Deal,
- Übertragung einzelner Wirtschaftsgüter oder Funktionen,
- Funktionsverlagerung innerhalb einer gesellschaftsrechtlichen Einheit oder zwischen verschiedenen Einheiten,
- Outsourcing innerhalb Deutschlands oder in das/aus dem Ausland,
- entgeltliche oder unentgeltliche Übertragung und
- Beteiligung von Personen- und/oder Kapitalgesellschaften.

Im Fokus der Finanzverwaltung sind entgeltliche Transaktionen innerhalb eines Konzerns, da hier der ansonsten typische Interessenwiderstreit fehlt, sowie Transaktionen mit Dritten gegen Gewährung von Anteilen. Im ersten Fall besteht insbesondere die Gefahr des Transfers von Gewinnen ins Ausland.

B. Rechtliche Struktur der deutschen Bankenlandschaft

Entscheidend für die Anwendbarkeit steuerlicher Normen ist die Rechtsform der beteiligten Unternehmen. Daher soll gleichsam als Vorfrage auf die rechtliche Struktur der deutschen Bankenlandschaft eingegangen werden.

In Deutschland gibt es ein dichtes Netz von Kreditinstituten. Ende 2009 waren in Deutschland 2 121 Geldinstitute mit annähernd 39 441 Zweigstellen registriert (einschließlich der Bausparkassen, ohne Kapitalanlagegesellschaften).[8] Dabei sind erhebliche Größenunterschiede auszumachen. International bedeutende Großbanken stehen neben Regional- und Landesbanken, daneben existiert eine Vielzahl kleiner und mittelgroßer Banken. Auch die Rechtsformen der Kreditinstitute sind vielfältig. Für Auslagerungsvorgänge beziehungsweise deren steuerliche Möglichkeiten und Folgen ist auch die Rechtsform des Auslagerungsunternehmens von Bedeutung.

I. Öffentlich-rechtliche Banken

Öffentlich-rechtliche Banken finden sich im Bereich der Landesbanken und Sparkassen. Dabei werden die Anteile der Bank direkt oder indirekt von der öffentlichen Hand gehalten. Solche Kreditinstitute sind meist Körperschaften beziehungsweise Anstalten des öffentlichen Rechts. Auch Spezialbanken, wie zum Beispiel die Kreditanstalt für Wiederaufbau (KfW), sind in diesem Bereich anzusiedeln.

Juristische Personen des öffentlichen Rechts sind nicht körperschaftsteuerpflichtig, solange sie hoheitliche Aufgaben wahrnehmen, sogenannte Hoheitsbetriebe nach § 4 Abs. 5 Satz 1 KStG. Sobald sie jedoch privatwirtschaftlich in Konkurrenz zu Unternehmen auf dem freien Markt stehen, gelten die allgemeinen steuerlichen Regelungen, es kommt zur Ertragsteuerpflicht (§ 1 Abs. 1 Nr. 6 KStG). Sofern die privatwirtschaftliche Tätigkeit des öffentlich-rechtlichen Kreditinstituts unter einem privaten Rechtsmantel betrieben wird, ist die gewählte Rechtsform für die Besteuerung maßgeblich.[9]

Die Landesbanken sind daher ebenso wie die Sparkassen steuerpflichtig. Vermehrt sind die Länder jedoch dazu übergegangen, hoheitliche Aufgaben auf eigene (Förder-)Kreditinstitute auszulagern, die dann wiederum die Steu-

---

8   Statistik abrufbar unter http://www.bundesbank.de/download/pdf/bankstellenstatistik10/pdf.
9   Graffe, in: Dötsch/Just/Pung/Witt (März 2010): KStG, § 1 Rn. 55.

erfreiheit für sich in Anspruch nehmen können. So wurde zum Beispiel in Nordrhein-Westfalen die Westdeutsche Landesbank Girozentrale aufgespaltet in die WestLB AG und die Landesbank NRW (NRW.BANK), die die in öffentlichem Auftrag geführten Bereiche der Wirtschafts- und Strukturförderung übernommen hat. Die rechtlichen Voraussetzungen hierfür wurden in einem eigenen „Umstrukturierungsgesetz"[10] geschaffen.

II. Privatrechtlich organisierte Banken

Die großen deutschen privatrechtlichen Banken wie Deutsche Bank und Commerzbank sind in der Rechtsform der Aktiengesellschaft (AG) organisiert, auch die Organisation als Gesellschaft mit beschränkter Haftung (GmbH) ist möglich. Die privatrechtlichen Banken sind als Körperschaften steuerpflichtig und unterliegen dem KStG (§ 1 Abs. 1 Nr. 1 KStG).

Daneben gibt es eine Vielzahl kleiner sogenannter Bankhäuser, die als Personenhandelsgesellschaften in der Rechtsform der OHG oder KG agieren. Diese sind steuerlich transparent und auf der Ebene der Anteilseigner nach den Vorschriften des EStG beziehungsweise KStG zu besteuern.

Selten sind noch die Rechtsform der KGaA (§ 1 Abs. 1 Nr. 1 KStG), der Stiftung oder des wirtschaftlichen Vereins (jeweils § 1 Abs. 1 Nr. 5 KStG) anzutreffen. Aufgrund ihrer geringen praktischen Bedeutung wird auf ihre Besonderheiten hier nicht weiter eingegangen. In der Rechtsform des Einzelkaufmanns dürfen Kreditinstitute, die eine Erlaubnis nach § 32 Abs. 1 KWG benötigen, gemäß § 2b Abs. 1 KWG nicht betrieben werden.

---

10 Gesetz zur Umstrukturierung der Landesbank Nordrhein-Westfalen zur Förderbank des Landes Nordrhein-Westfalen und zur Änderung anderer Gesetz vom 16.3.2004, GV.NRW.2004, S. 126.

III. Genossenschaftlich organisierte Banken

Den dritten Sektor in der deutschen Bankenlandschaft bilden die genossenschaftlich organisierten Banken. Gesellschaftsrechtlich handelt es sich um sogenannte eingetragene Genossenschaften, die als Körperschaften ebenfalls steuerpflichtig sind (§ 1 Abs. 1 Nr. 2 KStG). Zu den Genossenschaftsbanken zählt auch eine Vielzahl kleinerer Volks- und Raiffeisenbanken.

IV. Konsequenzen

Ein Unterscheidungskriterium hinsichtlich steuerlicher Optimierungsmöglichkeiten im Fall von Outsourcing-Lösungen ist die Rechtsform des auslagernden Unternehmens. So sind einige der Umwandlungsmöglichkeiten des UmwG nicht für Körperschaften des öffentlichen Rechts vorgesehen. In diesen Fällen muss auf andere Art und Weise ein Vermögensübergang im Wege der Einzelrechtsnachfolge bewerkstelligt werden, gegebenenfalls um den Preis der Aufdeckung stiller Reserven.

C. Ertragsteuerliche Aspekte beim Outsourcing

Wie eingangs erwähnt sollte bei Umstrukturierungen im Rahmen von Outsourcing-Maßnahmen die steuerpflichtige Aufdeckung stiller Reserven vermieden werden. Dies ist einer der Dreh- und Angelpunkte im Fall von Auslagerungen für die ertragsteuerliche Beurteilung.

Grundsätzlich auslagerungsfähig sind einzelne Wirtschaftsgüter, aber auch ganze Funktionsbereiche. Wesenstypisch für Outsourcing-Maßnahmen ist die Auslagerung ganzer Tätigkeitsbereiche, sogenannte Funktionsverlagerungen. Die Auslagerung nur einzelner Wirtschaftsgüter steht nicht im primären Fokus bei solchen Vorgängen.

Die sogenannte Funktionsauslagerungsverordnung vom 12. August 2008[11] definiert eine solche Funktionsverlagerung wie folgt: „Übertragung von Wirtschaftsgütern und sonstigen Vorteilen sowie der damit verbundenen Chancen und Risiken zwischen sich nahe stehenden Unternehmen sowie die entsprechende Nutzungsüberlassung, damit das übernehmende Unternehmen eine Funktion ausüben kann, die bisher von dem verlagernden Unternehmen ausgeübt worden ist, und dadurch die Ausübung der betreffenden Funktion durch das verlagernde Unternehmen eingeschränkt wird." Eine solche Funktionsverlagerung kann auch nur zeitweise stattfinden.

Je nach rechtlicher Gestaltung kann eine Funktionsverlagerung in ertragsteuerlicher Hinsicht dem Einkommensteuergesetz als lex generalis oder auch dem Umwandlungssteuergesetz als lex specialis unterfallen. Aus diesen Normen ergibt sich dann auch die Antwort auf die Frage, ob die Outsourcing-Maßnahme mit der Aufdeckung stiller Reserven verbunden ist oder nicht. Als Grundfall soll hier zunächst die mit der Übertragung von Wirtschaftsgütern im Inland verbundene Auslagerung dargestellt werden, Sonderfälle bei grenzüberschreitenden Transaktionen werden in einem eigenen Kapitel behandelt.

I. Übertragungen nach EStG

Eine Reihe von Übertragungsvorgängen findet außerhalb spezialgesetzlicher Normen statt, sie unterfallen damit dem Einkommensteuergesetz. Primäres Unterscheidungskriterium ist, ob der sogenannte Funktionstransfer innerhalb ein und derselben Einheit stattfindet oder zwischen verschiedenen rechtlichen Einheiten eines Konzerns.

---

11 Verordnung zur Anwendung des Fremdvergleichsgrundsatzes nach § 1 Abs. 1 des Außensteuergesetzes in Fällen grenzüberschreitender Funktionsverlagerung", BGBl I 2008, S. 1680.

1. Funktionsverlagerung innerhalb einer rechtlichen Einheit

Funktionsverlagerungen innerhalb ein und derselben rechtlichen Einheit, aber auch zwischen einzelnen Betriebsstätten im Inland, sind steuerlich ohne Gewinnauswirkung. Es werden die Buchwerte fortgeführt; eine Aufdeckung stiller Reserven findet nicht statt.

Eine steuerliche Relevanz kann eine solche Transaktion dann bekommen, wenn Funktionen oder auch Wirtschaftsgüter in eine Betriebsstätte mit niedrigerem Gewerbesteuerhebesatz transferiert werden. Dies kann Auswirkungen auf die Bemessungsgrundlage der Gewerbesteuer haben. Der Zerlegungsmaßstab für die Gewerbesteuer nach § 29 GewStG orientiert sich an der Summe der Löhne der bei den Betriebsstätten beschäftigten Arbeitnehmern in den einzelnen Gemeinden. Daraus kann sich demnach mittelbar im Rahmen der Zerlegung eine niedrige (aber auch höhere) Gewerbesteuerbelastung ergeben.

2. Funktionsverlagerung zwischen rechtlichen Einheiten eines Konzerns

Die Verlagerung von Funktionen, aber auch das Verschieben von Wirtschaftsgütern innerhalb verschiedener rechtlicher Einheiten eines Konzerns, kann auf verschiedene Weise realisiert werden. Zur Verfügung stehen insbesondere die Veräußerung einzelner Wirtschaftsgüter und der Tausch. Von besonderer Bedeutung ist hierbei neben der Höhe beziehungsweise Werthaltigkeit der Gegenleistung auch die Rechtsform des Unternehmens, an das veräußert wird.

a) Veräußerung

Unter einer Veräußerung versteht man die entgeltliche Hingabe von Wirtschaftsgütern, die auf eine unmittelbar rechtsändernde rechtsgeschäftliche Übertragung hinwirkt. Sie umfasst das schuldrechtliche Rechtsgeschäft (§ 433 BGB) wie auch die dingliche Verfügung (§ 929 BGB). Gegenleistung ist die Zahlung eines Geldbetrags. In seiner Grundform, das heißt außerhalb spezialgesetzlicher Regelungen, kommt es bei einer Veräußerung zur Einzelrechtsnachfolge. Somit gehen sämtliche Rechte und Pflichten in Zusammenhang mit dem Wirtschaftsgut auf den Erwerber (= Rechtsnachfolger) über.

Ertragsteuerliche Rechtsfolge ist die Aufdeckung in dem Wirtschaftsgut enthaltener stiller Reserven. Die Bewertung des Wirtschaftsguts erfolgt nach § 6 Abs. 1 Nr. 1 EStG; der Veräußerungsgewinn resultiert aus dem Kaufpreis abzüglich der fortgeführten Anschaffungskosten. Der Erwerber wiederum muss das Wirtschaftsgut zu seinen Anschaffungskosten, das heißt dem Kaufpreis, bewerten. Diese Regelung gilt jedoch nur für die Veräußerung einzelner Wirtschaftsgüter.

b) Tausch

Zivilrechtlich gesehen finden auf den Tausch die Regelungen des Kaufrechts Anwendung. Abgrenzungskriterium ist, dass die Gegenleistung für ein Wirtschaftsgut nicht in Geld, sondern in einem anderen Wirtschaftsgut besteht. Für die hier zu betrachtenden Zwecke wird es sich um die Gewährung von Gesellschaftsrechten als anderem Wirtschaftsgut handeln. Eine ertragsteuerliche Norm betreffend den Tausch von Wirtschaftsgütern findet sich in § 6 Abs. 6 EStG; hiernach bemessen sich bei Übertragung eines einzelnen Wirtschaftsguts im Wege des Tauschs die Anschaffungskosten nach dessen gemeinem Wert (§ 9 BewG), also nach dem Preis, der im gewöhnlichen Geschäftsverkehr nach der speziellen Beschaffenheit des Wirtschaftsguts bei seiner Veräußerung zu erzielen wäre. Allerdings ist die Norm nur dann anwendbar, wenn ein Wirtschaftsgut in das Betriebsvermögen einer Kapitalgesellschaft verdeckt eingelegt wird. Für abweichende Sachverhaltskonstellationen regelt § 6 Abs. 5 EStG die Rechtsfolgen auf andere Art und Weise.

Für die ertragsteuerliche Behandlung von Bedeutung ist die Frage, zu welchem Zweck ein Tausch vorgenommen wird. Oftmals werden Tauschgeschäfte gegen Gewährung neuer Anteile vorgenommen. Sofern dies zum Zwecke der Verstärkung einer gesellschaftsrechtlichen Rechtsposition geschieht, nennt man ein solches Tauschgeschäft offene Einlage. Werden keine neuen Anteile begeben, handelt es sich um eine verdeckte Einlage. Für die steuerliche Beurteilung ist der gesellschaftsrechtliche Rahmen von entscheidender Bedeutung, mit anderen Worten die Frage, ob Empfänger des Wirtschaftsguts eine Personen- oder eine Kapitalgesellschaft ist.

Ist das Empfängerunternehmen eine Personengesellschaft, können bei einer offenen Einlage die Buchwerte fortgeführt werden, eine Aufdeckung stiller Reserven findet nicht statt (§ 6 Abs. 5 Satz 1 und 3 EStG). Diese Regelungen sind anwendbar für Personenhandelsgesellschaften wie OHG und KG.

Im Rahmen von § 6 Abs. 5 Satz 3 EStG sind auch steuerneutrale Übertragungen aus dem Betriebsvermögen eines Mitunternehmers in das Gesamthandsvermögen einer Mitunternehmerschaft und umgekehrt möglich, aus dem Sonderbetriebsvermögen eines Mitunternehmers in das Gesamthandsvermögen derselben Mitunternehmerschaft und umgekehrt (unentgeltlich oder gegen Gewährung von Gesellschaftsrechten) oder zwischen den jeweiligen Sonderbetriebsvermögen verschiedener Mitunternehmer derselben Mitunternehmerschaft (unentgeltlich). Diese Alternativen bieten sich daher für die oftmals in der Rechtsform einer Personenhandelsgesellschaft (OHG, KG) organisierten kleineren Privatbanken an.

Eine abweichende Beurteilung, das heißt die Aufdeckung stiller Reserven, findet nur dann statt, wenn innerhalb einer drei- beziehungsweise siebenjährigen Sperrfrist die Anteile veräußert werden und auch kein Teilbetrieb[12] vorliegt (§ 6 Abs. 5 Satz 4ff EStG). Die sogenannte Körperschaftsklausel besagt, dass die Buchwertfortführung ausgeschlossen ist, wenn durch den Übertragungsvorgang eine Körperschaft an dem Wirtschaftsgut erstmals beteiligt wird oder sich deren Beteiligungsquote innerhalb der Mitunternehmerschaft erhöht. Bleibt die Beteiligungsquote über sieben Jahre unverändert bestehen (Behaltefrist), können die Buchwerte fortgeführt werden. Diese steuerlichen Folgen sind in den Outsourcing-Verträgen im Hinblick auf deren Laufzeiten zu bedenken.

Ist der Empfänger des Wirtschaftguts hingegen eine Kapitalgesellschaft, findet die Regelung des § 6 Abs. 6 Satz 1 EStG Anwendung. Es kommt dann zu einer Aufdeckung der stillen Reserven, da das Wirtschaftsgut nach dem gemeinen Wert (§ 9 BewG) zu bewerten ist. Den Fall der Teilentgeltlichkeit regelt § 6 Abs. 6 Satz 2 EStG.

---

12 Siehe hierzu: C. II. 2. b. (1).

Möglich ist auch eine unentgeltliche Übertragung gegen Minderung von Gesellschaftsrechten von einer Personengesellschaft auf ihren (gewerblichen) Gesellschafter. Dieser Fall wird als Entnahme gewertet, diese erfolgt zum Buchwert, das heißt ohne Aufdeckung stiller Reserven (§ 6 Abs. 5 EStG). Sofern die Übertragung der Gesellschaftsrechte zu privaten Zwecken erfolgt, ist in allen Fällen der Teilwert (= der im Rahmen der Veräußerung des Gesamtunternehmens auf das einzelne Wirtschaftsgut entfallende Preis) anzusetzen. Denn die Möglichkeit der Buchwertfortführung sollte ausweislich der Gesetzesbegründung den Mittelstand fördern. Bei einer Auslagerung zu privaten Zwecken ist diese Vergünstigung nicht notwendig, sodass es zum Teilwertansatz kommt.

Soweit Übertragungen zwischen Kapitalgesellschaften innerhalb von Konzernstrukturen unentgeltlich oder zu vergünstigten Konditionen erfolgen, kann eine sogenannte verdeckte Gewinnausschüttung vorliegen, deren Rechtsfolgen sich nach § 8 Abs. 3 Satz 2 KStG bemessen. Solche Gewinnausschüttungen dürfen das Einkommen der ausschüttenden Kapitalgesellschaft nicht mindern. Vielmehr ist der Veräußerungsgewinn nach dem Teilwert des übertragenen Wirtschaftsguts zu bemessen und von der Tochtergesellschaft zu versteuern. Weiterhin wird Kapitalertragsteuer nach § 43 Abs. 1 Satz 1 Nr. 1 EStG in Höhe von 25 Prozent auf die Gewinnausschüttung erhoben, sofern für die Ausschüttung nicht das steuerliche Einlagekonto verwendet werden kann. Bei Kapitalgesellschaften führt die verdeckte Gewinnausschüttung zu Einkünften aus Gewerbebetrieb, die nach § 8b Abs. 1 und 5 KStG zu fünf Prozent zu versteuern sind. Natürliche Personen unterliegen der Abgeltungssteuer zu 25 Prozent (§ 32d Abs. 1 EStG) oder dem 60-Prozent-Teileinkünfteprinzip (§ 3 Nr. 40d EStG).

II. Übertragungen nach UmwG und UmwStG

Während bei Übertragungen im Rahmen des EStG eine Einzelrechtsnachfolge stattfindet, sind Übertragungen nach UmwG/UmwStG nur im Wege der Gesamtrechtsnachfolge möglich. Für Rechtsträger, für die das UmwG nicht anwendbar ist, kann somit eine Auslagerung nur nach dem EStG infrage kommen. Dies ist im Fall von juristischen Personen des öffentlichen Rechts, also der Gesamtbereich der sogenannten öffentlich-rechtlichen Banken, der Fall. Sofern diese als Anstalten oder Körperschaften des öffentlichen Rechts strukturiert sind (und keine Betriebe gewerblicher Art darstellen), ist das UmwG nicht anwendbar (§ 3 Abs. 1 UmwG).[13] Damit sind viele Umwandlungsmöglichkeiten des UmwStG nicht gegeben, wie zum Beispiel die Ausgliederung. Anwendbar bleibt die Möglichkeit der Einbringung nach §§ 20ff. UmwStG, die gerade nicht auf die Geltung des UmwG Bezug nimmt.

Das UmwStG knüpft an das UmwG an, geht jedoch über dieses hinaus.

1. Grundlagen des UmwG

Eine Umwandlung ist ein Umstrukturierungsvorgang. Bei diesem wird ein Betriebsvermögen im Wege der Gesamt- beziehungsweise Sonderrechtsnachfolge von einem (oder mehreren) Rechtsträgern auf einen (oder mehrere) andere (neu gegründete oder bereits bestehende) Rechtsträger übertragen und dafür Gesellschaftsrechte und/oder eine sonstige Gegenleistung gewährt. Dabei bedeutet Gesamtrechtsnachfolge, dass das gesamte Betriebsvermögen in einem Rechtsakt (uno actu) übergeht und nicht jedes einzelne Wirtschaftsgut nach den Vorschriften des BGB übertragen werden muss.[14] Die Sonderrechtsnachfolge ist ein Unterfall der Gesamtrechtsnachfolge. Auch hier gehen die Wirtschaftsgüter uno actu über, allerdings werden nur Teile eines Betriebsvermögens, die zum Beispiel im Übertragungs- oder Spaltungsvertrag festgelegt werden, übertragen. Durch die Vorschriften des UmwG werden Auslagerungsvorgänge vereinfacht und können steueroptimiert gestaltet werden.

Gegenstand der folgenden Ausführungen sind Outsourcing-Vorgänge, bei denen Umwandlungen von beziehungsweise zwischen Kapital- und Personengesellschaften stattfinden.

---

13 Fronhöfer, in: Widmann/Mayer (EL Juli 2005): Umwandlungsrecht, § 3 Rn. 38.
14 Dies erfordert zum Beispiel bei Verbindlichkeiten gemäß § 415 BGB die Genehmigung des Gläubigers.

Das Umwandlungsrecht stellt in § 1 Abs. 1 UmwG die Möglichkeiten von Umwandlungen abschließend (numerus clausus) dar. Dabei benennt es die Verschmelzung, die Spaltung, die Vermögensübertragung und den Formwechsel. Im Rahmen der Spaltung wird unterschieden zwischen der Aufspaltung, Abspaltung und Ausgliederung.

Hier seien die in Betracht kommenden Umwandlungsformen kurz dargestellt:

Bei der Verschmelzung geht im Wege der Gesamtrechtsnachfolge das gesamte Vermögen durch Rechtsgeschäft auf einen bereits bestehenden oder neu zu gründenden Rechtsträger über. Dabei wird der übertragende Rechtsträger ohne eine weitere Abwicklung aufgelöst. Die Anteilinhaber des übertragenden Rechtsträgers erhalten dabei Anteile an dem übernehmenden Rechtsträger. Es findet ein sogenannter Anteilstausch statt.

Bei der Aufspaltung teilt ein Rechtsträger unter Auflösung seiner selbst ohne weitere Abwicklung sein Vermögen auf mindestens zwei bestehende oder neu zu gründende Rechtsträger auf. Bei der Abspaltung werden nur Teile des Vermögens auf bestehende oder noch zu gründende Rechtsträger übertragen. In beiden Fällen erhält der übertragende Rechtsträger Anteile an dem übernehmenden Rechtsträger. Bei der Spaltung findet eine sogenannte partielle Gesamtrechtsnachfolge (Sonderrechtsnachfolge) statt. Die Ausgliederung entspricht in weiten Teilen der Abspaltung, allerdings fallen die Anteile des übernehmenden Rechtsträgers in das Vermögen des übertragenden Rechtsträgers. Von Bedeutung ist weiterhin, dass eine Abspaltung ertragsteuerneutral nur im Wege der Gesamtrechtsnachfolge, hier in der Form der Sonderrechtsnachfolge,[15] möglich ist, da die §§ 15 und 16 UmwStG eine Umwandlung gemäß § 123 UmwG voraussetzen. Eine ertragsteuerneutrale Ausgliederung hingegen ist sowohl durch Gesamt- als auch durch Einzelrechtsnachfolge möglich.[16]

---

15 Dötsch/Pung, in: Dötsch/Patt/Pung/Möhlenbrock (2007): Umwandlungssteuerrecht, § 15 Rn. 17.
16 Hörtnagl, in: Schmitt/Hörtnagl/Stratz (2009): UmwG, § 131 Rn. 6.

Für unsere Betrachtung im Rahmen von Outsourcing-Entscheidungen ist die umwandlungsrechtliche Gestaltungsvariante des Formwechsels nicht von Bedeutung, da lediglich eine Änderung der Rechtsform stattfindet. Zu einem Vermögensübergang kommt es gerade nicht.

Auch die gesellschaftsrechtliche Sonderform des Vermögensübergangs nach § 174 UmwG ist im hier genannten Rahmen ohne Interesse.

Von Bedeutung für die geplante Auslagerung von Geschäftsfeldern einer Bank verbleiben daher nur die umwandlungsrechtlichen Möglichkeiten der Spaltung und der Verschmelzung. Diese seien hier beispielhaft grafisch dargestellt:

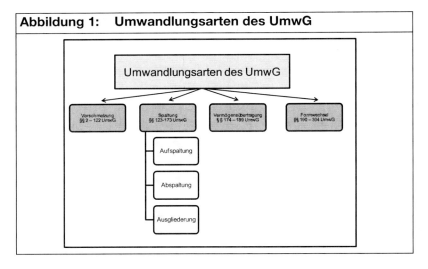

Abbildung 1: Umwandlungsarten des UmwG

Steuerliche Aspekte beim Outsourcing

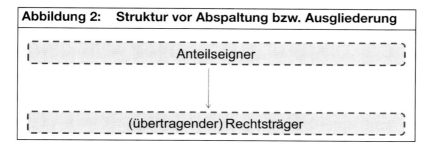

Abbildung 2: Struktur vor Abspaltung bzw. Ausgliederung

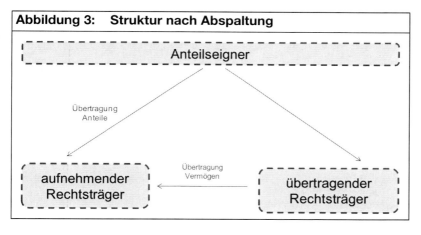

Abbildung 3: Struktur nach Abspaltung

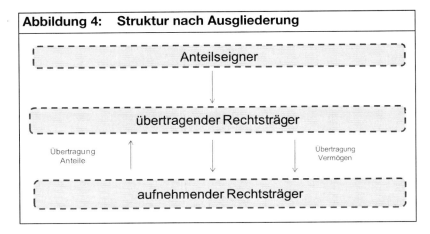

Abbildung 4: Struktur nach Ausgliederung

2. Steuerrechtliche Beurteilung nach UmwStG

Die ertragsteuerlichen Folgen der Umwandlungsvorgänge nach dem UmwG bildet das UmwStG ab. Geregelt sind hier die Folgen für die Einkommen-, Körperschaft- und Gewerbesteuer.

Das Umwandlungssteuerrecht vollendet und ergänzt das Umwandlungsrecht in steuerlicher Hinsicht. Einerseits beleuchtet es die steuerliche Seite von Umwandlungsvorgängen, auf der anderen Seite schafft es neben den im UmwG geschaffenen Möglichkeiten der Umwandlungen weitere Formen der Umstrukturierung von Unternehmen. Hier ist insbesondere die Auslagerung im Wege einer Einbringung nach §§ 20ff. und 24 UmwStG zu nennen.

Durch die Regelungen des UmwStG, welche im Jahr 2006 durch das SEStEG[17] an europarechtliche Vorgaben angepasst und erweitert wurden, können betriebswirtschaftlich intendierte Auslagerungsvorgänge steueroptimiert gestaltet werden. Dies bedeutet, dass ertragsteuerneutrale Umstrukturierungen ermöglicht werden.

Zweifelsfragen der Besteuerung werden im sogenannten Umwandlungsteuererlass der Finanzverwaltung[18] geklärt, allerdings bezieht sich dieser Erlass immer noch auf das UmwStG in seiner Form aus dem Jahr 1995. Die Neuerungen, die durch das SEStEG in das Gesetz aufgenommen wurden, sind in dem Erlass noch nicht verarbeitet. Daher kann er nur noch begrenzt als Leitfaden zur Auslegung der gesetzlichen Normen herangezogen werden. Eine Überarbeitung des Erlasses liegt im Entwurf bereits vor.

a) Umwandlungsformen nach dem UmwStG
Das UmwStG stellt neben die möglichen Umwandlungsarten nach dem UmwG noch die Form der Einbringung nach den §§ 20 bis 24 UmwStG für Umstrukturierungsmaßnahmen zur Verfügung.

---

17 „Gesetz über steuerliche Begleitmaßnahmen zur Einführung der Europäischen Gesellschaft und zur Änderung weiterer steuerrechtlicher Vorschriften" vom 7.12.2006, BGBl I 2006, S. 2782.
18 BMF vom 25.3.1998, BStBl I 1998, S. 268.

Abbildung 5: Struktur nach Ausgliederung

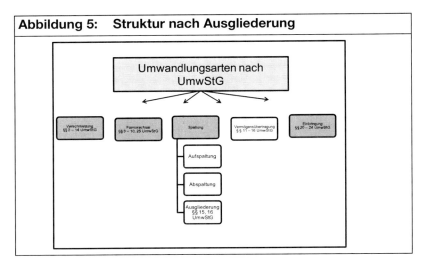

Im Überblick[19] ergeben sich folgende Gestaltungsmöglichkeiten bei Outsourcing-Maßnahmen im Hinblick auf die Rechtsform der beteiligten Rechtsträger:

Tabelle 1: Gestaltungsmöglichkeiten nach Rechtsform

Umwandlungsvorgang	auf Körperschaften	auf Personengesellschaften
Abspaltung von Körperschaften	§ 15 i.V.m. §§ 11-13, 19 UmwStG	§ 16 i.V.m. §§ 3-8, 10, 18 UmwStG
Abspaltung von Personengesellschaften	§§ 20 ff UmwStG	§ 24 UmwStG
Ausgliederung von Personengesellschaften, Kapitalgesellschaften, Genossenschaften	§§ 20 ff UmwStG	§ 24 UmwStG
Einbringung von Betriebsvermögen durch Einzelrechtsnachfolge	§§ 20 ff UmwStG	§ 24 UmwStG

---

19 Winkeljohann/Fuhrmann (2007): Handbuch Umwandlungssteuerrecht, S. 708.

Hierbei fallen unter den Begriff Körperschaften die Kapitalgesellschaften[20] und eingetragenen Genossenschaften. Personengesellschaften sind Personenhandelsgesellschaften wie OHG und KG sowie Partnerschaftsgesellschaften. Juristische Personen des öffentlichen Rechts haben nur in sehr eingeschränktem Maß die Möglichkeit, das UmwStG für Outsourcing-Maßnahmen zu nutzen.

b) Grundprinzipien der Umwandlung nach UmwStG
(1) Ansatz des gemeinen Werts oder des Buchwerts
Bei Umwandlungsvorgängen, die nach dem UmwStG zu beurteilen sind, ist grundsätzlich der gemeine Wert für die zu übertragenden Wirtschaftsgüter anzusetzen. Dies würde eine Aufdeckung von stillen Reserven bedeuten. Unter Einhaltung bestimmter Voraussetzungen darf jedoch der Buchwert fortgeführt werden, es wird demnach Steuerneutralität erreicht. Diese Steuerneutralität wird auf Antrag gewährt und hängt insbesondere davon ab, dass das Besteuerungsrecht Deutschlands erhalten bleibt, zum Beispiel § 11 Abs. 1 UmwStG.

Im Fall zum Beispiel der Verschmelzung von Kapitalgesellschaften (§ 15 UmwStG) ist die steuerneutrale Ausgestaltung einer Outsourcing-Maßnahme zusätzlich nur dann möglich, wenn neue Anteile oder zumindest keine Gegenleistung in Geld gewährt wird.

Bei jeglichen Spaltungsvorgängen ist die Steuerneutralität an das Vorliegen eines Teilbetriebs gebunden. Der BFH hat in einem Urteil aus dem Jahr 1996[21] den Begriff des Teilbetriebs definiert, diese Definition ist weitgehend auch für das Umwandlungssteuerrecht anwendbar:

> „Ein Teilbetrieb i.S.v. § 16 Abs. 1 Nr. 1 EStG ist ein organisatorisch geschlossener, mit einer gewissen Selbständigkeit ausgestatteter Teil eines Gesamtbetriebs, der – für sich betrachtet – alle Merkmale eines Betriebes im Sinne des EStG aufweist und als solcher für sich lebensfähig ist."

---
20 Als Kapitalgesellschaft gilt auch die Societas Europaea (SE).
21 BFH, Urteil vom 13.2.1996, VIII R 39/92, BStBl II 1996, S. 409 – nach wie vor geltende Rspr.: letzte Bezugnahme BFH, Urteil vom 4.7.2007, X R 49/06.

Einem solchen Teilbetrieb wird durch gesetzliche Fiktion der 100-prozentige Anteil an einer Kapital- oder Personengesellschaft gleichgestellt. Dabei dürfen die teilbetriebsbegründenden Beteiligungen nicht erst in den letzten drei Jahren durch die Übertragung von Wirtschaftsgütern, welche die Teilbetriebsmerkmale nicht erfüllen, erworben oder ausgestockt worden sein und die Gesamtmaßnahme darf nicht der Vorbereitung einer Veräußerung dienen.

(2)   **Umwandlungsstichtag**

§ 2 UmwStG eröffnet die Möglichkeit, den Umwandlungsstichtag zurückzubeziehen. Einkommen und Vermögen der an einer Umwandlung beteiligten Rechtsträger sind so zu ermitteln, als sei das Vermögen der Körperschaft mit Ablauf des Stichtags der Bilanz, die der Umwandlung zugrunde liegt, übergegangen. Der Umwandlung zugrunde zu legen ist die handelsrechtliche Schlussbilanz nach § 17 Abs. 2 UmwG, die auf einen höchstens acht Monate vor der Anmeldung liegenden Stichtag aufgestellt werden kann. Hierdurch soll Mehrarbeit vermieden werden, indem auf einen bereits aufgestellten handelsrechtlichen Jahresabschluss zurückgegriffen werden kann.

(3)   **Nutzung von Verlustvorträgen**

Durch das SEStEG wurden die Möglichkeiten zur Nutzung verbleibender Verlustabzüge bei der übertragenden oder übernehmenden Körperschaft weiter reduziert. Nach § 15 Abs. 1 i. V. m. § 12 Abs. 3 und § 4 Abs. 2 Satz 2 UmwStG zum Beispiel ist künftig ein spaltungsbedingter Übergang nicht verbrauchter Verlustabzüge nicht mehr möglich.[22]

Generell gehen steuerliche Verlustvorträge bei Verschmelzungen auf Kapitalgesellschaften verloren. Gewerbesteuerliche Verlustvorträge können jedoch bei Einbringung in eine Personengesellschaft erhalten bleiben. Auch wenn Anteile an Kapitalgesellschaften eingebracht werden, gehen steuerliche Verlustvorträge verloren (§ 8c KStG).

---

22 Dötsch/Pung, in: Dötsch/Pung/Patt/Möhlenbrock (2007): Umwandlungssteuerrecht, § 15 Rn. 162.

(4) Einbringung nach §§ 20 und 24 UmwStG

Eine wesentliche Form des steuerneutralen Vermögensübergangs ist die nach § 20 UmwStG zu beurteilende Einbringung. Auch hier ist das Merkmal des Teilbetriebs sowie dessen Fiktion notwendig, um den Funktionstransfer steuerneutral zu gestalten. Als zusätzliche Voraussetzungen sind die Gewährung neuer Anteile sowie die Erhaltung des deutschen Besteuerungsrechts genannt. Zur Erhaltung der Steuerneutralität müssen die Anteile über eine sogenannte Sperrfrist von sieben Jahren gehalten werden, das heißt, sie dürfen nicht steuerbegünstigt nach § 8b KStG veräußert werden.

Bei einer Einbringung im Sinne des UmwStG erhält der auslagernde Rechtsträger als Gegenleistung für die Übertragung zivilrechtlichen Eigentums an genau definierten Wirtschaftsgütern Gesellschaftsanteile an dem übernehmenden Rechtsträger. Die Einbringung ist somit ein tauschähnlicher Vorgang, der aufgrund Einzelrechts-, Sonder- oder Gesamtrechtsnachfolge durchgeführt werden kann. Sofern dieser Vorgang unter den Voraussetzungen des § 123 UmwG stattfindet, also eine Gesamtrechtsnachfolge vorliegt, spricht man von einer Ausgliederung, welche umwandlungsrechtlich unter den Oberbegriff der Spaltung fällt.

Die Einbringung in Körperschaften ist in den §§ 20ff. UmwStG, die Einbringung in Personengesellschaften in § 24 UmwStG geregelt. Mit dem Begriff des Einbringens ist jeder Transfer eines steuerlichen Betriebsvermögens gemeint, der zur Zuordnung von zivilrechtlichem oder wirtschaftlichem Eigentum zu einem neuen Rechtsträger führt.[23]

III. Organschaft als Möglichkeit der Ergebnisverrechnung

Nach der Durchführung einer Outsourcing-Maßnahme existieren in den meisten Fällen zwei Steuersubjekte, deren Ergebnisse für steuerliche Zwecke grundsätzlich isoliert zu betrachten sind. Sofern dabei ein Unternehmen gewinnbringend wirtschaftet, das andere jedoch defizitär ist, kann es sinnvoll sein, beide Unternehmen zur Ergebnisverrechnung zu verbinden.

---

23 Patt, in: Dötsch/Pung/Patt/Möhlenbrock (2007): Umwandlungssteuerrecht, § 20 Rn. 3.

Diese Möglichkeit steht wie im Umsatzsteuerrecht auch im Körperschaft- und Gewerbesteuerrecht zur Verfügung, sogenannte Organschaft. Für körperschaftsteuerliche Zwecke regeln die §§ 14ff. KStG die Ergebnisverrechnung von Mutter- und Tochtergesellschaft. Das Einkommen der Tochter wird mit dem des Mutterunternehmens als Organträgerin verrechnet, nur diese wird der Einkommensbesteuerung unterworfen. Das Ergebnis gleicht dem einer Verschmelzung. Hierfür sind grundsätzlich folgende Voraussetzungen erforderlich:

- unbeschränkt steuerpflichtiges gewerbliches Unternehmen als Organträger (Kapitalgesellschaft oder aktive Personengesellschaft)

- finanzielle Eingliederung der Organgesellschaft in das Unternehmen des Organträgers (= Stimmrechtsmehrheit)

- Abschluss eines mindestens fünfjährigen zivilrechtlich wirksamen Gewinnabführungsvertrags mit Eintragung in das Handelsregister, tatsächliche Durchführung der Gewinnabführung.

IV. Sonderthema: Grunderwerbsteuer

Im Rahmen von Outsourcing-Maßnahmen, welche die Verlagerung einzelner Funktionen betreffen, kann Grundvermögen betroffen sein. Sofern also Funktionsstätten auf eigenem Grund und Boden auf neue Rechtsträger übertragen werden, sind die Regelungen des Grunderwerbsteuergesetzes anwendbar. Zwar handelt es sich hierbei um eine Verkehrsteuer, deren Voraussetzungen können jedoch auch durch eine ertragsteuerlich motivierte Ausgestaltung von Outsourcing-Maßnahmen erfüllt werden.

Die unmittelbare Übertragung des Eigentums an Grundbesitz unterliegt ebenso wie die mittelbare Übertragung der Grunderwerbsteuer. Ob es sich hierbei um eine Einzel- oder Gesamtrechtsnachfolge handelt, ist für diese Art der

Besteuerung zunächst ohne Bedeutung. Die aus der Übertragung von Grundvermögen resultierende steuerliche Belastung liegt bei 3,5 Prozent (in Berlin und Hamburg 4,5 Prozent.

Befreiungsvorschriften existieren für die Einbringung in Personengesellschaften, das heißt beim Übergang auf eine Gesamthand (§ 5 GrEStG).

Bei Umwandlungsvorgängen kommt es meist nicht zur Zahlung eines Kaufpreises als Gegenleistung für das Grundstück. In diesen Fällen wird als Bemessungsgrundlage bei Umwandlungsvorgängen nach § 8 Abs. 2 GrEStG i. V. m. § 138 Abs. 2 bis 4 BewG der Bedarfswert herangezogen. Die Wertermittlung erfolgt grundsätzlich im Ertragswertverfahren. Sofern keine Mieten erzielt wurden beziehungsweise Vergleichsmieten vorhanden sind, kann auch der Substanzwert als Bemessungsgrundlage herangezogen werden.

Auch mittelbare Übertragungen, die Grundstücksübertragungen betreffen, unterliegen der Grunderwerbsteuer. In solchen Fällen unterstellt das Gesetz fiktiv einen Rechtsträgerwechsel. Bei Änderungen im Gesellschafterbestand, wie dies bei Umwandlungsvorgängen, zum Beispiel der Verschmelzung, der Fall sein kann, ist § 1 Abs. 2a und 3 GrEStG einschlägig. Grunderwerbsteuer wird dann ausgelöst, wenn mindestens 95 Prozent der Anteile am Gesellschaftsvermögen einer Personen- oder Kapitalgesellschaft mittelbar oder unmittelbar auf neue Gesellschafter übertragen werden oder in einer Hand vereinigt werden. Denn solche Vorgänge stehen wirtschaftlich einer Änderung der Rechtszuständigkeit für das Grundstück gleich.

Neu eingeführt wurde die sogenannte Konzernklausel des § 6a GrEStG, welche letztlich zu Steuervergünstigungen bei Umstrukturierungen im Konzern führt. Finden genau definierte Erwerbsvorgänge im Rahmen von Umwandlungen mit einem Rechtsträgerwechsel statt, wird keine Grunderwerbsteuer erhoben. Die Regelungen gelten jedoch nur zwischen herrschenden und abhängigen Unternehmen. Abhängig in diesem Sinne ist eine Gesellschaft, an deren Kapital das herrschende Unternehmen innerhalb von fünf Jahren vor und fünf Jahren nach dem Rechtsvorgang unmittelbar oder mittelbar oder teils mittelbar teils unmittelbar zu mindestens 95 Prozent ununterbrochen beteiligt ist.

D. Einzelaspekte bei grenzüberschreitenden Outsourcing-Maßnahmen

Auch in den Fällen, in denen die Ausgestaltung grenzüberschreitender Outsourcing-Maßnahmen vergleichbaren inländischen Maßnahmen in zivilrechtlicher Hinsicht entspricht, können die steuerrechtlichen Folgen einer Verlagerung von Funktionen ins Ausland hiervon ganz erheblich differieren.

Zusätzlich zur juristischen Ausgestaltung der Outsourcing-Maßnahme ist eine Reihe von Sondervorschriften beziehungsweise Einzelaspekten zu beachten, die im Folgenden kurz beleuchtet werden sollen.

I. Auslandsbezug bei Umwandlungen nach UmwStG zwischen verschiedenen rechtlichen Einheiten

Auf Umwandlungen innerhalb der EU/EWR findet uneingeschränkt das UmwStG Anwendung. Durch die Novelle aufgrund des SEStEG wurden die entsprechenden Normen „europarechtstauglich" gemacht. Voraussetzung für ihre Anwendung ist, dass alle an einer Umwandlung beteiligten Rechtsträger in einem Mitgliedstaat der EU/EWR gegründet oder ansässig sein müssen. Darüber hinausgehende Besonderheiten bei der Anwendung des UmwStG ergeben sich nicht.

Umwandlungen mit Drittstaatenbezug unterliegen nicht der Anwendung des UmwStG. Die Vergünstigungen und Steuererleichterungen, welche das UmwStG vorsieht, gelten daher bei Outsourcing-Maßnahmen zum Beispiel nach Amerika oder Asien nicht. Bei steuerlicher Konkurrenz ist in diesen Fällen daher vorrangig auf Doppelbesteuerungsabkommen abzustellen.

II. Betriebsstätte

Bei einer Funktionsverlagerung ins Ausland, welche innerhalb ein und derselben rechtlichen Einheit stattfindet, wird im Ausland zumeist eine Betriebsstätte begründet. Darunter versteht man eine rechtlich unselbstständige feste Geschäftseinrichtung eines Unternehmens. Die Legaldefinition der Betriebsstätte findet sich in § 12 der Abgabenordnung (AO).

Die Verlagerung von Wirtschaftsgütern ins Ausland in eine Betriebsstätte führt grundsätzlich zur Aufdeckung von stillen Reserven, einer sogenannten Entstrickung. Sofern also Deutschland hinsichtlich des Gewinns aus der Veräußerung oder Nutzung dieses Wirtschaftsguts von der Besteuerung ausgenommen ist, sind die stillen Reserven aufzudecken und in Deutschland zu versteuern (§ 4 Abs. 1 Satz 3 EStG bzw. § 12 Abs. 1 KStG). Durch die Bildung eines Ausgleichspostens kann die steuerliche Belastung nach § 4g EStG auf fünf Jahre verteilt werden.

Die Geltung des Welteinkommensprinzips besagt, dass in Deutschland bei einem unbeschränkt Steuerpflichtigen auch das im Ausland erwirtschaftete Einkommen (also das der Betriebsstätte) zu versteuern ist. Diese Aussage bezieht sich auf Einkommen- und Körperschaftsteuer, für die Gewerbesteuer ist nur der im Inland betriebene Gewerbebetrieb maßgeblich (§ 2 Abs. 1 GewStG).

Dieses Prinzip kollidiert mit den deutschen Doppelbesteuerungseinkommen, welche grundsätzlich für Betriebsstättengewinne das Belegenheitsprinzip vorsehen. Das heißt, das vorrangige Besteuerungsrecht aus den Gewinnen der Betriebsstätte steht dem Quellenstaat der Betriebsstätte zu (Belegenheitsprinzip). Infolgedessen sehen die Doppelbesteuerungsabkommen in den meisten Fällen vor, dass solche Gewinne in Deutschland von der Besteuerung ausgenommen sind.

Regelungen hierzu treffen auch die Betriebsstättenverwaltungsgrundsätze vom 24. Dezember 1999[24], zuletzt geändert durch das BMF-Schreiben vom 25. August 2009[25]. Verluste einer ausländischen Betriebsstätte können beim inländischen Mutterhaus nicht zum Ansatz gebracht werden. Dies war lange europarechtlich als Verstoß gegen die Niederlassungsfreiheit umstritten. Mittlerweile liegt ein Urteil des EuGH („Lidl Belgium[26]") vor, welches die Beschränkung der Niederlassungsfreiheit als zulässig ansieht. Der BFH hat im Jahr 2008[27] judiziert, dass ein Abzug von Betriebsstättenverlusten im Verlustentstehungsjahr in Betracht kommt, sofern und soweit der Steuerpflichtige den Nachweis erbringt, dass diese Verluste im Betriebsstättenstaat unter keinen Umständen verwertbar sind. Hierzu ist ein Nichtanwendungserlass des BMF[28] ergangen.

III. Verrechnungspreise

Die Preise, die für konzerninterne Transaktionen gezahlt werden, heißen im Steuerrecht Verrechnungspreise. Ausgangspunkt der sogenannten Verrechnungspreisproblematik (Transfer Pricing) ist § 1 Abs. 1 Satz 1 AStG. Hiernach sind Einkünfte eines Steuerpflichtigen aus einer Geschäftsbeziehung zum Ausland mit einer ihm nahestehenden Person für steuerliche Zwecke so zu ermitteln, als ob die zugrundeliegenden Preise zwischen voneinander un-

---

24 BStBl I 1999, S. 1076.
25 BStBl I 2009, S. 888.
26 C 414-06, Lidl Belgium, IStR 2008, S. 400.
27 Urteil vom 17.7.2008, I R 84/04, BStBl II 2009, S. 630.
28 BStBl I 2009, S. 835.

abhängigen Dritten vereinbart worden wären. Das AStG nennt in § 1 Abs. 3 AStG drei Methoden, nach denen dies geschehen kann: Preisvergleichs-, Wiederverkaufspreis- und Kostenaufschlagsmethode.

Bei Funktionsverlagerungen muss für steuerliche Zwecke ein sogenanntes Transferpaket bestimmt werden (§ 1 Abs. 6 AStG), welches sich sowohl aus den funktional zugehörigen materiellen und immateriellen Wirtschaftsgütern als auch aus den Risiken und Chancen der Funktion zusammensetzt. Dieses Paket ist dann als Ganzes zu bewerten. Die einzelnen Wirtschaftsgüter werden im Zuge von grenzüberschreitenden Outsourcing-Maßnahmen, welche Funktionsverlagerungen darstellen, nur in Ausnahmefällen bewertet. Weitere Hinweise hierzu gibt die Funktionsverlagerungsverordnung vom 12. Dezember 2008[29]. Am 17. Juli 2009 wurde ein Entwurf der Verwaltungsgrundsätze zu Funktionsverlagerungen veröffentlicht, das endgültige Schreiben lässt noch auf sich warten.

Bis dahin bleibt festzustellen, dass in den letzten Jahren eine deutliche Verschärfung der Vorgaben zur Dokumentation von Verrechnungspreisen stattgefunden hat. Eine gesetzliche Regelung hierzu findet sich in § 90 Abs. 3 AO. Zusätzlich ist die Gewinnabgrenzungsaufzeichnungsverordnung vom 13. November 2002 zu beachten, in der Art, Inhalt und Umfang der zu erstellenden Dokumentation bestimmt sind.[30] Besonderes Augenmerk hierbei ist sowohl auf die Sachverhaltsdokumentation als auch den Angemessenheitsnachweis zu legen. Diese müssen auf Anforderung den Finanzbehörden zeitnah vorgelegt werden können. Die Finanzverwaltung kann basierend hierauf zum Beispiel Einkommenskorrekturen vornehmen.

IV. Hinzurechnungsbesteuerung nach AStG

Die Hinzurechnungsbesteuerung ist gravierenden europarechtlichen Bedenken ausgesetzt. Fraglich ist daher, ob die deutschen Regelungen hierzu europarechtskonform sind.

---
29 BGBl I 2008, S. 1680.
30 BGBl I 2009, S. 2296.

Im Grundfall sind für deutsche Anteilseigner an ausländischen Gesellschaften die Regelungen zur Hinzurechnungsbesteuerung zu beachten. Diese besagen vereinfacht, dass Einkünfte aus einer ausländischen Gesellschaft zu den Einkünften der deutschen Anteilseigner hinzugerechnet werden, auch wenn tatsächlich keine Ausschüttung stattgefunden hat. Eine solche wird für Zwecke der Besteuerung fingiert. Voraussetzung dafür ist, dass deutsche Gesellschafter zu mehr als der Hälfte an einer ausländischen Gesellschaft beteiligt sind und diese sogenannte passive, niedrig besteuerte Einkünfte erzielen. Solche passiven Einkünfte liegen zum Beispiel vor, wenn die ausländische Gesellschaft lediglich Dienstleistungsfunktionen für den deutschen Anteilseigner übernimmt und so die daraus erzielten Gewinne in das niedrig besteuernde Ausland verlagert werden. Die Konstellation kann also auch und gerade bei Outsourcing-Maßnahmen gegeben sein. Besonderheiten gelten auch bei sogenannten Zwischeneinkünften mit Kapitalanlagecharakter (§ 7 Abs. 6a AStG).

Der EuGH hat im Fall „Cadbury Schweppes"[31] festgestellt, dass die dem deutschen Recht vergleichbaren britischen Regelungen eine Beschränkung der Niederlassungsfreiheit bewirken. Daraufhin hat der deutsche Gesetzgeber § 8 Abs. 2 AStG eingefügt, welcher wiederum sogar über die Vorgaben des EuGH hinausgeht. Danach greift die Hinzurechnungsbesteuerung nicht, wenn zwar tatbestandlich die Voraussetzungen erfüllt sind, aber die ausländische Gesellschaft in einem Mitgliedstaat der EU/EWR ansässig ist und bezüglich des erzielten Einkommens vor Ort einer tatsächlichen wirtschaftlichen Tätigkeit nachgeht. Die weitere Entwicklung in diesem Fall bleibt abzuwarten. Der momentane Streit ist für Verlagerungen aus dem EU/EWR-Raum hinaus irrelevant, hier kommen die Regelungen des AStG uneingeschränkt zur Anwendung.

---

31 Urteil vom 12.9.2006, C-196/04, IStR 2006, S. 670.

E. Zusammenfassung und Ausblick

Die vorliegende Darstellung zeigt, dass Umwandlungen in ertragsteuerlicher Hinsicht von verschiedenen Differenzierungen geprägt sind. So spielt es eine Rolle, ob die Outsourcing-Maßnahmen in einer oder verschiedenen rechtlichen Einheit(en) geplant sind, welche Rechtsformen beteiligt sind und ebenso die Frage, ob die Maßnahme innerhalb Deutschlands oder über die Grenze hinweg realisiert werden soll.

Seit der Unternehmenssteuerreform 2008 sind sowohl Gesetz- als auch Verordnungsgeber nicht untätig gewesen und haben Regelungen zur Funktionsverlagerung ins Ausland kodifiziert und damit versucht, die rechtlichen Eckpunkte von Outsourcing-Maßnahmen über die Grenze festzulegen. Insoweit herrscht für den Rechtsanwender zunächst eine gewisse Planungssicherheit. Inwieweit die einzelnen Regelungen Bestand haben, wird sich in weiten Teilen jedoch erst vor dem EuGH entscheiden.

Nicht vergessen werden sollten auch rein bilanztechnische Auswirkungen von Outsourcing-Maßnahmen, wie die Bildung von Rückstellungen für einen möglichen Personalabbau in dem auslagernden Unternehmen, die Möglichkeit von steuerlichen Sonderabschreibungen sowie die Nutzung von Verlustvorträgen.

Arbeitsrechtliche Fragen, Anforderungen an die Personalausstattung und Vergütungsgestaltung beim Outsourcing

Nanette Ott & Nicole Fischer

A. Arbeitsrechtliche Fragen des Outsourcings

Outsourcing führt zu vielfältigen arbeitsrechtlichen Themen und Herausforderungen: Von der Frage, ob die Mitarbeiter auf die Gesellschaft, die die Dienstleistung übernimmt, übergehen, und mit welchen Risiken dies für die Mitarbeiter verbunden ist, bis zur Beteiligung der Arbeitnehmervertretungen im Rahmen des Auslagerungsprozesses. Besondere Anforderungen ergeben sich hierbei für Institute, die nach dem KWG den aufsichtsrechtlichen Anforderungen der BaFin unterliegen (siehe hierzu Teil B).

Folgende arbeitsrechtliche Aspekte sind schwerpunktmäßig zu betrachten:

- Führt die Verlagerung von Aktivitäten und Prozessen beziehungsweise ganzer Unternehmensteile zu einem sogenannten Betriebsübergang gemäß § 613a BGB? Welche Rechtsfolgen ergeben sich hieraus für die beteiligten Unternehmen (d. h. das Institut als „Veräußerer", das die Funktion auslagert, und das die ausgelagerte Dienstleistung erbringende Unternehmen – auch „Erwerber" genannt) und die Arbeitnehmer? Kann ein Betriebsübergang sogar vermieden werden?

- Stellen Betriebsübergänge heute ein unkalkulierbares Risiko dar, da die Arbeitnehmerunterrichtung kaum rechtssicher gestaltet werden kann, und welche praxistauglichen Risikominimierungen stehen zur Verfügung?
- Sind die Arbeitnehmervertretungen (i. d. R. die Betriebsräte) zu beteiligen und welche Forderungen können sie stellen?

I. Das Vorliegen eines Betriebsübergangs gemäß § 613a BGB

Der Betriebsübergang nach § 613a BGB führt dazu, dass der Erwerber kraft Gesetzes, also unabhängig von seinem Willen, in die Rechte und Pflichten aus den übergehenden Arbeitsverhältnissen der betroffenen Arbeitnehmer eintritt.

Eine Ausnahme von diesem Grundsatz liegt dann vor, wenn einzelne Arbeitnehmer dem Wechsel zum Erwerber widersprechen. Im Fall eines solchen Widerspruchs bleibt das Arbeitsverhältnis zum bisherigen Arbeitgeber bestehen. Dieser kann aber gegebenenfalls das Arbeitsverhältnis kündigen, soweit der Arbeitsplatz aufgrund des Betriebsübergangs nicht mehr vorhanden ist, keine anderen Einsatzmöglichkeiten für den Arbeitnehmer bestehen und eine Sozialauswahl beziehungsweise sonstige Schutzbestimmungen nicht entgegenstehen.[1]

Liegt ein Betriebsübergang vor, so sieht das Gesetz über den Arbeitgeberwechsel hinaus noch weitere Rechtsfolgen vor, die sich auf den Fortbestand von arbeitsvertraglichen Regelungen und Leistungen, tarifvertrags- und betriebsverfassungsrechtlichen Bestimmungen und betriebliche Altersversorgung beziehen oder etwa auf das Kündigungsrecht auswirken können. Zudem müssen die Arbeitnehmer umfangreich über den Betriebsübergang und dessen Auswirkungen informiert werden (§ 613a Abs. 5 BGB).

---

1   Pfeiffer, in: Etzel et al. (2009): KR-Gemeinschaftskommentar zum Kündigungsschutzgesetz, § 613a BGB, Rn. 116-123.

Im Folgenden soll daher untersucht werden, ob eine Verlagerung von Funktionen beziehungsweise ganzer Betriebsteile eines Instituts zu einem Betriebsübergang führt. Die maßgebliche Norm des § 613a Abs. 1 Satz 1 BGB lautet wie folgt:

> „Geht ein Betrieb oder Betriebsteil durch Rechtsgeschäft auf einen anderen Inhaber über, so tritt dieser in die Rechte und Pflichten aus den im Zeitpunkt des Übergangs bestehenden Arbeitsverhältnissen ein."

§ 613a BGB enthält damit folgende Voraussetzungen:

- Vorliegen eines Betriebs oder Betriebsteils (wirtschaftliche Einheit),

- Übergang auf einen anderen Inhaber (Betriebsinhaberwechsel) unter Wahrung der Identität der betreffenden wirtschaftlichen Einheit und

- Übergang durch Rechtsgeschäft.

1. Übergang eines Betriebs oder Betriebsteils

Die Beurteilung der Frage, ob die auszulagernde Funktion im Einzelfall einen Betriebsübergang darstellt, zählt zu den schwierigen Rechtsfragen im Arbeitsrecht. Der Übergang eines Betriebs oder Betriebsteils erfordert die Wahrung der Identität einer wirtschaftlichen Einheit. Eine wirtschaftliche Einheit besteht aus einer organisatorischen Gesamtheit von Personen und/oder Sachen zur auf Dauer angelegten Ausübung einer wirtschaftlichen Tätigkeit mit eigener Zielsetzung. Die Identität des Betriebs ergibt sich aus seinem Personal, seinen Führungskräften, seiner Arbeitsorganisation, seinen Betriebsmethoden und gegebenenfalls aus den zur Verfügung stehenden materiellen Betriebsmitteln.

Bei der Frage, ob eine wirtschaftliche Einheit übergegangen ist, werden folgende Aspekte in eine Gesamtwürdigung einbezogen:[2]

---
2 EuGH, Urteil vom 11.3.1997, Rs. C-13/95, Slg. 1997, S. 1268 = AP Nr. 14 zu EWG-Richtlinien 77/187; BAG, Urteil vom 14.8.2007 – 8 AZR 1043/06 in NZA 2007, S. 1431; BAG, Urteil vom 16.5.2007 – 8 AZR 693/06 in NZA 2007, S. 1296; BAG, Urteil vom 14.8.2007 – 8 AZR 803/06 in NZA 2007, S. 1428.

a) Art des Betriebs(teils)

Die Art des Betriebs bestimmt, welches Gewicht den nachfolgenden und hierfür maßgeblichen Kriterien zukommt. Liegt eine betriebsmittelgeprägte Tätigkeit (z. B. ein Produktionsbetrieb, Speditions- und Transportdienstleistungen, Betrieb eines Busverkehrs) vor, so kommt es entscheidend auf den Übergang materieller Betriebsmittel an, damit die wirtschaftliche Einheit ihre Identität bewahrt.[3] Liegt ein Dienstleistungsbetrieb vor, so kommt es für die Bewahrung der Betriebsidentität in erster Linie auf den Übergang der immateriellen Betriebsmittel (z. B. Know-how, öffentlich-rechtliche Konzessionen, Lizenzen, Patente, Softwareprogramme, Position des Unternehmens am Markt etc.) und der Kundenbeziehungen, nicht aber der materiellen Betriebsmittel an.[4] Denn in Branchen, in denen es im Wesentlichen auf die menschliche Arbeitskraft ankommt, kann bereits eine Gesamtheit von Arbeitnehmern, die durch eine gemeinsame Tätigkeit dauerhaft verbunden ist, eine wirtschaftliche Einheit darstellen.[5]

Bei Instituten oder sonstigen Unternehmen in der Finanzwirtschaft handelt es sich um Dienstleistungsbetrieb(steil)e, da das Betriebsvermögen hauptsächlich durch Rechtsbeziehungen, Know-how und den „Goodwill" (immaterielle Betriebsmittel) geprägt wird.

b) Übergang oder Nichtübergang materieller Betriebsmittel

Der Übergang materieller Betriebsmittel ist vor allem bedeutsam für Produktionsbetriebe. Oftmals werden bei Auslagerungen von Unternehmensbereichen von Instituten auch materielle Betriebsmittel wie beispielsweise Hardware oder sonstige Büroeinrichtungen übertragen. Diese spielen bei der Beurteilung des Vorliegens eines Betriebsübergangs meist jedoch nur eine untergeordnete Rolle, sofern es sich dabei um eine betriebsmittelarme Tätigkeit handelt.

---

[3] BAG, Urteil vom 2.3.2006 in NZA 2006, S. 1105; BAG, Urteil vom 6.4.2006 in NZA 2006, S. 723; BAG vom 13.6.2006 in NZA 2006, S. 1101.
[4] BAG, Urteil vom 24.5.2005 in NZA 2006, S. 31.
[5] EuGH, Urteil vom 13.9.2007 – C-458/05 in NZA 2007, S. 1151; BAG, Urteil vom 14.8.2007 – 8 AZR 104306; BAG vom 14.5.2005 – 8 AZR 333/04 in NZA 2006, S. 31.

c) Übergang des Wertes der immateriellen Aktiva

Als zu übernehmende immaterielle Aktiva kommen vor allem das Know-how der übergehenden Mitarbeiter, aber auch Lizenzen und Patente, Kundenstamm etc. in Betracht. Dieses Kriterium ist wichtig für Dienstleistungsbetriebe und insbesondere dann maßgebend, wenn die materiellen Betriebsmittel für den Betriebszweck des zu übertragenden Bereichs als unwesentlich anzusehen sind.

d) Übernahme oder Nichtübernahme der Hauptbelegschaft

Die Übernahme eines nach Zahl- und Sachkunde wesentlichen Teils der Belegschaft ist ein Kriterium dafür, dass der Betrieb oder der Betriebsteil übernommen wird. Dies ist in jedem Fall gegeben, wenn mindestens die Hälfte der Mitarbeiter übernommen wird oder aber bei geringerer Anzahl von Mitarbeitern, wenn diese Mitarbeiter besonders wichtiges Know-how haben. Die Relevanz dieses Kriteriums hängt von der Art des übergehenden Betriebs ab. Für die bei Instituten auszulagernden Funktionen ist überwiegend eine hohe Sachkunde der Arbeitnehmer erforderlich, sodass auch die Übernahme eines Teils der Belegschaft beziehungsweise der relevanten Know-how-Träger ausreichen kann, um im Rahmen der Gesamtschau einen Betriebsübergang anzunehmen.[6] Unter Umständen kann sogar die Übernahme einer kleinen Mitarbeitergruppe ausreichen, wenn die immateriellen Betriebsmittel, das heißt das wesentliche Fachwissen, in diesen Personen verkörpert sind. Im Dienstleistungssektor ist das Fachwissen eingearbeiteter Führungskräfte und Schlüsselmitarbeiter von erheblicher Bedeutung.

e) Eintritt in Kundenbeziehungen

Die Übernahme von Kundenbeziehungen ist ebenfalls ein Indiz für das Vorliegen eines Betriebsübergangs. Die von der Auslagerung betroffenen Bereiche unterhalten oft nur wenige oder keine Kundenbeziehungen im eigentlichen Sinne, gleichwohl können aber zu anderen Instituten geschäftliche Beziehungen bestehen, die auch nach der Auslagerung aufrechterhalten bleiben sollen.

---

6 BAG Urteil vom 11.12.1997, 8 AZR 729/96, AP Nr. 172 zu § 613a BGB; BAG, Urteil vom 25.5.2005 – 8 AZR 333/04 in NZA 2006, S. 31.

f) Grad der Ähnlichkeit zwischen den vor und nach dem Übergang verrichteten Tätigkeiten

Diesem Kriterium wird im Rahmen der wertenden Gesamtbetrachtung großes Gewicht beigemessen. Ein hoher Grad an Ähnlichkeit der Tätigkeiten vor und nach der Auslagerung spricht für das Vorliegen eines Betriebsübergangs. Ausschlaggebend ist hierbei, ob dieselbe oder gleichartige Tätigkeit von dem neuen Betriebsinhaber tatsächlich weitergeführt oder wiederaufgenommen wird. Die Betriebsmittel müssen durch den Erwerber in der gleichen Weise eingesetzt werden, wie dies bereits beim Veräußerer der Fall war.

Die Identität der wirtschaftlichen Einheit ergibt sich dabei auch aus Merkmalen wie ihrem Personal, Führungskräften, Arbeitsorganisation, Betriebsmethoden und Betriebsmitteln. Je nach ausgeübter Tätigkeit und nach den Betriebsmethoden kommt den maßgeblichen Kriterien unterschiedliches Gewicht zu. Man kann dabei nicht mehr allein daran anknüpfen, ob die Betriebsorganisation an sich beibehalten wird oder nicht, sondern es muss eine übergreifendere Abwägung getroffen werden, die die genannten Kriterien einbezieht, zum Beispiel ob der Betriebszweck an sich beibehalten wird oder nicht.[7] Dies bleibt in der Praxis nach wie vor in vielen Fällen keine einfache Prüfung.

In Abgrenzung hierzu führt die reine Funktionsnachfolge, wenn nur die Tätigkeit an sich ausgegliedert wird, aber nicht die sie verrichtenden Arbeitnehmer übergehen, nicht zu einem Betriebsübergang.[8] Dies kann zum Beispiel gegeben sein, wenn ein Institut nur den Forderungseinzug von Darlehen auslagert, ohne Personal, Betriebsmittel, Art des internen Prozessablaufs und Organisation.

---

[7] BAG vom 22. Januar 2009 – 8 AZR 158/07.
[8] EuGH vom 12. Februar 2009 – C-466/07 – Klarenberg Rn. 43f., NZA 2009, S. 251.

g) Dauer einer etwaigen Unterbrechung der Tätigkeit

Eine anhaltende Unterbrechung der Tätigkeit von beispielsweise mehreren Monaten ist im Rahmen der vorzunehmenden Gesamtbetrachtung ein Indiz gegen das Vorliegen eines Betriebsübergangs.[9] Zumeist ist eine Unterbrechung im Rahmen des Outsourcings nicht vorgesehen und allenfalls von kurzer Dauer.

2. Fallgestaltungen ohne Betriebsübergang

Es gibt Fallgestaltungen, die nicht zu einem Betriebsübergang führen. Dies ist beispielsweise dann gegeben, wenn der Erwerber zwar alle zur Betriebsfortführung erforderlichen Betriebsmittel erwirbt, für diese aber überhaupt keine Verwendung hat oder diese für gänzlich andere betriebliche Zwecke einsetzt. Gleiches gilt, wenn nur ganz wenige Arbeitnehmer übernommen und die Organisation auch nicht beibehalten wird. In diesen Fällen kann man nicht mehr von einer wirtschaftlichen Einheit sprechen.

Im Fall der klassischen Auslagerung, wenn keinerlei Betriebsmittel, Kundenbeziehungen oder Personal übernommen werden, liegt in der Regel lediglich eine Funktionsnachfolge und damit kein Betriebsübergang vor.

Besonderheiten bestehen bei der sogenannten Auftragsneuvergabe, wenn eine ausgegliederte Dienstleistung zunächst an ein Unternehmen vergeben wird und dann nach Ablauf des Dienstleistungsvertrags ein neuer Auftragnehmer (Erwerber) die Dienstleistung übernimmt.

Nach der Rechtsprechung des Europäischen Gerichtshofs (EuGH)[10] kommt es für die Abgrenzung zwischen Funktionsnachfolge und Betriebsübergang in den Fällen der Auftragsvergabe darauf an, ob die für die Auftragserfüllung zur Verfügung gestellten Einrichtungen, Geräte, Räumlichkeiten und sonstigen Ausstattungen des Auftraggebers dem Auftragnehmer als eigene Betriebsmittel zuzurechnen sind und welches Gewicht ihnen bei der für § 613a BGB vorzunehmenden Gesamtabwägung zukommt. Dies ist insbesondere der Fall,

---

9 Pfeiffer, in: Etzel et al. (2009): KR-Gemeinschaftskommentar zum Kündigungsschutzgesetz, § 613a BGB, Rn. 52.
10 EuGH, Urteil vom 15.12.2005, Rs C-232/04 und C-233/04 (Güney-Gorres), NZA 2006, S. 29.

wenn von dem ausgliedernden Unternehmen bestimmte Betriebsmittel und Arbeitsmethoden zur Nutzung vorgegeben werden, deren Einsatz den eigentlichen Kern des zur Wertschöpfung erforderlichen Funktionszusammenhangs ausmachen.[11]

Die Abgrenzung zwischen Funktionsnachfolge und Betriebsübergang ist regelmäßig eine schwierige und komplexe Rechtsfrage. Bei jeder geplanten Outsourcing-Maßnahme ist daher gesondert zu prüfen, ob ein Betriebsübergang anzunehmen ist, denn die rechtlichen Folgen einer Fehleinschätzung können insbesondere für die Erreichbarkeit der mit der Auslagerung verfolgten wirtschaftlichen Ziele von großer Bedeutung sein.

3. Voraussetzung eines Teilbetriebsübergangs

Ein Teilbetriebsübergang setzt voraus, dass die Einheit bereits beim Veräußerer die Qualität eines Betriebsteils hatte. Es muss sich dabei um eine abgrenzbare Teilorganisation handeln. Ausreichend ist nicht, dass der Erwerber nur einzelne Betriebsmittel erwirbt, um daraus erstmalig eine Organisation zu schaffen. Erforderlich ist eine funktional abgrenzbare organisatorische Untergliederung, allein die bloße Existenz einer vorgesetzten Position reicht nicht aus. Die Eigenständigkeit der Organisation muss begründbar sein.[12] In der Praxis kann dies zum Beispiel durch Kostenstellenorganisation dargestellt werden, wenn bislang keine eigenständige Organisation einer Abteilung oder eines Bereichs bestand.

4. Betriebsübergang auf einen anderen Inhaber durch Rechtsgeschäft

Soweit die Funktionsübertragung im Wege eines sogenannten Asset Deals (Erwerb von Wirtschaftsgütern) durch Einzelrechtsübertragung erfolgt, liegt ein Betriebsübergang auf einen anderen Inhaber durch Rechtsgeschäft vor. Geschieht dies als Gesamtrechtsnachfolge im Wege der Umwandlung, so stellt § 324 UmwG klar, dass § 613a BGB gleichwohl Anwendung findet. Möglich sind auch Vermietung und Verpachtung.

---

11 Vgl. Schiefer (2007), in: DB, S. 2769 und 2773.
12 BAG 16.2.2006 – 8 AZR 204/05, AP Nr. 300 zu § 613a BGB; BAG 17.4.2003 – 8 AZR 253/02, AP Nr. 253 zu § 613a BGB.

Keine Rolle spielt es dabei, ob es sich um die erstmalige Fremdvergabe einer Dienstleistung oder den Wechsel der Auftragnehmer einer bereits fremd vergebenen Dienstleistung handelt. Bei der Auftragsneuvergabe wird auf das Erfordernis eines Rechtsgeschäfts ganz verzichtet.

II. Rechtsfolgen des § 613a BGB

1. Übergang der Arbeitnehmer

Nach § 613a Abs. 1 Satz 1 BGB gehen die zum Zeitpunkt des Betriebsübergangs bestehenden Arbeits- und Ausbildungsverhältnisse über. Dazu zählen auch Arbeitnehmer in Altersteilzeit, mit ruhenden Arbeitsverhältnissen, nicht aber gekündigte Arbeitnehmer, Leiharbeitnehmer des Veräußerers oder Verträge mit Organen (Vorstände, Geschäftsführer etc.). Mit Letzeren müssen neue Verträge abgeschlossen werden.

Schwierig kann die Identifizierung der vom Betriebsübergang betroffenen Arbeitnehmer sein. Schnell identifiziert sind die Arbeitnehmer der betroffenen Einheit, die übergehen sollen. Schwieriger wird es bei Arbeitnehmern, die in mehreren Bereichen tätig sind und/oder in sogenannten übergeordneten Abteilungen, wie zum Beispiel Buchhaltung, Personalabteilung, IT etc., die ebenfalls für die übergehende Einheit tätig sind. In solchen Fällen wird die Lösung überwiegend danach gesucht, für welchen Betriebsteil der Arbeitnehmer schwerpunktmäßig tätig war. Dies erfolgt nach objektiven Kriterien.[13] Wenn die Zuordnungen in der Praxis schwierig sind, empfiehlt es sich, mit Arbeitnehmern und/oder Betriebsrat eine Einigung über eine Zuordnung vorzunehmen. Umgekehrt ist es für den Erwerber äußerst wichtig, in der Vorbereitung der Auslagerung die übergehenden Arbeitnehmer genau zu identifizieren. Ansonsten besteht die Gefahr, dass weitere Mitarbeiter, die zunächst nicht berücksichtigt wurden (weil sie z. B. in einer anderen Abteilung Tätigkeiten ausgeübt haben, die auch zu dem auszugliedernden Bereich zählen oder zu übergeordneten administrativen Abteilungen), ein Arbeitsverhältnis bei dem

---

[13] ErfK/Oetker 2010 § 613a BGB, Rn. 71.

übernehmenden Unternehmen geltend machen. Dies hat insbesondere dann Relevanz, wenn bei dem auslagernden Institut eine Restrukturierung läuft und Mitarbeiter betriebsbedingt ihre Arbeitsplätze verlieren.

2. Fortbestand der Arbeitsbedingungen

Nach dem Wortlaut des § 613a Abs. 1 Satz 1 BGB tritt der Erwerber in die „Rechte und Pflichten aus den im Zeitpunkt des Übergangs bestehenden Arbeitsverhältnissen ein". Demnach gelten die Arbeitsverträge mit den bislang bestehenden Arbeitsbedingungen weiter. Hierzu zählen nicht nur die Gehälter, sondern auch alle Nebenleistungen, aber auch betriebliche Übungen, Gesamtzusagen (z. B. vergünstigte Darlehenskonditionen) und die betriebliche Altersversorgung der übergehenden Arbeitnehmer. Das Gleiche gilt für die beim Veräußerer zurückgelegten Betriebszugehörigkeitszeiten. Durch eine Vereinbarung mit dem Arbeitnehmer (z. B. durch Abänderungs- oder Aufhebungsvertrag) kann der Nichtübergang des Arbeitsverhältnisses oder eine Verschlechterung der Arbeitsbedingungen nicht wirksam geregelt werden. Eine Verschlechterung von Arbeitsbedingungen ist nur mit sachlichem Grund möglich. Wann ein solcher vorliegt, ist noch nicht abschließend geklärt, in jedem Fall erforderlich ist eine Abwägung der Interessen. Überwiegend anerkannt ist ein sachlicher Grund, wenn eine Existenzgefährdung der Arbeitsverhältnisse besteht.[14]

3. Zeitpunkt des Übergangs

Der Betriebsübergang findet statt, wenn der Erwerber die tatsächliche Leitungsmacht übernimmt, also die Leitung der Organisation und des Personals.[15] Es kommt dabei entscheidend auf die tatsächlichen Verhältnisse an.

---

14 BAG 18.8.1976 EzA § 613a BGB Nr. 7).
15 Pfeiffer, in: Etzel et al. (2009): KR-Gemeinschaftskommentar zum Kündigungsschutzgesetz, § 613a BGB, Rn. 90.

4. Haftung

Gemäß § 613a Abs. 2 Satz 1 BGB haftet der Veräußerer neben dem Betriebserwerber für Verpflichtungen aus den übergegangenen Arbeitsverhältnissen, soweit sie vor dem Zeitpunkt des Übergangs entstanden sind und vor Ablauf von einem Jahr nach diesem Zeitpunkt fällig werden. Es handelt sich hierbei um eine gesamtschuldnerische Haftung.

5. Kollektivrechtliche Folgen des Betriebsübergangs
a) Betriebsratsamt

Sofern ein gesamter Betrieb übertragen wird, geht der Betriebsrat auf den Erwerber über und bleibt zuständig. Bei einem Teilbetriebsübergang muss dagegen unterschieden werden: Wenn die Organisation des Betriebsteils bestehen bleibt, bleibt der Betriebsrat im Amt, steht dann aber verschiedenen Arbeitgebern gegenüber. Möglicherweise wird auch ein Gemeinschaftsbetrieb von beiden Unternehmen begründet. Wird jedoch die betriebliche Identität nicht aufrechterhalten, ist der Betriebsrat neu zu wählen. Für die Zwischenzeit (sechs Monate) steht dem Betriebsrat des bisherigen Betriebsinhabers ein Übergangs- beziehungsweise Restmandat zu (§§ 21a und 21b BetrVG).

b) Gemeinschaftsbetrieb

Die Auslagerung kann zur Gründung eines sogenannten Gemeinschaftsbetriebs führen. Dies bedeutet, dass der Betrieb des Veräußerers und der Betrieb des Erwerbers einen Gemeinschaftsbetrieb bilden, obwohl die Arbeitnehmer arbeitsvertraglich unterschiedliche Arbeitgeber haben. Ein Gemeinschaftsbetrieb liegt vor, wenn die beteiligten Unternehmen die Einheit gemeinsam leiten und die Arbeitnehmer über die Unternehmen hinweg einsetzen.

Der Kern der Arbeitgeberfunktion wird in diesem Fall von einem einheitlichen Leitungsapparat für die Mitarbeiter beider Unternehmen ausgeübt. Dies kann dadurch erfolgen, dass ein „Betriebsleiter" diese Funktion übernimmt. Hierzu bedarf es keiner ausdrücklichen rechtlichen Vereinbarung, sondern es wird bereits dann eine konkludente Führungsvereinbarung angenommen, wenn verschiedene Indizien auf das Vorliegen einer gemeinsamen Führungsvereinbarung deuten, wie zum Beispiel gemeinsame Nutzung von Betriebsmitteln oder Räumen sowie personelle, technische und organisatorische Verknüpfung der Arbeitsabläufe etc.

Die Konsequenz des Vorliegens eines Gemeinschaftsbetriebs besteht darin, dass die beteiligten Unternehmen jeweils nur einen Betriebsrat haben, der für die Mitarbeiter beider Unternehmen zuständig ist. Dies kann im administrativen Bereich die Arbeit mit den Arbeitnehmervertretern erleichtern und effektiver gestalten. Allerdings ist zu bedenken, dass Betriebsvereinbarungen, die mit dem Betriebsrat abgeschlossen werden, für beide Unternehmen gelten. Im Rahmen von betriebsbedingten Kündigungen erstreckt sich die Sozialauswahl über die vergleichbaren Arbeitnehmer des Gemeinschaftsbetriebs, das heißt über beide Unternehmen.

Erfolgt die Ausgliederung aufgrund des Umwandlungsrechts, wird gemäß § 322 Abs. 1 UmwG (Spaltung) vermutet, dass die beteiligten Betriebe als Gemeinschaftsbetrieb fortgeführt werden.

c) Betriebsvereinbarungen

Führt die Auslagerung von Funktionen auf ein anderes Unternehmen dazu, dass die betriebliche Identität bewahrt wird, so gelten die bestehenden Betriebsvereinbarungen kollektivrechtlich weiter.[16] Die Inhalte von Betriebsvereinbarungen können dann sofort nach dem Betriebsübergang verändert werden, es besteht keine einjährige Veränderungssperre gemäß § 613a Abs. 1 Satz 2 BGB.

Eine kollektivrechtliche Weitergeltung von Betriebsvereinbarungen scheidet aus, wenn nur ein Betriebsteil übernommen wird.[17] Der Inhalt der Betriebsvereinbarungen wird dann in die übergehenden individuellen Arbeitsverträge transformiert (§ 613a Abs. 1 Satz 2 BGB). Damit dürfen die Rechte und Pflichten, die in einer Betriebsvereinbarung geregelt sind, nicht vor Ablauf eines Jahres nach dem Zeitpunkt des Betriebsübergangs zum Nachteil des

---

16 BAG, Urteil vom 5.2.1991, 1 AZR 32/90, AP Nr. 89 zu § 613a BGB.
17 BAG, Urteil vom 23.11.1988, 7 AZR 121/88, AP Nr. 77 zu § 613a BGB.

Arbeitnehmers geändert werden. Gleichwohl gilt diese Veränderungssperre nicht, wenn Rechte und Pflichten bei dem neuen Inhaber durch eine andere Betriebsvereinbarung geregelt werden und es sich um gleiche Regelungsgegenstände handelt (§ 613a Abs. 1 Satz 3 BGB).

Gesamt- und Konzernbetriebsvereinbarungen gelten nach dem Betriebsübergang kollektivrechtlich fort, wenn ein Betrieb oder mehrere Betriebe unter Wahrung ihrer Identität übernommen werden.[18] Wenn die Identität nicht bewahrt wird, werden ihre Inhalte in die Arbeitsverhältnisse transformiert (§ 613a Abs. 1 Satz 2 BGB). Strittig sind die Konsequenzen, wenn beim Erwerber bereits Einzel-, Gesamt- und Konzernbetriebsvereinbarungen bestehen.[19]

d) Tarifvertragliche Konsequenzen

Im Rahmen eines Betriebsübergangs wünschen sich Erwerber oftmals den Wechsel auf (für Arbeitgeber) günstigere Tarifverträge oder den kompletten Wegfall von tariflichen Regelungen. Dies ist so nicht möglich.

Erfolgt im Wege des Betriebsübergangs aufgrund Einzelrechtsnachfolge ein Wechsel auf einen nicht tarifgebundenen Arbeitgeber oder tritt der Erwerber nicht einem Haustarifvertrag bei, gelten die Rechte und Pflichten eines Tarifvertrags einzelvertraglich fort in dem Status zum Zeitpunkt des Betriebsübergangs (§ 613a Abs. 1 Satz 2 BGB). Der neue Betriebsinhaber hat das Recht zu entscheiden, ob er selbst Mitglied desselben Arbeitgeberverbands oder eines anderen wird beziehungsweise keinem Arbeitgeberverband beitritt. Im Rahmen eines Betriebsübergangs wird die Mitgliedschaft des bisherigen Betriebsinhabers im Arbeitgeberverband nicht auf den neuen Betriebsinhaber übertragen.

Sodann besteht ein Verschlechterungsverbot für die Dauer eines Jahres mit der Folge, dass Änderungen zum Nachteil des Arbeitnehmers erst nach Ablauf eines Jahres zulässig sind (§ 613a Abs. 1 Satz 2 BGB) (Ausnahmen hiervon bestehen, wenn die zwingende Wirkung des Tarifvertrags z. B. durch Kündi-

---
18 BAG 18.9.2002 AP BetrVG 1972 § 77 Betriebsvereinbarung Nr. 7; NZA 2003, S. 670.
19 Zum Meinungsstand: Preis/Richter (2004): ZIP, S. 925.

gung endet). Nach Ablauf dieses einjährigen Verschlechterungsverbots können Änderungen durch einvernehmliche Regelung mit dem Arbeitnehmer vorgenommen werden. Ferner kommt als Herbeiführung einer Verschlechterung eine Änderungskündigung in Betracht. Dabei wird zum einen das bestehende Arbeitsverhältnis wie bei einer Beendigung gekündigt. Gleichzeitig wird dem Arbeitnehmer die Fortsetzung des Arbeitsverhältnisses zu geänderten Bedingungen angeboten. Die Änderungskündigung bedarf allerdings der sozialen Rechtfertigung (§ 2 KSchG). Nach der Rechtsprechung des Bundesarbeitsgerichts ist hierfür die drohende Existenzgefährdung des gesamten Betriebs Voraussetzung.[20] Dies wird meistens nicht gegeben sein.

Eine Änderung vor Ablauf der Jahresfrist ist möglich, wenn der Erwerber und der Arbeitnehmer einverständlich die Anwendung eines anderen Tarifvertrags vereinbaren.

Ist der Arbeitnehmer nicht Mitglied der am Tarifabschluss beteiligten Gewerkschaft, führt der Wechsel vom tarifgebundenen auf den nicht tarifgebundenen Arbeitgeber zu keiner Änderung. Ist in einem solchen Fall die Geltung des Tarifvertrags einzelvertraglich (durch arbeitsvertragliche Bezugnahmeklausel) vereinbart, gelten diese Bedingungen auch beim neuen Arbeitgeber unverändert fort (§ 613a Abs. 1 Satz 1 BGB). Eine einvernehmliche Änderung des Arbeitsvertrags ist ohne Weiteres und jederzeit möglich. Die einjährige Veränderungssperre gemäß § 613a Abs. 1 Satz 2 BGB gilt nicht.

Findet beim neuen Arbeitgeber eine andere tarifliche Regelung Anwendung, erfolgt hierdurch eine Ablösung der bisherigen tariflichen Bedingungen (§ 613a Abs. 1 Satz 3 BGB), wenn auch der Arbeitnehmer Mitglied der tarifschließenden Gewerkschaft ist. Dies gilt auch, wenn der neue Tarifvertrag allgemeinverbindlich ist (§ 5 TVG).

Nicht ausreichend für eine Ablösung ist die einseitige Bindung des Erwerbers an den anderen Tarifvertrag.[21]

---

[20] BAG, Urteil vom 28.4.1983, 7 AZR 1139/79 AP Nr. 3 zu § 2 KSchG.
[21] BAG, Urteil vom 30.8.2000, 4 AZR 581/99 AP Nr. 12 zu § 1 TVG, Bezugnahme auf Tarifvertrag.

Viele Arbeitsverträge enthalten sogenannte Bezugnahmeklauseln auf Tarifverträge. Mit diesen sollen tarifliche Regelungen gelten, wenn der Veräußerer entweder nicht tarifgebunden war (durch Mitgliedschaft im Arbeitgeberverband) oder aber Nichtgewerkschaftsmitglieder den organisierten Arbeitnehmern gleichgestellt werden sollen.

Sofern Bezugnahmeklauseln dynamisch auf einen bestimmten für den Arbeitgeber gültigen Tarifvertrag in seiner jeweils gültigen Fassung verweisen, stellt sich die Frage, ob der Betriebsübergang zu einer Ablösung des Tarifvertrags führt, wenn der neue Inhaber an einen anderen Tarifvertrag gebunden ist.

Früher wurden Bezugnahmeklauseln als Gleichstellungsabreden verstanden, da sie die unorganisierten mit den tarifgebundenen Arbeitnehmern gleichstellen sollen.[22] Das Bundesarbeitsgericht (BAG) hat jedoch durch Entscheidungen aus den Jahren 2005 und 2007 hierzu eine differenzierte Rechtslage geschaffen:[23] Wurde die Bezugnahme auf den Tarifvertrag vor dem 1 Januar .2002 vereinbart, ist weiterhin die alte Rechtsprechung des BAG zugrunde zu legen. Danach ist im Zweifel eine solche Verweisung auf den Tarifvertrag als bloße Gleichstellungsklausel auszulegen, wenn es keine Anhaltspunkte im Vertragstext oder in den Begleitumständen für ein anderes Auslegungsergebnis gibt. Wurde die Bezugnahme ab dem 01.01.2002 vereinbart, entscheidet der Wortlaut des Vertrags, wenn keine abweichenden Anhaltspunkte dafür sprechen, dass nur eine Gleichstellung der nicht organisierten mit den organisierten Arbeitnehmern gewollt ist: Die Anwendbarkeit des betreffenden Tarifvertrags in seiner jeweiligen Fassung ist dann einzelvertraglich vereinbart. Dies bedeutet, dass der vor dem Betriebsübergang geltende Tarifvertrag nach dem Betriebsübergang statisch weitergilt (mit den Bedingungen zum Zeitpunkt des Betriebsübergangs) und der neue Tarifvertrag (z. B. ein allgemein verbindlicher Tarifvertrag oder ein kraft Mitgliedschaft im Arbeitgeberverband geltender Tarifvertrag) normativ gilt. Bei unterschiedlichen Regeln und Inhalten findet dann ein sogenannter Günstigkeitsvergleich statt.

---

22 BAG, Urteil vom 4.9.1996, 4 AZR 135/95 AP Nr. 5 zu § 1 TVG, Bezugnahme auf Tarifvertrag.
23 BAG, 14.12.2005, 4 AZR 536/04, AP Nr. 39 zu § 1 TVG, Bezugnahme auf Tarifvertrag; BAG 14.4.2007, 4 AZR 652/05; BAG 29.8.2007, 4 AZR 756/06.

In jedem Fall müssen Bezugnahmeklauseln genau geprüft und ausgelegt werden. Wortlaut und/oder Auslegung können auch dazu führen, dass nur die Bezugnahme eines beim Veräußerers geltenden Tarifvertrags geregelt war.

Bei einem Betriebsübergang kraft Gesamtrechtsnachfolge geht die Tarifbindung auf den Erwerber über, sodass der Tarifvertrag weiterhin kraft Tarifbindung auf die Arbeitsverhältnisse Anwendung findet. Es bleibt dann nur der Verbandsaustritt oder Verbandswechsel, um Änderungen herbeizuführen. Gleiches gilt für einen mit dem Veräußerer abgeschlossenen Firmentarifvertrag. Der Erwerber ist an diesen auch nach dem Betriebsübergang gebunden.

6. Informationspflichten des bisherigen Arbeitgebers beziehungsweise neuen Inhabers

Nach § 613a Abs. 5 BGB muss der bisherige Arbeitgeber oder der neue Inhaber die von dem Betriebsübergang betroffenen Arbeitnehmer vor dem Betriebsübergang in Textform (also schriftlich) über die Folgen des Betriebsübergangs für die Arbeitnehmer unterrichten. Mit der Unterrichtung soll der Arbeitnehmer über die Ausübung oder Nichtausübung des Widerspruchsrechts entscheiden können. Das BAG hat in zwei Urteilen die Anforderungen an diese Unterrichtung enorm hochgeschraubt, sodass Arbeitgeber eine rechtssichere Unterrichtung nicht vornehmen können.[24]

Die Informationen in der Unterrichtung müssen nach dem subjektiven Kenntnisstand zum Zeitpunkt der Unterrichtung zutreffend, vollständig und präzise sein. Die Hinweise auf die rechtlichen Folgen müssen juristisch korrekt sein, bei komplexen oder strittigen Rechtsfragen reicht es aus, den Arbeitnehmern eine rechtlich vertretbare Position mitzuteilen.[25]

Die Formulierungen müssen klar und für den juristischen Laien verständlich sein. Angesichts der vielfältigen rechtlichen Folgen stellt dies eine große Herausforderung dar.

---

24 BAG vom 13.7.2006, NZA 2006, S. 1268; Reinhard NZA 2009, S. 63.
25 BAG vom 13.7.2006, NZA 2006, S. 1268.

Treten nach der Unterrichtung noch Änderungen ein, muss stets sorgfältig geprüft werden, ob dies unschädlich ist oder die Unterrichtung wiederholt werden muss.

Die Unterrichtung kann in einem Standardschreiben erfolgen, muss aber Besonderheiten des einzelnen Arbeitsverhältnisses berücksichtigen.

Schlussendlich muss das Informationsschreiben den Arbeitnehmern beweisbar zugehen (z. B. durch persönliche Übergabe unter Zeugen und Bestätigung der Annahme durch den Arbeitnehmer oder Zustellung durch Kurier), damit der Beginn der einmonatigen Widerspruchsfrist berechnet werden kann.

Die Unterrichtung muss im Einzelnen Folgendes enthalten:

a)   Zeitpunkt oder geplanter Zeitpunkt des Übergangs (§ 613a Abs. 5 Nr. 1 BGB)
Hier ist über den geplanten Zeitpunkt der Ausgliederung im Rahmen der Einzelrechtsnachfolge zu informieren beziehungsweise bei Übertragung des Betriebs im Wege der Gesamtrechtsnachfolge über die Information, wann voraussichtlich die Eintragung in das Handelsregister erfolgt. Über spätere Änderungen des geplanten Zeitpunkts muss nicht mehr „nachinformiert" werden, solange die Zeitplanänderung nicht dazu führt, dass der verschobene Betriebsübergang als gänzlich neuer Lebenssachverhalt erscheint.[26]

b)   Grund für den Übergang (§ 613a Abs. 5 Nr. 2 BGB)
In diesem Zusammenhang ist auf den Ausgliederungs-, Spaltungs- oder Verschmelzungsvertrag hinzuweisen beziehungsweise darauf, dass die Ausgliederung, Spaltung oder Verschmelzung nach Umwandlungsrecht erfolgt. Auf die wirtschaftlichen Ursachen oder unternehmerischen Motive für die Umstrukturierung muss grundsätzlich nicht hingewiesen werden. Wenn diese aber für das Arbeitsverhältnis relevant sein können, muss auch auf sie hingewiesen werden (z. B. wenn beim Erwerber Betriebsschließungen oder Restrukturierungen drohen etc.).[27]

---
26 BAG 13.7.2006, 8 AZR 303/05 AP Nr. 311 zu § 613a BGB.
27 BAG 13.7.2006, 8 AZR 303/05 AP Nr. 311 zu § 613a BGB.

c) Rechtliche, wirtschaftliche und soziale Folgen des Übergangs für die Arbeitnehmer (§ 613a Abs. 5 Nr. 3 BGB)

Sowohl der bisherige Arbeitgeber als auch der neue Betriebsinhaber sind verpflichtet, alle vom Betriebsübergang betroffenen Arbeitnehmer über die rechtlichen, wirtschaftlichen und sozialen Folgen des Betriebsübergangs zu informieren.

Die Person des Erwerbers muss mit Firmenanschrift genau identifizierbar sein.

Der Gegenstand des Betriebsübergangs, also der Bereich, der übergeht, muss genau beschrieben werden.

Die Informationsverpflichtung betrifft auch die rechtlichen Folgen des Betriebsübergangs: die Fragen der Weitergeltung oder Änderung der bisherigen Rechte und Pflichten aus dem Arbeitsverhältnis, insbesondere das Schicksal von Tarifverträgen und Betriebsvereinbarungen, betriebliche Altersversorgung, die Haftung des bisherigen und neuen Arbeitgebers, den Kündigungsschutz und sonstige Besonderheiten.

Dazu zählt auch die Information über Folgen für die Arbeitnehmervertretung (Schicksal des Betriebsrats, Gesamt- und Konzernbetriebsrat, Schwerbehindertenvertretung, Personalrat, Wirtschaftsausschuss, Arbeitnehmervertretung und Aufsichtsrat).

Zu der Information über die rechtlichen Folgen gehört auch die Ausgestaltung der Haftung für den neuen Inhaber sowie ein etwaiger Verlust des Kündigungsschutzes wegen Unterschreitens des Schwellenwerts gemäß § 23 KSchG oder der Verlust der Sozialplanpflicht gemäß § 112a BetrVG (unabhängig davon, ob eine Betriebsänderung konkret geplant ist).[28]

---

[28] BAG 14.12.2006, 8 AZR 763/05, NZA 2007, S. 682; BAG 27.6.2006, 1 ABR 18/05 AP Nr. 14 zu § 112a BetrVG 1972.

Auch der Hinweis auf einen möglichen Verlust von Aktienoptionen oder sonstigen Leistungen aus Mitarbeiterbeteiligungsprogrammen, die von der Konzernmutter als unmittelbare Gegenleistung für die Konzernzugehörigkeit gewährt wurden, durch den Betriebsübergang auf einen neuen Inhaber jedoch wegfallen werden, sollten in die Information an die Arbeitnehmer aufgenommen werden.[29]

Darüber hinaus ist die Unterrichtungspflicht nicht nur auf rechtliche Primärfolgen des Betriebsübergangs beschränkt, sondern kann sich zum Beispiel auch auf Sekundärfolgen erstrecken, wie zum Beispiel auf den Bezug von Sozialplananpsrüchen, die dem Arbeitnehmer bei Ausübung des Widerspruchsrechts bei dem Veräußerer zustehen können.[30]

Die Arbeitnehmer müssen ansonsten über mittelbare Folgen wie beispielsweise betriebliche Restrukturierungen, Versetzungen, Entlassungen, bereits abgeschlossene Sozialpläne etc. informiert werden. Dazu gehören auch eine mangelnde Bonität oder Kapitalausstattung des Erwerbers, drohende Insolvenz, geplante Änderung von Arbeitsbedingungen etc.[31]

Schließlich sind die Arbeitnehmer über in Aussicht genommene Maßnahmen zur Weiterbildung und berufliche Entwicklung in Kenntnis zu setzen. Ansonsten empfiehlt sich eine Klarstellung, dass berufliche Weiterbildungsmaßnahmen nicht erforderlich beziehungsweise geplant sind.

In jedem Fall sind die Arbeitnehmer über das gemäß § 613a Abs. 6 BGB zustehende Widerspruchsrecht zu unterrichten.

Folge einer fehlenden oder unvollständigen Unterrichtung der Arbeitnehmer ist, dass die einmonatige Widerspruchsfrist nicht in Gang gesetzt wird. Damit ist ein späterer Widerspruch des Arbeitnehmers aufgrund unzureichender Un-

---

29 So auch Hohenstatt/Grau (2007): NZA, S. 13 und 15.
30 BAG 13.7.2006, 8 AZR 303/05 AP Nr. 311 zu § 613a BGB.
31 Worzalla (2002): NZA, S. 353ff.

terrichtung möglich. Dies erfolgt in der Praxis immer dann, wenn der Erwerber Druck auf die Arbeitnehmer ausübt, Arbeitsbedingungen verschlechtert, Entlassungen durchführt oder bei Insolvenz.

Das Widerspruchsrecht gilt jedoch nicht zeitlich unbegrenzt, sondern es kann verwirken. Dabei erfolgt jeweils eine Einzelfallprüfung, es kommt auf die Umstände an. Es reicht nicht aus, wenn der Arbeitnehmer beim Erwerber einfach weiterarbeitet, um eine Verwirkung anzunehmen. Stets wird der Grad der Fehlerhaftigkeit der Unterrichtung geprüft. Eine Verwirkung kann zum Beispiel nicht angenommen werden, wenn der Veräußerer arglistig Informationen in der Unterrichtung vorenthalten hat, die für die Entscheidung des Mitarbeiters besonders wichtig sind. Eine Verwirkung des Widerspruchsrechts kann jedoch gegeben sein, wenn der Arbeitnehmer vom Erwerber gekündigt wird und einen Aufhebungsvertrag abgeschlossen hat.[32]

Die Rechtsprechung geht davon aus, dass der Arbeitnehmer auf das Widerspruchsrecht verzichten kann.[33] Die Verzichtserklärung muss eindeutig vom Arbeitnehmer abgegeben werden. Der Arbeitnehmer sollte bestätigen, dass er die Unterrichtung gelesen hat, keine Fragen hat und vor diesem Hintergrund den Verzicht erklärt. Wenn eine größere Gruppe von Mitarbeitern von der Auslagerung betroffen ist, stellt sich die Frage, ob alle Mitarbeiter zu einer solchen Verzichtserklärung bereit sind. Aufgrund der hohen Anforderungen an die Arbeitnehmerunterrichtung empfiehlt es sich in jedem Fall, ausreichend Zeit für die Erstellung der Unterrichtungsschreiben einzuplanen und eine umfangreiche Abstimmung zwischen Veräußerer und Erwerber vorzunehmen.

---

32 BAG 23.7.2009 – 8 AZR 357/08.
33 BAG 15.2.1984 AP BGB § 613a Nr. 37.

d) Hinsichtlich der Arbeitnehmer in Aussicht genommene Maßnahmen (§ 613a Abs. 5 Nr. 4 BGB)

7. Widerspruchsrecht

Nach § 613a Abs. 6 BGB kann der Arbeitnehmer dem Übergang des Arbeitsverhältnisses innerhalb eines Monats nach Zugang der Unterrichtung über den Betriebsübergang schriftlich widersprechen, wobei der Widerspruch gegenüber dem neuen Inhaber oder dem bisherigen Arbeitgeber erklärt werden kann.

Der Arbeitnehmer muss den Widerspruch schriftlich erklären. Das Schriftformerfordernis nach § 126 BGB soll den Arbeitnehmer vor einer voreiligen Erklärung schützen (Warnfunktion). Darüber hinaus erleichtert es die Beweisführung.

Der Widerspruch verhindert den Übergang des Arbeitsverhältnisses auf den Betriebserwerber. Dies bedeutet, der widersprechende Arbeitnehmer bleibt Arbeitnehmer des alten Arbeitgebers und riskiert eine sozial gerechtfertigte betriebsbedingte Kündigung, wenn der alte Arbeitgeber ihn wegen des Betriebsübergangs nicht weiterbeschäftigen kann. Nach Ansicht des BAG kann sich ein widersprechender Arbeitnehmer auf die Sozialauswahl berufen, wenn der bisherige Arbeitgeber über keine anderweitigen freien Arbeitsplätze verfügt, jedoch einen Teil seines Personals in dem verbliebenen Teilbereich weiterbeschäftigt (z. B. im Fall des Teilbetriebsübergangs) und beispielsweise vergleichbare Tätigkeiten bestehen.[34] Der Arbeitnehmer muss auch keinen Grund für seinen Widerspruch nennen. Etwas anderes gilt nur, wenn Arbeitnehmer in größerem Umfang widersprechen und dadurch umfangreiche Reorganisationen notwendig werden.

Bei einem sogenannten kollektiven Widerspruch von mehreren Arbeitnehmern ist stets zu prüfen, ob dadurch Missbrauch entsteht und/oder sachliche Gründe für einen Widerspruch vorliegen.

---

34 BAG 31.5.2007 NZA 2008, S. 33.

Wenn der Arbeitnehmer zulässigerweise dem Betriebsübergang widersprochen hat und damit Arbeitnehmer des Veräußerers bleibt, stellt sich die Frage der Zulässigkeit einer Personalgestellung an den Dienstleister.[35]

8. Unwirksamkeit von Kündigungen wegen des Betriebsübergangs
Nach § 613a Abs. 4 BGB sind Kündigungen wegen eines Betriebsübergangs unzulässig, Kündigungen aus anderen Gründen aber möglich. Hierunter fallen insbesondere betriebsbedingte Kündigungen nach § 1 Abs. 2 und 3 KSchG, die im Rahmen von zeitgleich laufenden Restrukturierungen ausgesprochen werden.

III. Das Vorliegen einer sogenannten Betriebsänderung

Im Rahmen der Outsourcing-Gestaltung ist nicht nur die Prüfung der Voraussetzungen eines Betriebsübergangs von erheblicher Bedeutung, sondern es sind auch die Beteiligungsrechte des Betriebsrats im Rahmen des Outsourcings zu beachten. Hierbei ist zu klären, welche Beteiligungsrechte dem Betriebsrat zukommen und in welcher Phase des Outsourcings er in die Gestaltung eingebunden werden muss. Im Folgenden soll daher auf die Informations- und Beteiligungsrechte des Betriebsrats näher eingegangen werden.

Der Betriebsübergang ist für sich allein keine Betriebsänderung. Finden jedoch über den Inhaberwechsel hinaus sonstige Änderungen des Betriebs statt, sind die §§ 111 ff. BetrVG einschlägig. Diese Vorschriften verpflichten das outsourcende Unternehmen, das eine Betriebsänderung im Sinne des Gesetzes durchführen möchte, die komplexen Beteiligungsrechte des Betriebsrats einzuhalten, beispielsweise dessen rechtzeitige und umfassende Unterrichtung sowie den Versuch eines Interessenausgleichs und Abschluss eines Sozialplans.

1. Voraussetzungen nach § 111 Satz 1 BetrVG
§ 111 BetrVG hat folgende Voraussetzungen:

- Das betroffene Unternehmen beschäftigt in der Regel mehr als 20 wahlberechtigte Arbeitnehmer.

---

35 Siehe dazu auch den Beitrag von Schubert/Jaster, Umsatzsteuerliche Fragestellungen.

- Im betroffenen Unternehmen besteht ein Betriebsrat.
- Die vom Arbeitgeber geplanten Maßnahmen stellen Betriebsänderungen im Sinne des § 111 Satz 3 BetrVG dar.

Folgende Betriebsänderungen gemäß § 111 Satz 3 BetrVG kommen in Betracht:

- Die Spaltung von Betrieben (§ 111 Satz 3 Nr. 3 2. Variante BetrVG).
- Grundlegende Änderungen der Betriebsorganisation, des Betriebszwecks oder der Betriebsanlagen (§ 111 Satz 3 Nr. 4 BetrVG).

a) Spaltung von Betrieben

Eine Betriebsspaltung liegt vor, wenn der Veräußerer einen Betriebsteil ausgliedert, um ihn auf eine neu gegründete Gesellschaft zu übertragen.

b) Grundlegende Änderung von Betriebsorganisation, Betriebszweck und Betriebsanlagen

Eine Betriebsänderung liegt auch dann vor, wenn unter Wahrung der Identität des Betriebs und seines Standorts wesentliche Arbeitsbedingungen verändert werden. Dabei reicht es aus, dass entweder die Betriebsorganisation oder der Betriebszweck oder die Betriebsanlagen verändert werden.[36] Bei Outsourcing-Maßnahmen kommt meist nur die Änderung der Betriebsorganisation in Betracht, da nur in seltenen Fällen der Betriebszweck oder die Betriebsanlagen geändert werden.

Im Zuge der Funktionsübertragung soll regelmäßig eine Optimierung der Arbeitsabläufe erzielt werden. Dabei soll die Effizienz der Tätigkeiten der von der Auslagerung betroffenen Arbeitnehmer verbessert werden. Wenn diese Optimierung der Arbeitsabläufe einen großen wirtschaftlichen Einfluss haben soll und eine wesentliche Zahl von Arbeitnehmern betroffen ist, spricht dies für eine grundlegende Änderung der Arbeitsorganisation gemäß § 111 Satz 3 Nr. 4 BetrVG.

---

36 BAG, Beschluss vom 26.10.1982, 1 ABR 11/81 AP Nr. 10 zu § 111 BetrVG 1972.

2. Rechtsfolgen gemäß §§ 111 ff. BetrVG

Im Rahmen einer Betriebsänderung hat der Betriebsrat Beteiligungsrechte gemäß §§ 111 ff. BetrVG zu beachten. Der Betriebsrat hat Anspruch darauf, umfassend und rechtzeitig über die anstehende Betriebsänderung bereits im Planungsstadium informiert zu werden. Die §§ 111 ff. BetrVG sehen keinen Zeitrahmen für die Beteiligung des Betriebsrats vor. Die Erfahrung zeigt, dass eine Kooperation mit dem Betriebsrat die Umsetzung von Umstrukturierungsvorhaben zum Teil erheblich erleichtert.

Sehr zeitaufwendige und kostspielige Verfahren können so im Vorfeld vermieden werden. Aus Sicht des Arbeitgebers ist auch zu berücksichtigen, dass der Betriebsrat im Einzelfall ein weitreichendes Potenzial an Möglichkeiten zur Verfahrensverzögerung haben kann. Die grundlegenden Pflichten des Arbeitgebers liegen darin,

- den Betriebsrat „rechtzeitig und umfassend" über die Betriebsänderungen zu unterrichten und mit dem Betriebsrat die Betriebsänderung zu beraten (§ 111 Satz 1 BetrVG),

- einen Interessenausgleich (zumindest) zu versuchen (§ 112 Abs. 1-3 BetrVG) und

- einen Sozialplan abzuschließen (§§ 112, 112a BetrVG).

3. Planung des Verfahrens

Der Unternehmer sollte bereits vor Beginn des eigentlichen Verfahrens dem Betriebsrat eine durchdachte und nachvollziehbar konzeptionierte Betriebsänderung präsentieren. Auf der Grundlage der Ergebnisse dieser Konzeptionsphase ist es sodann regelmäßig ohne großen Aufwand möglich, den Betriebsrat über die geplante Betriebsänderung, die Beweggründe sowie die Auswirkungen auf die Arbeitnehmer zu unterrichten.

In der Praxis ist häufig festzustellen, dass Betriebsänderungen nicht ausreichend konzeptioniert werden und bereits Fehler im Rahmen der Planungsphase zu gravierenden Verzögerungen des Verfahrens insgesamt führen können. Die Planung der Betriebsänderung, die für sie sprechenden Argumente sowie deren konkrete Ausgestaltung und die Folgen für die Arbeitnehmer sollten daher bereits vor Einstieg in die Beratungsphase feststehen.

4. Unterrichtungsphase

Sodann sollte der Betriebsrat „rechtzeitig und umfassend" von der geplanten Betriebsänderung unterrichtet werden (§ 111 Satz 1 BetrVG). Verstöße gegen dieses Unterrichtungsrecht (fehlende oder verspätete Unterrichtung) können zu einem Bußgeld in Höhe von bis zu 10.000 Euro gemäß § 121 Abs. 2 BetrVG sowie zu Nachteilsausgleichsansprüchen der Arbeitnehmer gemäß § 113 Abs. 3 BetrVG führen. Auch belastet eine nicht rechtzeitige und umfassende Unterrichtung des Betriebsrats die Verhandlungsatmosphäre, was regelmäßig den Verlauf des weiteren Verfahrens verzögert. Die schwerwiegendste Folge einer Nichtbeachtung der Betriebsratsrechte stellt jedoch ein durch den Betriebsrat geltend gemachter Unterlassungsanspruch gegen die geplante Umstrukturierungsmaßnahme dar. Ein solcher Unterlassungsanspruch wird häufig im Wege der einstweiligen Verfügung durchgesetzt und hat aufgrund der damit verbundenen weiteren zeitlichen Verzögerung oftmals gravierende Konsequenzen für das Gesamtvorhaben.

Eine umfassende Unterrichtung setzt voraus, dass der Betriebsrat die geplante Betriebsänderung und ihre Auswirkungen für die Belegschaft nachvollziehen kann. Der Betriebsrat soll in die Lage versetzt werden, in den folgenden Verhandlungen mit dem Arbeitgeber über denkbare Alternativen, mildere Formen oder zeitliche Modifikationen zu beraten.

Der Betriebsrat sollte daher darüber informiert werden,

- welche Maßnahmen im Einzelnen vorgesehen sind,
- welche Motive und Gründe für das Vorhaben bestehen,
- in welcher Weise sich die geplante Maßnahme auf das Unternehmen und die Belegschaft voraussichtlich kurz-, mittel- und gegebenenfalls langfristig auswirken wird und
- in welchem Zeitrahmen die Maßnahmen umgesetzt werden sollen.

5. Beratungsphase (inkl. Interessenausgleichs- und Sozialplanverhandlungen)

In der Beratungsphase werden zwei Ziele verfolgt: Zum einen soll ein Interessenausgleich herbeigeführt werden. Hierbei geht es in erster Linie darum festzuschreiben, ob, wann und in welcher Form die vom Unternehmer geplante Betriebsänderung durchgeführt wird. Dies sind die geplante Reorganisation und das Outsourcing. Zum anderen wird im Rahmen der Beratungsphase in der Regel auch bereits der Inhalt des Sozialplans verhandelt. Durch den Sozialplan sollen die wirtschaftlichen Nachteile der Betriebsänderung für die Beschäftigten gemildert werden. Dies können Abfindungen für Arbeitsplatzverlust, Altersversorgung, Verlust von Mitarbeiterbeteiligungen, Ausgleich für erhöhte Wegezeiten bei Ortswechsel, Umzugskosten etc. sein. Üblich ist es oft, Wiedereinstellungsansprüche oder die Prüfung von Wiedereinstellungsmöglichkeiten beim Veräußerer vorzusehen, wenn Arbeitnehmer dem Betriebsübergang widersprechen, oder Abfindungszahlungen, wenn der Erwerber innerhalb einer bestimmten Frist nach dem Übergang betriebsbedingte Entlassungen vornimmt. Damit wird aufgrund der unsicheren Rechtslage der vollständigen Arbeitnehmerunterrichtung versucht, spätere Widersprüche von Arbeitnehmern gegen den Betriebsübergang zu reduzieren.

Nach den Vorgaben der gesetzlichen Bestimmungen führen die Betriebspartner die Verhandlungen über einen Interessenausgleich beziehungsweise einen Sozialplan zunächst ohne die Einbeziehung Dritter. Führen diese Verhandlungen zu keinem Ergebnis, sieht das Gesetz die Einbeziehung Dritter vor. Hierzu kann zum einen der Vorstand der Bundesagentur für Arbeit zur Vermittlung angerufen werden (§ 112 Abs. 2 Satz 1 BetrVG), was jedoch in der Praxis nur selten geschieht. Regelmäßig wird aber bei Fehlen einer Einigung die Einigungsstelle gemäß § 112 Abs. 2 Satz 2 BetrVG angerufen, die in der Regel mit einem Vorsitzenden und zwei Beisitzern besetzt ist. Die Einigungsstelle hat zunächst den Versuch einer Einigung zwischen Arbeitgeber und Betriebsrat zu unternehmen.

Kommt es innerhalb der Verhandlungen über den Abschluss eines Interessenausgleichs und/oder eines Sozialplans auch nach Durchführung des Einigungsstellenverfahrens nicht zu einer Einigung, ist bezüglich der weiteren rechtlichen Konsequenzen zu differenzieren:

- **Keine Zwangsschlichtung bezüglich des Abschlusses eines Interessenausgleichs:** Die Einigungsstelle kann anders als im Rahmen des Sozialplanverfahrens über den Abschluss und Inhalt eines Interessenausgleichs keine verbindliche Einigung zwischen den Betriebspartnern herbeiführen. Stellt der Einigungsstellenvorsitzende das Scheitern des Interessenausgleichsverfahrens fest, kann der Unternehmer die geplante Maßnahme ohne die Gefahr eines Nachteilsausgleichsanspruchs seitens der Arbeitnehmer durchführen.[37]

- **Zwangsschlichtung im Sozialplanverfahren:** Im Rahmen des Sozialplanverfahrens entscheidet die Einigungsstelle dagegen über den Inhalt des Sozialplanes verbindlich. Sie hat bei ihrer Entscheidung sowohl die sozialen Belange der betroffenen Arbeitnehmer als auch die wirtschaftliche Vertretbarkeit der Entscheidung, das heißt des Inhalts des Sozialplans, für das Unternehmen zu berücksichtigen. Der Sozialplan hat unabhängig davon, ob er zwangsweise oder durch freie Verhandlung zustande gekommen ist, die Wirkung individualrechtlich durchsetzbarer Ansprüche der begünstigten Arbeitnehmer. Dies bedeutet, dass der Einigungsstellenvorsitzende letztlich über den wirtschaftlichen Rahmen finanziell durch die Reorganisation/das Outsourcing entscheiden kann.

Zuständig für die Beteiligungsrechte ist grundsätzlich der Betriebsrat, sind mehrere Betriebe betroffen, ist der Gesamtbetriebsrat zuständig.

---

[37] Hanau/Kania, in: Dietrich/Hanau/Schaub (2008): Erfurter Kommentar zum Arbeitsrecht, §§ 112, 112a BetrVG, Rn. 8 m. w. N.

6. Weitere Informations- und Beteiligungsrechte der Arbeitnehmervertretung

Darüber hinaus ist der Wirtschaftsausschuss über den Betriebsübergang, die Änderung der Organisation und die Spaltung des Betriebs zu informieren (§ 106 Abs. 2 und 3 BetrVG). Dem Betriebsrat stehen Informationsrechte nach §§ 74 Abs. 1 und 92 BetrVG (Personalplanung) zu und er kann nach § 92a BetrVG Vorschläge zur Beschäftigungssicherung machen.

IV. Auswirkung der Auslagerung auf die Unternehmensmitbestimmung

Die Auslagerung von Funktionen kann zu mitbestimmungsrechtlichen Konsequenzen auf Unternehmensebene führen. Sofern die Mitarbeiterzahl im auslagernden Unternehmen durch den Betriebsübergang unter die im Gesetz vorgesehenen Schwellenwerte sinkt, kann dies beispielsweise bei einem Absinken unter 500 Arbeitnehmer zu einem langfristigen Wegfall des mitbestimmenden Aufsichtsrats nach DrittelbG führen, sofern das auslagernde Unternehmen zum Beispiel in Form einer GmbH oder AG betrieben wird (§ 1 Abs. 1 DrittelbG).

Ein Absinken der Mitarbeiterzahl auf unter 2 000 Arbeitnehmer führt zu einer Änderung der Mitbestimmung. Es ist dann zukünftig nicht mehr das Mitbestimmungsgesetz 1976 anwendbar (§ 1 Abs. 1 MitbestG), das eine paritätische Besetzung des Aufsichtsrates mit Vertretern der Anteilseigner und Vertretern der Arbeitnehmer fordert (§ 7 MitbestG), sondern nunmehr das Drittelbeteiligungsgesetz, das eine Besetzung des Aufsichtsrats nur zu einem Drittel mit Vertretern der Arbeitnehmer vorsieht (§ 4 DrittelbG).

Umgekehrt kann jedoch ein Anwachsen der Arbeitnehmerzahl beim übernehmenden Unternehmen zu einer erstmaligen Bildung eines Aufsichtsrats führen oder zur erstmaligen Anwendung des Mitbestimmungsgesetzes 1976, wenn die Arbeitnehmerzahl über 2 000 ansteigt. Voraussetzung hierfür ist jedoch stets, dass das Unternehmen in einer mitbestimmungsfähigen Rechtsform betrieben wird (§ 1 Abs. 1 MitbestG).

B. Anforderungen an die Personalausstattung und Vergütungsgestaltung

Für Institute ergeben sich weitere regulatorische Vorgaben, die bei der Vergütungsgestaltung der Arbeitsverträge von Führungskräften und bei der organisatorischen Umsetzung des Outsourcings zu berücksichtigen sind. So enthalten das am 5. August 2009 in Kraft getretene Gesetz zur Angemessenheit der Vorstandsvergütung (VorstAG) mit den damit einhergehenden Änderungen des Deutschen Corporate Governance Kodex (DCGK), die diesbezüglichen Verordnungen und Rundschreiben der Bundesanstalt für Finanzdienstleistungsaufsicht (BaFin) für Kreditinstitute und Versicherungsunternehmen und auch die Regelungen des Sonderfonds Finanzmarktstabilisierung (SoFFin) weitreichende Regelungen, die zum einen die Vergütung von Geschäftsleitern und gegebenenfalls auch Mitarbeitern und zum anderen die Sicherstellung einer angemessenen qualitativen und quantitativen Personalausstattung betreffen.

I. Das Gesetz zur Angemessenheit der Vorstandsvergütung (VorstAG)

1. Anwendbarkeit

Die Regelungen des Aktiengesetzes gelten branchenübergreifend und finden im Zuge einer Auslagerung grundsätzlich nur dann Anwendung, wenn die ausgelagerte Einheit die Rechtsform einer Aktiengesellschaft hat. In diesem Fall ist bei der Ausgestaltung von Dienstverträgen für Vorstandsmitglieder darauf zu achten, dass die im VorstAG geregelten Anforderungen an die Angemessenheit der Vorstandsvergütung berücksichtigt sind.

2. Inhalt

§ 87 Abs. 1 Satz 1 AktG sieht vor, dass der Aufsichtsrat bei der Festsetzung der Bezüge dafür zu sorgen hat, dass diese in einem angemessenen Verhältnis zu den Aufgaben und Leistungen des Vorstandsmitglieds und zur Lage der Gesellschaft stehen. Des Weiteren dürfen die Bezüge die übliche Vergütung nicht ohne besondere Gründe übersteigen. Der Begriff der „üblichen Vergütung" stellt auf die Üblichkeit der festgesetzten Vergütung im Landes-, Größen- und Branchenvergleich ab (horizontale Vergleichbarkeit). Darüber hinaus soll auch das Lohn- und Gehaltsgefüge im Unternehmen selbst herangezogen werden (Vertikalität), um zu verhindern, dass die Vorstandsvergütung nicht Maß und Bezug zu den Vergütungsgepflogenheiten und dem Vergütungssystem im Unternehmen verliert.[38]

Die in § 87 Abs. 1 Satz 2 AktG verankerte Ausrichtung der Vergütungsstruktur auf eine nachhaltige Unternehmensentwicklung gilt nur für börsennotierte Gesellschaften. Dies betrifft auch die Regelung, dass variable Vergütungsinstrumente eine mehrjährige Bemessungsgrundlage sowie eine Begrenzung für außerordentliche Entwicklungen haben sollen. Ausgegliederte Unternehmen (börsennotierter Gesellschaften) sind in der Regel (zunächst) nicht börsennotiert; gleichwohl ist anzuraten, diese Regelung zu berücksichtigen. Zum einen entspricht dies der Empfehlung des Gesetzgebers,[39] zum anderen trifft die Verpflichtung zur Vermeidung von Fehlanreizen durch eine unverhältnismäßige Gestaltung der variablen Vergütung auch den Aufsichtsrat nicht börsennotierter Unternehmen aus seiner organschaftlichen Verpflichtung heraus, bei der Vergütungsfestsetzung das Gesellschaftsinteresse zu wahren.[40]

Wenngleich zur rechtlichen Durchsetzung nicht erforderlich, empfiehlt es sich für die Praxis, die in § 87 Abs. 2 AktG verankerte Möglichkeit zur Herabsetzung der Vorstandsbezüge für den Fall der Verschlechterung der Lage der Gesellschaft zur Klarstellung auch einzelvertraglich aufzunehmen.

---

[38] Vgl. Beschlussempfehlung und Bericht des Rechtsausschusses zum VorstAG, BT-Drucks. 16/13433, S. 10.
[39] Vgl. Beschlussempfehlung und Bericht des Rechtsausschusses zum VorstAG, BT-Drucks. 16/13433, S. 10.
[40] Vg.l Mertens/Cahn, in: Köln/Komm/AktG, 3. Auflage 2009; § 87 AktG, Rz. 7.

II. Verordnung über die aufsichtsrechtlichen Anforderungen an Vergütungssysteme von Instituten vom 6. Oktober 2010 (InstitutsVergV)

1. Anwendbarkeit

Im Zuge der Umsetzung der vom Financial Stability Board (FSB) veröffentlichten „Principles for Sound Compensation Practices – Implementation Standards"[41] in nationales Recht hat der Gesetzgeber zunächst mit dem am 27. Juli 2010 in Kraft getretenen Gesetz über die aufsichtsrechtlichen Anforderungen an die Vergütungssysteme von Instituten und Versicherungsunternehmen einen entsprechenden Rahmen geschaffen. Mit der seit dem 13. Oktober 2010 anzuwendenden InstitutsVergV vom 6. Oktober 2010 wurde dieser Rahmen nun mit inhaltlichen Vorgaben zur Ausgestaltung der Vergütungssysteme gefüllt. Mit der InstitutsVergV werden darüber hinaus die aktuellen Entwurfsfassungen der europäischen Bankenaufseher (Committee of European Banking Supervisors – CEBS) zu den neuen Leitlinien zu den Vergütungsanforderungen in Folge der dritten Kapitalanforderungsrichtlinie (CRD III) national umgesetzt. Durch die InstitutsVergV wurde das Rundschreiben 22/2009 der BaFin „Aufsichtsrechtliche Anforderungen an die Vergütungssysteme von Instituten" ersetzt.

Unter den Anwendungsbereich der InstitutsVergV fallen alle Institute im Sinne von §§ 1 Abs. 1 b, 53 Abs. 1 KWG. Die Anforderungen sind auch auf Gruppenebene zu beachten, das heißt, das übergeordnete Unternehmen beziehungsweise das übergeordnete Finanzkonglomeratsunternehmen einer Institutsgruppe, einer Finanzierungsholdinggruppe oder eines Finanzkonglomerats hat sicherzustellen, dass die Anforderungen des Rundschreibens auch in nachgeordneten Unternehmen erfüllt werden.[42]

Folgende Fallkonstellationen sind im Rahmen einer Auslagerung denkbar:

---

41 http://www.financialstabilityboard.org/publications/r_090925c.pdf.
42 § 9 Satz 1 InstitutsVergV.

Tabelle 2: Anwendbarkeit im Falle einer Auslagerung	
Das auslagernde Unternehmen	
• war bislang Teil eines in den Anwendungsbereich der InstitutsVergV fallenden Unternehmens und • bleibt nach Auslagerung Teil der Unternehmensgruppe. • Beispiel: Ein der BaFin unterfallendes Institut lagert die IT-Abteilung auf eine konzerneigene Tochtergesellschaft aus.	Anforderungen gelten weiter, wie sie sich nunmehr aus der InstitutsVergV für die Unternehmensgruppe ergeben
• ist nach Auslagerung eigenständig beziehungsweise Teil eines nicht unter den Anwendungsbereich der BaFin fallenden Unternehmens und • fällt aufgrund der ausgelagerten Tätigkeiten auch selbst nicht unter den Anwendungsbereich der Rundschreiben. • Beispiel: Ein der BaFin unterfallendes Institut sucht für die Gehaltsabrechnung einen externen Dienstleister und lagert diese Tätigkeiten auf eine externe Gesellschaft aus, die nicht den Regularien der BaFin unterliegt.	Anforderungen gelten nicht (mehr)
• ist nach der Auslagerung Teil eines anderen Unternehmens, das unter den Anwendungsbereich der InstitutsVergV fällt. • Beispiel: Die IT-Abteilung eines der BaFin unterfallenden Instituts wird an eine andere Bank, die ebenfalls den Regularien der BaFin unterliegt, ausgelagert.	Analog erster Fallkonstellation

2. Inhalt

Die Anforderungen an die Vergütungssysteme an Bankinstitute sind in der InstitutsVergV definiert und folgen dem Proportionalitätsgedanken. Die Verordnung sieht eine Differenzierung in allgemeine Anforderungen und Anforderungen für bedeutende Institute vor. Während die allgemeinen Anforderungen von allen Unternehmen im Geltungsbereich zu beachten sind, gelten die in § 5 der InstitutsVergV definierten Anforderungen nur für bedeutende Institute im Sinne der Verordnung. Ein Institut gilt dann als bedeutend, wenn seine Bilanzsumme im Durchschnitt zu den jeweiligen Stichtagen der letzten drei Geschäftsjahre zehn Milliarden Euro erreicht oder überschritten hat und es auf der Grundlage einer Risikoanalyse eigenverantwortlich feststellt, dass es bedeutend ist. Ein Institut, dessen Bilanzsumme über die letzten drei Jahre 40 Milliarden Euro oder mehr betragen hat, ist in der Regel als bedeutend anzusehen.[43]

Die allgemeinen Anforderungen verlangen eine Konformität der Vergütungssysteme mit der Unternehmensstrategie und sehen Vorgaben zu Zuständigkeit und Überprüfungsturnus (jährlich) für die Vergütung vor. Sie definieren darüber hinaus Regeln für die Vermeidung negativer Anreize zur Eingehung unverhältnismäßig hoher Risikopositionen. Generell müssen fixe und variable Bezüge in einem angemessenen Verhältnis stehen, garantierte variable Vergütungen sind nur für das erste Jahr der Beschäftigung zulässig. Für Mitglieder der Geschäftsleitung gelten hinsichtlich der Gestaltung der variablen Vergütung dem VorstAG vergleichbare Vorgaben. Die allgemeinen Anforderungen verlangen neben einem ausreichenden Maß an Transparenz der Vergütungsregelungen für alle Mitarbeiter auch eine ausreichende Vergütung der Kontrolleinheiten zur Sicherstellung der qualitativen und quantitativen Personalausstattung in diesen Bereichen.

Die Anforderungen an die Vergütung bedeutender Institute sehen darüber hinausgehende Regelungen für die Geschäftsleitung sowie von Mitarbeitern, deren Tätigkeit einen wesentlichen Einfluss auf das Geschäftsrisikoprofil hat (sog. Risk Taker), vor. Eine Definition der Risk Taker gibt die BaFin nicht

---
43 § 1 Abs. 2 Satz 2 und 6 InstitutsVergV.

vor. Das Institut hat eigenverantwortlich eine weitere Risikoanalyse auf Basis bestimmter Kriterien wie zum Beispiel Größe und Art der Geschäftstätigkeit, Risikoprofil, bisherige Vergütung und der Wettbewerbssituation auf dem Arbeitsmarkt vorzunehmen.

Zu den Vorgaben für die Vergütung dieses Personenkreises zählt, dass die Bemessungsgrundlage für die variable Vergütung nicht nur die individuelle Leistung berücksichtigt, sondern auch die der übergeordneten Einheiten inklusive des Gesamterfolgs des Unternehmens. Auch sollen die Leistungsparameter so gewählt sein, dass sie nicht-finanzielle Aspekte, Nachhaltigkeit der Unternehmensentwicklung und die eingegangenen Risiken sowie Kapital- und Liquiditätskosten angemessen berücksichtigen. Mindestens 40 Prozent – für Mitglieder der Geschäftsleitung und die nachgelagerte Führungsebene sogar mindestens 60 Prozent – der variablen Vergütung muss über einen Zeitraum von drei bis fünf Jahren gestreckt werden und dabei bestimmte Vorgaben erfüllen. Abhängig von den Aufgaben und der Stellung von Geschäftsleitung und Risk Takern sind mindestens 50 Prozent der zurückbehaltenen variablen Vergütung sowie 50 Prozent der verbleibenden variablen Vergütung abhängig von der nachhaltigen Unternehmensentwicklung zu gestalten und ebenfalls mit einer angemessenen Auszahlungsfrist zu versehen. Negative Erfolgsbeiträge auf kollektiver sowie individueller Ebene müssen eine verringernde Wirkung auf die zurückbehaltenen Vergütungsbestandteile haben. Vergleichbare Anforderungen gelten für ermessensabhängige Beiträge zur Altersversorgung, die anlässlich einer nicht ruhestandsbedingten Beendigung des Arbeits-, Geschäftsbesorgungs- oder Dienstverhältnisses von Mitgliedern der Geschäftsleitung und Mitarbeitern geleistet werden. Weiterhin ist ein Vergütungsausschuss zu installieren.

Bereits die allgemeinen Regelungen enthalten zu beachtende Vorgaben an die Offenlegung von Vergütungsdaten, die für bedeutende Institute noch erweitert sind.

III. BaFin-Rundschreiben vom 14. August 2009

1. Anwendbarkeit

Die Mindestanforderungen an das Risikomanagement (MaRisk, zuletzt RS 15/2009 (BA) vom 14. August 2009) konkretisieren die Anforderungen an das Risikomanagement, wie sie für Banken in § 25a KWG geregelt sind. Während die vergütungsbezogenen Regelungen dieses Rundschreibens (AT 7.1 Tz. 4 bis 7 MaRisk) zwischenzeitlich durch die vorgenannte Instituts-VergV ersetzt wurden, gelten alle weiteren Anforderungen weiterhin. Dazu gehören in diesem Zusammenhang die Vorgaben an eine quantitativ und qualitativ ausreichende Personalausstattung, wie sie in AT 7.1 Tz. 1 bis 3 MaRisk definiert sind.

Bezüglich des Anwendungsbereiches wird auf B.II.1. verwiesen.

2. Inhalt

Für ein unter die Aufsicht der BaFin fallendes ausgelagertes Unternehmen gilt es sicherzustellen, dass es über eine adäquate Personalausstattung verfügt, die den betriebsinternen Erfordernissen, den Geschäftsaktivitäten sowie der Risikosituation entspricht. Des Weiteren ist es erforderlich, dass die Mitarbeiter und deren Vertreter abhängig von Aufgaben, Kompetenzen und Verantwortlichkeiten die notwendigen Kenntnisse und Erfahrungen besitzen. Um dies sicherzustellen, sind ausreichende Schulungsmaßnahmen vorzusehen. Ausfall oder Austritte von Mitarbeitern dürfen den nachhaltigen Betriebsablauf nicht beeinflussen.

C. Fazit

Die vorstehenden Ausführungen zeigen, dass Outsourcing-Maßnahmen weitreichende und komplexe arbeitsrechtliche Probleme aufwerfen können, sodass diese im Rahmen einer Ausgliederungsplanung frühzeitig untersucht werden sollten. Arbeitsrechtliche Aspekte können zu erheblichen Folgeproblemen beziehungsweise wirtschaftlichen Risiken führen, die auch den Erfolg eines Outsourcingprojekts infrage stellen können.

Die arbeitsrechtliche Spezialvorschrift des Betriebsübergangs nach § 613a BGB hat erhebliche und auch für Outsourcingmaßnahmen in der Finanzwirtschaft in der Praxis nicht zu unterschätzende Konsequenzen. Es ist unabdingbar, bereits im Vorfeld der konkreten Planung von Outsourcing-Maßnahmen sowie im Rahmen der Umsetzung das Vorliegen eines Betriebsübergangs und seine Auswirkungen zu prüfen sowie alternative Gestaltungen zu diskutieren.

Anforderungen an die Vergütungsgestaltung können sich entweder aus der Rechtsform des ausgelagerten Instituts (AG) oder der Anwendbarkeit der Institutsvergütungsverordnung ergeben, wenn das ausgelagerte Unternehmen Teil eines der BaFin unterfallenden Instituts wird oder bleibt. In diesem Fall finden auch die im Rundschreiben 15/2009 (BA) geregelten Anforderungen an die Personalaustattung Anwendung.

Datenschutz und Bankgeheimnis bei Outsourcingmaßnahmen

Christine Wicker & Martin Wollinsky

A. Einführung

Aus den Regelungen des Bundesdatenschutzgesetzes (BDSG) und dem Bankgeheimnis ergibt sich für Kredit- und Finanzdienstleistungsinstitute die Verpflichtung zur Wahrung der Vertraulichkeit ihrer Kundendaten. Diese Verpflichtung spielt bei Auslagerungssachverhalten eine wichtige Rolle, insbesondere dann, wenn Teilprozesse der bankspezifischen Leistungserstellung beziehungsweise ganze Geschäftsprozesse (sogenanntes Business Process Outsourcing) ausgelagert werden, weil dies regelmäßig die Weitergabe von Kundendaten an das Auslagerungsunternehmen erfordert.

Outsourcing-Projekte bewegen sich daher häufig in einem Spannungsverhältnis zwischen der Einhaltung von Bankgeheimnis und Datenschutz einerseits und der Notwendigkeit der Weitergabe von personenbezogenen Daten beziehungsweise Informationen, die dem Bankgeheimnis unterliegen, andererseits. Der vorliegende Beitrag soll einen Überblick über die Möglichkeiten und Grenzen von Outsourcing-Maßnahmen unter datenschutzrechtlichen Aspekten und Aspekten des Bankgeheimnisses geben.

In der dritten Auflage haben wir schwerpunktmäßig die Neuerungen im Bereich des Datenschutzrechts berücksichtigt, die sich aus den drei im Jahr 2009 verabschiedeten Gesetzesnovellen ergeben:[1]

---
1 Vgl. zu den BDSG-Novellen Gola/Klug (2009): NJW, S. 2577ff.; Pauly/Ritzer (2010): WM, S. 8ff.; Roßnagel (2009): NJW, S. 2716ff.

- Die BDSG-Novelle I (Gesetz zur Änderung des Bundesdatenschutzgesetzes vom 29. Juli 2009, BGBl. 2009 I, S. 2254ff.) mit Neuerungen insbesondere zur Datenübermittlung an Auskunfteien und zum Scoring;

- Die BDSG-Novelle II (Gesetz zur Änderung datenschutzrechtlicher Vorschriften vom 14. August 2009, BGBl. 2009 I, S. 2814ff.) mit Neuerungen insbesondere im Bereich der Datenverwendung zu Werbungszwecken, des Arbeitnehmerdatenschutzes und der Auftragsdatenverarbeitung sowie mit einer Verschärfung der Bußgeldvorschriften;

- Die BDSG-Novelle III (Gesetz zur Umsetzung der Verbraucherkreditrichtlinie, des zivilrechtlichen Teils der Zahlungsdiensterichtlinie sowie zur Neuordnung der Vorschriften über das Widerrufs- und Rückgaberecht vom 29. Juli 2009, BGBl. 2009 I, S. 2355ff.) mit Neuerungen zu Auskunfts- und Unterrichtungspflichten bei Verbraucherkrediten.

Maßgebend für die Aktivitäten des Gesetzgebers waren dabei zuvor bekannt gewordene Datenschutzskandale, die bis dato nicht abreißen. Unter Auslagerungsaspekten sind insbesondere die Neuregelungen bezüglich der Datenübermittlung an Auskunfteien und des Scorings sowie zur Auftragsdatenverarbeitung von Interesse.

B. Rechtliche Grundlagen der Vertraulichkeit von Daten bei Instituten

Nach AT 9 Tz. 6e) MaRisk ist bei wesentlichen Auslagerungen eine Vereinbarung im Auslagerungsvertrag erforderlich, die sicherstellt, dass datenschutzrechtliche Bestimmungen beachtet werden. Darüber hinaus ist davon auszugehen, dass datenschutzrechtliche Aspekte auch im Rahmen der nach AT 9 Tz. 2 MaRisk erforderlichen Risikoanalyse angemessen berücksichtigt werden müssen, da diese nach den Erläuterungen zu AT 9 Tz. 2 MaRisk alle für das

Institut relevanten Aspekte im Zusammenhang mit der Auslagerung umfassen muss. Das Erfordernis einer vertraglichen Vereinbarung zum Datenschutz ergibt sich außerdem auch bei zahlreichen nicht als wesentlich eingestuften Auslagerungsmaßnahmen (z. B. Reisekostenabrechnung, Datenvernichtung) aufgrund einer entsprechenden Verpflichtung nach dem BDSG beziehungsweise aus Praktikabilitätsgründen.

I. Datenschutz im Sinne des BDSG

Im BDSG erfährt der Datenschutz eine gesetzliche Regelung. Zweck des BDSG ist es nach dessen § 1 Abs. 1, den Einzelnen davor zu schützen, dass er durch den Umgang mit seinen personenbezogenen Daten in seinem Persönlichkeitsrecht beeinträchtigt wird. Die Literatur konkretisiert dies dahingehend, dass das Recht auf informationelle Selbstbestimmung als Ausprägung des allgemeinen Persönlichkeitsrechts geschützt sei.[2] Das BDSG regelt den Umgang mit personenbezogenen Daten unter den Aspekten der Zulässigkeit des Datenumgangs, der Transparenz des Datenumgangs, der Rechte des Betroffenen, der Kontrollrechte und der Sanktionen.

Der sachliche Anwendungsbereich umfasst nach § 1 Abs. 2 BDSG die Erhebung, Verarbeitung und Nutzung personenbezogener Daten durch öffentliche und nichtöffentliche Stellen, wenn diese Daten in oder aus Dateien geschäftsmäßig oder für berufliche oder gewerbliche Zwecke verarbeitet oder genutzt werden. Personenbezogene Daten sind nach § 3 Abs. 1 BDSG Einzelangaben über persönliche oder sachliche Verhältnisse einer bestimmten oder bestimmbaren natürlichen Person (Betroffener). Zu dem durch das BDSG geschützten Personenkreis gehören folglich nur natürliche Personen, nicht hingegen juristische Personen oder Personenmehrheiten.[3] Allerdings können Informationen über Personenmehrheiten personenbezogene Daten im Sinne des BDSG darstellen, wenn sie einzelnen Mitgliedern der Personenmehrheit zugeordnet beziehungsweise daraus Informationen über die einzelnen Mitglieder abgelei-

---

[2] Vgl. Gola/Schomerus (2010): BDSG, § 1 Rn. 6; Walz, in: Simitis (2006): BDSG, § 1 Rn. 23ff.
[3] Vgl. Dammann, in: Simitis (2006): BDSG, § 3 Rn. 3; Gola/Schomerus (2010): BDSG, § 3 Rn. 3.

tet werden können.⁴ Nicht mehr in den Anwendungsbereich des BDSG fallen aggregierte, anonymisierte oder statistische Informationen ohne Personenbezug, auch wenn sie das Ergebnis der Verarbeitung oder Nutzung personenbezogener Daten sind.⁵

II. Bankgeheimnis

Im Gegensatz zum Datenschutz ist das Bankgeheimnis in Deutschland gesetzlich nicht geregelt.⁶ Allerdings wird das Bankgeheimnis vom Gesetzgeber⁷ und von der Rechtsprechung als bestehend vorausgesetzt.⁸ Auch in der Literatur ist das Bankgeheimnis anerkannt. Zur Begründung werden unterschiedliche privat- und verfassungsrechtliche Ansätze vertreten; im Ergebnis besteht aber Einigkeit darüber, dass das Bankgeheimnis unabhängig vom Zustandekommen oder der Wirksamkeit einer Vertragsbeziehung und auch dann gilt, wenn es nicht ausdrücklich zum Vertragsinhalt geworden ist.⁹

Aus dem Bankgeheimnis heraus ist die Bank gegenüber dem Kunden verpflichtet, die Vertraulichkeit der ihr anvertrauten Unterlagen und Informationen zu gewährleisten. Die Geheimhaltungspflicht umfasst sämtliche Tatsachen, die der Bank im Zusammenhang mit ihrer Geschäftsbeziehung zu dem Kunden bekannt werden.

---

4   Dammann, in: Simitis (2006): BDSG, § 3 Rn. 17; vgl. Gola/Schomerus (2010): BDSG, § 3 Rn. 3.
5   Gola/Jaspers (2010): Das novellierte BDSG im Überblick, S. 24.
6   Anders als etwa in Österreich, Schweiz, Liechtenstein, vgl. Früh (2000): WM, S. 500.
7   Zum Beispiel in § 113 Abs. 5 Satz 2 Nr. 3 SolvV; vgl. auch Stoll (2010): DZWIR, S. 139ff.
8   Vgl. Jobe, HfB-Working Paper Series No. 76, S. 44 m. w. N.
9   Vgl. Horn (1999): AGB-Banken, S. 88; Beucher/Räther/Stock (2006): AG, S. 277f.; Bruchner, in: Schimansky/Bunte/Lwowski (2007): Bankrechts-Handbuch, § 39 Rn. 1ff. m. w. N.; Cahn (2004): WM, S. 2041f.; Jobe (2006): HfB-Working Paper Series No. 76, S. 44 m. w. N.; Kristen/Kreppel (2005): BKR, S. 123; Nobbe (2005): WM, S. 1537f.; Walz, in: Simitis (2006): BDSG, § 1 Rn. 182.

III. Verhältnis von Bankgeheimnis und Datenschutz

Bei natürlichen Personen finden das Bankgeheimnis und das BDSG grundsätzlich nebeneinander Anwendung. Dies ergibt sich bereits aus § 1 Abs. 3 Satz 2 BDSG, wonach die Verpflichtung zur Wahrung gesetzlicher Geheimhaltungspflichten oder von Berufs- oder besonderen Amtsgeheimnissen, die nicht auf gesetzlichen Vorschriften beruhen, vom BDSG unberührt bleibt. Unter solche besonderen Berufsgeheimnisse ist auch das Bankgeheimnis zu fassen.[10]

Die Schutzbereiche überschneiden sich vielfach. Das BDSG kommt daher vor allem bei solchen personenbezogenen Daten zum Tragen, die keinen zur Einbeziehung in den Schutzbereich des Bankgeheimnisses führenden Bezug zu dem abgeschlossenen Bankvertrag haben.[11]

Bei gewerblichen Kreditnehmern, die keine natürlichen Personen sind (z. B. GmbH, Aktiengesellschaft), sind die datenschutzrechtlichen Anforderungen nicht einschlägig. Demzufolge werden juristische Personen grundsätzlich nur durch das Bankgeheimnis geschützt. Im Rahmen der Auslegung des Bankgeheimnisses kann allerdings auch bei juristischen Personen ein Rückgriff auf die im BDSG enthaltenen Rechtsgedanken erforderlich sein. Dies gilt insbesondere für die Frage, unter welchen Voraussetzungen die durch das Bankgeheimnis geschützten Daten weitergegeben werden können.[12]

---

10 Vgl. Gola/Schomerus (2010): BDSG, § 1 Rn. 25; differenzierter Walz, in: Simitis (2006): BDSG, § 1 Rn. 182.
11 Vgl. Gola/Schomerus (2010): BDSG, § 1 Rn. 25; Simitis (2006): BDSG, § 1 Rn. 186, wonach das BDSG den Minimalstandard bildet, der nicht unterschritten werden darf.
12 Siehe dazu unter D.

C. Verwendung und Weitergabe von Daten nach BDSG

Nach § 3 Abs. 3 BDSG ist unter „Erheben" das Beschaffen von Daten über den Betroffenen zu verstehen, das bei diesem selbst, bei Dritten oder durch gezielte eigene Wahrnehmung erfolgen kann.[13] „Verarbeiten" umfasst nach § 3 Abs. 4 BDSG das Speichern, Verändern, Übermitteln, Sperren und Löschen personenbezogener Daten, „Nutzen" nach § 3 Abs. 5 BDSG jede sonstige Verwendung.[14]

Nach § 4 Abs. 1 BDSG sind die Erhebung, Verarbeitung und Nutzung personenbezogener Daten nur zulässig, soweit das BDSG selbst oder eine andere Rechtsvorschrift dies erlaubt oder anordnet oder der Betroffene eingewilligt hat. Dabei hat die Datenerhebung nach § 4 Abs. 2 Satz 1 BDSG grundsätzlich beim Betroffenen zu erfolgen, wovon nur in den in § 4 Abs. 2 Satz 2 BDSG vorgesehenen Ausnahmefällen abgewichen werden kann. Der Betroffene ist dabei nach § 4 Abs. 3 BDSG über die Identität der erhebenden Stelle, den Zweck der Erhebung, Verarbeitung oder Nutzung sowie gegebenenfalls auch über „unerwartete" Empfänger zu unterrichten.[15] Bei alledem ist stets der in § 3a BDSG niedergelegte Grundsatz der Datenvermeidung und Datensparsamkeit zu beachten, wenngleich sich hinsichtlich dessen praktischer Durchsetzbarkeit Zweifel ergeben.[16]

Für Zwecke des Outsourcings von Aktivitäten und Prozessen kommt es insbesondere auf den Begriff des „Übermittelns" an. Übermitteln ist ein Unterfall der Verarbeitung, unter dem nach § 3 Abs. 4 Satz 2 Nr. 3 BDSG das Bekanntgeben gespeicherter oder durch Datenverarbeitung gewonnener personenbe-

---

13 Vgl. Weichert, in: Däubler/Klebe/Wedde/Weichert (2010): BDSG, § 3 Rn. 30.
14 Vgl. Gola/Schomerus (2010): BDSG, § 3 Rn. 25, 42; Graf von Westphalen (1999): WM, S. 1810 und 1814.
15 Vgl. Walz, in: Simitis (2006): BDSG, § 4 Rn. 41ff.; Gola/Schomerus (2010): BDSG, § 4 Rn. 3ff.
16 Vgl. Gola/Schomerus (2010): BDSG, § 3a Rn. 2; Bizer, in: Simitis (2006): BDSG, § 3a Rn. 83.

zogener Daten an einen „Dritten" zu verstehen ist. Als Dritter in diesem Sinne gilt nach § 3 Abs. 8 Satz 2 BDSG nicht, wer personenbezogene Daten im Auftrag erhebt, verarbeitet oder nutzt.[17]

Da an die Zulässigkeit der Datenübermittlung an Dritte deutlich höhere Anforderungen gestellt werden als an die Datenweitergabe im Rahmen einer Auftragsdatenverarbeitung, kommt dieser Unterscheidung zentrale Bedeutung für die datenschutzrechtliche Beurteilung von Auslagerungsmaßnahmen zu.[18]

Auch rechtlich selbstständige Unternehmen desselben Konzerns sind aus datenschutzrechtlicher Sicht füreinander „Außenstehende". Die Abgrenzung zwischen der Datenübermittlung an Dritte und der Datenweitergabe im Rahmen einer Auftragsdatenverarbeitung richtet sich insoweit nach den allgemeinen Kriterien.[19]

I. Abgrenzung Auftragsdatenverarbeitung – Funktionsübertragung

Die Frage, ob eine Auftragsdatenverarbeitung oder eine Funktionsübertragung vorliegt, kann für die datenschutzrechtliche Zulässigkeit der Maßnahme entscheidend sein. Daher treten hier verstärkt praxisrelevante Abgrenzungsprobleme auf. Hinzuweisen ist zunächst darauf, dass der datenschutzrechtliche Begriff der Funktionsübertragung und der bankaufsichtsrechtliche Begriff der Auslagerung nicht deckungsgleich sind.

1. Entwicklung des Begriffs der Auftragsdatenverarbeitung

Das Modell der Auftragsdatenverarbeitung wurde mit Schaffung des ersten BDSG 1976 eingeführt und sollte dazu dienen, die Zulässigkeit der Kommunikation von Unternehmen mit Großrechneranlagen in Dienstleistungsrechenzentren sicherzustellen.[20] Obwohl sich zwischenzeitlich grundlegende

---
[17] Vgl. Gola/Schomerus (2010): BDSG, § 3 Rn. 32ff., S. 51f.; Dammann, in: Simitis (2006): BDSG, § 3 Rn. 156ff.
[18] Vgl. Graf von Westphalen (1999): WM, S. 1810 und 1815.
[19] Vgl. Gola/Schomerus (2010): BDSG, § 2 Rn. 21und § 27 Rn. 4; Simitis (2006): BDSG, § 2 Rn. 142ff.
[20] Müthlein/Heck (2006): Outsourcing und Datenschutz, S. 20ff.

Änderungen hinsichtlich der Systemlandschaft ergeben haben, hält das BDSG nach wie vor im Kern an diesem Modell fest. Nach dem gesetzgeberischen Modell bedient sich ein Unternehmen bei der Auftragsdatenverarbeitung der technischen Hilfe eines Dienstleisters zur Erfüllung seiner eigenen Aufgabe. Da hierbei dem Auftraggeber lediglich technische Mittel durch den Auftragnehmer zur Erledigung einer eigenen Aufgabe des Auftraggebers zur Verfügung gestellt werden, soll dieser Fall nicht grundlegend anders behandelt werden als die Verarbeitung dieser personenbezogenen Daten im Unternehmen des Auftraggebers selbst. Demzufolge umfasst nach § 3 Abs. 7 BDSG die verantwortliche Stelle auch diejenigen Personen oder Stellen, durch die der Auftraggeber personenbezogene Daten im Auftrag erheben, verarbeiten oder speichern lässt. § 3 Abs. 8 BDSG legt fest, dass der Auftragnehmer, der für den Auftraggeber personenbezogene Daten im Auftrag erhebt, verarbeitet oder nutzt, im Verhältnis zu diesem nicht als Dritter anzusehen ist.

2. Meinungsstand zur Abgrenzung in der Literatur

Der Meinungsstand in der Literatur zu den Abgrenzungskriterien und zur Einstufung bestimmter Fallkonstellationen als Auftragsdatenverarbeitung beziehungsweise Funktionsübertragung ist uneinheitlich. Vertreten werden bislang im Wesentlichen folgende Auffassungen:

Nach einer restriktiven Ansicht liegt Auftragsdatenverarbeitung nur vor, wenn die einem Dritten übertragene Aufgabe der Erhebung, Verarbeitung oder Nutzung lediglich eine „Hilfsfunktion" für die Erfüllung der eigentlichen Aufgaben und Geschäftszwecke der verantwortlichen Stelle hat. So stelle die Einschaltung eines Service-Rechenzentrums einen klassischen Anwendungsfall des § 11 BDSG dar. Bei Auslagerung materieller Unternehmensaufgaben, wie zum Beispiel des Personalmanagements, sei dagegen von einer Funktionsübertragung und damit von einer Übermittlung der zugehörigen Daten an den Outsourcing-Partner auszugehen.[21]

---

[21] Vgl. Walz, in: Simitis (2006): BDSG, § 11 Rn. 17f. und 21; Wedde, in: Däubler et al. (2010): BDSG, § 11 Rn. 5.

Zum Teil wird dabei auch stärker auf den Aspekt der Eigenverantwortung bei Ausführung der übertragenen Tätigkeit abgestellt. Danach ist von Datenverarbeitung „im Auftrag" auszugehen, wenn ein weisungsgebundenes Service-Unternehmen lediglich als „verlängerter Arm" der weiterhin verantwortlichen Stelle die Datenverarbeitung (technisch) durchführt, wie es bei der Inanspruchnahme eines externen Rechenzentrums typischerweise der Fall sei.[22] Wird hingegen nicht nur die Datenverarbeitung, sondern auch die eigentliche Aufgabe, zu deren Erfüllung die Datenverarbeitung dient, dem Service-Unternehmen zur selbstständigen Erledigung mit eigenem Entscheidungsspielraum übertragen, kann nach dieser Auffassung eine Funktionsübertragung vorliegen. Als maßgebliches Kriterium wird insoweit die verbleibende Entscheidungsbefugnis des Auftraggebers beziehungsweise der Ermessensspielraum des Auftragnehmers angesehen. Gliedere eine Bank zum Beispiel das Wertpapiergeschäft nebst Beratung des Kunden aus, so liege in der Regel eine Funktionsübertragung vor.[23]

Nach einer weniger restriktiven Ansicht soll eine Auftragsdatenverarbeitung vorliegen, solange die auslagernde Stelle weiterhin verantwortlich ist und die Vertraulichkeit der Daten durch entsprechende Vorgaben gewährleistet wird, auch wenn dem Service-Unternehmen innerhalb der Weisungen des Auftraggebers ein gewisser Entscheidungsspielraum verbleibt.[24] Danach dürften Zusatztätigkeiten oder weisungsbezogene Sachtätigkeiten die Annahme einer Auftragsdatenbearbeitung ebenso wenig ausschließen wie ein eigenes Interesse des Auftragnehmers am Datenumgang.

---

22 Gola/Schomerus (2010): BDSG, § 11 Rn. 3 und 7; Wedde, in: Däubler et al. (2010): BDSG, § 11 Rn. 5 und 9; siehe auch Gola/Jaspers (2010): Das novellierte BDSG im Überblick, S. 26.
23 Vgl. Gola/Schomerus (2010): BDSG, § 11 Rn. 9.
24 Vgl. Hoeren (2005): DuD, S. 736f.; Müthlein/Heck (2006): Outsourcing und Datenschutz, S. 36f., Fn. 2, mit weiteren Hinweisen zum Beispiel auf LDI NRW, Orientierungshilfe Datenverarbeitung im Auftrag, Stand 09/2004, S. 4.

Noch weiter geht eine in der Literatur vertretene Meinung, wonach es den Vertragsparteien bei einem Outsourcing-Vorhaben selbst überlassen bleiben soll, vertraglich festzulegen, ob eine Auftragsdatenverarbeitung oder eine Funktionsübertragung vorliegt.[25]

3. Stellungnahme

Die letztgenannte Ansicht ist nach der hier vertretenen Auffassung abzulehnen, denn die Einordnung als Auftragsdatenverarbeitung oder Funktionsübertragung erfolgt zutreffend ex lege und ist nicht vertragsdispositiv.[26] Hier ist auch die Grenze für einen etwaigen Beurteilungsspielraum bei der Klassifizierung zu ziehen.

Im Hinblick auf die mittlerweile auch im Finanzdienstleistungssektor weit über die klassische Auslagerung von IT-Dienstleistungen hinausgehende Angebotspalette werden von der Literatur nach und nach weitere Abgrenzungsmerkmale ins Spiel gebracht. Daher ist die Grenzziehung hier im Fluss. Zusammenfassend ist festzuhalten, dass eine Abgrenzung notwendigerweise stets eine Einzelfallbetrachtung erfordert, wenn bei Auslagerung einer ganzen Funktion auch die Weitergabe personenbezogener Daten als „Hilfsmittel" zur Leistungserbringung erfolgt. Nach allen Ansichten kommt es letztlich darauf an, inwieweit das Auslagerungsunternehmen den Weisungen des Auftraggebers unterworfen ist beziehungsweise ihm ein eigener Entscheidungsspielraum verbleibt. Uneinigkeit besteht aber über das Maß des zulässigen Entscheidungsspielraums.

II. Konsequenzen der Datenweitergabe im Rahmen der Auftragsdatenverarbeitung

Bei der Datenweitergabe im Rahmen der Auftragsdatenverarbeitung bleibt der Auftraggeber nach § 11 Abs. 1 BDSG für die Einhaltung des BDSG verantwortlich.[27] Damit bleibt er auch in vollem Umgang verantwortlich be-

---

25 Vgl. Fasbender (1994): RDV, S. 12ff.; Räther (2005): DuD, S. 461 und 465f.
26 So auch Walz, in: Simitis (2006): BDSG, § 11 Rn. 17 und Müthlein/Heck (2006): Outsourcing und Datenschutz, S. 40f.
27 Vgl. Gola/Schomerus (2010): BDSG, § 11 Rn. 21ff. und 26.

züglich der Erhebung, Verarbeitung und Nutzung der personenbezogenen Daten, der Wahrung der Rechte des Betroffenen sowie der Kontrollrechte. Dies schließt die Verantwortlichkeit im Rahmen der Einschaltung von Unterauftragnehmern mit ein. Auf den Auftragnehmer finden die Regelungen des BDSG dagegen nach Maßgabe des § 11 Abs. 4 BDSG nur eingeschränkt Anwendung.[28]

Bei Vorliegen einer Auftragsdatenverarbeitung muss der Auftraggeber den Auftragnehmer demzufolge nach § 11 Abs. 2 BDSG sorgfältig auswählen, unter besonderer Berücksichtigung der von diesem getroffenen technischen und organisatorischen Maßnahmen. In dem schriftlich zu erteilenden Auftrag sind nach der Neufassung des § 11 Abs. 2. Satz 2 BDSG neben Gegenstand und Dauer des Auftrags mindestens auch Regelungen zu Umfang, Art und Zweck der Datenerhebung, -verarbeitung oder -nutzung sowie der Löschung, Berichtigung und Sperrung der Daten, zu den vom Auftragnehmer zu treffenden technischen und organisatorischen Maßnahmen, zu Weisungs- und Kontrollrechten des Auftraggebers, zu Kontroll- und Mitteilungspflichten des Auftragnehmers und zur Zulässigkeit etwaiger Unterauftragsverhältnisse zu treffen.[29] Nach dem neuen § 43 Abs. 1 Satz 1 Nr. 2b BDSG stellen Verstöße gegen diese Vorgaben künftig Ordnungswidrigkeiten dar und können mit Bußgeld bis zu 50.000 Euro geahndet werden (§ 43 Abs. 3 BDSG n. F.). Damit wurde im Ergebnis auch der Stellenwert der Aufsichtsbehörden und des Datenschutzbeauftragten erhöht.[30]

§ 11 Abs. 2. Satz 2 BDSG beschreibt nur die schriftlich zu fixierenden Mindestinhalte. Unter datenschutzrechtlichen Aspekten und im Eigeninteresse dürfte sich über die genannten Mindestinhalte hinaus empfehlen, weitergehende Festlegungen zu treffen. So können zum Beispiel Regelungen zur Mitwirkung des Auftragnehmers bei der Erfüllung etwaiger Auskunftspflichten des Auftraggebers nach § 34 BDSG oder den Konsequenzen von Da-

---

28 Vgl. Gola/Schomerus (2010): BDSG, § 11 Rn. 28.
29 Die gesetzlich geforderten Mindestinhalte wurden im Zuge der BDSG-Novelle II zur Erhöhung der Rechtssicherheit entsprechend konkretisiert, vgl. BT-Drucksache 16/13657; zur Ausgestaltung eines Outsourcingverhältnisses in Übereinstimmung mit § 11 BDSG siehe auch Müthlein/Heck (2006): Outsourcing und Datenschutz, S. 76ff.
30 Gola/Jaspers (2010): Das novellierte BDSG im Überblick, S. 9.

tenschutzverstößen (außerordentliches Kündigungsrecht, Beweislastumkehr) sinnvoll sein. Zudem empfiehlt es sich, in die vertraglichen Regelungen zur Vertraulichkeit von Daten ausdrücklich auch diejenigen Daten einzubeziehen, die (nur) dem Bankgeheimnis unterliegen.

Außerdem muss sich der Auftraggeber von der Einhaltung der beim Auftragnehmer getroffenen technischen und organisatorischen Maßnahmen überzeugen. Im Zuge der BDSG-Novelle II wurde klargestellt, dass dies sowohl eine Pflicht zur erstmaligen Prüfung vor Beginn der Auslagerung als auch eine laufende Überwachungspflicht umfasst (§ 11 Abs. 2 Satz 4 BDSG n. F.). Inhaltlich dürfte dies nicht über die Kontrollpflichten hinausgehen, die von der Literatur schon nach bisheriger Rechtslage angenommen wurden.[31] Die Änderung ist aber insofern „bemerkenswert"[32], als ein Verstoß gegen die erstmalige Prüfungspflicht vor Beginn der Auslagerung künftig ebenfalls bußgeldbewehrt ist und durch die Klarstellung der hierfür notwendige Bestimmtheitsgrad herbeigeführt werden soll. Außerdem ist die Durchführung der vorgeschriebenen Prüfungen nach § 11 Abs. 2 Satz 5 BDSG neue Fassung künftig zu dokumentieren, wodurch die Nachweisbarkeit eines Verstoßes gegen die Prüfungspflicht sichergestellt werden soll.[33]

Wegen des damit verbundenen Verlusts an Flexibilität wurde von einer Verpflichtung des Auftraggebers abgesehen, die Kontrollen in Person oder vor Ort beim Auftragnehmer durchzuführen.[34] Dementsprechend ist die Erfüllung der Kontrollpflichten zum Beispiel auch anhand geeigneter Nachweise des Auftragnehmers oder mittels von Dritten durchgeführter Audits möglich.[35]

---

31 Vgl. Gola/Schomerus (2010): BDSG, § 11 Rn. 22; Simitis (2006): BDSG, § 11 Rn. 45ff.
32 So Pauly/Ritzer (2010): WM, S. 8 und 15.
33 Vgl. BT-Drucksache 16/13657, S. 18.
34 BT-Drucksache 16/13657, S. 18; BT-Drucksache 14/5793, S. 64.
35 Vgl. Gola/Jaspers (2010): Das novellierte BDSG im Überblick, S. 28; Gola/Schomerus (2010): BDSG, § 11 Rn. 22; Walz, in: Simitis (2006): BDSG, § 11 Rn. 45; Wedde, in: Däubler et al. (2010): BDSG, § 11 Rn. 57.

III. Konsequenzen der Datenübermittlung an Dritte im Rahmen der Funktionsübertragung

Bei der Funktionsübertragung wird der Insourcer selbst als verantwortliche Stelle bezüglich der Daten nach BDSG angesehen, was dazu führt, dass er seinerseits die Zulässigkeitsvoraussetzungen für die Datenerhebung, -verarbeitung oder -nutzung prüfen und erfüllen muss. Die Übermittlung personenbezogener Daten an den „Dritten", das heißt das Auslagerungsunternehmen, als eine Form des „Verarbeitens" im Sinne des § 3 Abs. 4 BDSG nach § 4 Abs. 1 BDSG ist nur zulässig, soweit das BDSG oder eine andere Rechtsvorschrift dies erlaubt oder anordnet oder der Betroffene eingewilligt hat. Dies gilt auch für eine gegebenenfalls erforderliche Legitimation der Übermittlung von personenbezogenen Daten in der Gegenrichtung vom Outsourcing-Nehmer an das auslagernde Institut.[36]

Auch wenn im Rahmen einer Funktionsübertragung kein schriftliches Datensicherungskonzept festgelegt werden muss, dürfte es sich für das auslagernde Institut empfehlen, eine entsprechende vertragliche Verankerung angemessener technisch-organisatorischer Datensicherungsmaßnahmen anzustreben. Dies scheint nicht zuletzt auch im Hinblick auf die nach AT 9 Tz. 7 MaRisk erforderliche Outsourcing-Governance geboten, zu der auch die Sicherstellung der Vertraulichkeit der Daten zählt. Die Anforderungen nach § 11 Abs. 2. Satz 2 BDSG können hierbei – auch ohne direkte Anwendbarkeit – als Anhaltspunkt für die vertragliche Ausgestaltung dienen.

1. Einwilligung des Betroffenen

Ist aus vorrangigen Rechtsvorschriften oder dem BDSG[37] ein Erlaubnistatbestand nicht ableitbar, so ist die Einwilligung des Betroffenen vom auslagernden Institut einzuholen. Die Einwilligung des Betroffenen muss den Anforderungen nach § 4a BDSG genügen. Insbesondere ist der Betroffene auf den vorgesehenen Zweck der Erhebung, Verarbeitung oder Nutzung hinzuweisen.

---

36 Ehmann, in: Simitis (2006): BDSG, § 29 Rn. 105ff.
37 Erlaubnistatbestände sind § 28 Abs. 1 Nr. 3 Abs. 3 und 6 §§ 29f. BDSG.

Daraus folgt, dass eine solche Einwilligung nur für den konkreten Zweck erteilt werden kann; eine „Generaleinwilligung" für alle denkbaren Fälle der Datenerhebung, -verarbeitung oder -nutzung ist dagegen nicht möglich.

Wenn besondere Umstände es rechtfertigen, muss die Einwilligung zwar nicht schriftlich, sondern kann auch mündlich oder zum Beispiel per Telefax, E-Mail oder SMS[38] erteilt werden, eine konkludente, stillschweigende oder mutmaßliche Einwilligung reicht aber nicht aus.[39]

Vielfach wird die Auslagerung, die eine Datenübermittlung des auslagernden Instituts an Dritte erforderlich macht, erst nach dem Vertragsschluss mit dem Betroffenen zur Diskussion stehen und daher von einer durch den Betroffenen erteilten Einwilligung zur Datenerhebung, -verarbeitung oder -nutzung nicht umfasst werden. Da in diesen Fällen eine nachträgliche Einholung der Einwilligung im Massengeschäft faktisch unmöglich ist, kommt es auf das Vorliegen gesetzlich geregelter Erlaubnistatbestände an.[40]

2. Gesetzlich geregelte Erlaubnistatbestände

Die Zulässigkeit des Erhebens, Speicherns, Veränderns oder Übermittelns personenbezogener Daten oder ihrer Nutzung als Mittel für die Erfüllung eigener Geschäftszwecke durch nicht-öffentliche Stellen ist in § 28 Abs. 1 BDSG geregelt, die Zulässigkeit des geschäftsmäßigen Erhebens, Speicherns, Veränderns oder Übermittelns in § 29 Abs. 1 BDSG. Geschäftsmäßigkeit liegt insbesondere dann vor, wenn die Datenverarbeitung selbst den Geschäftsgegenstand darstellt. So ist zum Beispiel bei Rechenzentren, die Aufgaben für verschiedene Institute übernehmen, vor allem § 29 BDSG anzuwenden.[41] Aus Sicht der auslagernden Bank hingegen wird es in der Regel bei der Anwendbarkeit des § 28 BDSG bleiben.[42]

---

38 Wedde, in: Däubler et al. (2010): BDSG, § 28 Rn. 121.
39 Vgl. Simitis (2006): BDSG, § 4a Rn. 43f. und 65ff.; Gola/Schomerus (2010): BDSG, § 4a Rn. 11.
40 Vgl. zur insoweit ähnlichen Lage bei Veräußerung von Kreditportfolien Beucher/Räther/Stock (2006): AG, S. 277 und 280.
41 Vgl. Simitis, in: Simitis (2006): BDSG, § 28 Rn. 27; Gola/Schomerus (2010): BDSG, § 28 Rn. 6.
42 Es sei denn, die Bank hätte an der Datenerhebung und -verwendung als solcher ein Interesse, wie es zum Beispiel beim Einsatz von Kundenkarten der Fall sein kann.

Die Datenerhebung und -verwendung für die Erfüllung eigener Geschäftszwecke ist nach § 28 Abs. 1 Satz 1 Nr. 1 BDSG dann zulässig, wenn sie für die Begründung, Durchführung oder Beendigung eines rechtsgeschäftlichen oder rechtsgeschäftsähnlichen Schuldverhältnisses mit dem Betroffenen erforderlich ist.[43] Davon ist etwa dann auszugehen, wenn ein Arbeitgeber im Rahmen der vertraglich vereinbarten Gehaltsüberweisung Daten an die Bank übermittelt, ohne die der Zahlungsvorgang schlicht nicht ausgeführt werden kann.[44] Im Rahmen des zwischen einer Bank und ihrem Kunden bestehenden Vertragsverhältnisses dürfte dies bei der Auslagerung von Aktivitäten auf Dritte jedoch regelmäßig nicht der Fall sein, weil die Auslagerung aus Sicht des Instituts für die Erfüllung des Vertrags zwar hilfreich, aber nicht erforderlich ist.

§ 28 Abs. 1 Satz 1 Nr. 3 BDSG, wonach die Erhebung, Verarbeitung und Nutzung öffentlich zugänglicher Daten grundsätzlich zulässig sind, dürfte für die Funktionsübertragung von Banken von untergeordneter Bedeutung sein.

In den meisten Fällen wird daher eine Interessenabwägung nach § 28 Abs. 1 Satz 1 Nr. 2 BDSG zwischen den Interessen der verantwortlichen Stelle und des Betroffenen vorzunehmen sein. Die Datenübermittlung ist danach zulässig, soweit sie „zur Wahrung berechtigter Interessen der verantwortlichen Stelle erforderlich ist und kein Grund zu der Annahme besteht, dass das schutzwürdige Interesse des Betroffenen an dem Ausschluss der Verarbeitung oder Nutzung überwiegt".

Als berechtigtes Interesse des auslagernden Instituts kann nach der überwiegenden Literaturmeinung, an die sich die Rechtsprechung anlehnt, grundsätzlich jedes von der Rechtsordnung gebilligte Interesse, das wirtschaftlicher oder ideeller Natur ist, ausreichen.[45] Für die Annahme eines berechtigten Interes-

---

[43] Auf Betreiben des Innenausschusses wurde die bisherige Formulierung „wenn sie der Zweckbestimmung eines Vertragsverhältnisses oder vertragsähnlichen Vertrauensverhältnisses mit dem Betroffenen dient" ersetzt, vgl. BT-Drucksachen 16/12011, S. 31 und 16/13657, S. 18. Inhaltlich dürfte die neue Regelung weitgehend der bisher schon in der Literatur vertretenen einschränkenden Auslegung entsprechen; vgl. Gola/Schomerus (2010), § 28 Rn. 13; Simitis (2006), § 28 Rn. 91ff.
[44] Vgl. Gola/Schomerus (2010): BDSG, § 28 Rn. 15.
[45] Vgl. Gola/Schomerus (2010), § 28 Rn. 33 m. w. N.; Simitis, in: Simitis (2006): BDSG, § 28 Rn. 143; Beucher/Räther/Stock (2006): AG, S. 277 und 280.

ses muss die Datenverwendung allerdings nicht nur dienlich, sondern auch erforderlich sein. Die Erforderlichkeit soll dann nicht mehr bestehen, wenn die Interessen des Instituts auch ohne die Kenntnis der personenbezogenen Informationen gewahrt werden können.[46] Gerechtfertigt ist eine Datenübermittlung demnach grundsätzlich dann, wenn diese ein geeignetes Mittel ist, für die es keine zumutbare Alternative gibt.

In der Regel sollen durch die Auslagerung zumindest auch Kosten reduziert werden. An dieser Kostenreduktion hat das auslagernde Institut regelmäßig ein berechtigtes wirtschaftliches Interesse. Wenn die Erfüllung der im Rahmen der Auslagerung übertragenen Aufgaben durch das Auslagerungsunternehmen die Übermittlung personenbezogener Daten erfordert, ist die Datenübermittlung daher grundsätzlich gerechtfertigt.

Allerdings kann sie dennoch unzulässig sein, wenn die schutzwürdigen Interessen des Betroffenen entgegenstehen und sein Recht auf informationelle Selbstbestimmung als Bestandteil des allgemeinen Persönlichkeitsrechts gegenüber den bloßen wirtschaftlichen Interessen des Instituts überwiegt. Das dürfte umso eher zutreffen, je sensibler die zu übermittelnden Daten sind.[47] Auch können sich Restriktionen dann ergeben, wenn die personenbezogenen Daten zusätzlich dem Bankgeheimnis unterliegen. In diesem Fall sind Kreditinstitute verpflichtet, Voraussetzungen und Grenzen einer Übermittlung der Daten ihrer Kunden am Bankgeheimnis zu messen und deshalb nur insoweit befugt, auf andere Anknüpfungspunkte abzustellen, wie es das Bankgeheimnis zulässt.[48]

Eine entsprechende Regelung findet sich in § 28 Abs. 6 BDSG, nach dem die Erhebung, Verarbeitung und Nutzung der „besonderen Arten personenbezogener Daten" im Sinne des § 3 Abs. 9 BDSG nur innerhalb enger Grenzen möglich ist. Über diese unter § 3 Abs. 9 BDSG aufgeführten Daten (Angaben

---

46 Vgl. Gola/Schomerus (2010): BDSG, § 28 Rn. 34; Simitis, in: Simitis (2006): BDSG, § 28 Rn. 143; Wedde, in: Däubler et al. (2010): BDSG, § 28 Rn. 48.
47 Vgl. dazu auch die Erwägungen zum Interessenausgleich bei Beucher/Räther/Stock (2006): AG, S. 277 und 281f.
48 Vgl. Simitis, in: Simitis (2006): BDSG, § 28 Rn. 124.

über die rassische und ethnische Herkunft, politische Meinungen, religiöse oder philosophische Überzeugungen, Gewerkschaftszugehörigkeit, Gesundheit oder Sexualleben) hinaus sind aber durchaus noch weitere ähnlich sensible Informationen denkbar. Gerade die im Verhältnis zwischen einem Institut und seinen Kunden erhobenen Daten werden häufig als besonders schützenswert angesehen, nicht zuletzt auch durch die Aufsichtsbehörden.[49]

Besonders sensible Kundendaten sollten daher nach Möglichkeit beim Institut verbleiben oder anonymisiert oder pseudonymisiert weitergegeben werden.[50]

3. Neuregelungen zur Datenübermittlung an Auskunfteien und zum Scoring

Im Rahmen des Kreditvergabeprozesses nehmen Kreditinstitute häufig die Leistungen sogenannter Auskunfteien (wie z. B. der SCHUFA) in Anspruch und übermitteln im Gegenzug ihrerseits bestimmte Angaben an die Auskunftei. Die Zulässigkeitsvoraussetzungen für eine solche Übermittlung (als Sonderfall der Datenübermittlung für eigene Zwecke) sind nunmehr im neuen § 28a BDSG geregelt, wohingegen aus Sicht der Auskunftei als gewerbsmäßigem Datenverarbeiter weiterhin vor allem § 29 BDSG anwendbar ist. Negativdaten (d. h. solche über ein nicht vertragsgemäßes Verhalten des Betroffenen) dürfen nach § 28a Abs. 1 BDSG nur dann weitergegeben werden, wenn die geschuldete Leistung trotz Fälligkeit nicht erbracht wurde, die Übermittlung zur Wahrung berechtigter Interessen der verantwortlichen Stelle oder Dritter erforderlich ist und eine gewisse Rechtssicherheit hinsichtlich des Bestehens und der Einredefreiheit der Forderung besteht.[51] Die Einmeldung von Positivdaten (d. h. solchen über die Begründung, ordnungsgemäße Durchführung

---

49 Beispielsweise Aufsichtsbehörde Baden-Württemberg, Hinweise zum BDSG Nr. 26, Staatsanzeiger 1987, Nr. 1/2, S. 7.
50 Vgl. dazu auch die Erwägungen zum abgestuften Vorgehen bei Forderungsverkäufen bei Beucher/Räther/Stock (2006): AG, S. 277 und 281f.
51 Hierfür ist es erforderlich, dass die Forderung rechtskräftig festgestellt, ausdrücklich anerkannt oder mindestens zweimal gemahnt und vom Schuldner nicht bestritten ist oder die Voraussetzungen für eine fristlose Kündigung des Vertragsverhältnisses aufgrund von Zahlungsrückständen vorliegen; vgl. auch Gola/Klug (2009): NJW, S. 2577f.; Pauly/Ritzer (2010): WM, S. 8 und 11; Roßnagel (2009): NJW, S. 2716 und 2718.

und Beendigung eines Vertragsverhältnisses) durch Kreditinstitute ist bereits zulässig, wenn nicht ein schutzwürdiges Interesse des Betroffenen am Ausschluss der Einmeldung überwiegt (§ 28a Abs. 2 BDSG).

Die Zulässigkeitsvoraussetzungen für die Berechnung und Verwendung von als „Wahrscheinlichkeitswerten" bezeichneten Score-Werten, die eine Abschätzung des zukünftigen Zahlungsverhaltens des Betroffenen ermöglichen sollen, sind im neuen § 28b BDSG geregelt.[52] Danach müssen die für das Scoring verwendeten Daten für die angestrebte Verhaltensprognose nach mathematisch-statistischen Verfahren nachweislich erheblich sein und die Nutzungsvoraussetzungen nach § 28 BDSG beziehungsweise § 29 BDSG vorliegen. Außerdem dürfen in das Scoring nicht ausschließlich Adressdaten einfließen und es muss der Betroffene über eine etwaige Nutzung von Adressdaten zu Scoring-Zwecken informiert werden.

Die Nachweispflicht gegenüber der Aufsichtsbehörde obliegt der verantwortlichen Stelle, die das Verfahren einsetzt. Sie führt zu umfangreichen Dokumentations- und Überwachungspflichten hinsichtlich der genutzten Daten (Scorekarte) und deren Relevanz für die mittels der angewandten Methode getroffenen Wahrscheinlichkeitsaussagen.[53] In Bezug auf die Auslagerung von Dienstleistungen bedeutet dies, dass der hierfür erforderliche Informationsfluss zur verantwortlichen Stelle gewährleistet sein muss.

Neben dem Schutz der für das Scoring herangezogenen Daten dienen die Neuregelungen vor allem auch dem Schutz des Betroffenen vor einer für ihn nicht nachvollziehbaren Entscheidung.[54] Aus diesem Grund muss die für die Entscheidung verantwortliche Stelle künftig auf Verlangen des Betroffenen Auskunft über die Score-Werte der letzten sechs Monate, die genutzten Datenarten und das Zustandekommen sowie die Bedeutung der Score-Werte erteilen

---

52 Damit ist die Frage der Anwendbarkeit der datenschutzrechtlichen Vorschriften für Scoring-Verfahren geklärt, die in der Vergangenheit zum Teil mit der Begründung abgelehnt wurde, dass es sich bei Score-Werten nicht um personenbezogene Daten handele (so Wuermeling (2002): NJW, S. 3508ff.)
53 Weichert, in: Wedde, in: Däubler et al. (2010): BDSG, § 28b Rn. 6.
54 BT-Drucksache 16/10529, S. 9; 16/13219, S. 7; vgl. auch Gola/Klug (2009): NJW, S. 2577f.; Pauly/Ritzer (2010): WM; S. 8 und 12; Roßnagel (2009): NJW, S. 2716 und 2719.

(§ 34 Abs. 2 Satz 1 und 2 BDSG). Haben andere Stellen an der Berechnung des Score-Werts mitgewirkt, so sind sie zur Übermittlung der erforderlichen Angaben an die für die Entscheidung verantwortliche Stelle oder selbst zur Auskunftserteilung verpflichtet (§ 34 Abs. 2 Satz 3 und 4 BDSG).

In diesem Zusammenhang ist für Kreditinstitute die Auslagerung der Entwicklung und/oder des Betriebs von Risikomess- und Steuerungsverfahren relevant, die nicht zuletzt aufgrund der Vorschriften der Solvabilitätsverordnung an Bedeutung gewinnen. Bei diesen Risikomess- und Steuerungsverfahren wird in der Regel ebenfalls ein Score- oder Ratingwert ermittelt, der der Bonitätseinschätzung des Kunden dient. Aufgrund des mit der Entwicklung dieser Verfahren verbundenen Aufwands wird hier häufig auf externe Dienstleister zurückgegriffen, zum Teil in Kombination mit einem „Datenpooling" der (pseudonymisierten oder anonymisierten) Kreditnehmerdaten verschiedener Institute, wodurch auch bei selteneren Geschäftsarten eine für statistische Zwecke ausreichende Datenbasis geschaffen werden kann. Darüber hinaus erfolgen oft auch der Betrieb und die Weiterentwicklung der Ratingverfahren durch externe Unternehmen. Die Voraussetzungen für die Erhebung, Verwendung und Übermittlung personenbezogener Kreditnehmerdaten im Rahmen von Ratingentwicklung und -betrieb sind in § 10 Abs. 1 Satz 3 bis 8 KWG geregelt. Nach der Gesetzesbegründung bleiben diese durch die Neuregelungen im BDSG unberührt.[55] Es stellt sich allerdings die Frage nach der Abgrenzung der jeweiligen sachlichen Anwendungsbereiche.[56] § 28a BDSG dürfte vor allem dann anwendbar sein, wenn es um die Einmeldung personenbezogener Daten an die Auskunftei geht, die grundsätzlich auch an andere Kunden dieser Auskunftei nach § 29 BDSG weitergegeben werden. In den Anwendungsbereich von § 10 Abs. 1 Satz 3 bis 8 KWG dürfte hingegen die Übermittlung von Daten fallen, die der Entwicklung und dem Betrieb eines institutsspe-

---

55 BT-Drucksache 16/10529, S. 16; Weichert, in: Däubler et al. (2010): BDSG, § 28b Rn. 13.
56 Der Bundesrat hat zu Recht auf mögliche Widersprüche zwischen den Regelungen des § 28b BDSG und des § 10 Abs. 1 S. 3ff. KWG hingewiesen (BR-Drucksache 548/08 (B)). Der bloße Verweis auf die unterschiedlichen Zielrichtungen des Scorings im Sinne des § 28b BDSG (Kreditentscheidung) und des Ratings im Sinne des § 10 Abs. 1 KWG (Berechnung der Eigenkapitalanforderungen) in der Gegenäußerung der Bundesregierung (BT-Drucksache 16/10581, S. 3) überzeugt nicht, da es sich in der Praxis – aus aufsichtsrechtlicher Sicht durchaus erwünscht – in der Regel um dieselben Verfahren handelt.

zifischen Ratingsystems dienen und nur im Wege des Datenpoolings auch anderen Instituten zugutekommen. Schwieriger ist die Abgrenzung zu § 28b BDSG, insbesondere hinsichtlich des Verweises auf die allgemeinen Datenverwendungsvoraussetzungen nach §§ 28 und 29 BDSG. Hier sind grundsätzlich sachliche Überschneidungen zwischen den Regelungen im BDSG und im KWG denkbar;[57] in diesen Fällen dürfte § 10 Abs. 1 Satz 3 bis 8 KWG als spezielle Rechtsvorschrift des Bundes vorgehen.[58]

D. Weitergabe von Daten im Rahmen des Bankgeheimnisses

Unter welchen Voraussetzungen die Weitergabe von Daten zulässig ist, die gegebenenfalls zusätzlich dem Bankgeheimnis unterliegen, ist – wie das Bankgeheimnis selbst – nicht gesetzlich geregelt. Die Bank ist aus dem Bankgeheimnis gegenüber dem Kunden verpflichtet, die Vertraulichkeit der ihr anvertrauten Unterlagen und Informationen strikt zu gewährleisten. Deren Weitergabe ist grundsätzlich nur zulässig, wenn der Kunde die Bank zuvor vom Bankgeheimnis befreit hat. Die Verpflichtung der Bank zur Geheimhaltung kundenbezogener Daten und Informationen hat jedoch auch Schranken (§ 242 BGB). Sie endet unstreitig dann, wenn der Wille des Kunden zu einer Geheimhaltung nicht oder nicht mehr besteht.

I. Wahrnehmung berechtigter Interessen (§ 193 StGB)

Die Rechtsprechung des BGH[59] ging bei der Übermittlung von Negativmerkmalen über Kunden an die SCHUFA davon aus, dass bei einer Verfolgung überwiegender Eigeninteressen der Bank die Einschränkung des Bankgeheim-

---

57 Vgl. Stellungnahme des Zentralen Kreditausschusses vom 26.8.2008 zum Entwurf der Bundesregierung vom 30.7.2008 (BR-Drucksache 548/08), S. 9.
58 Anderer Auffassung wohl Weichert, in: Däubler et al. (2010): BDSG, § 28b Rn. 13., wonach die KWG-Vorschriften im Rahmen der Auslegung des § 28b BDSG heranzuziehen seien; vgl. grundsätzlich zur Subsidiarität des BDSG Gola/Schomerus (2010): BDSG, § 1 Rn. 23 und § 4 Rn. 7ff.; Simitis, in: Simitis (2006): BDSG, § 1 Rn. 155ff. und § 4 Rn. 8.
59 BGH (1978), WM, S. 999.

nisses zulässig sein kann. Auf Basis des Rechtsgrundsatzes der Wahrung berechtigter Interessen (§ 193 StGB) hat sie so das Interesse der Kreditwirtschaft an der Aufrechterhaltung und Funktionsfähigkeit eines Kreditsicherungssystems als schutzwürdiges Ziel anerkannt.

II. Einwilligung des Betroffenen

Das Bankgeheimnis beruht als Nebenpflicht aus dem Bankvertrag letztlich auf dem Willen der Vertragsparteien. Daher muss auch seine Einschränkung mit dem Willen der Betroffenen grundsätzlich möglich sein. So kann der Kunde das Kreditinstitut jederzeit vom Bankgeheimnis entbinden. Diese Erklärung bedarf grundsätzlich nicht der Schriftform. Der Kunde kann seinen Willen auch durch konkludentes Verhalten zum Ausdruck bringen.[60] Von einer konkludenten Einwilligung kann allerdings nur bei Vorliegen entsprechender objektiver Anhaltspunkte im Verhalten des Erklärenden ausgegangen werden.

III. Weitergabe ohne Einwilligung des Betroffenen

Nach herrschender Meinung ist die Weitergabe von kundenbezogenen Daten, die dem Bankgeheimnis unterliegen, auch ohne Einwilligung des Kunden zulässig, wenn die Weitergabe der Daten durch ein begründetes überwiegendes Interesse des Kreditinstituts gerechtfertigt ist und der vertrauliche Umgang mit den Kundendaten vom Datenempfänger gewährleistet wird. Beispielhaft genannt werden in diesem Zusammenhang Maßnahmen der Kreditinstitute zur Risiko- und Eigenkapitalsteuerung, zur Auslagerung von Geschäftsbereichen sowie zur Loslösung von Problemkreditengagements. Die Begründungen sind unterschiedlich und reichen von einer stillschweigenden oder mutmaßlichen Einwilligung des Kunden bis zur einer Heranziehung des Rechtsgedankens des § 242 BGB und des § 28 Abs. 1 Nr. 2 BDSG.[61] Dagegen wird verschie-

---

60 Vgl. Bruchner/Krepold, in: Schimansky/Bunte/Lwowski (2007): Bankrechts-Handbuch, § 39 Rn. 15.
61 Vgl. Bruchner/Krepold, in: Schimansky/Bunte/Lwowski (2007): Bankrechts-Handbuch, § 39 Rn. 14a und 31 m. w. N.; Jobe (2004): ZIP, S. 2419; HfB-Working Paper Series No. 76, S. 51 m. w. N.

dentlich vorgebracht, die Verpflichtung zur Wahrung des Bankgeheimnisses könne nicht durch eine außervertragliche Interessenabwägung seitens des Verpflichteten aufgehoben werden.[62]

IV. Stellungnahme

Die Datenweitergabe im Rahmen einer Auslagerung erfolgt regelmäßig nicht zu dem Zweck, eine völlig neue Art der Datenverwendung zu ermöglichen, sondern dazu, die bisher durch das auslagernde Institut selbst durchgeführten Verarbeitungsschritte durch ein externes Service-Unternehmen durchführen lassen zu können. Insofern stellt sich die Interessenlage anders dar als beim Bezug bankfremder Dienstleistungen. Dies spricht dafür, eine solche Weitergabe nicht grundsätzlich anders zu beurteilen als die Durchführung der beabsichtigten Nutzung durch das auslagernde Institut selbst. Insoweit dürfte die in der Literatur vertretene Auffassung vorzugswürdig sein, die das Spannungsverhältnis zwischen Geheimhaltungspflicht und Offenbarungsrecht der Bank dahingehend zu lösen versucht, dass die Datenweitergabe an ein Auslagerungsunternehmen nur dann gegen das Bankgeheimnis verstößt, wenn der Kunde seinerseits ein unter dem Gesichtspunkt von Treu und Glauben (§ 242 BGB) sachlich berechtigtes Interesse an der Geheimhaltung hat. Dieses dürfte bei einer Auslagerung wesentlicher Aktivitäten und Prozesse nach § 25a Abs. 2 KWG fehlen, sofern das auslagernde Institut die gesetzlichen Anforderungen erfüllt und das Auslagerungsunternehmen zur Verschwiegenheit verpflichtet wird.[63]

Unabhängig von einer Datenweitergabe im Rahmen von Auslagerungsmaßnahmen wurde das Bankgeheimnis in den letzten Jahren durch eine Fülle von spezifischen Vorschriften zur Terrorismusbekämpfung, zur Geldwäsche- und Fraud-Vermeidung sowie zugunsten von Zugriffsrechten der Strafverfolgungs- und Steuerbehörden in seiner Bedeutung beschnitten. Namentlich zu nennen

---

62 Gola/Schomerus (2010): BDSG, § 28 Rn. 9 und 11; Simitis, in: Simitis (2006): BDSG, § 28 Rn. 134.
63 Vgl. Jobe (2004): ZIP, S. 2419; HfB-Working Paper Series No. 76, S. 52 m. w. N.

sind hier zum Beispiel das Terrorismusbekämpfungsgesetz, das sogenannte SWIFT-Abkommen[64] und die Vorschriften des §§ 24c sowie der §§ 25b bis 25h KWG.[65]

E. Auslagerung auf Unternehmen im Ausland

Im Hinblick auf den zunehmenden internationalen Datenaustausch bei grenzüberschreitenden Outsourcing-Projekten in der Finanzwirtschaft spielen für den Transfer von personenbezogenen Daten im In- und Ausland die geltenden rechtlichen Rahmenbedingungen innerhalb der EU oder des europäischen Wirtschaftsraums (EWR) sowie in Drittstaaten eine gewichtige Rolle.[66]

I. Innerhalb von EU und EWR

Mit der Novellierung des BDSG im Jahr 2001 wurde der Transfer von personenbezogenen Daten innerhalb der EU und des EWR stark erleichtert. § 1 Abs. 5 BDSG regelt als sogenannte Kollisionsvermeidungsnorm, welches Recht bei grenzüberschreitenden Sachverhalten anzuwenden ist, wenn eine in einem Mitgliedstaat ansässige verantwortliche Stelle Verarbeitungsaktivitäten in einem anderen Mitgliedstaat entfaltet.[67] Danach hat die verantwortliche Stelle grundsätzlich für alle ihre Aktivitäten innerhalb der EU das Datenschutzrecht ihres Sitzes zu beachten (sogenanntes „Sitzprinzip").

Eine Ausnahme von diesem Grundsatz besteht, wenn die verantwortliche Stelle in einem EU-Land eine Niederlassung hat, die die Erhebung, Verarbeitung oder Nutzung durchführt. In diesem Fall ist das Recht am jeweiligen Standort der „Niederlassung" maßgebend (sogenanntes „Territorialprinzip"). Der Begriff der Niederlassung ist weit gefasst und setzt nach der EU-Daten-

---

64 Vom EU-Parlament am 8.7.2010 angenommen, in Kraft getreten am 1.10.2010.
65 Vgl. Wedde, in: Däubler et al. (2010): BDSG, § 28 Rn. 36ff.
66 Vgl. Müthlein/Heck (2006): Datenschutz und Outsourcing, S. 34ff.
67 Dammann, in: Simitis (2006): BDSG, § 1 Rn 197ff.

schutzrichtlinie lediglich die „effektive und tatsächliche Ausübung einer Tätigkeit mittels einer festen Einrichtung voraus", die jeweilige Rechtsform ist unerheblich.[68] Da die Daten innerhalb der verantwortlichen Stelle bleiben, liegt im Fall der Einschaltung einer eigenen Niederlassung keine Auftragsdatenverarbeitung vor.[69]

Für die Weitergabe von Daten an andere Unternehmen, die ihren Sitz in der EU beziehungsweise im EWR haben, gelten im Wesentlichen die gleichen Regeln wie für eine Weitergabe im Inland. So kann eine Auftragsdatenverarbeitung nach § 3 Abs. 8 BDSG auch durch Unternehmen mit Sitz innerhalb der EU beziehungsweise des EWR durchgeführt werden. Wenn keine Auftragsdatenverarbeitung, sondern eine Funktionsübertragung vorliegt, die in den sachlichen Geltungsbereich des Gemeinschaftsrechts fällt, sind für die Datenübermittlung nach § 4b Abs. 1 BDSG die §§ 15 Abs. 1, 16 Abs. 1 sowie 28 bis 30 BDSG anwendbar.[70]

Soweit die Übermittlung zwar innerhalb der EU beziehungsweise des EWR, aber nicht im Rahmen von Tätigkeiten erfolgt, die ganz oder teilweise in den Anwendungsbereich des Rechts der Europäischen Gemeinschaften fallen, muss sie nach § 4b Abs. 2 Satz 2 BDSG unterbleiben, wenn der Betroffene ein schutzwürdiges Interesse am Ausschluss der Übermittlung hat. Dies ist insbesondere der Fall, wenn bei der empfangenden Stelle kein angemessenes Datenschutzniveau sichergestellt ist.[71]

II. In Drittländer

Auch eine Datenübermittlung an Stellen mit Sitz außerhalb der EU beziehungsweise des EWR muss nach § 4b Abs. 2 Satz 2 BDSG unterbleiben, wenn bei der empfangenden Stelle kein angemessenes Datenschutzniveau sicherge-

---

68 Dammann, in: Simitis (2006): BDSG, § 1 Rn. 203; Müthlein/Heck (2006): Outsourcing und Datenschutz, S. 64ff. mit ausführlicher Darstellung von möglichen Fallkonstellationen.
69 Vgl. Müthlein/Heck (2006): Outsourcing und Datenschutz, S. 64ff.
70 Vgl. Gola/Schomerus (2010): BDSG, § 4b Rn. 1ff.; Räther (2005); DuD, S. 461 und 463; Simitis, in: Simitis (2006): BDSG, § 4b Rn. 6.
71 Vgl. Gola/Schomerus (2010): BDSG, § 4b Rn. 4; Simitis, in: Simitis (2006): BDSG, § 4b Rn. 33ff. und 38.

stellt ist. Die Angemessenheit des Schutzniveaus ist nach § 4b Abs. 3 BDSG unter Berücksichtigung aller Umstände zu beurteilen, die bei einer Datenübermittlung oder einer Kategorie von Datenübermittlungen von Bedeutung sind. Dies sind insbesondere Art der Daten, Zweckbestimmung, Dauer der geplanten Verarbeitung, Herkunfts- und Endbestimmungsland, die für den betreffenden Empfänger geltenden Rechtsnormen sowie die für ihn geltenden Standesregeln und Sicherheitsmaßnahmen.[72]

Die Feststellung, ob in einem Drittland allgemein ein angemessenes Schutzniveau gewährleistet ist, erfolgt entsprechend Art. 25 der dem BDSG zugrundeliegenden EU-Datenschutzrichtlinie durch die EU-Kommission. Positiv festgestellt hat die EU-Kommission dies bislang für Argentinien, Kanada und die Schweiz, die Inseln Guernsey, Man und Jersey sowie unlängst für die Färöer-Inseln.[73]

Wenn das angemessene Schutzniveau im Drittland nicht generell gewährleistet ist, kann es auch speziell beim empfangenden Unternehmen hergestellt werden. Dies ist nach Ansicht der EU-Kommission etwa bei US-amerikanischen Unternehmen der Fall, die sich durch Erklärung gegenüber dem US-Handelsministerium den sogenannten „Safe Harbour Principles" unterwerfen, die durch als Leitlinien fungierende „Frequently Asked Questions" (FAQs) sowie durch weitere Anlagen ergänzt werden. Ein angemessenes Schutzniveau kann daneben auch durch Vereinbarung der von der Kommission erarbeiteten „Standardvertragsregelungen" hergestellt werden.[74]

Trotz mangelhaften Datenschutzniveaus ist eine Datenübermittlung in einen Drittstaat zulässig, wenn einer der Erlaubnistatbestände nach § 4c Abs. 1 BDSG greift (z. B. Einwilligung, Erforderlichkeit für die Erfüllung des Vertrags, Wahrung eines wichtigen öffentlichen Interesses). Darüber hinaus besteht die Möglichkeit einer Ausnahmegenehmigung nach § 4c Abs. 2 BDSG

---

72 Vgl. Gola/Schomerus (2010): BDSG, § 4b Rn. 10.
73 Vgl. Gola/Schomerus (2010): BDSG, § 4b Rn. 14 m. w. N.; Simitis, in: Simitis (2006): BDSG, § 4b Rn. 65; Räther (2005): DuD, S. 461 und 463; Internetseiten der EU-Datenschutzgruppe (http://ec.europa.eu/justice_home/fsj/privacy/index_de.htm).
74 Vgl. Gola/Schomerus (2010): BDSG, § 4b Rn. 16; Simitis, in: Simitis (2006): BDSG, § 4b Rn. 70ff.; Räther (2005): DuD, S. 461 und 466.

für einzelne Übermittlungen oder bestimmte Arten von Übermittlungen, wenn sich aus dem Vertrag – zum Beispiel durch Vereinbarung der EU-Standardvertragsklauseln oder verbindlichen Unternehmensrichtlinien (sogenannter Code of Conduct) – ausreichende Garantien für den Schutz des Persönlichkeitsrechts ergeben. Die Ausnahmegenehmigung ist ein Verwaltungsakt mit Drittwirkung, für den die Datenschutzbehörde zuständig ist, in deren Amtsbezirk der Sitz der übermittelnden Stelle liegt. Von besonderem Interesse ist eine solche Ausnahmegenehmigung auf Grundlage eines „Code of Conduct" insbesondere für internationale Unternehmen und Konzerne, von denen Teile in Drittstaaten angesiedelt sind.[75]

F. Fazit und Zusammenfassung

Seit der letzten Auflage 2007 haben diverse Datenskandale auch die Finanzwirtschaft beschäftigt. Von daher war die Prognose zutreffend, dass sich das Thema Datenschutz und Bankgeheimnis – über die bereits damals in der Presse geführten Diskussionen hinaus – gerade auch in der Finanzwirtschaft zu einem nicht zu unterschätzenden Risikofaktor entwickeln würde.

Es ist davon auszugehen, dass diese Entwicklung angesichts der fortschreitenden Globalisierung des Finanzsektors und der sich ständig ausweitenden, häufig weltweit erfolgenden Verwendung von Daten noch nicht am Ende angelangt ist. Große Datenmengen und eine immer stärkere Automatisierung von Prozessen machen oft den Rückgriff auf externe Ressourcen wirtschaftlich sinnvoll oder notwendig, was umfangreiche Datentransfers mit sich bringt. Speziell die – auch aufgrund gesetzlicher Vorgaben – immer komplexer werdenden Risikobeurteilungsverfahren werden zunehmend mithilfe externer Dienstleister entwickelt und betrieben. Außerdem steigt angesichts der durch Online-Banking und -Brokerage gewandelten Kundenbeziehungen die Bedeutung professioneller Auskunfteien und des Informationsaustauschs mit diesen.

---

75 Vgl. zu diesem Abschnitt Gola/Schomerus (2010): BDSG, § 4c Rn. 10ff.; Simitis, in: Simitis (2006): BDSG, § 4c Rn. 47ff.; Räther (2005): DuD, S. 461 und 463.

Gleichzeitig wurden durch die jüngsten Änderungen im Zuge der BDSG-Novellierung die datenschutzrechtlichen Anforderungen, die Dokumentationserfordernisse und die Sanktionen bei Datenschutzverstößen verschärft.

Vor diesem Hintergrund sollten bereits im Rahmen der – nach AT 9 Tz. 2 MaRisk für Institute bei Auslagerungen obligatorischen – Risikoanalyse die Aspekte des Bankgeheimnisses und des Datenschutzes angemessen berücksichtigt werden. Darüber hinaus wird es angesichts der datenschutzrechtlichen Neuerungen in Zukunft nicht mehr genügen, das Auslagerungsunternehmen pauschal zur Einhaltung der datenschutzrechtlichen Vorschriften zu verpflichten. Stattdessen sind – neben den Anforderungen nach AT 9 MaRisk – die in § 11 Abs. 2 Satz 2 BDSG festgelegten Anforderungen an den Auslagerungsvertrag umzusetzen.

Das Risiko, mit Datenschutz in die Schlagzeilen zu geraten, lässt sich auch in Bezug auf Outsourcing nur aufgrund eines Datenschutzkonzepts reduzieren, das von der Unternehmensleitung mitgetragen wird und das im Einklang mit den Zielen des Instituts steht. Insoweit ist ein ganzheitlicher Ansatz notwendig; Datenschutz funktioniert nur mit einer umfassenden Strategie.

Auslagerungen in der Finanzbranche effektiv und effizient steuern

Nina Spilles & Thomas Karl Otto

A. Auslagerungssteuerung als Erfolgsfaktor

Outsourcing ist eine wichtige und immer häufiger eingesetzte Option zur strategischen Ausrichtung innerhalb des Finanzdienstleistungssektors. Auslagerungen finden sich dabei in vielen Servicebereichen sowie in allen Größenordnungen. Ein hoher Auslagerungsgrad ist mittlerweile auch in den ursprünglichen Kernbereichen von Banken, wie zum Beispiel in der Wertpapierabwicklung, Depotbankfunktion oder auch im Zahlungsverkehr, anzutreffen. Daneben sind Auslagerungen nicht nur bei privaten Groß- und öffentlichen Landesbanken, sondern auch im Sparkassensektor oder bei kleineren Privatbanken ein gängiges Mittel zur Optimierung der eigenen Wertschöpfungskette, sei es unter Kosten- oder unter Qualitätsgesichtspunkten.

Eine große Zahl von Auslagerungen ist zusätzlich motiviert durch die Übernahme und den Zusammenschluss von Bankinstituten. Nicht zuletzt führt auch der massiv steigende Wettbewerbsdruck in der Finanzbranche dazu, dass noch mehr als bisher über die Option einer Auslagerung in den Unternehmen nachgedacht werden wird.

Nina Spilles & Thomas Karl Otto

Die Entscheidung zur Auslagerung hat verschiedenste Gründe. Einer der am häufigsten angeführten Gründe in Outsourcing-Studien ist die Möglichkeit zur Kostenersparnis.[1] Ein weiterer kann zudem der Wunsch nach einer gesteigerten Prozessqualität sein. Eine Bank, die sich auf den Weg der Auslagerung von Prozessen oder Systemen gemacht hat, hat dabei große Erwartungen an eine Auslagerung.

Nicht immer sind Auslagerungen als erfolgreich zu bewerten. Oftmals sind Unternehmen nach der erfolgten Auslagerung nicht zufrieden mit den erbrachten Leistungen. Die ursprünglich erhofften Effizienzpotenziale konnten nicht realisiert werden. Zum Beispiel konnten die durch eine Auslagerung erwünschten Kostensenkungen nicht erreicht werden oder die Qualität der ausgelagerten Leistungen entspricht nicht den gewünschten Standards. Häufig werden zudem Probleme innerhalb der eingegangenen Leistungsbeziehung unerwartet sichtbar. So kann es nach Beginn der Leistungsbeziehung zu Missverständnissen in der Kommunikation zwischen den Vertragspartnern über die Mitwirkungspflichten des Auftraggebers kommen. Es herrscht Uneinigkeit über die genauen Erbringungszeitpunkte der Leistung. Vielfach stellt sich erst nachträglich heraus, dass Auftraggeber und Dienstleister unterschiedliche Vorstellungen von einer optimalen Serviceerbringung haben. Dies führt dazu, dass sich Unternehmen häufig gezwungen sehen, sich entweder nach einem anderen Dienstleister umzusehen oder die Bearbeitung der betroffenen Prozesse wieder intern im Institut selbst abzuwickeln, das heißt zu „resourcen".

Um den Erfolg einer Auslagerung möglichst effizient zu gestalten, sind deshalb einige Faktoren im Vorfeld zu beachten. Hierzu zählt in erster Linie die Implementierung einer Auslagerungssteuerung, das heißt im Rahmen der Auslagerungsentscheidung wird zusätzlich zur strategischen Ebene auch die operative Ebene strukturiert untersucht, aufgebaut und im Rahmen der Verhandlung mit dem Dienstleister berücksichtigt.

---

1   Vgl hierzu unter anderem: PwC IT Sourcing Studie 2009.

Bei Outsourcing-Vorhaben wurde in der Vergangenheit oftmals nur eine rudimentäre Auslagerungssteuerung etabliert, die keine umfassende Überwachung der gelieferten Qualität der Leistung gewährleisten konnte. So beinhalteten zum Beispiel Service Level Agreements – wenn sie überhaupt erstellt wurden – häufig noch Leistungsbeschreibungen, jedoch keine Leistungsgrößen und -kennzahlen. Auf deren Grundlage war damit eine Steuerung der Leistung nicht möglich. Um eine wirtschaftlich langfristige und effektive Leistungsbeziehung zu erreichen, haben die Institute zwischenzeitlich das Erfordernis einer zunehmenden Professionalisierung der Auslagerungssteuerung als maßgebenden Erfolgsfaktor verstanden.

Damit werden die Erarbeitung und das Aufsetzen einer Auslagerungssteuerung bereits mit der Entscheidung über die Auslagerung der Erfolgsfaktor für zukünftig effizientes Auslagerungsmanagement sein.

B. Grundlagen einer effektiven Auslagerungssteuerung

Für jede Auslagerung sollte es ab Tag eins der operativen Aufnahme der Serviceerbringung unabhängig vom betroffenen Auslagerungsbereich eine implementierte Auslagerungssteuerung geben. Gerade für das sektorspezifische Finanzdienstleistungssegment sind dabei umfassende aufsichtsrechtliche Regelungen zu beachten.[2]

Neben den aufsichtsrechtlichen Anforderungen gilt es, in Bezug auf die Wahl der Organisationsform der Auslagerungssteuerung eine sinnvolle und individuelle Lösung zu finden, die erfolgreich in die bestehende Struktur integriert werden kann. Als Beispiel sei hier eine zentrale Abteilung „Auslagerungssteuerung" genannt, die besonders bei großen Instituten mit einer Vielzahl an Auslagerungen zutreffend erscheint. Nur wenn die Form der Steuerung an die Unternehmensspezifika angepasst ist, wird ein optimales Management

---

[2] Vgl. KWG § 25a Abs. 2 und MaRisk.

der Steuerung möglich. Ein ineffizienter Aufbau kann dazu führen, dass die übergreifenden Unternehmensziele nicht hinreichend berücksichtigt werden und somit die strategische Ausrichtung des gesamten Unternehmens durch die Auslagerung nicht ausreichend unterstützt wird. Die Form der Steuerung und die Anpassung des Managements an die Auslagerungsstruktur sind somit wesentliche Erfolgsfaktoren, die frühzeitig festzulegen sind.

Die Auslagerungssteuerung setzt sich zusammen aus den wirtschaftlichen, organisatorischen und aufsichtsrechtlichen Bereichen und den dort angesiedelten notwendigen Prozessen. Die Implementierung einer effektiven Auslagerungssteuerung erfordert, dass auch die übergreifenden Gesichtspunkte (bspw. die strategische Ausrichtung) des gesamten Instituts sowie die Möglichkeiten zur Steigerung der Effizienz in die Überlegungen mit einbezogen werden. Hierfür sollten beispielsweise Aspekte wie Prozesseffizienz oder auch Kosteneinsparung durch Bündelung von Anforderungen berücksichtigt werden.

Eine erfolgreiche Zusammenarbeit mit einem externen Dienstleister erfordert oft eine besonders enge Abstimmung und damit auch, dass je nach Ausprägung der Auslagerung Prozess- oder Ablaufänderungen notwendig werden. Dieser Aspekt wird häufig außer Acht gelassen und vorhandene Dokumentationen und Prozesse werden so innerhalb des Unternehmens ohne jegliche Anpassung an eine nun externe Leistungsbeziehung einfach übernommen. Da sich interne Prozesse erfahrungsgemäß von den mit dem Dienstleister abgestimmten Prozessen häufig nicht unerheblich unterscheiden, muss abweichend von einer internen Servicebeziehung zumindest bei einem externen Dienstleistungsbezug ein erweiterter Prozess mit umfassenderen Schnittstellenbeschreibungen und Kontrollinstanzen aufgesetzt werden. Benötigt werden detaillierte Informationen in Bezug auf die Verantwortlichkeiten, Kommunikationswege, Eskalationsprozesse etc. Einzelheiten hierzu sind in den Verträgen festzulegen. Auf Basis dieser Prozesse sollte dann auch eine regelmäßige Kommunikationskultur mit dem Vertragspartner verankert werden (z. B. regelmäßige Meetings, Gremien etc.), damit Probleme und Risiken frühzeitig identifiziert und gelöst werden können.

Für eine langfristig erfolgreiche Zusammenarbeit sind es zunehmend die „weichen Faktoren", die für den Erfolg der Zusammenarbeit an Bedeutung gewinnen. Faktoren wie Unternehmenskultur, Werte und transparente Kommunikation sind daher ebenfalls in ausreichender Form bei der Auslagerungssteuerung zu berücksichtigen.

Das Vorhandensein von Vertrauen zwischen den beiden Parteien in deren Zusammenarbeit ist dabei ein maßgeblicher Erfolgsfaktor. Von daher geht es darum, das erforderliche Vertrauen möglichst frühzeitig aufzubauen. Diese wichtige Basis kann unter anderem durch erste gemeinsame Workshops, in denen zusammen mit dem Vertragspartner ein Prozess zum Beschwerdemanagement entwickelt wird und so ein erster Konsens für die künftige Zusammenarbeit gefunden wird. Gemeinsame Workshops sind ein Beispiel dafür, wie die für beide Parteien bei Auslagerungen sehr wichtige Vertrauensbasis für ein gutes Relationship-Management aufgebaut werden kann.

Eine Auslagerungssteuerung stellt die Verbindung zwischen auslagerndem Unternehmen und dem Dienstleister dar und kann unterschiedlich ausgeprägt sein. Innerhalb der Steuerung sind verschiedene Prozesse angesiedelt, die im Vorfeld genauer festgelegt und spezifiziert werden müssen. Abbildung 1 zeigt ein grobes Schema einer Auslagerungssteuerung. Diese Steuerung stellt die Verbindung zwischen mehreren Fachbereichen eines Unternehmens, die eine Auslagerungsbeziehung haben, auf der linken Seite der Abbildung sowie in diesem Fall mehreren Dienstleistern eines Unternehmens auf der rechten Seite der Abbildung dar:

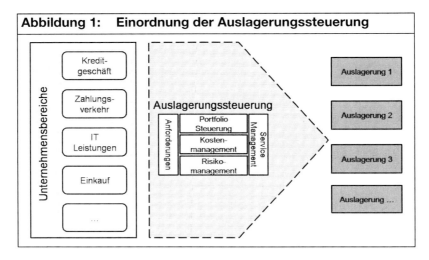

Abbildung 1: Einordnung der Auslagerungssteuerung

Auslagerungen scheitern am häufigsten aus den nachfolgend genannten Gründen:

- Die Verträge sind unklar ausgestaltet.

- Es fehlen definierte Service Levels und Messindikatoren.

- Es sind keine harten Schnittstellen/Mitwirkungspflichten definiert.

- IT-technische Anforderungen sind nicht unmittelbar mit Beginn der Auslagerung („Tag eins") vollständig umgesetzt.

- Es fehlt eine Einbindung der Auslagerung in die Gesamtbanksteuerung.

Sind Verträge und im Speziellen die detaillierte Dokumentation der ausgelagerten Leistungen in Service Level Agreements (SLAs) nicht ausreichend vorhanden, ist die Überprüfung der Leistung nur schwer möglich. Fehlen in diesen SLAs zudem vorher festzulegende Service Levels und Messinstrumente, kann eine Überwachung der gelieferten Services in Bezug auf Qualität und

Termintreue unter Umständen überhaupt nicht erfolgen. Notwendige Anpassungen der Leistungsbeziehung aufgrund unzureichender Qualität können dann nur mit großen Aufwänden funktionieren.

Sind klare Verantwortlichkeiten nicht deutlich gekennzeichnet, da „harte Schnittstellen", wie zum Beispiel die Definition für jeden Service der Input- und Output-Schnittstellen fehlen, kann es zu größeren Unstimmigkeiten über die Zuständigkeiten und Kompetenzverteilung der beiden Parteien kommen. Geschäftsvorfälle werden mehrfach hin- und wieder zurückgespielt, weil unklar ist, wer die Verantwortung für eine gewisse Aktivität innehat. Dies beeinflusst die Geschäftsbeziehung oftmals negativ und führt nicht selten zu einem vorzeitigen Scheitern der eingegangenen Partnerschaft.

Des Weiteren können lange Implementierungs- und Einarbeitungszeiten den Misserfolg einer Auslagerung begünstigen, wenn notwendige IT-Anforderungen nicht bis zur operativen Aufnahme der Auslagerung umgesetzt wurden. Probleme mit der Verfügbarkeit von Systemen und IT-Applikationen führen zu schlechten Ergebnissen in der erbrachten Leistung und dadurch zu höheren Kosten, die letzlich der Auftraggeber tragen muss.

Ein ebenfalls sehr wichtiger negativer Einflussfaktor ist, dass auch die Einbindung der Auslagerung in die Gesamtbanksteuerung bei Auslagerungsprojekten häufig vernachlässigt wird. Dies kann im schlimmsten Fall dazu führen, dass Risiken, die mit der Entscheidung zur Auslagerung einhergehen, nicht im gesamtunternehmerischen Ansatz betrachtet und die Risikoüberwachung somit nur unzureichend ausgeführt werden kann.

Zusammenfassend kann festgehalten werden, dass eine professionelle Auslagerungssteuerung alle in Betracht kommenden Probleme und identifizierten Risiken einer Auslagerung frühzeitig adressiert und somit maßgebende Grundlage für den Erfolg eines Outsourcing-Vorhabens ist.

C. Struktur der Auslagerungssteuerung

I. Wesentliche Bausteine der Auslagerungssteuerung

Die Auslagerungssteuerung verbindet die fachlichen Anforderungen und die strategische Ebene des Unternehmens miteinander und ist üblicherweise in drei wesentliche Säulen aufgeteilt: die wirtschaftliche, die organisatorische und die aufsichtsrechtliche Säule. Die Ausgestaltung dieser Säulen kann je nach Auslagerung und Entscheidung des Managements variieren und orientiert sich daran, welche Prozesse in einer Auslagerungssteuerung angesiedelt werden sollen. Einige Prozesse sind in der Finanzdienstleistungsbranche verpflichtend aufzusetzen. Die Steuerung der Auslagerung sollte sich dabei in die bereits bestehende Organisation einfügen und sich gleichzeitig an den wesentlichen Unternehmenszielen orientieren.

Abbildung 2 zeigt den allgemeinen Aufbau einer Auslagerungssteuerung mit ihren drei wesentlichen Säulen.

Auslagerungen in der Finanzbranche effektiv und effizient steuern

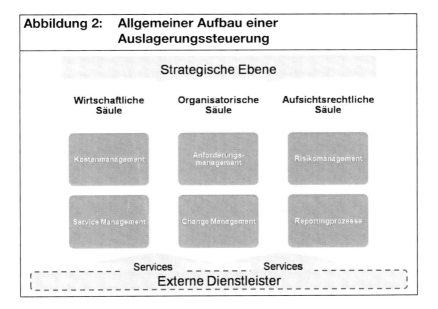

Abbildung 2: Allgemeiner Aufbau einer Auslagerungssteuerung

1. **Wirtschaftliche Säule**

Die wirtschaftliche Säule beinhaltet unter anderem die Messung des wirtschaftlichen Erfolgs durch verschiedene Controlling-Instrumente und das Vertragsmanagement. Hierzu gehören auch die zentrale Verhandlung der Verträge mit den Dienstleistern sowie das gesamte Auftragsmanagement. Des Weiteren beinhaltet diese Säule die Prüfung der Messindikatoren beziehungsweise Service Levels, die besonders bei externen Auslagerungen meist einhergehen mit den vereinbarten Strafzahlungen, sogenannten Pönalen. Weicht der Dienstleister dabei in erheblichem Maße von den vereinbarten Services ab, wird er zu einer Strafzahlung verpflichtet. Diese sollten in dem vertraglichen Rahmenwerk, meist innerhalb eines Preisbuchs, im Vorfeld der Auslagerung definiert worden sein.

Ziel dieser Säule ist es, die Wirtschaftlichkeit der Auslagerung dauerhaft zu überwachen und somit den finanziellen Erfolg der Auslagerung sicherzustellen, indem bei Abweichungen der erwünschten Ziele kurzfristige Gegenmaßnahmen aufgesetzt werden können.

2. Organisatorische Säule

Die zweite Säule steht für den organisatorischen Aufbau der Auslagerungssteuerung. Unter anderem gehören zu dieser Säule die Prozesse des Anforderungsmanagements, wie beispielsweise das Aufsetzen von neuen Templates und Prozessen (z. B. Vorlagen für Service Level Agreements oder Prozesse zur Änderung eines Vertragsbestandteils), sowie die Festlegung von Standards innerhalb der Steuerungseinheit für die Anpassungen an der Leistungsbeziehung. Ferner ist das Change-Management ein wesentlicher Bestandteil der Aufgaben dieser Säule. Dieses nimmt standardisiert Anfragen zu Änderungen an den Prozessen und den Serviceverträgen auf, führt diese zusammen und koordiniert beziehungsweise steuert die Umsetzung in Implementierungsprojekten. Dieser Prozess sollte von beiden Parteien gleichermaßen genutzt werden können. Hierdurch wird zugleich auch ein effizientes Client-Relationship-Management unterstützt.

3. Aufsichtsrechtliche Säule

Die aufsichtsrechtliche Säule integriert jegliche Prozesse, die innerhalb der Auslagerungssteuerung notwendig sind, um die gesetzlich und aufsichtsrechtlich festgelegten Anforderungen an Finanzdienstleistungsinstitute zu erfüllen. In erster Linie umfasst die aufsichtsrechtliche Säule die Festlegung und Definition von Prozessen, die das Risikomanagement der Auslagerung übernehmen. Dabei ist es wichtig, dass insbesondere die im Risikoanalyseprozess als wesentlich identifizierten und bewerteten Risiken in das zentrale Risikomanagement des gesamten Finanzinstituts einfließen, damit die Risiken des Instituts insgesamt angemessen überwacht werden können. Dies setzt voraus, dass identifizierte Risiken regelmäßig mit geeigneten Indikatoren gemessen und berichtet werden. Frühzeitig sollten auch gegebenenfalls geänderte Risikosituationen berücksichtigt und der Prozess zur Anpassung der Risikoanalyse in Gang gesetzt werden. Ein aktives Risikomanagement ist von daher ein wesentlicher Erfolgsfaktor bei Auslagerungen. Hierzu zählt auch ein zielgerichtetes Reporting an das Management des auslagernden Instituts wie beispielsweise den Vorstand sowie die verantwortlichen Ausschüsse, was ebenso im Rahmen einer Auslagerung mit strukturiert und implementiert werden muss.

II. Methoden der Auslagerungssteuerung

Abhängig von der Situation des Unternehmens gibt es darüber hinaus verschiedene Formen der Implementierung einer Auslagerungssteuerung. So kann im Allgemeinen von drei Ausprägungsformen der Steuerung gesprochen werden: der dezentralen Form, der zentralen Form und einer Mischform (vgl. Abbildung 3).

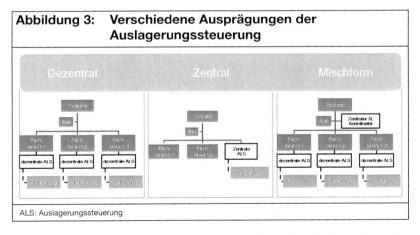

Abbildung 3: Verschiedene Ausprägungen der Auslagerungssteuerung

ALS: Auslagerungssteuerung

Die Unterschiede und die Kriterien werden im folgenden Abschnitt kurz dargestellt. Die Entscheidung für eine Ausprägungsform ist dabei abhängig von der Anzahl der bereits bestehenden Auslagerungen, der Größe des Instituts sowie der bestehenden Kommunikations- und Reporting-Struktur innerhalb des Unternehmens.

Nina Spilles & Thomas Karl Otto

1.   Dezentrale Form

Eine dezentrale Auslagerungssteuerung liegt vor, wenn jeder auslagernde Fachbereich seine Auslagerung individuell steuert. Dabei sind lediglich die Vorgaben an eine Auslagerung innerhalb des Unternehmens oder Konzerns zu beachten, jedoch keine verbindlichen Standards zur Gestaltung von Prozessen oder zur Kommunikation mit dem externen Dienstleister gegeben. Der Fachbereich ist operativ sowie auch strategisch für die Auslagerungen verantwortlich.

Die wesentlichen Vorteile einer dezentralen Steuerung liegen zum einen in der engen Verbindung der Steuerung zum operativen Geschäft, da die „Experten" bei größeren Instituten meist in den Fachbereichen sitzen, zum anderen sind die Entscheidungswege kurz. Dadurch können die Prozesse schlank gestaltet werden, da direkt an der Schnittstelle entschieden wird.

Der wesentliche Nachteil ist das Risiko eines „Silodenkens", da alles innerhalb eines kleinen Unternehmensbereichs entschieden wird und es demzufolge keinen Wissenstransfer in das eigene Unternehmen hinein beziehungsweise in weitere Fachbereiche gibt. Zudem existieren häufig keine einheitlichen Standards oder Vorgaben. Dies führt wiederholt zu Doppelarbeiten in verschiedensten Fachbereichen eines Instituts, da jegliche Neuerung in einem Fachbereich, zum Beispiel eine Vertragsvorlage oder ein Kommunikationsplan, neu aufgesetzt und nicht das eventuell schon vorhandene Dokument einer anderen Auslagerung im Unternehmen genutzt wird. Nachteilig ist zudem der mit dieser Steuerungsvariante zwangsläufig verbundene hohe Personalaufwand, der daraus resultiert, dass identische Funktionen in mehreren Unternehmensbereichen vorgehalten werden müssen. Hinzu kommt, dass klare Abgrenzungen von Verantwortlichkeiten fehlen, was in der Praxis nicht selten in einem überdurchschnittlich hohen Abstimmungsaufwand endet. Bei Störungen in der Leistungsbeziehung werden bei dieser Form zuerst die Fachbereiche gefragt, sodass es dann gelegentlich auch an einer übergreifenden Portfoliosteuerung fehlt.

2. Zentrale Form

Bei der zentralen Ausprägung erfolgt die Steuerung aller Auslagerungen eines Unternehmens aus einer zentralen Einheit heraus. Die operative und strategische Verantwortung für Auslagerungen ist somit an einer Stelle gebündelt.

Die wesentlichen Vorteile einer zentralen Steuerung liegen in der Nutzung von Synergieeffekten und dem zentralen Überblick über alle vorhandenen Auslagerungen. So lassen sich durch das zentral gesammelte Wissen und die Kompetenzen in diesem Fachgebiet zumindest bei großen Unternehmen Konzern- oder Verbundvorteile erzielen. Der zentrale Überblick über alle vorhandenen Auslagerungen ermöglicht zudem eine optimale Portfoliosteuerung innerhalb des Unternehmens.

Ein wesentlicher Nachteil der zentralen Auslagerungssteuerung ist, dass die Entscheidungswege oftmals sehr lang sind und dadurch kostbare Zeit verloren geht. Zudem müssen die Prozesse regelmäßig sehr aufwendig ausgestaltet werden. Die Fachbereiche haben operativ und auch strategisch praktisch keine direkte Verantwortung mehr und somit auch keinen Einfluss auf die Beziehung zu dem Dienstleister. Dies führt mitunter dazu, dass eventuelles Wissen über operative Prozesse, welches nur im Fachbereich vorhanden ist, bei Entscheidungen nicht mit einbezogen wird. Dies kann darin münden, dass die Qualität der gelieferten Leistung von der aus dem Fachbereich erwarteten Leistung abweicht.

3. Mischform

Bei Mischformen stellt zum Beispiel ein zentrales „Center oft Excellence" standardisierte Prozesse, Methoden und Vorgehen bei Auslagerungen sicher und übernimmt die strategische Verantwortung. Die operative Steuerung erfolgt dabei meist weiterhin im Fachbereich (vgl. Abbildung 3).

Diese Steuerungsmethode hat zum einen einen hohen Standardisierungsgrad, da von zentraler Stelle Rahmenbedingungen und Arbeitsanweisungen vorgegeben sind. So wird ein einheitliches Vorgehen gewährleistet und Synergieeffekte können genutzt werden. Zum anderen bleiben die Fachbereiche aber weiterhin operativ verantwortlich und können ihr Expertenwissen auch direkt im Verhältnis zum Dienstleister einsetzen. Kommunikationswege können damit kurz gehalten werden und Prozesse bleiben weiterhin effizient.

Da diese Form der Auslagerungssteuerung die meisten Vorteile bietet, wird in der Praxis häufig eine Mischform zwischen zentraler und dezentraler Instanz gewählt.

D. Erfolgsfaktoren der Steuerung von Auslagerungen in der Praxis

Zahlreiche in der Praxis durchgeführte Auslagerungsprojekte zeigen, dass bestimmte Faktoren den Erfolg einer Auslagerung maßgeblich beeinflussen. Hierzu zählen auch die Ziele, die mit der Auslagerungsentscheidung definiert worden sind.

Als wichtigste Erfolgsfaktoren einer Auslagerung sind zu nennen:

- professionelle Dokumentation der Leistungsbeziehung,

- Definition und Einsatz von geeigneten Messinstrumenten,

- Festlegung von Kompetenzen und Verantwortlichkeiten,

- klar aufgesetztes Client-Relationship-Management und

- transparentes Risiko-Reporting.

I. Professionelle Dokumentation der Leistungsbeziehungen

Grundlage für jede erfolgreiche Steuerung von Auslagerungen ist ein optimal gestaltetes SLA. Die regulatorischen Anforderungen verlangen, dass der Leistungsempfänger die mit Auslagerungen verbundenen Risiken angemessen steuert und die Ausführung der ausgelagerten Aktivitäten und Prozesse ordnungsgemäß überwacht. Dies umfasst auch die regelmäßige Beurteilung der Leistung des Dienstleisters anhand vorzuhaltender Kriterien. Innerhalb eines optimal aufgesetzten SLAs finden sich eine genaue Leistungsbeschreibung der ausgelagerten Prozesse wieder, eine Detaillierung dieser Leistung mit Input- und Output-Schnittstelle sowie mögliche Mitwirkungspflichten des Auftraggebers (vgl. Abbildung 4).

Abbildung 4: SLAs als Anhang des Rahmenvertrags und deren Inhalte

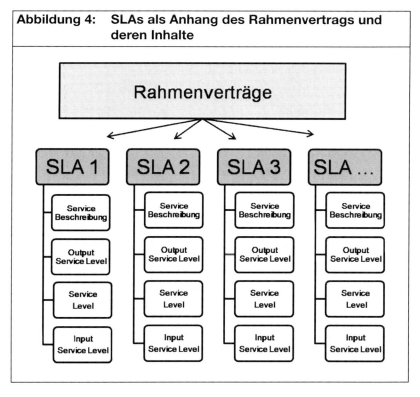

Nur wenn im SLA die detaillierten Leistungen und Qualitätsstandards nebst Verantwortlichkeiten, Zuständigkeiten, Kommunikations- und Eskalationswege enthalten sind, schafft dies eine der Grundlagen für eine möglichst

langfristige reibungslose Servicebeziehung. Damit bedarf es auch einer entsprechenden umfassenden Dokumentation der auszulagernden Services. Hierzu zählen auch die Mitwirkungspflichten des auslagernden Instituts oder sonstiger Serviceempfänger. Dies kann zum Beispiel eine Bereitstellung von bestimmten Daten sein, auf deren Basis der Dienstleister die Leistung erbringen kann.

Sollte die Mitwirkungspflicht verletzt werden, kann dann der Dienstleister nicht alleine für die fehlerhafte oder nicht termingerechte Leistungserbringung haftbar gemacht werden. Diese fest definierten Anforderungen sind unentbehrlich für eine professionelle Beziehung zwischen Empfänger und Dienstleister und vermindern zudem das Konfliktpotenzial.

II. Definition und Einsatz von Messinstrumenten

Gemeinsam fixierte Service Levels und deren Messinstrumente innerhalb eines SLAs gewährleisten eine jederzeitige Transparenz der Leistungserbringung. Sie stellen die Grundlage für ein messbares, gleichbleibendes Qualitätsniveau vertraglich sicher.

Die festzulegenden Kriterien werden anhand von Kennzahlen überwacht. Sowohl die Kennzahlen als auch die genaue Messmethode sind in einem SLA darzulegen.

Dass die Kennzahl auch zu einer effizienten und nachhaltigen Steuerung verwendet werden kann, setzt voraus, dass der Ersteller einer Kennzahl über profundes Fachwissen bezüglich der Zusammenhänge der zu messenden Dienstleistung verfügt. Dies wird möglich, indem der Serviceanbieter die Kennzahl erstellt, die daraufhin vom Dienstleistungsempfänger, insbesondere von den dort zuständigen Fachabteilungen, verifiziert wird. Ein Beispiel eines Messinstruments ist die Verfügbarkeit einer Service-Hotline. Das Service Level kann in diesem Fall die Erreichbarkeit in 98 Prozent der Fälle für einen angegebenen Zeitraum sein. Gemessen werden kann die Verfügbarkeit der Hotline, indem die Anrufe, in denen die Erreichbarkeit gegeben ist, geteilt wird durch die Gesamtanzahl der Anrufe. Somit ergibt sich ein Maß, welches die Erreichbarkeit der Hotline angibt und es kann so überprüft werden, ob das gesetzte Service Level erreicht wurde oder nicht. Bei häufiger Verfehlung der gemessenen Service Levels können, wenn dies im Vorfeld vertraglich festgelegt wurde, Strafzahlungen fällig werden, die meist mit dem Entgelt für die Leistungserbringung verrechnet werden. Somit hat das auslagernde Unternehmen die Sicherheit, nur für ausreichend qualitativ gute Leistung zahlen zu müssen und der Dienstleister ist sich bewusst, dass er seine Leistung so erbringen muss, dass sie den definierten Anforderungen entspricht. Zudem weiß der Dienstleister, an welchen Kriterien seine Leistung gemessen wird.

III. Festlegung von klaren Kompetenzen und Verantwortlichkeiten

Durch die Bündelung und Zentralisierung von Anforderungen können schnellere Durchlaufzeiten auf der einen Seite und eine wesentlich höhere Koordinationsmöglichkeit der Anforderungen auf der anderen Seite erzielt werden. Mit der Implementierung einer fest definierten Anlaufstelle für Anforderungen innerhalb der Dienstleistersteuerung, wie es zum Beispiel die zentrale Form der Auslagerungssteuerung vorsieht, sind die Verantwortlichkeiten und der Prozess klar festgelegt. Diese Anforderungsstelle kann sowohl für eine Dienstleisterbeziehung die Bündelung der Anforderungen übernehmen als auch für alle Auslagerungen innerhalb eines Instituts als zentrale Einheit fungieren. Änderungen an den Servicebeziehungen oder den vertraglichen Grundlagen können so transparent und kosteneffizient geplant und aufgesetzt werden. Doppelarbeiten werden durch klare Kompetenzregelungen vermieden. Mitarbeiter wissen, wer die richtigen Ansprechpartner sind und sparen so wertvolle Zeit in der Bearbeitung und der Kommunikation von Anfragen.

Gerade auch im Bereich des Beschwerdemanagements ist eine klare Zuordnung der Kompetenzen wichtig, um schnell und zufriedenstellend für alle Parteien reagieren zu können.

Missverständnisse werden durch eine möglichst klare Festlegung von Kompetenzen reduziert. Eine einheitliche Definition der unterschiedlichen Verantwortlichkeiten schafft zudem Transparenz für alle Beteiligten. Dies führt gleichzeitig zu möglicher Kostenersparnis und schlanken Prozessabläufen. Wenn zudem die festgelegten klaren Kompetenzen und Verantwortlichkeiten auch so „gelebt" werden, wird der Erfolg der Auslagerung hierdurch entscheidend unterstützt.

IV. Klar aufgesetztes Client-Relationship-Management

In der Zusammenarbeit mit einem externen Dienstleister kommen häufig Probleme in der Kommunikation auf, die sich durch ein strukturiert festgelegtes Client-Relationship-Management vermeiden lassen. Ein wichtiger Faktor in diesem Zusammenhang ist ein professionell implementierter Prozess zur Erlangung und anschließenden Sicherstellung einer guten Geschäftsbeziehung. Von daher sollten bereits zu Beginn einer neuen Geschäftsbeziehung oder bei der Inanspruchnahme von komplexen Dienstleistungen mit dem Dienstleister die Prozesse definiert werden. Dabei sollte der individuellen Kundenbetreuung in Zukunft eine hohe Bedeutung beigemessen werden. In der Praxis bewährt hat sich ein Client-Relationship-Management, das dem Prinzip des sogenannten „Single Point of Contact" folgt. Dabei gibt es auf beiden Seiten einen zentralen Ansprechpartner, der als Schnittstelle zu den internen Fachabteilungen und externen Einheiten fungiert. Eine nachhaltige Verbesserung der Partnerschaft durch regelmäßigen Austausch im Rahmen von Meetings mit dem Dienstleister unterstützt zum einen die Sicherstellung der gelieferten Qualität und zum anderen gleichzeitig die Wahrnehmung der Servicebeziehung.

V. Transparentes Risiko-Reporting

Mithilfe einer möglichst optimal definierten Auslagerungssteuerung können von Anfang an die internen Reporting- und Risikomanagementprozesse mit eingebunden werden. Auf diese Weise wird gewährleistet, dass auch Risiken, die durch eine Auslagerung entstehen, in dem institutsübergreifenden Risikomanagement Beachtung finden, gesteuert werden und dadurch auch dem Management transparent werden. Eine stetige Überwachung gewährleistet, dass Störungen so frühzeitig erkannt werden.

Bereits bei der Erstellung der SLAs sollte ein regelmäßiges Reporting über die Erbringung der Services festgelegt werden, welches die laufende Überwachung und Steuerung der ausgelagerten Prozesse für das Institut möglich macht und somit eine gleichbleibend hohe Qualität ermöglicht.

Nur eine ausreichend umfangreiche Informationsbasis versetzt das Management in die Lage, geeignete Steuerungsinstrumente einzusetzen und somit das Unternehmen langfristig zum Erfolg zu führen. Ein möglichst optimales Risiko-Reporting auch für Auslagerungen ist hierfür ein entscheidender Baustein.

E. Optimierungsmöglichkeiten bestehender Auslagerungssteuerungen

Sowohl die laufende Analyse als auch die Identifizierung von Schwachstellen einer bereits implementierten Auslagerungssteuerung sollten für eine permanente Weiterentwicklung und Optimierung bestehender Auslagerungssteuerungen genutzt werden.

Ein typisches Projektvorgehen gliedert sich meist in drei Phasen: die Analysephase, die Konzeptionsphase und die Implementierungsphase. So ist es sinnvoll, in der Analysephase zuerst die vertraglichen Grundlagen der Leistungsbeziehung, beispielsweise die Ausgestaltung der SLAs nach Best-Practice-Merkmalen, zu überprüfen und gegebenenfalls anzupassen. Anschließend sollten die implementierten Prozesse wie das Servicemanagement oder auch der Prozess zum Beschwerdemanagement daraufhin untersucht werden, ob diese im Unternehmen sinnvoll ausgestaltet sind und auch im täglichen Betrieb genutzt werden. Dementsprechend kann eine Ex-Post-Betrachtung der jeweiligen Phase dazu führen, dass seit Beginn der Steuerung bereits unter dem Aspekt „Lessons learned" negative Erfahrungswerte gesammelt und die Prozesse entsprechend angepasst werden (vgl. Abbildung 5).

Abbildung 5:	Projektphasen bei einer Optimierung der Auslagerungssteuerung

Analyse
bestehender Steuerungsform und vorhandenen Auslagerungen

Konzeption
von „Best practice" Prozessen mit „lessons learned" Implikationen

Implementierung
der neuen Steuerungsprozesse innerhalb des Unternehmens

Im Fall einer hieraus resultierenden Anpassung sollten im Besonderen die vereinbarten Service Levels betrachtet werden. In vielen Fällen bilden die bestehenden Service Levels die Erwartungen des auslagernden Instituts nicht hinreichend ab. Darüber hinaus fördert die Einrichtung eines regelmäßigen Qualitätszirkels oder dergleichen gemeinsam mit dem Dienstleiter die Identifizierung von Verbesserungsmöglichkeiten, macht durch den ständigen Austausch die Leistungsbeziehung transparenter und stärkt die Beziehung zum Dienstleister. Nach der Analyse- und Konzeptionsphase der neuen Prozesse erfolgt dann die Implementierung der neu definierten Steuerungsprozesse.

Die phasenweise Optimierung der Auslagerungssteuerung ermöglicht es, dass die dazugehörigen Prozesse im Institut überall einheitlich aufgesetzt und nach marktgängigen Standardansätzen angepasst werden. Dies kann gleichzeitig zu Effizienzsteigerungen und Kostenreduktionen führen. Auf diesem Wege lässt sich zum Beispiel ein Anforderungsmanagementprozess definieren, der anschließend für eine oder auch mehrere Dienstleistungsbeziehungen genutzt werden kann. Mittels exakt festgelegter Prozessschritte, unterstützenden Vorlagen und Tools lassen sich so kürzere Bearbeitungszeiten und schlankere Prozesse erzielen. Häufig werden in der Praxis bei Anwendung dieser Vorgehensweise weitere Kostensenkungspotenziale evident.

Nicht zuletzt erfordern die aufsichtsrechtlichen Anforderungen, eine implementierte Auslagerungssteuerung regelmäßig zu überprüfen und gegebenenfalls anzupassen.

Eine Optimierung der bestehenden Auslagerungssteuerung resultiert nicht nur in Prozesseffizienz durch die interne Neuaufstellung, sondern führt durch die Professionalisierung der Auslagerungsteuerung mittelfristig auch zu positiven Kosteneffekten in den bestehenden Auslagerungen selbst. Institute, die Auslagerungen nutzen, müssen sich zunehmend im Umgang mit ihrem Dienstleister professionalisieren, um langfristig im Markt bestehen zu können.

Outsourcing – Anforderungen an die interne und externe Prüfung

Christoph Theobald

A. Anforderungen an die Organisation und Prüfung von Auslagerungssachverhalten in der Kreditwirtschaft

Die neu gefassten Mindestanforderungen an das Risikomanagement (MaRisk)[1] weisen lediglich punktuelle Änderungen im Bereich Outsourcing auf. Unverändert steht die Eigenverantwortung der Institute bei der Ausprägung der aufsichtsrechtlichen Prinzipien auf die eigenen Verhältnisse im Vordergrund, wodurch Gestaltungsspielräume für primär betriebswirtschaftlich getriebene Umsetzungslösungen ermöglicht werden.[2]

Die Anforderungen an eine ordnungsgemäße Organisation der Institute sind unmittelbar in § 25a KWG geregelt und geben das Prinzip einer risikoadäquaten Organisation und Ausgestaltung von Geschäftsprozessen vor. Eine Änderung erfolgte zuletzt am 25. Juni 2009 durch das Gesetz zur Stärkung der Finanzmarkt- und der Versicherungsaufsicht (FMVAStärkG).

---

1 BaFin-Rundschreiben 15/2009 (BA) „Mindestanforderungen an das Risikomanagement".
2 Anschreiben zum Rundschreiben 5/2007, BaFin vom 30.10.2007.

Christoph Theobald

I. Organisation von Auslagerungssachverhalten

Nach § 25a Abs. 1 KWG müssen Institute über eine ordnungsgemäße Geschäftsorganisation verfügen, die die Einhaltung der von den Instituten zu beachtenden gesetzlichen Bestimmungen gewährleistet. Ergänzend hierzu regelt § 25a Abs. 2 KWG, dass die Auslagerung von Bereichen, die für die Durchführung der Bankgeschäfte oder Finanzdienstleistungen wesentlich sind, auf ein anderes Unternehmen weder

- die Ordnungsmäßigkeit der betriebenen Bankgeschäfte beziehungsweise Finanzdienstleistungen noch

- die Steuerungs- oder Kontrollmöglichkeiten der Geschäftsleitung noch

- die Prüfungsrechte und Kontrollbefugnisse der Bundesanstalt

beeinträchtigen darf.

Als notwendige, aber nicht ausschließliche Elemente einer ordnungsgemäßen Geschäftsorganisation definiert das KWG:

- ein angemessenes Risikomanagementsystem, das neben der Festlegung von Strategien, Verfahren zur Ermittlung und Sicherstellung der Risikotragfähigkeit auch das Vorhandensein eines internen Kontrollsystems erfordert. Als Elemente eines internen Kontrollsystems werden aufbau- und ablauforganisatorische Regelungen sowie Prozesse und Verfahren zur Identifikation und Steuerung von Risiken verstanden.

- ein Regelungssystem, durch das die finanzielle Lage des Instituts jederzeit hinreichend genau bestimmbar ist.

- Sicherheitsvorkehrungen für den Einsatz elektronischer Datenverarbeitung.

- eine vollständige Dokumentation der ausgeführten Geschäfte sowie

- angemessene geschäfts- und kundenbezogene Sicherungssysteme gegen Geldwäsche und gegen betrügerische Handlungen.

Insbesondere die aufsichtsrechtlichen Anforderungen an die Ausgestaltung eines angemessenen Risikomanagementsystems, einschließlich der aufsichtsrechtlichen Anforderungen an eine wirksame Interne Revision, werden in den MaRisk weiter konkretisiert.

II. Prüfung von Auslagerungssachverhalten durch das auslagernde Institut

So wie die Anforderungen an die Ordnungsmäßigkeit der Geschäftsorganisation im KWG unmittelbar geregelt sind, ergibt sich auch die Pflicht zur regelmäßigen Prüfung unmittelbar aus dem Gesetz: Nach § 25a Abs. 1 Satz 5 KWG ist die Angemessenheit und Wirksamkeit der Ausgestaltung von den Instituten regelmäßig zu überprüfen.

Der Begriff „Überprüfen" im Gesetzeswortlaut impliziert eine prozessintegrierte Kontrolle der Angemessenheit der Geschäftsorganisation im Rahmen eines Self-Assessments in Abgrenzung zur Internen Revision als prozessunabhängiger Kontrolle, die zu „prüfen" hat. So hat die Geschäftsleitung nach AT 4.2 Tz. 3 MaRisk die Strategien mindestens jährlich zu überprüfen und gegebenenfalls anzupassen, während die Interne Revision deren Umsetzung und Einhaltung prüft. Grundsätzlich regelt BT 2.1 Tz. 1 MaRisk, dass sich die Prüfungstätigkeit der Internen Revision auf alle Aktivitäten und Prozesse des Instituts zu erstrecken hat.

Hieraus folgt eine unmittelbare Verpflichtung für die Interne Revision, auch die ausgelagerten Aktivitäten und Prozesse des Instituts in ihre Prüfungstätigkeit einzubeziehen:

- BT 2.3 Tz. 1 MaRisk verlangt, dass die Aktivitäten und Prozesse des Instituts in angemessenen Abständen zu prüfen sind, auch wenn diese ausgelagert sind.

- Gemäß AT 9 Tz. 6 b) MaRisk sind im Auslagerungsvertrag die Informations- und Prüfungsrechte sowohl für die Interne Revision als auch für den externen Prüfer zu regeln.

- Nach den Erläuterungen zu AT 9 Tz. 6 b) MaRisk kann die Interne Revision des auslagernden Instituts unter den Voraussetzungen von BT 2.1 Tz. 3 auf die Durchführung eigener Prüfungshandlungen betreffend wesentliche ausgelagerte Aktivitäten und Prozesse verzichten.

B. Prüfungen von Auslagerungssachverhalten durch die Interne Revision

Hinsichtlich der Durchführung von Revisionsprüfungen von Auslagerungssachverhalten der Kreditwirtschaft können grundsätzlich folgende Fallkonstellationen unterschieden werden:

- Die Revision der Auslagerungssachverhalte wird aufgrund einer Auslagerungsvereinbarung durch die Interne Revision des Auslagerungsunternehmens durchgeführt.

- Die Revision der ausgelagerten Bereiche wird beim Auslagerungsunternehmen

  - durch einen Dritten im Auftrag des Auslagerungsunternehmens,

  - durch einen Dritten im Auftrag des Instituts,

  - durch das Institut selbst oder

- durch die Interne Revision eines oder mehrerer des auslagernden Instituts im Auftrag der auslagernden Institute

durchgeführt.[3]

Daneben kommt auch die teilweise oder vollständige Auslagerung der Internen Revision des Instituts in Betracht. Dieses Teil-/Voll-Outsourcing der Internen Revision wird im Folgenden nicht behandelt.

I. Interne Revision des Auslagerungsunternehmens als Revisionsdienstleister

Die Durchführung der prozessunabhängigen Überwachung der Auslagerungssachverhalte durch die Interne Revision des Auslagerungsunternehmens ist in der Praxis häufig anzutreffen. Solche Vertragsgestaltungen kommen regelmäßig dann zum Tragen, wenn das Auslagerungsunternehmen über eine den aufsichtsrechtlichen Anforderungen genügende Interne Revisionsfunktion verfügt und diese die eingelagerten Prozesse auch angemessen in ihre Prüfung einbezieht. Dies ist insbesondere dann der Fall, wenn das Auslagerungsunternehmen seinerseits ein Kreditinstitut ist, das aufgrund unmittelbarer Geltung der Vorschriften des KWG zur Einhaltung der Anforderungen des § 25a Abs. 1 Satz 3 Nr. 1 KWG verpflichtet ist.

1. Anforderungen an die (Mit-)Auslagerung von Tätigkeiten der Internen Revision

Die Anforderungen an die Auslagerungen von Tätigkeiten der Internen Revision des Instituts auf die Revision des Auslagerungsunternehmens richten sich nach den allgemeinen Anforderungen für die Organisation von Auslagerungsverhältnissen.

---

3 Vgl. BT 2.1 Tz. 3 MaRisk/Erläuterungsteil.

a) Risikoanalyse

Nach AT 9 Tz. 2 MaRisk ist das auslagernde Institut verpflichtet, die Wesentlichkeit der Auslagerung auf der Grundlage einer Risikoanalyse eigenverantwortlich festzulegen. Bei dieser Risikoanalyse sind alle für das Institut relevanten Aspekte (z. B. Risiken der Auslagerung, Eignung des Auslagerungsunternehmens) in Zusammenhang mit der Auslagerung zu berücksichtigen. Dabei ist die Interne Revision im Rahmen ihrer Aufgaben bei der Risikoanalyse zu beteiligen.

b) Vermeidung der Auslagerung von Leitungsaufgaben

In Bezug auf die Auslagerung von Revisionstätigkeiten stellt sich die Frage, inwieweit Leitungsaufgaben ausgelagert und damit unzulässigerweise delegiert würden. In Betracht zu ziehen wäre zum Beispiel die Genehmigung der Prüfungsplanung, die gemäß BT 2.3 Tz. 3 MaRisk der Geschäftsleitung des Instituts vorbehalten ist. Im Rahmen einer Auslagerung von Revisionstätigkeiten im Zuge der Auslagerung von operativen Prozessen kommt es jedoch weder zu einer Verlagerung der Verantwortlichkeiten für die Genehmigung der Prüfungsplanung des Instituts noch zu einer Änderung des Prüfungsobjekts. Vielmehr wird der Inhalt der Prüfungsplanung vom Institut hinsichtlich Art und Umfang der Prüfungshandlungen angepasst. Hierbei werden statt der eigenen Durchführung von Prüfungshandlungen im Auslagerungsunternehmen die Prüfung der MaRisk-Konformität der Internen Revision des Dienstleisters sowie die Auswertung der relevanten weitergeleiteten Prüfungsergebnisse der Internen Revision des Dienstleisters vorgenommen (Prüfung der Voraussetzungen des Verzichts auf eigene Prüfungshandlungen gem. BT 2.1 Tz. 3 MaRisk).

c) Vorkehrungen im Fall der beabsichtigten Beendigung von Auslagerungsverhältnissen

Gemäß AT 9 Tz. 5 MaRisk hat das Institut bei der beabsichtigten Beendigung wesentlicher Auslagerungen Vorkehrungen zu treffen, um die Kontinuität und die Qualität der ausgelagerten Aktivitäten und Prozesse auch nach Beendigung zu gewährleisten.

Sofern eine Beendigung der Auslagerung beabsichtigt ist, hat damit das Institut auch die Pflicht, Vorkehrungen zu treffen, um eine angemessene Revisionsfunktion aufrechtzuerhalten. Besonderes Augenmerk gilt in dieser Situation dem Bestreben, revisionslose Zeiten zu vermeiden. Hierbei kann das Institut die Interne Revision selbst durchführen oder einen externen Dritten mit der Durchführung der Revision beauftragen (z. B. Wirtschaftsprüfer). Bei unvorhergesehener Beendigung stehen der Internen Revision in der Regel die Kapazitätsreserven für ungeplante Sonderprüfungen zur Verfügung. Alternativ kommt eine Änderung ihres Prüfungsplans in Betracht, um ausreichende interne oder externe Personalressourcen bereitzustellen.

d) Auslagerungsvertrag

AT 9 Tz. 6 MaRisk definiert Aspekte, die bei wesentlichen Auslagerungsverhältnissen im Auslagerungsvertrag zu regeln sind. Hierzu gehören auch die Spezifizierung und die Abgrenzung der vom Auslagerungsunternehmen zu erbringenden Leistungen. Sofern das Auslagerungsunternehmen die MaRisk bezüglich der Organisation seiner Internen Revision nicht bereits anwendet, sind in dem Auslagerungsvertrag die Anforderungen, an denen sich die Revisionstätigkeit des Auslagerungsunternehmens zu orientieren hat, verbindlich zu regeln. In dem Vertragswerk sind die Informationsrechte sowohl für die Interne Revision des Instituts als auch für dessen externen Prüfer und für die BaFin sicherzustellen. Als Erneuerung in den neu gefassten MaRisk sind die Kündigungsrechte zu erwähnen, die neben den angemessenen Kündigungsfristen im Auslagerungsvertrag zu vereinbaren sind.

e) Risikosteuerung und -überwachung

Gemäß AT 9 Tz. 7 MaRisk sind die mit der Auslagerung wesentlicher Bereiche verbundenen Risiken angemessen zu steuern und die Ausführung der ausgelagerten Prozesse und Aktivitäten ordnungsgemäß zu überwachen.

In Bezug auf die Übertragung der auf operative Prozesse bezogenen Revisionstätigkeit auf die Interne Revision des Auslagerungsunternehmens ergibt sich hier ein zweistufiges Verfahren: Zum einen stellt die (ausgelagerte) Revisionstätigkeit hinsichtlich der ausgelagerten operativen Prozesse ein wesentliches Element der inhaltlichen Risikoüberwachung dar. Die Ergebnisse der Revisionstätigkeit sind insoweit maßgebliche Informationen im Hinblick auf die Erfüllung dieser Anforderungen. Da diese Informationen jedoch nicht durch institutsinterne, sondern durch Organisationseinheiten des Auslagerungsunternehmens generiert werden, unterliegen diese insoweit selbst den Anforderungen an eine wirksame Risikoüberwachung. Hier hat – im Sinne einer zweiten Stufe – die institutsinterne Revision Verfahren zur Risikoüberwachung zu installieren. Diese haben einerseits sicherzustellen, dass die Revision des Auslagerungsunternehmens ihren vertraglichen Pflichten ordnungsgemäß nachkommt, das heißt, ihre Revisionstätigkeit MaRisk-konform ausübt. Darüber hinaus hat sie auch sicherzustellen, dass der Inhalt der durch den Revisionsdienstleister übermittelten Informationen, in der Regel Prüfungsergebnisse, ausgewertet und erforderlichenfalls in angemessene Risikosteuerungs- und -überwachungsmaßnahmen überführt werden.

f) Sicherstellung der Einhaltung der Anforderungen auch bei Weiterauslagerung

Schließlich ist im Rahmen der vertraglichen Regelung von Auslagerungsverhältnissen sicherzustellen, dass Weiterauslagerungen von Tätigkeiten ebenfalls unter Berücksichtigung der Anforderungen des ursprünglichen Auslagerungsverhältnisses erfolgen. Dies betrifft somit auch den Fall der Mitübertragung von Revisionstätigkeiten auf den Subunternehmer.

2. Verzicht auf eigene Prüfungshandlungen der Internen Revision des Instituts

Der Verzicht auf eigene Prüfungshandlungen durch die Interne Revision des Instituts setzt voraus, dass die durch das Auslagerungsunternehmen durchgeführte Interne Revision den Anforderungen in AT 4.4 und BT 2 MaRisk genügt. Diese Anforderungen umfassen die allgemeinen und besonderen Anforderungen an die Ausgestaltung einer funktionsfähigen Internen Revision.

Fraglich ist, wie sich die Interne Revision des Instituts das Vorliegen dieser Voraussetzung nachweisen lässt. In der Praxis häufig anzutreffen ist die Bestätigung der Funktionsfähigkeit der Internen Revision des Auslagerungsunternehmens im Rahmen eines gesonderten Auftrags, der in der Regel vom Auslagerungsunternehmen an dessen Jahresabschlussprüfer erteilt wird. Dessen hierfür vorzunehmende gesonderte Prüfungshandlungen sollten in der Regel überschaubar sein, da er bei Instituten ohnehin aufgrund der Anforderungen an die durchzuführende Jahresabschlussprüfung die Funktionsfähigkeit der Internen Revision zu beurteilen und darüber zu berichten hat.

Sollte das Prüfungsergebnis aus Sicht der Internen Revision des Instituts unzureichend sein, sind die Voraussetzungen für einen Verzicht auf eigene Prüfungshandlungen nicht mehr gegeben. In diesem Fall hat die Interne Revision des Instituts eigene Ergänzungsprüfungshandlungen vorzunehmen. Hierbei kann sie sich auch eines externen Dritten bedienen. Der Einbezug fachkundiger Dritter in derartigen Situationen wird regelmäßig aufgrund des Einmalcharakters keinen eigenen Teil- oder Vollauslagerungstatbestand im Sinne des AT 9 Tz. 1 MaRisk auslösen.[4]

3. Praktische Ausgestaltung der Innenrevisionstätigkeit bei Mehrmandantendienstleistern

Insbesondere bei Mehrmandantendienstleistern bestehen hohe Anforderungen an die Ausgestaltung der Revisionsberichterstattung gegenüber den auslagernden Instituten. Durch die Übermittlung von aussagefähigen Informationen ist sicherzustellen, dass den Revisionsabteilungen der auslagernden Unternehmen hinreichend Informationen sowohl zur Beurteilung des Risikomanagementsystems unter Einschluss des internen Kontrollsystems als auch zur Beurteilung der Qualität der Tätigkeit der Internen Revision des Auslagerungsunternehmens zur Verfügung gestellt werden. Durch diese Informationen ist zu gewährleisten, dass bei den Revisionsabteilungen der auslagernden Institute die Voraussetzungen für den Verzicht auf die Durchführung eigener Prüfungshandlungen (BT 2.1 Tz. 3 MaRisk) erfüllt sind.

Die Revisionsabteilungen großer Mehrmandantendienstleistungsunternehmen mit teilweise mehreren Hundert angeschlossenen Auslagerungsunternehmen sind dazu übergegangen, sogenannte Revisionsportale im Internet zu

---

[4] Vgl. AT 9 Tz. 1 MaRisk/Erläuterungsteil.

eröffnen. Hier werden revisionsrelevante Informationen wie Prüfungsberichte, Bescheinigungen, Berichte dritter Prüfungsinstanzen etc. zentral gespeichert, um von ihren Mandanten abgerufen und im Bedarfsfall unter Berücksichtigung der Datensicherheit heruntergeladen werden zu können.

Mehrmandantendienstleister besitzen oft den bankaufsichtsrechtlichen Status eines Kreditinstituts und müssen deshalb gemäß MaRisk über eine eigene Revision verfügen, die sämtliche Bereiche des Instituts abdeckt. Insofern sind die Dienstleistungsbereiche durch die Interne Revision der Auslagerungsunternehmen bereits aufgrund der unmittelbaren Geltung der MaRisk zu prüfen. Die gleichzeitige Prüfungspflicht aus dem Auslagerungsverhältnis heraus beinhaltet zwar denselben Prüfungsgegenstand, nicht in jedem Fall jedoch dieselbe Prüfungsintention. Prüfungsfragestellung und -ergebnisse beispielsweise bezüglich der Wirtschaftlichkeit, des Erfolgsbeitrags und zu Personalfragen sind in der Regel nur für institutsinterne Revisionszwecke, nicht jedoch für eine Berichterstattung an die auslagernden Institute bestimmt. Vor diesem Hintergrund hat sich in der Praxis eine Klassifizierung der Prüfungsthemen beziehungsweise der daraus resultierenden Prüfungsfeststellungen nach internen und externen Feststellungen herausgebildet. Während interne Feststellungen sich nur auf institutsspezifische Fragen ohne Relevanz für die Ordnungsmäßigkeit der erbrachten Dienstleistungen beziehen, betreffen externe Feststellungen ausschließlich Ordnungsmäßigkeitsfragen. In der Praxis wird die Prüfung in einem einheitlichen, internen und externen Anforderungen entsprechenden Prüfungsvorgang durchgeführt und in einem zweiten Schritt eine Klassifizierung der Ergebnisse vorgenommen. So wird sichergestellt, dass Synergien in Form einer einheitlichen Prüfungsdurchführung realisiert werden können.

4. Verbleibende Tätigkeiten der Revision des Instituts

Auch wenn die Tätigkeit der Internen Revision des Instituts auf die Revision des Auslagerungsunternehmens übertragen wurde, verbleiben zahlreiche Aufgaben in ihrem Verantwortungsbereich.

Durch geeignete Überwachungsmaßnahmen ist sicherzustellen, dass die Anforderungen des Auslagerungsvertrags beziehungsweise der vereinbarten Service Levels eingehalten werden. Dazu zählt insbesondere die laufende Überwachung der Kriterien, die es der Revision des auslagernden Instituts ermöglicht, auf eigene Prüfungshandlungen zu verzichten.

Daneben hat sich die Revision des auslagernden Instituts laufend ein Bild von der Angemessenheit und der Eignung der internen Kontrollverfahren bei dem Auslagerungsunternehmen zu machen. Neben der Überwachung durch den betreuenden[5] Fachbereich, in dem die unmittelbare Qualität der Dienstleistungen überwacht wird, hat die Interne Revision des auslagernden Instituts auf mögliche Beeinträchtigungen des internen Kontrollsystems zu achten. Festgestellte Schwächen sind gemäß BT 2.5 MaRisk in geeigneter Form zu überwachen. Hier ist sicherzustellen, dass eine den MaRisk entsprechende Mängelverfolgung durch die Revision des Auslagerungsunternehmens gewährleistet ist.

Schließlich hat die Interne Revision des Instituts auch die Einbindung der Auslagerungslösung in die operativen Tätigkeiten des Instituts beziehungsweise deren Überwachung durch die für die Auslagerung zuständigen Organisationseinheiten des Instituts zu prüfen. Übergeordnete Fragestellung dieser Prüfungen ist die Beurteilung der Einhaltung der Vorschriften des § 25a Abs. 2 KWG, wonach die Auslagerung von Bereichen auf ein anderes Unternehmen weder die Ordnungsmäßigkeit dieser Geschäfte beziehungsweise Dienstleistungen noch die Steuerungs- und Kontrollmöglichkeiten der Geschäftsleitung noch die Prüfungs- und Kontrollmöglichkeiten der Bankenaufsicht beeinträchtigen darf.

---

5 In der Regel ist dies der Bereich, der – tätigkeitsbezogen – über die operativen Schnittstellen zu dem Dienstleistungsunternehmen verfügt.

Praktische Erfahrungen haben gezeigt, dass die Interne Revision des auslagernden Instituts sinnvollerweise bereits in die Phase der Planung einer Auslagerungslösung projektbegleitend einbezogen werden sollte. Dadurch kann sichergestellt werden, dass die zahlreichen Anforderungen an eine ordnungsgemäße Geschäftsorganisation eingehalten werden.

II. Prüfung durch die Interne Revision des Instituts

Verfügt das Auslagerungsunternehmen nicht über eine eigene Interne Revision und wird kein Dritter mit der Prüfung der ausgelagerten Geschäftstätigkeiten beauftragt, verbleibt die Überwachung des ausgelagerten Geschäftsbereichs in der Zuständigkeit der Internen Revision des auslagernden Instituts. Das Gleiche gilt, wenn die Interne Revision des Auslagerungsunternehmens nicht den Anforderungen der MaRisk an einen Verzicht auf die Durchführung eigener Prüfungshandlungen entspricht. Die Überwachung dieser Bereiche durch die Interne Revision des auslagernden Instituts hat sich dann ihrerseits an den allgemeinen Anforderungen der MaRisk[6] zu orientieren. Dabei sind an die Interne Revision des auslagernden Instituts bei der Durchführung der Prüfung von Auslagerungssachverhalten grundsätzlich dieselben Anforderungen zu stellen wie bei der Prüfung interner Bereiche.

In der Praxis vereinzelt zu beobachten ist eine gewisse Verunsicherung der Revision des auslagernden Instituts angesichts der Komplexität und der fehlenden Kenntnisse über die ausgelagerten Prozessabläufe. Indessen ist gerade auf solche Auslagerungssachverhalte, die durch eine hohe Komplexität der Prozesse und durch eine fehlende beziehungsweise nicht anforderungsgemäße Interne Revision gekennzeichnet sind, ein besonderes Augenmerk zu richten. Insbesondere ist in solchen Situationen zu prüfen, ob die Anforderungen des § 25a Abs. 1 in Verbindung mit Abs. 2 KWG an eine ordnungsgemäße Geschäftsorganisation noch erfüllt sind.

---

[6] BT 2 MaRisk.

Sofern die beschriebenen Unsicherheiten lediglich aus einem fehlenden Prozessverständnis der Internen Revision des auslagernden Instituts resultierten, empfiehlt es sich, durch entsprechende Ausweitung der Prüfung, gegebenenfalls unter Hinzuziehung von Mitarbeitern aus den die Auslagerungslösung betreuenden Bereichen des Instituts,[7] die entsprechende Kenntnis über die Prozesse und Tätigkeiten im Auslagerungsunternehmen aufzubauen.

Gleichwohl ist festzustellen, dass nur in überschaubaren, einfach strukturierten Auslagerungsbereichen eine dauerhafte Überwachung durch die Interne Revision des auslagernden Instituts zweckmäßig erscheint. Im Fall einer turnusmäßigen, aber durch längere prüfungsfreie Zeitintervalle unterbrochenen Tätigkeit der Revision des auslagernden Instituts ist nicht ohne Weiteres gewährleistet, dass Änderungen in den Prozessen oder im internen Kontrollsystem des Auslagerungsunternehmens der Revision des auslagernden Instituts bekannt werden. Zur Vermeidung von Defiziten in der laufenden Überwachung kann es sich daher unter Umständen auch empfehlen, fallweise oder dauerhaft Dritte mit der Durchführung entsprechender Prüfungen in Auslagerungsunternehmen zu beauftragen.

C. Auslagerungssachverhalte als Gegenstand externer Prüfungen

I. Fälle der externen Prüfung von Auslagerungssachverhalten

Zu unterscheiden ist hierbei zunächst zwischen externen Prüfungen beim auslagernden Institut und externen Prüfungen beim Auslagerungsunternehmen, wobei sich Prüfungen beim auslagernden Institut auch auf das Auslagerungsunternehmen erstrecken können.

---

[7] Gemäß BT 2.2 Tz. 3 Satz 2 MaRisk ist es nicht ausgeschlossen, dass in begründeten Einzelfällen andere Mitarbeiter des Instituts aufgrund ihres Spezialwissens zeitweise für die Interne Revision tätig werden.

Gesetzlich vorgegebener Hauptanwendungsfall der externen Prüfungen von Auslagerungssachverhalten ist die Abschlussprüfung beim auslagernden Institut. Zu den besonderen Pflichten des Prüfers gehört auch die Prüfung der Erfüllung der Anforderungen des § 25a Abs. 2 KWG. Die Vorgaben für die vorzunehmenden Prüfungshandlungen und die Berichterstattung hierüber enthält die auf Grundlage von § 29 Abs. 4 KWG erlassene Verordnung über die Prüfung der Jahresabschlüsse der Kreditinstitute und Finanzdienstleistungsinstitute sowie die darüber zu erstellenden Berichte (PrüfbV).[8] Hierauf wird nachfolgend unter C.II. eingegangen. Darüber hinaus kann die BaFin gegenüber den Instituten im Einzelfall Bestimmungen über den Inhalt der Prüfung treffen, die vom Abschlussprüfer im Rahmen der Jahresabschlussprüfung zu berücksichtigen sind und besondere Prüfungsschwerpunkte festlegen (§ 30 KWG).

Eine weitere gesetzliche Grundlage für externe Prüfungen ist § 44 Abs. 1 Satz 2 KWG. Hiernach kann die BaFin, auch ohne besonderen Anlass, bei den Instituten sogenannte Sonderprüfungen mit eigenen Mitarbeitern, durch die Deutsche Bundesbank oder sonstige Personen, deren sich die BaFin für die Durchführung der Prüfungen bedient,[9] durchführen. Gegenstand solcher Sonderprüfungen waren in der Vergangenheit auch Auslagerungssachverhalte.[10]

Periodische externe Prüfungspflichten können sich auch für die Auslagerungsunternehmen in Form der Jahresabschlussprüfung oder zum Beispiel der Prüfung nach DepotG und WpHG ergeben. Hierauf wird nachfolgend unter C.III. eingegangen.

Schließlich können externe Prüfungen auf freiwilliger Basis vorgenommen werden. Solche Prüfungen werden regelmäßig nur bei den Auslagerungsunternehmen und im Interesse der auslagernden Institute durchgeführt. Zu nennen sind hier insbesondere die Prüfungen nach SAS 70 beziehungsweise PS 951, auf die unter C.IV. eingegangen wird.

---

8 Prüfberichtsverordnung vom 23.11.2009.
9 Regelmäßig handelt es sich dabei um Wirtschaftsprüfungsgesellschaften.
10 Vgl. § 44 Abs. 1 Satz 2 Halbs. 2 KWG.

II. Anforderungen an die Abschlussprüfung im Hinblick auf Auslagerungen

Nach § 8 Abs. 3 PrüfbV ist über Auslagerungen von wesentlichen Aktivitäten und Prozessen im Prüfbericht zu berichten. Intention der Berichterstattung ist die Darstellung der rechtlichen, wirtschaftlichen und organisatorischen Grundlagen der jeweiligen Auslagerungslösung unter besonderer Berücksichtigung der Einhaltung der Anforderungen des § 25a Abs. 2 KWG und der MaRisk. Zusätzlich ist nach § 60 PrüfbV die Datenübersicht SON 05 mit Angaben zu den ausgelagerten Bereichen an den Prüfbericht beizufügen. Angaben von besonderer Bedeutung sind hierbei das Auslagerungsunternehmen, die Beschreibung der ausgelagerten Aktivitäten und Prozesse sowie Bemerkungen zu Weiterverlagerungen.

Zu beachten ist, dass sich die Anforderungen der PrüfbV nur an die auslagernden Institute, nicht aber an das Auslagerungsunternehmen richten. Da die Dienstleistung regelmäßig im Auslagerungsunternehmen erbracht wird, müssen die Prüfungsrechte des Abschlussprüfers beim Auslagerungsunternehmen vertraglich vereinbart werden.

Aus der PrüfbV ergeben sich im Rahmen der Abschlussprüfung beim auslagernden Institut folgende grundsätzliche Prüfungsgegenstände:

- begriffliches Vorliegen einer Auslagerung,
- die Wesentlichkeit der Auslagerung,
- die Zulässigkeit der Auslagerung,
- Ordnungsmäßigkeit des Auslagerungsvertrags und
- Einhaltung der besonderen organisatorischen Pflichten nach § 25a Abs. 2 KWG.

1. Begriffliches Vorliegen einer Auslagerung

Vom Abschlussprüfer zu prüfen ist zunächst, ob und in welcher Form eine bankaufsichtsrechtlich relevante Auslagerung vorliegt. Zu prüfen ist, ob das Institut ein anderes Unternehmen mit Wahrnehmung solcher Aktivitäten und Prozesse im Zusammenhang mit der Durchführung von Bankgeschäften, Finanzdienstleistungen oder sonstigen institutsspezifischen Dienstleistungen beauftragt hat, die ansonsten vom Institut selbst erbracht würden.

Zu prüfen ist weiterhin, ob lediglich ein sonstiger Fremdbezug von Leistungen vorliegt, der trotz Erfüllung einzelner tatbestandlicher Voraussetzungen dennoch nicht als Auslagerung zu qualifizieren ist (gemäß MaRisk der einmalige oder gelegentliche Fremdbezug von Gütern und Fremdleistungen). In diesen Fällen ist lediglich die Beachtung der allgemeinen Anforderungen an die Ordnungsmäßigkeit der Geschäftsorganisation nach § 25a Abs. 1 KWG zu prüfen.

2. Wesentlichkeit der Auslagerung

Die unterschiedlichen Anforderungen an wesentliche und unwesentliche Auslagerungen führen auch zu unterschiedlichen Prüfungsmaßstäben. Für unter Risikogesichtspunkten nicht wesentliche Auslagerungen sind nur die allgemeinen Anforderungen an die Ordnungsmäßigkeit der Geschäftsorganisation nach § 25a Abs. 1 KWG zu beachten, während bei wesentlichen Auslagerungen auch die Anforderungen des § 25a Abs. 2 KWG zu beachten sind. Für Auslagerungen, die als nicht wesentlich qualifiziert wurden, ergeben sich hieraus konkret unter anderem folgende Erleichterungen in der Anwendung der MaRisk:

- Kein Erfordernis für Vorkehrungen zur Sicherung der Kontinuität und Qualität der ausgelagerten Prozesse im Fall der beabsichtigten Beendigung von Auslagerungsverhältnissen.

- Keine Anforderungen an den Inhalt des Auslagerungsvertrags.

- Kein Erfordernis einer angemessenen Risikosteuerung und Überwachung der mit der Auslagerung verbundenen Risiken.

Da jedoch unverändert die Generalnorm des § 25a Abs. 1 KWG in Bezug auf die Ordnungsmäßigkeit der Geschäftsorganisation auch für unwesentliche Auslagerungsverhältnisse gilt, dürfen diese im Rahmen der Abschlussprüfung nicht gänzlich unberücksichtigt bleiben. Missstände bei unwesentlichen Auslagerungen sind im Rahmen der allgemeinen Berichterstattung über die Geschäftsorganisation darzustellen.

Prüfungsgegenstand ist insbesondere auch die vom Institut zur Bestimmung der Wesentlichkeit einer Auslagerung vorzunehmende Risikoanalyse gemäß AT 9 Tz. 2 MaRisk. Im Rahmen der Abschlussprüfung hat der Prüfer für alle Auslagerungsverhältnisse des Instituts zu untersuchen, ob eine Risikoanalyse zur Identifikation wesentlicher Auslagerungssachverhalte durchgeführt worden ist, ob bei der Erstellung der Risikoanalyse die maßgeblichen Organisationseinheiten einbezogen wurden und im Rahmen ihrer Aufgaben auch die Interne Revision beteiligt war. Darüber hinaus ist zu prüfen, ob vom Institut im Rahmen der Risikoanalyse die wesentlichen Risiken der Auslagerung identifiziert und das Ergebnis der Risikoanalyse vom Institut hieraus folgerichtig abgeleitet und nachvollziehbar dokumentiert ist.

In einem weiteren Schritt ist zu beurteilen, ob die Eignung des Auslagerungsunternehmens unter Berücksichtigung der Art, des Umfangs und der Komplexität der auszulagernden Tätigkeiten untersucht wurde. Dabei muss das vom Institut erstellte Anforderungsprofil eine Beurteilung sowohl unter quantitativen als auch unter qualitativen Gesichtspunkten zulassen. Das Institut muss sich insoweit einen Überblick über die professionellen, finanziellen und personellen Fähigkeiten des Auslagerungsunternehmens verschaffen, daneben ist seine Organisation zu würdigen. Auch der Auswahlprozess und dessen Ergebnis sind vom auslagernden Institut nachprüfbar zu dokumentieren.

3. Zulässigkeit der Auslagerung

Im Rahmen der Prüfung der Zulässigkeit der Auslagerung ist insbesondere zu prüfen, ob eine Geschäftsleitungsaufgabe ausgelagert wurde, zu denen in den Erläuterungen der MaRisk folgende Tätigkeiten gerechnet werden:

- Unternehmensplanung,

- Unternehmenskoordination,

- Unternehmenskontrolle und die

- Besetzung der Führungskräfte, ferner

- Aufgaben, die der Geschäftsleitung vom Gesetzgeber oder durch sonstige Regelungen explizit übertragen worden sind, zum Beispiel die Entscheidung über Großkredite nach §§ 13ff. KWG.

Zu prüfen ist weiterhin, ob gesetzliche Auslagerungsverbote (z. B. Kollektivsteuerung bei Bausparkassen oder Deckungsregisterführung und Deckungsrechnung bei Pfandbriefbanken) vorliegen oder erforderliche Zustimmungen zu Auslagerungsmaßnahmen eingeholt wurden.

4. Ordnungsmäßigkeit des Auslagerungsvertrags

Zu prüfen ist, ob die Auslagerungsverträge die in den MaRisk[11] aufgelisteten Mindestanforderungen an den Inhalt erfüllen. Neben den üblichen Standardklauseln ist das Augenmerk dabei insbesondere bei umfangreichen Service Level Agreements auf eine hinreichend genaue Spezifizierung der vom Auslagerungsunternehmen zu erbringenden Leistung, die Beschreibung der Schnittstellen und die genaue Abgrenzung der Verantwortlichkeiten zu richten.

Die Instruktion des Auslagerungsunternehmens hat dann besondere Bedeutung, wenn das Auslagerungsunternehmen nicht selbst bereits zur Einhaltung bankaufsichtsrechtlicher Anforderungen verpflichtet ist. Vor dem Hintergrund der beim auslagernden Institut verbleibenden Verantwortung für die gesamten von ihm erbrachten Bankdienstleistungen müssen die Anforderungen an die Tätigkeiten des Auslagerungsunternehmens detailliert geregelt sein.

---

11 AT 9 Tz. 6 MaRisk.

Insbesondere muss dem Auslagerungsunternehmen die Beachtung sämtlicher für das auslagernde Institut geltenden aufsichtsrechtlichen und rechtsformspezifischen Anforderungen aufgegeben werden.

In der Praxis präzisieren und konkretisieren sogenannte Service-Level-Vereinbarungen den eigentlichen Auslagerungsvertrag bezüglich des Inhalts und der Qualität der vom Auslagerungsunternehmen zu erbringenden Leistungen.

Im Rahmen der Prüfung hat sich der Prüfer zu vergewissern, ob die vorgenannten Punkte Eingang in das Vertragswerk gefunden haben und ob die Vereinbarungen jeweils durchgesetzt werden können.

5. Einhaltung der besonderen organisatorischen Pflichten nach § 25a Abs. 2 KWG

a) Anforderungen an die Geschäftsorganisation nach KWG

Kernstück der Vorschriften zur Regelung von Auslagerungssachverhalten in der Kreditwirtschaft bildet die Vorschrift des § 25a Abs. 2 KWG. Die Anforderungen dieser Vorschrift, wonach durch eine wesentliche Auslagerung weder

- die Ordnungsmäßigkeit der Erbringung der Bankgeschäfte oder Dienstleistungen noch

- die Steuerungs- und Kontrollmöglichkeiten der Geschäftsleitung noch

- die Prüfungsrechte und Kontrollmöglichkeiten der BaFin

beeinträchtigen dürfen, greifen – ebenso wie die Regelung in § 25a Abs. 2 Satz 6 KWG, wonach sich das auslagernde Institut die erforderlichen Weisungsrechte vertraglich zu sichern und die ausgelagerten Bereiche in sein internes Kontrollsystem einzubeziehen hat – die Vorschrift des § 25a Abs. 1 KWG auf, die die besonderen organisatorischen Pflichten von Instituten regelt.

b) Einbindung des Auslagerungssachverhalts in das Risikomanagementsystem

Aufgrund der überragenden volkswirtschaftlichen Bedeutung eines funktionierenden Bankwesens fordert der Gesetzgeber in § 25a Abs. 1 KWG für alle Institute geeignete Maßnahmen zur Steuerung, Überwachung und Kontrolle von Risiken sowie Regelungen zur jederzeitigen, hinreichend genauen Abbildung der finanziellen Lage des Instituts. Er überträgt damit die Anforderungen, die durch die Einführung des § 91 Abs. 2 AktG durch das KonTraG[12] für alle börsennotierten Aktiengesellschaften obligatorisch wurden, auf den Kredit- beziehungsweise Finanzdienstleistungssektor.

Aufgrund der Anforderungen des § 25a Abs. 2 KWG und nach den MaRisk sind die Auslagerungssachverhalte einzeln und insgesamt in das Risikomanagementsystem des auslagernden Instituts einzubeziehen. Zur Feststellung der Einhaltung der materiellen Anforderungen an die Auslagerung hat sich der Prüfer von der Angemessenheit der Einbeziehung der ausgelagerten Tätigkeiten in das Risikomanagement des Auslagernden Instituts zu überzeugen.

Dabei hat er unter anderem folgende Aspekte der Auslagerung zu untersuchen:

- Risikoidentifikation beziehungsweise Risikofrüherkennungssystem,

- Risikosteuerungsmaßnahmen,

- laufende Risikoüberwachung und

- Notfall- beziehungsweise Geschäftskontinuitätsplanung.

c) Einbindung der Auslagerungssachverhalte in die Organisation des auslagernden Instituts

Die vom Abschlussprüfer zu treffende Feststellung, dass das auslagernde Institut – unter Berücksichtigung aller wesentlichen Auslagerungssachverhalte – über eine angemessene Geschäftsorganisation verfügt, bezieht sich zum ei-

---

12 Gesetz zur Kontrolle und Transparenz im Unternehmensbereich vom 5.3.1998.

nen auf die konkrete Umsetzung der zwischen den beteiligten Parteien im Auslagerungsvertrag zu treffenden Vereinbarungen über Zuständigkeiten (Aufbauorganisation) und Abläufe (Ablauforganisation). Zum anderen ist zu untersuchen, ob die Auslagerungsverhältnisse in das prozessunabhängige Überwachungsverfahren (internes Kontrollsystem) des auslagernden Instituts integriert sind.

(1)   Implementierung geordneter Prozessabläufe
Das auslagernde Institut hat sicherzustellen, dass die schriftlich fixierte Ordnung des Gesamtbetriebs den jeweiligen Verhältnissen auch unter Berücksichtigung von Auslagerungssachverhalten ausreichend Rechnung trägt. Dies erfordert insbesondere, dass die im Rahmen von Auslagerungen vereinbarten Übergänge von Zuständigkeiten und die Verantwortlichkeit für Prozessabläufe so in arbeitsordnende Vorschriften des auslagernden Instituts eingearbeitet werden, dass jeder Mitarbeiter beziehungsweise jeder Stelleninhaber die konkreten Auswirkungen der Auslagerung auf die Organisation seines Arbeitsplatzes erkennen und berücksichtigen kann. Dabei sind für den Prüfer in der Praxis Arbeitsablaufbeschreibungen und Auswirkungen auf das interne Kontrollsystem von zentraler Bedeutung.

(2)   Implementierung einer prozessunabhängigen Überwachung
Daneben hat der Prüfer zu untersuchen, ob das Auslagerungsverhältnis auch Gegenstand einer prozessunabhängigen Überwachung ist. Zuständig für die Durchführung prozessunabhängiger Überwachungsmaßnahmen ist in Kreditinstituten grundsätzlich die Interne Revision, zu deren Einrichtung jedes Institut im Geltungsbereich des KWG verpflichtet ist.[13] Daneben schreiben die MaRisk die Festlegung einer verantwortlichen Stelle für jedes Auslagerungsverhältnis vor, deren Aufgabe in der Überwachung und Steuerung des jeweiligen Auslagerungsverhältnisses liegt.

---

13 AT 4.4 Tz. 1 MaRisk.

(3) Funktionsfähigkeit der Internen Revision

Gegenstand der Beurteilung der Ordnungsmäßigkeit von Auslagerungssachverhalten im Rahmen der Abschlussprüfungen des auslagernden Instituts ist insoweit auch die Beurteilung der Internen Revision, speziell in Bezug auf die Überwachung der Auslagerungssachverhalte. Hier hat der Abschlussprüfer zu würdigen, ob die Überwachung des Auslagerungsunternehmens durch die Interne Revision – unabhängig davon, ob diese funktionsbezogen mit ausgelagert wurde – sichergestellt ist und den qualitativen Anforderungen der MaRisk entspricht.

d) Einhaltung aufsichtsrechtlicher Anforderungen

Die Verpflichtung zur Implementierung einer ordnungsgemäßen Geschäftsorganisation impliziert, dass die Einhaltung geschäftsartenspezifischer aufsichtsrechtlicher Regelungen wie zum Beispiel dem DepotG oder dem WpHG auch im Rahmen von Auslagerungen sicherzustellen ist. Auch hierzu ist im Rahmen von externen Prüfungen bei dem auslagernden Institut Stellung zu nehmen.

III. Gesetzliche Prüfungen des Auslagerungsunternehmens

Welchen gesetzlichen Prüfungspflichten ein Auslagerungsunternehmen unterliegt, wird neben den handelsrechtlichen Größenklassenabstufungen auch über die Spezialnormen für bestimmte Branchen, insbesondere Kreditinstitute, bestimmt.

Neben der gesetzlichen Jahresabschlussprüfung von Instituten stellt insbesondere die Prüfung nach § 36 WpHG (einschließlich der Prüfung des Depotgeschäfts im Sinne des § 36 Abs. 1 Satz 2) auf die Ordnungsmäßigkeit der Geschäfte beziehungsweise der erbrachten Dienstleistungen ab.

Dabei ist jedoch zu berücksichtigen, dass sich die aufsichtsrechtlichen Pflichtprüfungen auf die Einhaltung und die Ordnungsmäßigkeit der dem Auslagerungsunternehmen selbst im Rahmen der von diesem betriebenen bank- beziehungsweise aufsichtsrechtlich relevanten Geschäfte beschränken. Insoweit kann aus einer Bestätigung der Ordnungsmäßigkeit im Rahmen der aufsichtsrechtlichen Pflichtprüfungen nicht zwingend die Schlussfolgerung gezogen werden, dass damit auch die Ordnungsmäßigkeit der erbrachten Dienstleistung an das auslagernde Institut gegeben ist.

Dementsprechend sind Unternehmen, die einen US-Kapitalmarkt beanspruchen, welcher der Überwachung durch die SEC unterliegt, und die ihren Sitz außerhalb der USA haben, für Geschäftsjahre, die nach dem 15. Juli 2006 enden, nach Section 404 des Sarbanes-Oxley Acts (SOX) verpflichtet, einen Nachweis über die Effizienz ihrer internen Finanzkontrollen zu führen.

Zur Sicherstellung geeigneter Prüfungshandlungen bei Dienstleistungsunternehmen zur Führung dieses Nachweises hat das American Institute of Certified Public Accountants (AICPA) den Standard SAS 70 entwickelt. Darin sind Voraussetzungen definiert, nach denen Prüfungen, die beim Dienstleistungsunternehmen im Hinblick auf die ausgelagerten Tätigkeiten nach dem SAS 70 durchgeführt werden, dem Prüfer des SOX-pflichtigen auslagernden Unternehmens den Verzicht auf eigene Prüfungshandlungen im Rahmen der Bestätigung der geforderten Effizienz der Finanzkontrollen ermöglichen.

IV. Prüfungen nach SAS 70

1. Überblick

Zielsetzung der nach dem Standard SAS 70 durchzuführenden Prüfungen von Dienstleistungsunternehmen ist die Erstattung eines Prüfungsberichts über die Eignung und die Wirksamkeit der im Dienstleistungsunternehmen implementierten Kontrollen hinsichtlich der für das auslagernde Unternehmen durchgeführten Geschäftsprozesse. Die nach diesem Standard erstellten Prüfungsberichte ermöglichen dem auslagernden Unternehmen und dessen externem Prüfer ein umfassendes Verständnis der relevanten Geschäftsorganisation des Dienstleistungsunternehmens, der Prozessabläufe und der darin integrierten Kontrollen sowie des prozessübergreifenden Kontrollumfelds in den maßgeblichen Bereichen (z. B. Informationstechnologie). Die Ergebnisse einer nach diesen Grundsätzen bei dem Dienstleistungsunternehmen durchgeführten Prüfung können für die Planung der Prüfungstätigkeit des externen Prüfers des auslagernden Unternehmens herangezogen und dieser zugrunde gelegt werden.

Im Gegensatz zu aufsichtsrechtlichen Pflichtprüfungen beim Dienstleistungsunternehmen, die primär auf eine geschäftsartenspezifische aufsichtsrechtliche Überwachung des Dienstleistungsunternehmens fokussieren, ermöglicht eine Prüfung nach SAS 70 eine prozessorientierte Sichtweise auf die unmittelbar auslagerungsrelevanten Prozesse unabhängig von aufsichtsrechtlichen Einstufungen. Die Lücken einer aufsichtsrechtlichen Prüfung der Auslagerungsprozesse im Dienstleistungsunternehmen treten insoweit nicht auf.

2. Arten von Prüfungen

Bei der Durchführung der Prüfung sowie bei der Berichterstattung über die Prüfung eines Dienstleistungsunternehmens wird zwischen zwei verschiedenen Typen differenziert, die sich hinsichtlich der durchzuführenden Kontrolltests unterscheiden: Die Ergebnisse der Prüfungen nach SAS 70 werden demnach in einem

- Report on controls placed in operation (SAS 70 Type I) oder

- Report on controls placed in operation and tests of operating effectiveness (SAS 70 Type II)

niedergelegt.

Prüfungsgegenstand beider Prüfungen sind die im Dienstleistungsunternehmen innerhalb der operativen Prozesse integrierten Kontrollen zur Erreichung im Vorhinein definierter Kontrollziele. In beiden Prüfungsberichten werden die von den Prüfern identifizierten Kontrollen des Dienstleistungsunternehmens umfassend beschrieben. Grundlagen der Prüfung bilden jeweils die in der schriftlich fixierten Ordnung des Dienstleistungsunternehmens festgelegten Kontrollen.

Entsprechend der Bezeichnung der jeweils zu erstattenden Prüfungsberichte resultieren die Unterschiede der Prüfungen aus Umfang und Intensität der Prüfungsdurchführung.

a) Type I: Report on controls placed in operation

Der SAS 70 Type I beschränkt sich auf die Darstellung und Evaluierung der internen Kontrollen, welche für die Prüfer des auslagernden Unternehmens bezüglich der Planung ihrer Jahresabschlussprüfung von Relevanz sind. Er enthält weiterhin Aussagen darüber, ob die Kontrollen prinzipiell dazu geeignet sind, bestimmte Kontrollziele zu erreichen, und ob diese während des zu untersuchenden Prüfungszeitraums in die Arbeitsprozesse integriert waren. Im Rahmen der Prüfung erfolgt eine Plausibilitätsprüfung, die effektive Wirksamkeitstests der Kontrollen nicht mit einschließt. Nach Einschätzung des AICPA sind diese Prüfung und der entsprechende Prüfungsbericht aufgrund der fehlenden Wirksamkeitstests nicht dazu geeignet, dem Prüfer des auslagernden Unternehmens eine hinreichende Beurteilungsbasis für die Ordnungsmäßigkeit der Prozesse zu bieten, sodass er seinerseits nicht auf eigenständige Prüfungshandlungen verzichten kann.

Vielmehr soll durch diesen Prüfungsbericht das Verständnis der implementierten Überwachungskontrollen verbessert werden, um eine effektive und ausreichende Planung der Prüfung der internen Kontrollen bezüglich des ausgelagerten Bereichs zu ermöglichen.

b) Type II: Report controls placed in operation and tests of operating effectiveness

Neben dem SAS 70 Type I wird die Berichtsdarstellung des „Report controls placed in operation and tests of operating effectiveness" um Beschreibungen der im Rahmen der Prüfung durchgeführten Tests und deren Ergebnisse einschließlich der angewandten Testverfahren ergänzt. Daneben umfasst die Prüfung eine explizite Beurteilung der getesteten Kontrollen auf ihre Wirksamkeit, sodass im Prüfungsbericht eine Aussage darüber zu treffen ist, ob die jeweiligen

Kontrollziele im betrachteten Prüfungszeitraum erreicht wurden. Gemäß den Anforderungen des Standards soll sich der maßgebliche Beurteilungszeitraum über einen Zeitraum von mindestens sechs Monaten erstrecken.

Aufgrund der durchgeführten Wirksamkeitstests versetzt ein SAS 70 Type II den externen Prüfer des auslagernden Unternehmens in die Lage, auf die Inhalte dieses Berichts ohne zusätzliche Prüfungshandlungen im auslagernden Unternehmen aufzubauen. Eine Beurteilung der Effektivität der Finanzkontrollen nach SOX 404 kann demnach in Bezug auf eine Auslagerungslösung auf der Grundlage eines SAS 70 Type II erfolgen.

3. Prüfungen von Dienstleistungsunternehmen nach SAS 70
a) Prüfungsziele

Ziel der Prüfung von Dienstleistungsunternehmen nach SAS 70 ist die Abgabe eines Prüfungsurteils darüber, ob

- die Darstellung beziehungsweise Organisation der Kontrollen im Dienstleistungsunternehmen alle Kontrollen umfasst, die aus Sicht des Outsourcers für die Ordnungsmäßigkeit der erbrachten Bankdienstleistungen wesentlich sind,[14]

- die Kontrollen so ausgestaltet sind, dass die spezifischen Kontrollziele erreicht werden können und

- diese Kontrollen zu einem bestimmten Prüfungsstichtag eingerichtet waren.

Basierend auf diesen Aussagen kann je nach Type durch das auslagernde Unternehmen beurteilt werden, ob Anforderungen an die Ordnungsmäßigkeit der Prozessabläufe hinsichtlich der Tätigkeit des Dienstleistungsunternehmens eingehalten werden. Insofern wird bestätigt, den vorgegebenen Anforderungen an die Leistungs- und Qualitätsstandards gerecht geworden zu sein.

---

14 Beurteilungsmaßstab für die Ordnungsmäßigkeit der erbrachten Dienstleistungen sind hierbei die beim auslagernden Institut durchzuführenden gesetzlichen und aufsichtsrechtlichen Prüfungen.

Es wird damit deutlich, dass der Adressatenkreis des Prüfungsberichts sich nicht, wie im Rahmen der Berichterstattung bei gesetzlichen oder aufsichtsrechtlichen Prüfungen üblich, auf das geprüfte Unternehmen und die Bankenaufsicht beschränkt, sondern sich um das auslagernde Institut und dessen Prüfer erweitert.

Ferner ermöglicht die prozessorientierte Vorgehensweise einer Prüfung nach SAS 70 dem Dienstleistungsunternehmen, nicht ausreichende Kontrollmechanismen zu erkennen und zu verbessern, sodass mit Abschluss der Prüfung eventuell bereits der Nachweis vorgenommener Verbesserungen von Kontrolldefiziten erbracht werden kann. Insofern kann die Prüfung nach SAS 70 auch dazu dienen, einen Verbesserungsprozess beim Dienstleistungsunternehmen anzustoßen beziehungsweise zu begleiten. Um insofern eine möglichst hohe Übereinstimmung mit den Kontrollanforderungen zu erreichen, ist eine Gliederung des Prüfungsprozesses in mehrere Phasen zu empfehlen. Insbesondere bei der erstmaligen Durchführung von Prüfungen nach SAS 70 oder bei wesentlichen Änderungen in den Prozessen und Aktivitäten des Insourcers sollten vor der eigentlichen Prüfung eine Vorprüfungsphase und eine Überarbeitungsphase stattfinden. Dieses Phasenkonzept wird nachfolgend beschrieben.

b) **Phasenkonzept bei der erstmaligen Durchführung von Prüfungen nach SAS 70**

Um die Erreichung der Prüfungsziele bei der erstmaligen Prüfung nach SAS 70 zu erreichen, wird die Erstprüfung in der Praxis in den drei Phasen Vorprüfung, Überarbeitung und Testphase durchgeführt.

(1) **Phase I: Vorprüfung**

Die Vorprüfung gliedert sich in die drei Abschnitte

- Verschaffung eines allgemeinen Überblicks,

- Interviews und Berichtsentwurf und

- Dokumentation und Kommunikation des vorläufigen Prüfungsergebnisses.

und dient der Gewinnung eines allgemeinen Überblicks über die Geschäftstätigkeit des Unternehmens, der Identifikation wesentlicher Kontrollen in der Prozesskette sowie der Aufdeckung möglicher Lücken und Schwachstellen innerhalb des Kontrollumfelds.

(2)   Phase II: Überarbeitungsphase (Time out)
Mit der *Überarbeitungsphase* wird dem Dienstleistungsunternehmen ein Zeitintervall eingeräumt, während dessen es Maßnahmen bezüglich der Beseitigung der identifizierten Kontrolllücken beziehungsweise Schwachstellen durchführen kann.

Nach Abschluss der Überarbeitung erfolgt mit der *Erstellung des Reports Type I* die Aktualisierung des vorläufigen Prüfungsberichts unter Berücksichtigung der zwischenzeitlich durchgeführten Verbesserungen. Als Ergebnis der Prüfung wird der Report on Controls placed in Operation („Type I") erstellt.

(3)   Phase III: Testphase
Eine Testphase schließt sich den beiden bereits beschriebenen Phasen an, wenn ein Report on Controls placed in Operation and Tests of Operating Effectiveness („Type II") erstattet werden soll. Die Testphase teilt sich in zwei Abschnitte auf:

• Aktualisierung von Report Type I und Durchführung von Kontrolltests

• Berichterstattung

Zusammenfassend enthält der Report II, neben der umfangreichen Schilderung des internen Kontrollmechanismus aus Report I, die Darstellung der durchgeführten Tests der internen Kontrollen und eine Einschätzung der Prüfer bezüglich ihrer Wirksamkeit.

4.   Berichterstattungen über Prüfungen nach SAS 70
Der Umfang der Berichterstattung richtet sich nach der Komplexität der vom auslagernden Institut übertragenen Tätigkeit und der diesbezüglich zu integrierenden Kontrollen. Die Darstellungsform orientiert sich an einer dem Prü-

fungsgegenstand angemessenen, standardisierten Tabellenform. Dem Leser wird dadurch ein schneller Überblick über die einzelnen Prüfungen und deren Ergebnisse verschafft. Auf einen Blick ist erkennbar, welche Kontrollen eingerichtet wurden, ob und in welchem Umfang sowie mit welchem Ergebnis diese getestet wurden und welche Rückschlüsse auf die Kontrollwirksamkeit anhand der Kontrolltests zu ziehen sind.

Inhaltlich gliedern sich die Berichte nach den zu erreichenden Kontrollzielen, wobei diese entsprechend den Anforderungen im Rahmen der Prüfung des Jahresabschlusses des auslagernden Instituts definiert werden. Die Berichtsdarstellung und insofern der Fokus der nach SAS 70 durchzuführenden Prüfung sind somit auf die Anforderungen des auslagernden Instituts ausgerichtet.

Der Berichtsumfang verdeutlicht, dass eine Gliederung entsprechend der prozessbezogenen Organisation des Dienstleistungsunternehmens zweckmäßig ist. Innerhalb dieser Gliederung werden den jeweiligen Kontrollzielen die diesbezüglichen Kontrollen sowie die Einschätzung durch den Prüfer gegenübergestellt. Beim Report Type II werden zusätzlich die jeweiligen Kontrolltests sowie deren Ergebnisse dargestellt.

5. Prüfungen nach SAS 70 als Instrument des Risikomanagements
a) Risikomanagement beim auslagernden Institut

Im Rahmen von Auslagerungssachverhalten umfasst die Verpflichtung des auslagernden Instituts zur Errichtung eines Risikomanagementsystems nach § 25a KWG auch das Risikomanagement aller Bereiche, deren Bearbeitung auf das Dienstleistungsunternehmen übergegangen ist und die insofern einer unmittelbaren Überwachung des auslagernden Instituts nicht mehr unterliegen.

Zwar kann das auslagernde Institut eine Überwachung des Dienstleistungsunternehmens durch Messgrößen innerhalb seiner eigenen Organisation oder durch die Tätigkeit der Internen Revision überwachen, jedoch bleibt fraglich, ob diese Überwachungsmaßnahmen ausreichend sind, um die mit der Auslagerung verbundenen Risiken zu begrenzen und zu steuern, um insoweit den gesetzlichen Anforderungen zu genügen.

Demgegenüber werden durch eine Prüfung und Berichterstattung nach SAS 70 die internen Prozessabläufe, das Risikomanagement und die internen Kontrollen des Dienstleistungsunternehmens für den Berichtsadressaten offensichtlich. Durch die Transparenz in der Berichterstattung verringert sich die Informationsunsicherheit, das mit der Auslagerung verbundene Risiko wird somit wesentlich reduziert. Das auslagernde Institut erhält durch die entsprechenden Berichte Einblick in die auf das Dienstleistungsunternehmen übertragene Prozesskette und die diesbezüglich ergriffenen Kontroll- und Überwachungsmaßnahmen. Die Möglichkeiten einer effektiven und zielgerichteten Überwachung der ausgelagerten Bereiche werden damit signifikant verbessert. Ferner erhält das auslagernde Institut für sein Risikomanagement objektive Informationen bezüglich der übertragenen Tätigkeiten. Insbesondere die Prozessgüte beziehungsweise -qualität lässt sich aufgrund einer Berichterstattung nach SAS 70 Type II objektiv beurteilen.

b) Risikomanagement im Dienstleistungsunternehmen

Die externen Anforderungen an ein wirksames Risikomanagementsystem erschöpfen sich bei Servicedienstleistern in Form von Nicht-Kreditinstituten auf rechtsformspezifische Anforderungen, zum Beispiel nach § 91 Abs. 2 AktG. Bankaufsichtsrechtliche Anforderungen entfalten nur indirekt über Auslagerungsverträge Wirkung gegenüber solchen Dienstleistungsunternehmen.

Um die Einhaltung der vom auslagernden Institut gestellten Anforderungen, die Steuerung der eigenen Risiken und damit die Zuverlässigkeit als Dienstleistungsunternehmen nachzuweisen, aber auch um den Unternehmensfortbestand dauerhaft sichern zu können, muss es auch ein elementares Interesse des Dienstleistungsunternehmens sein, durch ein effektives und effizientes Risikomanagementsystem die Voraussetzungen hierfür zu schaffen.

Durch die Prüfung nach SAS 70 wird das interne Kontroll- und Überwachungssystem des Dienstleistungsunternehmens einer Untersuchung hinsichtlich derjenigen Kontrollziele unterworfen, die das auslagernde Institut aufgrund interner oder externer Anforderungen zu erfüllen hat. Der Beurteilungsmaßstab wird insoweit über die externen Anforderungen hinaus erweitert und unmittelbar an die Art und den Umfang der auf ihn übertragenen Teilprozesse angepasst. Die Erfüllung der daraus resultierenden Anforderungen ist für das Dienstleistungsunternehmen von großer Bedeutung, der Nachweis hierüber jedoch insbesondere für Nicht-Kreditinstitute nur schwer zu erbringen.

Durch die Prüfung und Berichterstattung nach SAS 70 wird für das Dienstleistungsunternehmen transparent, ob seine Organisation die Gewähr für Erfüllung der an das auslagernde Institut zu stellenden Anforderungen bietet. Darüber hinaus wird es in die Lage versetzt, diese Fähigkeit auch objektiv seinen aktuellen und potenziellen Kunden zu kommunizieren.

6. Zusammenfassung

Prüfungen nach SAS 70 haben sowohl für das auslagernde Unternehmen als auch für das Dienstleistungsunternehmen deutliche Vorteile:

- Die Einhaltung der spezifischen Anforderungen an die ausgelagerten Prozesse wird durch einen unabhängigen, geeigneten Prüfer bestätigt. Dadurch wird der Aussagegehalt der Prüfungsergebnisse unterstrichen.

- Die Beurteilung der Ordnungsmäßigkeit des Kontrollumfelds richtet sich nach den für die auslagernden Institute einschlägigen Anforderungen und ist insofern den Bedürfnissen des individuellen Risikomanagementsystems angepasst.

- Mithilfe von Prüfungen nach SAS 70 lassen sich die aufsichtsrechtlichen Anforderungen nach § 25a Abs. 2 KWG durch das auslagernde Institut erfüllen.

- Der Prüfungsumfang und der Prüfungsgegenstand richten sich nach der Abgrenzung der ausgelagerten (Teil-)Prozesskette, unabhängig von der aufsichtsrechtlichen Abgrenzung.

- Die Prozesse des Dienstleistungsunternehmens, deren Organisation und deren Kontrollmaßnahmen werden durch die Berichterstattung nach SAS 70 transparent. Transparenz ist unabdingbar, wenn bestehende Prozesse effektiver oder effizienter gestaltet werden sollen.

- Die in Phasen unterteilte Vorgehensweise ermöglicht dem Dienstleistungsunternehmen eine gute Vorbereitung auf eine erfolgreiche Prüfung. Dadurch kann die Prozessqualität proaktiv entsprechend den zu stellenden Anforderungen verbessert werden.

- Prüfungsberichte nach SAS 70 richten sich gezielt auch an die Kunden der Dienstleistungsunternehmen sowie deren Prüfer. Je nach Art der durchgeführten SAS-70-Prüfung können die Prüfer des auslagernden Instituts auf weitergehende eigene Prüfungen beim Insourcer verzichten.

- Prüfungsberichte nach SAS 70 bieten für potenziell auslagernde Institute eine Entscheidungsgrundlage für die Auswahl des geeigneten Dienstleistungsunternehmens.

- Erfolgreiche Prüfungen nach SAS 70 können dem Dienstleistungsunternehmen, insbesondere dem Mehrmandantendienstleister, als Anbieter von standardisierten Dienstleistungen Wettbewerbsvorteile verschaffen.

- Der Standard SAS 70 vereinheitlicht die Prüfung und die Berichterstattung von Dienstleistungsunternehmen und macht Prüfungsergebnisse vergleichbar.

V. Prüfung der dienstleistungsbezogenen Kontrollen nach IDW PS 951

Am 19. September 2007 hat der Hauptfachausschuss des Instituts der Wirtschaftsprüfer in Deutschland den IDW Prüfungsstandard „Die Prüfung des internen Kontrollsystems beim Dienstleistungsunternehmen für auf das Dienstleistungsunternehmen ausgelagerte Funktionen (IDW PS 951)" verabschiedet. Mit diesem Prüfungsstandard werden die Regelungen des SAS 70 sinngemäß in die deutschen berufsständischen Anforderungen übertragen. Abhängig von der Auftragserteilung durch das Dienstleistungsunternehmen umfasst das Prüfungsurteil des beauftragten Prüfers über das in der Beschreibung des Dienstleistungsunternehmens dargestellte dienstleistungsbezogene interne Kontrollsystem

- die Beurteilung der Beschreibung sowie der Implementierung und Eignung dieses Systems (Berichterstattung Typ A) oder

- zusätzlich die Beurteilung der Wirksamkeit dieses Systems (Berichterstattung Typ B).

1. Gegenstand der Beurteilung

Die Beurteilung der Berichterstattung Typ A richtet sich danach, ob die in der Beschreibung des Dienstleistungsunternehmens dargestellten Kontrollen und organisatorischen Sicherungsmaßnahmen (Kontrollen),

- in allen wesentlichen Belangen richtig und klar dargestellt sind,

- zu einem bestimmten Zeitpunkt eingerichtet und

- geeignet sind, die dargestellten Kontrollziele zu erfüllen.

Maßgebend für diese Beurteilungen sind die Perspektive der auslagernden Unternehmen und deren Abschlussprüfer.

Bei der Berichterstattung vom Typ B richtet sich das Prüfungsurteil zusätzlich danach, ob die geprüften Kontrollen während eines bestimmten Zeitraums wirksam waren und dadurch mit hinreichender Sicherheit zur Einhaltung der Kontrollziele beitrugen.

2. Berichterstattung und Bescheinigung

Das IDW empfiehlt im PS 951 folgende Gliederung der Prüfung des dienstleistungsbezogenen internen Kontrollsystems:

1. Bescheinigung über die Prüfung des dienstleistungsbezogenen internen Kontrollsystems

2. Auftragsverhältnis, Auftrag und Auftragsdurchführung

3. Prüfungsdurchführung und Prüfungsergebnisse

4. Berichterstattung über besondere Sachverhalte

5. Anlagen zur Berichterstattung:

    a) Beschreibung des dienstleistungsbezogenen internen Kontrollsystems durch die gesetzlichen Vertreter des Dienstleistungsunternehmens

    b) Vollständigkeitserklärung des Dienstleistungsunternehmens

Nach PS 951 sind die Bescheinigungen im Rahmen der Berichterstattung über Prüfungen differenziert nach Typ A und Typ B ausgestaltet. Der wesentliche Unterschied liegt dabei im Prüfungsurteil über die Wirksamkeit der eingerichteten Kontrollen. Während bei Typ A kein Urteil abgegeben wird, ist dies ein wesentlicher Bestandteil in der Bescheinigung nach Typ B.

3. Verwertung der Berichterstattung

Bezüglich der Verwertung der Berichterstattung regelt das IDW, dass die Berichterstattung vom Typ A sich ausschließlich dazu eignet, dem Abschlussprüfer des auslagernden Unternehmens einen Überblick über das interne

Kontrollsystem des Dienstleistungsunternehmens und ein Verständnis der eingesetzten Kontrollen zu vermitteln. Für eine Beurteilung der Wirksamkeit des dienstleistungsbezogenen internen Kontrollsystems beim Dienstleistungsunternehmen ist sie jedoch nicht ausreichend.

Berichterstattungen vom Typ B hingegen können wesentliche Grundlage für die Einschätzung des Prüfungsrisikos für den Prüfer des auslagernden Unternehmens sein, da ihnen nicht nur Aufbau-, sondern auch Funktionsprüfungen zugrunde liegen. Im Rahmen der Beurteilung des Prüfungsrisikos muss er anhand der Berichterstattung beurteilen, ob die beim Dienstleistungsunternehmen geprüften Kontrollen für die Geschäftsvorfälle des auslagernden Unternehmens für wesentliche Abschlussaussagen oder die Ordnungsmäßigkeit der Buchführung des auslagernden Unternehmens von Bedeutung sind und ob die durchgeführten Aufbau- und Funktionsprüfungen und deren Ergebnisse angemessen sind. In diesem Zusammenhang sind insbesondere der Zeitraum, auf den sich die Prüfung der Wirksamkeit der Kontrollen beim Dienstleistungsunternehmen erstreckte, und die Zeitspanne, die seit der Durchführung der Prüfung vergangen ist, zu würdigen.

D. Schlussbemerkung und Ausblick

Das Thema Outsourcing gewinnt in der Finanzwirtschaft weiterhin an Bedeutung und erhöht somit die Anforderungen sowohl an die interne als auch an die externe Prüfung. Mit der Neufassung der MaRisk vom 14. August 2009 durch das Rundschreiben 15/2009 (BA) wurden Änderungen im Bereich des Outsourcings durchgeführt. Mit dem Prinzip, die Organisationsanforderungen prinzipienorientiert zu regeln (§ 25a KWG) und nur geringe konkretisierende Anforderungen zu stellen, bleibt die BaFin bestrebt, die Eigenverantwortung der Institute zu stärken.

Mit der Übernahme der Regelungen des US-amerikanischen SAS 70 in einen deutschen Prüfungsstandard (PS 951) hat der Berufsstand der deutschen Wirtschaftsprüfer einheitliche Grundlagen für die Prüfung und Beurteilung von Auslagerungssachverhalten geschaffen. Insgesamt sind damit entscheidende Schritte zur Modernisierung der Auslagerungsregulierung gelungen.

Im Rahmen der Anpassungen an die im Rahmen des Clarity-Projekts überarbeiteten ISA hat der IDW am 24. Februar 2010 einen Entwurf zur Änderung von Prüfungsstandards verfasst (Änderungs- und Ergänzungsvorschläge bis zum 30. Juni 2010). Betroffen hiervon ist unter anderem der PS 951[15]. Gemäß dem Entwurf soll der Abschlussprüfer den Umfang der vom Prüfer des Dienstleistungsunternehmens durchgeführten Arbeiten und die Verwertbarkeit und Angemessenheit der Berichterstattung unter Berücksichtigung der Kontrollen des auslagernden Unternehmens beurteilen. Somit erfahren eingerichtete Kontrollen seitens des auslagernden Unternehmens eine stärkere Bedeutung.

Dennoch verbleibt weiteres Potenzial, um die Prüfung von Auslagerungssachverhalten bei Dienstleistungsunternehmen effizienter zu machen. Bisher sind insbesondere Dienstleistungsunternehmen im Wertpapierabwicklungsbereich verpflichtet, sich den aufsichtsrechtlichen Spezialprüfungen nach den Vorschriften von DepotG, WpHG und den diesbezüglichen Durchführungsverordnungen (AOD bzw. WpDPV) zu unterziehen, obwohl diese Prüfungen im Hinblick auf die von diesen Instituten betriebenen Geschäfte nur begrenzte Aussagekraft haben. Hier würde eine Orientierung der aufsichtsrechtlichen Spezialprüfungen an den dienstleistungsorientierten Prozessen im Sinne der Prüfungsanforderungen nach SAS 70 beziehungsweise PS 951 eine erhebliche Erleichterung für die betroffenen Institute und einen Mehrwert durch die Prüfungen der dienstleistungsbezogenen Prozesskontrollen schaffen.

---

15 IDW PS 331 Abschlussprüfung bei teilweiser Auslagerung der Rechnungslegung auf Dienstleistungsunternehmen.

Die Autoren

Nicole Fischer ist Diplomkauffrau und Senior Manager bei PwC Tax & Legal HRS in Hannover. Der Schwerpunkt ihrer Tätigkeit liegt in der Beratung von Unternehmen zur Gestaltung ihrer Vergütungssysteme unter Berücksichtigung wirtschaftlicher und regulatorischer Gesichtspunkte sowie ihrer Anreizwirkung.

Dr. Wolfgang Frank, Rechtsanwalt und Steuerberater, ist seit 1993 bei PwC mit dem Schwerpunkt Aufsichtsrecht tätig. Als Director verantwortet er die Durchführung verschiedener Beratungs- und Prüfungsprojekte im Bereich Outsourcing. Als Mitglied im Fachgremium MaRisk hat er am Konsultationsprozess anlässlich der Implementierung der Outsourcing-Regelungen in die MaRisk teilgenommen. Zudem ist er bei verschiedenen Veranstaltungen als Referent und als Verfasser von Fachbeiträgen zum Thema Outsourcing aufgetreten.

Elmar Jaster ist als Rechtsanwalt in Köln und Düsseldorf für die deutsche Umsatzsteuergruppe von PwC tätig und für die umsatzsteuerliche Beratung von Finanzinstituten in der Region West zuständig.

Larissa Knöfler ist Rechtsanwältin und Senior Assosiate bei PwC, Frankfurt. Zu ihrem Tätigkeitsschwerpunkt gehört jegliche Beratung von Kredit- und Finanzdienstleistungsinstituten, sowie Kapitalanlagegesellschaften im Bereich Bank- und Investmentaufsichtsrecht. Insbesondere die Beratung im Rahmen von Erlaubnisverfahren schließt regelmäßig auch die Beratung zu geplanten Outsourcingmaßnahmen und einem effektiven Risikomanagement mit ein.

Die Autoren

Christine Marx ist Rechtsanwältin und Steuerberaterin. Nach einer Bankausbildung und dem Studium der Rechtswissenschaften an der Ludwig-Maximilians-Universität München begann Frau Marx ihre Tätigkeit zunächst in der Wirtschaftsprüfung bei PwC. 2002 wechselte sie in die Steuerabteilung, wo sie seit 2005 als Managerin im Bereich Financial Services Tax beschäftigt ist. Sie befasst sich schwerpunktmäßig mit ertragsteuerlichen und steuerjuristischen Fragestellungen im Finanzdienstleistungsbereich.

Achim Obermann ist Steuerberater. Nach einem Studium der Betriebswirtschaftslehre an der Universität Göttingen trat er bei PwC, Düsseldorf, in die Steuerabteilung ein. Seit Juli 1998 ist er dort Steuer-Partner im Bereich Financial Services Tax. Seine Tätigkeitsschwerpunkte sind die steuerliche Beratung von Kredit- und Finanzdienstleistungsinstituten, die internationale Steuerplanung, der steueroptimierte Einsatz von Finanzierungen beziehungsweise Finanzprodukten sowie die Umsatzbesteuerung von Finanzdienstleistern.

Nanette Ott ist Fachanwältin für Arbeitsrecht und als Senior Manager in der Practise Group Arbeitsrecht bei PwC Legal in Frankfurt am Main tätig. Sie berät Unternehmen im Rahmen von Outsourcingprojekten.

Thomas K. Otto ist Manager bei PwC im Team Strategy & Operations für den Bereich Financial Services. Herr Otto hat mehrjährige Erfahrung in der Begleitung von komplexen Transformations- und Outsourcing-Projekten in Banken. Er ist insbesondere Experte zu den Themen Carve Out Umsetzung, Outsourcing und Service Management bei Banken.

Christian Schubert ist Rechtsanwalt und Steuerberater. Er ist in München für die deutsche Umsatzsteuergruppe von PwC tätig und berät regelmäßig Finanzinstitute hinsichtlich umsatzsteuerlicher Fragestellungen.

Nina Spilles ist Senior Consultant bei PwC. Frau Spilles verfügt über mehrere Jahre Erfahrung in der Beratung von Unternehmen aus der Finanzdienstleistungsbranche. Sie ist Expertin im Bereich Outsourcing und Auslagerungssteuerung bei PwC und hat dort mehrere große Auslagerungsprojekte erfolgreich begleitet.

Christoph Theobald ist Wirtschaftsprüfer und Partner bei PwC in Frankfurt am Main. Neben der Durchführung von Jahresabschluss-, aufsichtsrechtlichen und freiwilligen Prüfungen bei Kredit- und Finanzdienstleistungsinstituten aller Größenordnungen und Sektoren umfasst sein Tätigkeitsgebiet insbesondere Prüfungen im Bereich des Wertpapierdienstleistungsgeschäfts.

Dr. Antonios Tzouvaras ist Wirtschaftsinformatiker und spezialisiert auf den Bereich Sourcing bei Finanzdienstleistern im Umfeld von Kern-Informationssystemen sowie informationstechnologienahen Finanzprozessen. Bei PwC hat Herr Dr. Tzouvaras zahlreiche Projekte im Umfeld Strategie und Make-or-Buy, Ausschreibungsbegleitung, Kosten- und Vertragsoptimierung sowie Gestaltung des Auslagerungscontrollings bei Banken, Asset Managern und Versicherungen geleitet. Darüber hinaus ist Herr Tzouvaras schwerpunktmäßig bei der gruppeninternen und -externen Gestalung der Organisations- und Informationstechnologie beratend tätig.

Christine Wicker ist Rechtsanwältin und bei PwC, Stuttgart, im Bereich Financial Services seit 2000 schwerpunktmäßig bei Outsourcing-Projekten tätig. In dieser Funktion umfasst ihre Tätigkeit Fragestellungen zu bankaufsichts-, datenschutz-, gesellschafts- und vertragsrechtlichen Themen sowie der einer Outsourcing-Governance. Seit Integration der Outsourcinganforderungen in die MaRisk hat Frau Wicker deutschlandweit eine Vielzahl von Instituten bei der Implementierung eines Risikoanalyseprozesses für Auslagerungen begleitet und unterstützt.

Die Autoren

Rainer Wilken ist Partner bei PwC. Er verfügt über langjährige Erfahrung in der Beratung von Unternehmen aus der Financial Services Branche. Herr Wilken leitet den Bereich Strategy & Operations für die Branche Financial Services bei PwC in Deutschland. In dieser Funktion berät Herr Wilken Finanzinstitute bei der Transformation und Optimierung ihrer Organisation sowie ihrer Kernprozesse.

Martin Wollinsky ist Rechtsanwalt und bei PwC, Stuttgart, im Bereich Financial Services überwiegend mit aufsichts- und sonstigen bankrechtlichen Fragestellungen befasst. Ein Schwerpunkt seiner Tätigkeit ist die Prüfung der von Banken geplanten und durchgeführten Auslagerungsmaßnahmen.

Herbert Zerwas ist Rechtsanwalt, Wirtschaftsprüfer, Steuerberater und Partner bei PwC, Frankfurt. Zu seinen Tätigkeitsschwerpunkten zählt neben der steuerlichen Beratung von Kredit- und Finanzdienstleistungsinstituten und der Begleitung von Erlaubnisverfahren zum Betreiben von Bankgeschäften insbesondere die Beratung bei Outsourcingmaßnahmen.

Abkürzungsverzeichnis

6. EG-RL	Sechste Richtlinie des Rates vom 17.05.1977
ABR	Arbeitsrecht im Betrieb
Abschn.	Abschnitt
a. A.	anderer Ansicht
a. F.	alte Fassung
ABl. EG	Amtsblatt der Europäischen Gemeinschaften
ABl. EU	Amtsblatt der Europäischen Union
Abs.	Absatz
AG	Aktiengesellschaft
AG	Die Aktiengesellschaft
AGB Spk.	Allgemeine Geschäftsbedingungen der Sparkassen
AICPA	American Institute of Certified Public Accountants
AP	Associated Press
Art.	Artikel
AStG	Außensteuergesetz
AT	Allgemeiner Teil
BaFin	Bundesanstalt für Finanzdienstleistungsaufsicht
BAG	Bundesarbeitsgericht
BDSG	Bundesdatenschutzgesetz
Begr. RegE	Begründung Regierungsentwurf
BetrVG	Betriebsverfassungsgesetz
BewG	Bewertungsgesetz
BFH/NV	Bundesfinanzhof/Sammlung amtlich nicht-veröffentlichter Entscheidungen
BGB	Bürgerliches Gesetzbuch
BGBl.	Bundesgesetzblatt
BGH	Bundesgerichtshof
BKR	Zeitschrift für Bank- und Kapitalmarktrecht
BMF	Bundesminister(ium) der Finanzen
BMF-Schreiben	amtliche Schreiben des Bundesministeriums der Finanzen

BStBl.	Bundessteuerblatt
BT	Besonderer Teil
BT	Bundestag
BT Drs.	Bundestagsdrucksache
Buchst.	Buchstabe
CEBS	Committee od European Banking Supervisors
DIIR	Deutsches Institut für Interne Revision
DSGV	Deutscher Sparkassen- und Giroverband
DStR	Deutsches Steuerrecht
DStRE	Deutsches Steuerrecht Entscheidungsdienst
DuD	Datenschutz und Datensicherheit
EDV	Elektronische Datenverarbeitung
EFG	Entscheidungen der Finanzgerichte
EG	Europäische Gemeinschaft
EGV	Vetrag zur Gründung der Europäischen Gemeinschaft
EStG	Einkommensteuergesetz
EU	Europäische Union
EuGH	Europäischer Gerichtshof
EuGHE	amtliche Entscheidungssammlung des Europäischen Gerichtshofes und des Europäischen Gerichts erster Instanz
EWG	Europäische Wirtschaftsgemeinschaft
EWR	Europäischer Wirtschaftsraum
Fn.	Fußnote
FRUG	Finanzmarktrichtlinienumsetzungsgesetz
GV.NRW	Gesetz- und Verordnungsblatt Nordrhein-Westfalen
GWG	Geldwäschegesetz
Halbs.	Halbsatz
HFR	Höchstrichterliche Finanzrechtsprechung
HGB	Handelsgesetzbuch
i. V. m.	in Verbindung mit
IDW	Institut der Wirtschaftsprüfer
InvG	Investmentgesetz
KAGG	Kapitalanlagegesellschaftsgesetz

KG	Kommanditgesellschaft
KGaA	Kommanditgesellschaft auf Aktien
KSchG	Kündigungsschutzgesetz
KStG	Körperschaftsteuergesetz
KWG	Kreditwesengesetz
lit.	littera
m. w. N.	mit weiteren Nachweisen
MaRisk	Mindestanforderungen an das Risikomanagement
MiFID	Markets in Financial Instruments Directive
MwStSystRL	Mehrwertsteuersystemrichtlinie
n. F.	neue Fassung
NZA	Neue Zeitschrift für Arbeitsrecht
OHG	Offene Handelgesellschaft
PrüfBV	Prüfungsberichtsverordnung
PS	Prüfungsstandard
RIW	Recht der Internationalen Wirtschaft
Rn.	Randnummer
RS	Rundschreiben
Rs.	Rechtssache
Rspr.	Rechtsprechung
Rz.	Randziffer
SAS	Statement on Auditing Standard
SCHUFA	Schutzgemeinschaft für allgemeine Kreditsicherung
SEStEG	Gesetz über steuerliche Begleitmaßnahmen zur Einführung der Europäischen Gesellschaft und zur Änderung weiterer steuerrechtlicher Vorschriften
SolvV	Solvabilitätsverordnung
StGB	Strafgesetzbuch
TVG	Tarifvertragsgesetz
Tz.	Textziffer
UStR	Umsatzsteuer-Rundschau
UmwG	Umwandlungsgesetz
UmwSt-Erlass	Umwandlungssteuererlass
UmwStG	Umwandlungssteuergesetz

Abkürzungsverzeichnis

UR	Umsatzsteuer-Rundschau
UStB	Der Umsatz-Steuer-Berater
UStG	Umsatzsteuergesetz
WM	Wertpapiermitteilungen
WPg	Die Wirtschaftsprüfung
WpHG	Wertpapierhandelsgesetz
ZBB	Zeitschrift für Bankrecht und Bankwirtschaft
ZIR	Zeitschrift Interne Revision

Stichwortverzeichnis

A

Allianzen 46
Altfälle 93
Analogiemethode 115
anorganisches Wachstum 32
Anwendungsbereich von
 § 25a Abs. 2 KWG 64
Arbeitnehmerunterrichtung 288
Arbeitsrecht 273
ASP-Lösungen 45
Asset Deal 245
Aufbewahrungsfrist 113
Aufspaltung 255
Auftragsdatenverarbeitung 315
Ausgliederung 255
Auskunfteien 310
Auslagerungsrisiken 106
Auslagerungssteuerung 344
Auslagerungsvertrag 80
Auswahl des Auslagerungsunternehmens 83

B

Bankenrichtlinie 63
Bankgeheimnis 309
Bausparkassen 79
BDSG-Novelle I 310
BDSG-Novelle II 310
BDSG-Novelle III 310
Begriff der Auslagerung 66
Belegenheitsprinzip 268
Betriebsänderung 294
Betriebsrat 283
Betriebsübergang 274
Betriebsvereinbarung 284
Brainstorming 115
Brainwriting 115
Bundesdatenschutzgesetz 309
Business Case 50

C

Cadbury Schweppes 270
Carve-Out-Transaktionen 32
Checklisten 115
Cloud Computing 45
Code of Conduct 334
Cost-Center-Organisation 35

D

Datenerhebung 321
Datennutzung 321
Datenschutz 309
Datenschutzkonzept 335
Datensparsamkeit 314
Datenübermittlung an Dritte 315
Datenverarbeitung 321
Datenvermeidung 314
Datenweitergabe 315
Delphi-Methode 115
Detailanalyse 122
DIIR-Prüfungsstandard Nr. 4 104
Dokumentations-Tool 123
Drittland 333
Drittstaaten 267

E

Einbindung der
  Internen Revision 105
Erhebung 314
Ertragswertverfahren 265
Expertenbefragungen 115, 116

F

Finanzmarktrichtlinie 62
Funktionsauslagerungs-
  verordnung 249
Funktionstrennung 84
Funktionsübertragung 315
Funktionsverlagerung 249

G

Geldwäschebekämpfung 76
Gesamtrisikoprofil 121
Geschäftsstrategie 39
Gewerbesteuerhebesatz 250
Grobanalyse 122
Grundsatz der doppelten
  Proportionalität 101
Gruppenbefragungsmethode 120
gruppeninterne Auslagerungen 90

I

Identifizierung und Bewertung von
  Auslagerungsrisiken 108
Insourcing 52
institutsindividuelle
  Risikosituation 98
Interne Revision 86
internes Outsourcing 34

IT-Dienstleister 46
IT-Prozesse 46

J

Joint Venture 38

K

Kapitalertragsteuer 253
Key-Performance-Indikatoren
  (KPI) 145
Koexistenzphase 32
Kontrollintensität 99
konzerninterne Dienstleistungs-
  gesellschaft 35
konzerninternes Outsourcing 34
konzernweites
  Risikomanagement 112
Körperschaftsklausel 252
Kreativitätsmethoden 115
Kundendaten 309

L

Leistungsbeziehungen 350
Lidl Belgium 268

M

Make-or-Buy 45
Make-or-Buy-Entscheidung 29
Mehrheitsbeteiligung 37
Merger & Acquisition 32, 46
Messinstrumente 352
Minderheitsbeteiligung 38
Mitbestimmung 300
Multisourcing 29

N

Nearshoring 29
Notfallkonzept 87
Nutzung 314

O

Offshoring 29
Organisatorische Anforderungen 82
Outsourcing 51
Outsourcing-Beauftragter 84
Outsourcing-Governance 59

P

§ 10 KWG 327
Personalausstattung 307
personenbezogene Daten 309
Pfandbriefbanken 80
Profit-Center-Organisation 35
Prognosetechniken 115
Projektprüfung 104
Prozessoptimierung 31

Q

qualitativer Risikobewertungsansatz 117
quantitativer Risikobewertungsansatz 117

R

Rating 327
Reorganisation 30
Repräsentativbefragungen 116
Risikoanalyse 95
Risikoanalyseprozess 101
Risikoanalysestandardansatz 124

Risikoanalysesystem 95
Risikoarten 106
Risikobereiche 106
Risikobewertung 103, 117
Risikobewertungsvorgaben 102
Risikohandbuch 120
Risikoidentifikation 114
Risikoidentifizierung 103
Risikoklassen 106
Risikomanagement 101, 243
Risikomanagement auf
   Gruppenebene 111
Risikomanagementprozess 114
Risikominderung 111
Risikopriorisierung 117
Risikoprofil 102
Risikosegmente 106
Risikostruktur 102
Risikotendenz 117
Risiko-Workshop 115
Risk Taker 305
Risk-Workshops 116

S

Safe Harbour Principles 333
Scoring 310
Service Level Agreement (SLA) 143
Share Deal 245
Shared-Service-Center 33
Shared Services 51
Singlesourcing 29
Sitzprinzip 331
Sonderrechtsnachfolge 254
Sourcing 29
Sourcing-Strategie 42
Standardvertragsregelungen 333

Steuerung und Überwachung
   des Auslagerungs-
   unternehmens 83

T

Teilbetrieb 261
Teilbetriebsübergang 288
Transfer Pricing 268
Transformation 28

V

Verarbeitung 314
verdeckte Einlage 251
Vergütung 301
Vergütungssysteme 305
Verkehrsteuer 264

Vermögensübergang 256
Verschmelzung 255
Vertraulichkeit 309
virtuelle Institute 76

W

Wechselwirkungen von Risiken 106
Welteinkommensprinzip 267
Wesentlichkeit der Auslagerung 70
Wirkungsanalyse 120

Z

Zentralbankfunktion 90
Zerlegungsmaßstab 250
Zulässigkeit der Auslagerung 73
Zweigstellen 65

~~3x~~   ~~1,30~~
~~6x13~~ ~~1,10~~
 3x   1,50
 5x13   1,24 10 v